Mário de Andrade
por ele mesmo

Paulo Duarte

Mário de Andrade
por ele mesmo

prefácio
Antonio Candido

notas e posfácio
Flávio Rodrigo Penteado

todavia

À memória de Artur Neves é dedicado este livro

Prefácio,
por Antonio Candido 9

1. Cartas de Mário de Andrade 17
2. Biobibliografia relâmpago 40
3. Departamento de Cultura, vida e morte de Mário de Andrade 92
4. O lindo sonho e a dolorosa realidade 107
5. Paixão de Mário de Andrade 201
6. As nossas cartas 235
7. Cartas a Sérgio Milliet 440
8. Última carta a Mário de Andrade 519

Posfácio,
por Flávio Rodrigo Penteado 549
Agradecimentos 559

Referências bibliográficas 560
Índice onomástico 563

Prefácio

Antonio Candido

Este livro importantíssimo é vivo, trepidante, apaixonado, feito na dimensão do movimento, como a personalidade do seu Autor. Livro sobre Mário de Andrade, é também sobre Paulo Duarte, e sendo sobre ambos, esclarece a respeito de uma geração decisiva para o desenvolvimento da cultura no Brasil. Raras vezes esta conheceu uma série equivalente de homens que pesaram tanto no seu destino e definiram com tamanho empenho os seus rumos quanto os homens nascidos entre mais ou menos 1890 e 1905, só comparáveis talvez, como coesão de equipe e amplidão de dotes, aos que, na segunda metade do século XVIII e começo do século XIX, prepararam as bases para a Independência política e cultural.

Embora as circunstâncias de ordem social sejam decisivas, elas só se configuram em produto significativo e atuante segundo a carne e a mente dos homens que vivem o processo social. É possível dizer que, nos decênios de 1920 e 1930, outros homens teriam desempenhado as tarefas requeridas pelo momento; mas seria ridículo pretender que outros homens tivessem feito tanto e tão bem. Com a passagem do tempo, há de se avaliar devidamente a importância da sua contribuição; mas desde já é possível compreender que eles deixaram no seu país um sulco definitivo — na política, na educação, na literatura, nas artes, no movimento geral das ideias e (é o que sobressai neste livro) no estabelecimento de instituições culturais.

Tais homens, muitos dos quais ainda em plena forma, definiram a sua contribuição histórica à volta de duas datas, que são os marcos do nascimento do Brasil contemporâneo, quando encaramos os problemas da cultura em conexão com o conjunto da vida social: 1922 e 1930. A primeira simboliza fatos anteriores e posteriores, como o início das reformas educacionais, a fundação dos partidos revolucionários, os movimentos político-militares que abalaram a velha estrutura da sociedade, a superação da estética tradicional. A segunda abre a fase em que tudo isto, deixando o terreno do projeto, do movimento restrito, da tentativa isolada, se alastra pelo país e transforma em estado de espírito coletivo o que era pensamento de poucos; em realidade atuante o que era plano ideal; em gosto habitual o que parecia aberração de alguns.

Para caracterizar esta segunda fase no terreno literário, tenho falado numa "rotinização do Modernismo", mais ou menos inspirado no sentido em que Max Weber falava de "rotinização do carisma". É decisivo para o historiador da literatura e da cultura, bem como para o sociólogo, esse momento onde o excepcional se torna usual, tendendo o que era restrito a se ampliar. O decênio de 1930 viu, com efeito, o alargamento das práticas literárias e artísticas, transformando aos poucos em padrão de uma época o que era considerado manifestação de pequenos grupos vanguardeiros. Assim, a arquitetura "futurista" foi-se tornando o estilo moderno, cada vez mais difundido e aceito, até o momento em que qualquer arquiteto, mesmo conservador, traça o seu risco obedecendo aos cânones que pouco antes eram objeto do riso, escândalo e mesmo vilipêndio. Na literatura, o que parecia brincadeira foi sendo reconhecido como a norma dos tempos novos, até penetrar no jardim fechado e vigiado do ensino. Nós, que começamos o ginásio com a velha e aliás bem-feita antologia de Fausto Barreto e Carlos de Laet (praticamente encerrada, se bem me lembro, na altura de Bilac e Coelho Neto), vimos surgir, em 1933 ou 34, a de Estêvão Cruz, que transcrevia logo no começo um ensaio de Tristão de Ataíde sobre o Modernismo, ao lado de um trecho de Graça Aranha sobre o carnaval carioca e, logo em seguida, um episódio de *Macunaíma*. Nós líamos e relíamos, entre assustados e deslumbrados, depois de termos ficado tanto tempo às voltas com "A palavra", de Latino Coelho, ou "A última corrida de touros em Salvaterra", de Rebelo da Silva. Era a revolução entrando na rotina.

A amizade descrita neste livro, através de uma correspondência fascinante e do relato de uma luta ombro a ombro pela cultura, pode ser vista como documento desse processo de integração das conquistas artísticas, intelectuais e científicas ao próprio ritmo de vida do Brasil contemporâneo. Paulo Duarte nos dá não apenas o perfil do seu amigo, mas o pano de fundo da época e a história de uma instituição renovadora. Como o seu estilo é eminentemente "falado", traduzindo a trepidação mencionada há pouco, é também a história das suas ideias e das suas lutas, mesmo quando está falando do amigo. Em grande parte porque as ideias e lutas do amigo se irmanaram às suas, nos momentos privilegiados em que ambos se identificaram na tensão de um grande projeto.

Visto do ângulo político, no sentido mais compreensivo do termo, este livro narra um dos aspectos importantes do processo histórico-cultural que estamos tentando sugerir. Não apenas a rotinização da cultura, mas a tentativa consciente de arrancá-la dos grupos privilegiados para transformá-la em fator de humanização da maioria, através de instituições planejadas. Visto assim, o livro se torna uma espécie de grande exposição democrática, pois tem no centro a história do Departamento de Cultura de São Paulo, a tentativa de Mário de Andrade e Paulo Duarte para fazer da arte e do saber um bem comum; para incorporar as conquistas do Modernismo à tradição que ele veio atualizar e fecundar; para extrair dos grandes ideais do decênio de 1920 as consequências no terreno da educação e da pesquisa. E até hoje, na cidade de São Paulo, a cultura assim concebida não encontrou manifestações semelhantes: o que existe é ruína ou desenvolvimento do que então se fez.

É interessante pensar no destino político e cultural desses dois homens, partidos de pontos tão diferentes e destinados a formar uma equipe tão homogênea. Em 1922, Paulo Duarte era literariamente conservador, embora culturalmente renovador. Seu mestre Amadeu Amaral foi um mestre parnasiano, e a marca da sua influência vem registrada pelo discípulo no belo estudo introdutório das *Tradições populares*. Outro homem que marcou o seu espírito, o humorista italiano Trilussa, era também um poeta do passado, na tradição satírica, métrica e linguística de Cesare Pascarella. No entanto, Amadeu foi quem primeiro em São Paulo focalizou de maneira moderna dois temas que seriam fundamentais para os renovadores modernistas: o da cultura popular e o da língua falada. E Trilussa era soberano noutra atitude que também foi central na ideologia modernista: o sarcasmo demolidor, que limpa o caminho. Assim, temos o jovem Paulo Duarte de 1922 alheio ao movimento literário de vanguarda, e mesmo pouco simpático aos próceres que atacavam Amadeu (a este respeito há um lindo caso no livro); mas trazendo incrustadas no espírito certas componentes que dali a pouco iriam convergir com as deles. Isto ocorreu exatamente quando o Modernismo, tendendo à "rotinização", se alargou de patrulha escoteira em movimento amplo. Paradoxalmente, então, o jovem, se não antimodernista, certamente não modernista de 22, foi o inspirador das medidas que permitiram a atuação efetiva das ideias dos modernistas na escola da cultura coletiva. Não é por acaso que, tendo sido fraternal companheiro de Mário, ele foi depois um dos mais dedicados amigos e testamenteiro de Oswald.

A este respeito, é interessante notar que a conjugação intelectual de homens como Mário de Andrade e Paulo Duarte foi propiciada por circunstâncias em parte de natureza política. Seria longo analisar o processo, mas podemos ao menos referir que o Partido Democrático criou algumas condições favoráveis para tal encontro e suas consequências — através de órgãos como o *Diário Nacional* e uma certa camaradagem oposicionista entre tantos moços.

Em conversa recente (no confinamento onde purga a culpa de ser um grande intelectual), Caio Prado Júnior me dizia que o Partido Democrático foi ao mesmo tempo mais reacionário e mais avançado que o velho Partido Republicano Paulista, que mandava no Estado e movia a máquina político-administrativa. Pois havia nele tanto os oligarcas mais coerentes e empedernidos, mais aferrados aos elementos conservadores da vida econômica e social, quanto elementos radicais, como a ala de Marrey Júnior, precursora do populismo.

Esta reflexão do ilustre historiador ajuda a entender o fato que agora nos interessa: a formação, dentro ou na periferia do Partido Democrático, de uma espécie de esquerda moderada, que se manifestou sobretudo como arrojada vanguarda cultural. Enquanto no campo propriamente político seguiam apenas mais ou menos, ou de todo não seguiam, as normas do Partido Democrático e suas encarnações posteriores, no campo cultural manifestavam atitudes mais avançadas, que depois, quando a gente do Partido chegou ao poder sob outros rótulos, resultariam na política de democratização a que me referi acima. É o caso dos dois protagonistas deste livro, o de Sérgio Milliet e alguns outros, não faltando gente de outros partidos, identificada fraternalmente ao grupo nos esforços de vanguarda cultural, como foi Rubens Borba de Moraes.

Foram elementos ligados de um modo ou de outro ao Partido Democrático, ou aos seus próceres, que tiveram iniciativas como a fundação da Universidade, a criação da Faculdade de Filosofia, o contrato das missões estrangeiras de professores, a criação do Departamento Municipal de Cultura, que deveria transformar-se em Estadual através de um Instituto, como conta Paulo Duarte. Segundo Lévi-Strauss, em *Tristes tropiques*, a oligarquia estava criando uma cultura ornamental para reforçar o seu brilho e formar quadros ajustados aos seus propósitos. Mas (diz Lévi-Strauss) o que fez foi promover o recrutamento de jovens das camadas médias, que mais tarde iriam desenvolver, para sua decepção magoada, não a justificação, mas a crítica dos fundamentos do seu poder.

(Abramos parênteses para assinalar que existe entre o antropólogo francês e Paulo Duarte uma correspondência que seria interessante publicar.)

Neste quadro (dizemos agora nós), o grupo que se poderia chamar a esquerda moderada dos intelectuais mais ou menos ligados ao Partido Democrático sentiu melhor a situação; e não apenas, em alguns casos, evoluiu politicamente para posições mais radicais, como, em seu terreno específico, o da cultura, não visou a *elite*, mas a maioria. Foi este, a meu ver, o timbre da iniciativa de Paulo Duarte, o Departamento de Cultura, junto com Mário de Andrade, Sérgio Milliet e outros. Curioso, este caso de uma vanguarda político-cultural à sombra de uma situação oligárquica, que a aceitou e apoiou.

Por isto, de certo modo o fulcro do presente livro é a história do Departamento de Cultura, feito para pesquisar, divulgar e ampliar ao máximo a fruição dos bens culturais — desde o requinte dos quartetos de corda até o incentivo às manifestações folclóricas, desde a pesquisa sociológica e etnográfica até à recreação infantil pedagogicamente orientada. Esse grande projeto foi cortado pelo meio com o advento da ditadura do Estado Novo, em 1937. Nós conhecíamos mais ou menos os resultados da atuação externa de Mário de Andrade nessa empresa.

Agora, temos a narrativa e os documentos do seu drama pessoal, inseridos no dia a dia daquele tempo, de maneira a formarem um capítulo inestimável, não apenas de sua biografia, mas da história cultural do país. E tudo isto ligado a uma calorosa evocação de amizade, à vida fraterna dos pequenos grupos de intelectuais e artistas onde germinam grandes ideias, ao mecanismo desanimador da burocracia que devora os homens e as boas intenções. É portanto um livro rico, nutrido de dados, onde haveria muito que comentar. Quis abordar apenas um aspecto, porque o leitor poderá, com mais proveito, abordar ele próprio o manancial que se abre agora à sua frente.

I.
Cartas de Mário de Andrade

Devo à ditadura Vargas a existência dos melhores documentos que possuo ligados a Mário de Andrade: as suas cartas. Como se sabe, Mário de Andrade quase nunca saiu de São Paulo até quando foi expulso do Departamento de Cultura. Só algumas viagens rápidas pelo Brasil ou férias no Rio ou em Araraquara. Pelo menos durante todo o nosso convívio, iniciado ali por volta de 1925, assim foi. Vivendo pois ambos na mesma cidade, encontrando-nos, com frequência quase diária, só uma larga separação geográfica poderia estabelecer uma troca de cartas entre nós. Por isso, a nossa iniciou-se, praticamente, em fins de 1932, quando, depois da revolução constitucionalista, fui expulso pela primeira vez do Brasil. Com a minha volta, em 1934, parou outra vez, para dar início a um convívio de novo quase diário, quando me lembrei dele para fazermos funcionar o Departamento de Cultura idealizado pelo nosso pequeno grupo[1] e organizado por mim, instituído em lei já aprovada, redigida com a colaboração de uma porção de amigos, dentre os quais, Júlio de Mesquita Filho, Henrique da Rocha Lima, Paulo Barbosa de Campos Filho, Fernando de Azevedo, Sérgio Milliet, André Dreyfus, Mário e outros. Mas a história do Departamento de Cultura vai contada mais adiante.

---

1 Ver adiante o capítulo "Departamento de Cultura, vida e morte de Mário de Andrade", p. 92. [N.A.] [As notas do autor estão indicadas por "[N.A.]". As demais, sem indicação, são do anotador.]

A nossa intimidade todavia vinha de mais longe; nos conhecíamos, nos gostávamos, mas cada um vivia pro seu lado; eu, em *O Estado de S. Paulo*, onde ele ainda não colaborava (fui quem levou o seu primeiro artigo a Júlio de Mesquita Filho, como se verá por uma de suas cartas),² e ele com a sua música e alguns raros companheiros de 1922. O que nos aproximou mesmo, ali por volta de 1925, foi o folclore e a culinária, que amávamos na teoria e na prática. Isso ele conta também numa das cartas que será reproduzida a seu tempo.³ Amadeu Amaral despertara o meu espírito para o folclore, Germain Auroux e Eugène Wessinger o fizeram relativamente à gastronomia. E Juanita⁴ abriu em casa, à rua Guarará, um verdadeiro laboratório culinário, ali comparecendo todo o grupo, cada sábado infalivelmente. Tudo isso fez que Mário se aproximasse de mim, por acaso. Onde? Não me lembro.

O resto aconteceu num apartamento da avenida São João, sobre o qual já falei (ver adiante)⁵ o suficiente também e onde morei com Sérgio Milliet, primeiro, e com Nino Gallo, depois, e nos reuníamos todas as noites. Aí uma roda agradável se formara: André Dreyfus, Antônio de Alcântara Machado, Tácito de Almeida, Antônio Couto de Barros, Rubens Borba de Moraes, Mário de Andrade, Paulo Magalhães. Sem contar os pioneiros dessas tertúlias: Sérgio Milliet, Nino Gallo, Vittorio Gobis, Paulo Rossi Osir, Wast Rodrigues, Henrique da Rocha Lima, já diretor do Instituto Biológico e nosso vizinho, pois morava ali perto, à rua Aurora.

Depois veio o *Diário Nacional*,⁶ onde convivemos os tempos duros da luta contra o Partido Republicano Paulista e onde o meu grupo (Amadeu Amaral e outros) se entrosou com o

---

2 Ver carta de 19 de agosto de 1938, p. 260. 3 Ver carta de 17 de dezembro de 1939, p. 287. 4 Joana Prates Duarte (?-1983), esposa de Paulo Duarte (PD). 5 Ver capítulo 3, "Departamento de Cultura, vida e morte de Mário de Andrade", p. 92. 6 Órgão oficial do Partido Democrático, do qual fui redator-chefe. [N.A.]

grupo de 1922.[7] Mário participava do nosso entusiasmo regenerador, embora não se metesse nos embates políticos. Redigia no nosso jornal irrequieto e sem peias crítica musical e um pouco de crítica literária. Isso até 1930.[8] Em princípio de outubro desse ano, Mário de Andrade fazia ligações com os revolucionários presos na Cadeia Pública, à avenida Tiradentes, dentre os quais eu me achava com o seu irmão Carlos de Moraes Andrade, meu querido amigo até morrer. Com o pretexto de visitar o irmão, aí recebíamos dele todas as notícias sobre o andamento da conspiração cá fora. Depois do período de confusão e safadeza revolucionária, veio 1932, quando se iniciou a nossa correspondência. A primeira carta que recebi foi em agosto de 1932, eu, na frente de Vila Queimada. Ele me conta o clima de exaltação reinante.[9] Depois novo período de confusão, prisão e exílio até o advento de Armando de Sales Oliveira, quando, de volta ao Brasil, tive oportunidade de levar avante a ideia do Departamento de Cultura que nasceu no apartamento da avenida São João. A era feliz, para mim e para

7 Em 14 de julho de 1927, chegou às ruas o primeiro número do jornal, dirigido pelos advogados, jornalistas e políticos José Adriano Marrey Júnior (1885-1965) e Paulo Nogueira Filho (1898-1969). Ainda naquele ano, esteve à frente do periódico o poeta, folclorista, filólogo e ensaísta Amadeu Amaral (1875-1929), sucessor de Olavo Bilac na Academia Brasileira de Letras. Posteriormente, a gerência do órgão seria exercida pelo intelectual Sérgio Milliet da Costa e Silva (1898-1966), enquanto a secretaria coube a Amador Florence Sobrinho (1898?-1965?), e a chefia da redação, a PD. Este permaneceu no cargo até o fechamento do veículo pelo governo federal, em 28 de setembro de 1932, diante da iminente derrota paulista na Revolução Constitucionalista.
8 De início, tais colaborações circunscreveram-se à crítica de artes plásticas e à de literatura. Em seguida, a verve ensaística de Mário de Andrade (MA) alcançaria também o cinema e a música. As páginas do periódico ainda acolheram as crônicas da coluna semanal "Táxi", postumamente compiladas no volume *Táxi e crônicas no Diário Nacional* (estabelecimento de texto, intr. e notas de Telê Ancona Lopez. São Paulo: Livraria Duas Cidades; Secretaria da Cultura, Ciência e Tecnologia, 1976). 9 Ver carta de 5 de agosto de 1932, p. 235. [N.A.]

ele (1934-37), encerrou-se com o tenebroso 10 de novembro, deste último ano,[10] quando então principiou a segunda fase, a máxima de nossa correspondência. Quase nove anos de exílio, quase cem cartas. Em média, mais de uma por mês, das quais nem todas se acham em meu poder. De fato, o meu arquivo,[11] durante esse quase decênio de andanças pelo mundo (Portugal, Espanha, França, Alemanha, Estados Unidos, Argentina, Uruguai), viveu espalhado pelo menos em cinco países: Argentina, França, Portugal, Espanha e Estados Unidos. Consegui juntar, depois que volvi definitivamente ao Brasil, tudo quanto se achava nos três primeiros países, mas, por incrível que pareça, não pude ainda receber uma porção de papéis deixados na América do Norte e na Argentina. E, nesses países, além de originais de escritos meus, ficaram pastas de correspondência, inclusive numerosas cartas de Mário de Andrade! Essa a razão por que ficou desfalcada a documentação dessa ininterrupta presença de Mário em minha vida, durante esse longo período de ausência do Brasil. Ele dizia nas cartas que precisava muito de mim, mas eu também precisava muito dele. Até hoje faço esforços para reaver esses papéis, porque tais cartas, no seu conjunto e na sua continuidade, são elementos indispensáveis ao estudo aprofundado de sua psicologia, de suas inquietações, do seu estado de espírito, durante os seus últimos anos de vida. São cartas dolorosas, de coisas que só se dizem ao amigo-irmão, a alma aberta, sem restrições nem ambages. Mário se despia para escrevê-las. Os seus tormentos, os seus

---

10 Em 10 de novembro de 1937, deu-se o golpe do Estado Novo, instituído por Getúlio Vargas.   11 Ao sacramentar a venda de sua biblioteca particular à Universidade Estadual de Campinas, em 1970, PD se comprometeu a ceder seu arquivo pessoal à mesma instituição. A doação foi efetivada em abril de 1984, aproximadamente um mês após o falecimento do memorialista. Desde novembro de 1994, essa documentação compõe o Fundo Paulo Duarte, sob a guarda do Centro de Documentação Cultural "Alexandre Eulálio" daquela universidade.

entusiasmos, passageiros embora, as suas aflições de doença e de espírito, tudo está nelas, nuas e cruas, em desabafos que às vezes se entrechocam com alguns palavrões com que nós todos nos aliviamos muitas vezes diante da maldade e da miséria moral de certos homens. Sei que vou desagradar a muita gente publicando as cartas de Mário de Andrade. Mas eu nunca fui homem de restrições quando se trata de dizer as coisas como são. Mário nunca me pediu segredo póstumo quando se abria comigo, como eu também, quando me abria com ele, naquelas cartas das quais algumas poucas guardo em rascunhos, mas devem estar todas no seu arquivo, aqueles arquivos selados que só serão abertos depois de cinquenta anos após a sua morte.[12] Talvez eu fosse mais discreto, se não tivesse bebido tanto do vinho azedo da ingratidão e mesmo da traição de muitos a quem só fiz bem e até fiz a carreira confortável, de cima da qual a maioria me cuspiu, depois que deixei postos, perdi posição e me tornei apenas o que sou e que já era.

Mas acredito que o que me faz dizer quase tudo quanto Mário me contou é a obrigação de dar a todos os desafogos de um grande injustiçado também, alvejado pela abjeção com que foi ele tratado, só por ter sido companheiro dos poucos companheiros que não o traíram e com ele permaneceram também na desgraça.

As suas cartas, muitas delas, talvez pudessem ser impublicáveis, se se tratasse de um qualquer. Mas são de Mário de Andrade, que não se pertence e não pertence a ninguém. É res nullius, bem da coletividade. A sua biografia psicológica e intelectual pertence aos homens e aos grupos humanos de pensamento e precisa ser conhecida com todas as grandezas que

---

[12] Adquirido da família do titular pela Universidade de São Paulo em 1967 e doado ao Instituto de Estudos Brasileiros no ano seguinte, o acervo do escritor atualmente compõe o Fundo Mário de Andrade, formado por biblioteca, coleção de artes visuais e manuscritos, entre os quais se encontra a correspondência passiva à qual alude PD, lacrada até 1995.

possuía e até as fraquezas de que era dono, as quais, como se vê de tantas cartas-confissão, até essas fraquezas aumentam aquela grandeza espiritual. Porque no conjunto é que se retrata o homem de pensamento e de conteúdo humano integral. Nessa documentação profunda demonstra-se que a sua expulsão do Departamento de Cultura foi uma sentença de morte. Mário suicidou aos poucos, matou-se de dor, revolta e angústia. E esse suicídio, consciente ou inconsciente, apressou-se no Rio, num ambiente de abandono, como se vê da carta de 17 de dezembro de 1939.[13] Eu quisera não publicar cartas como esta e outras, só por causa do recato de Mário, quando se tratava de coisas íntimas, só por isso. Mas sinto o dever de mostrar o meu querido amigo tal como era, na sua bondade imensa que se revela até nessas confissões desesperadas. Ninguém se zangue comigo por isso. Porque Mário de Andrade era diferente e eu não quero revelá-lo como um qualquer. Seria repudiar a nossa mútua e inabalável confiança. Seria traição. A franqueza mais absoluta sempre existiu entre nós. Quando eu criticava ou falava mal de qualquer dos seus trabalhos, ele sabia que era por amizade e não por espírito de porco. O mesmo quando se referia a mim ou a qualquer escrito meu. Havia um denominador comum entre nós, de profunda influência no nosso estado de espírito: as dificuldades financeiras, que nunca o abandonaram e até hoje nunca me abandonaram. Isso sempre nos tirou muito de nossa segurança. Mas para ser-se independente e até malcriado com a vida, não é preciso ser rico. Aqui me vem à lembrança uma expressão de Fábio Prado, a um sujeito que, um dia, contrariado numa pretensão negocista, na prefeitura, insinuou a Fábio que, para ter a coragem de enfrentar todo o mundo, como eu fazia, era preciso ter feito uma boa fortuna, fortuna suspeita, na prefeitura. Fábio Prado sabia que eu de lá saí tanto ou mais pobre

---

13 Ver carta de 17 de dezembro de 1939, p. 287.

do que quando para lá fui e, por isso, pensou alto: "Eu só levo a sério a honestidade em homem pobre. Sendo rico é fácil ser honesto. Vejo isso por mim que, sendo rico, não me custa nada ser honesto. O difícil é ser honesto sendo pobre".

Difícil, mas não impossível e disso me lembrei quando, depois da saída de Fábio da prefeitura que, expulso também pelo Estado Novo, partiu para a Europa e, um dia, ele e eu fomos atacados por um sicofanta do gabinete do sr. Prestes Maia que o sucedeu, levantando uma dúvida maliciosa sobre a nossa lisura durante o período em que lá permanecemos. A minha reação, pela imprensa, foi de uma violência insultuosa, a fim de desafiar o intrigante que, àquele momento, tinha nas mãos os arquivos municipais, a dar uma prova, um indício de prova que fosse, que pudesse marear a nossa reputação. O tipo preferiu calar-se e ainda recebeu um pito do sr. Prestes Maia por causa da leviandade com que avançara uma velada calúnia.

Nós pertencíamos a essa escola de muitos poucos alunos. Por isso é que eu podia, como posso ainda, ser malcriado em qualquer situação.

Armando de Sales Oliveira, respondendo, por um dos seus famosos discursos, aos seus detratores, ao alegarem que jamais apresentara ele um programa político, dizia: "Meu programa é a minha honestidade". Também o programa de Mário, como o meu, era a nossa pobreza. Eu, na miséria lá fora, ele na miséria, aqui dentro...

E isso interpreta bem aquela frase de Mário em uma carta de 14 de março de 1943, que, para mim, é também uma declaração de princípios: "Não estou mais escrevendo artigos, [...] por causa de não poder mais sofrear a revolta do meu pensamento".[14] Até aí há um paralelismo em nossas vidas. A minha situação, ainda hoje, como jornalista, com uma atividade ininterrupta de quase

---

14 Ver carta de 14 de março de 1943, p. 402.

cinquenta anos, tive de interrompê-la totalmente, inexoravelmente, coercitivamente, porque os jornais, conformados, ou intimidados, até o meu jornal, acharam inconveniente eu não poder sofrear mais a revolta do meu pensamento. E eu voltei a ficar exilado dentro da minha própria terra. Depois de dois exílios que, somados, duraram coisa de doze anos, nunca me senti tão exilado como depois que retornei definitivamente ao meu país. Surpreendo-me, muitas vezes, dentro daquela mesma mentalidade inquieta com que vivi em Paris, Nova York, Lisboa e outros lugares do mundo: o estrangeiro hostilizado só por não ser do lugar, ou por falar a língua local com acento ou pensar numa língua diferente. Só que, aqui, se trata de um exílio onde a língua que se fala é a minha própria.

Ambos também recebemos a hostilidade expatriadora até de muitos paulistas. De certos paulistas apenas ganhadores de dinheiro ou caçadores de posições. De certos paulistas idiotas que não acreditam no futuro e creem até na eternidade da sua precariedade material brilhante. Os paulistas que, de medo ou de despeito ou de incompreensão, deixaram perecer o Departamento de Cultura, como mais tarde iriam deixar morrer *Anhembi*.[15] Que entregaram a Universidade aos

---

15 Fundada por Paulo Duarte pouco tempo após se desligar do *Estado de S. Paulo*, do qual fora editor-chefe, a revista *Anhembi* circulou entre dezembro de 1950 e novembro de 1962, quando se encerrou por razões financeiras: "Criada em oposição à imprensa sensacionalista da época, a publicação mensal [...] contava com a colaboração de intelectuais brasileiros e estrangeiros [...] segundo a *Anhembi*, muitos jornais e revistas dependiam de seus anunciantes [...]. A publicação [...] declarava nunca ceder às pressões, mesmo temendo o cancelamento dos contratos publicitários e a devolução da revista por parte dos assinantes". Ver Marli Guimarães Hayashi, *Paulo Duarte: um Quixote brasileiro*. São Paulo: Hucitec, 2010, pp. 91-3. Para uma análise pormenorizada do periódico, ver George Luiz França, *Anhembi (1950-1962), adiante e ao revés: Paulo Duarte e a cristalização do Modernismo*. Florianópolis: Universidade Federal de Santa Catarina, 2009. Dissertação (Mestrado em Literatura).

rinocerontes.[16] Que esterilizaram a alma de Mário de Andrade e riram até da sua angústia e do seu sofrimento. "O ano de 1943 não existiu" na minha biografia, dizia-me na carta de 14 de outubro desse ano, ao referir-se ao período em que a moléstia mais o atormentou.[17] Os mesmos paulistas que ajudaram a matar o meu entusiasmo, que nunca pediu pagamento, ajudaram também a matar Mário de Andrade.

Aliás, de 1962 para cá, os sucessos da vida me tiraram muito escrúpulo, muita falta de liberdade, muita precaução, muita reserva que tinha para falar de vultos contemporâneos, porque eram "meus amigos" ou parentes chegados de "amigos meus" que eu não queria melindrar. Entretanto, logo que perdi a minha última influência ou prestígio político e social, que era *Anhembi*, esses numerosos amigos fiéis ficaram, a maioria indiferente, e muitos ingratos e alguns até abjetos com relação a mim. Isso e mais o amadurecimento que foi sempre um ininterrupto abrasivo sobre o meu espírito inconformado fizeram que tivesse tido a coragem de publicar estas cartas de Mário e fazer outras inconfidências mais do que merecidas porque necessárias, dados os pedaços de sinceridade e de íntimo que esclarecem a vida dos homens que valem a pena e justificam faltas que a gente outrora não perdoava. É verdade que nem todas

---

16 Tendo sido um dos idealizadores da Universidade de São Paulo (USP), em 1934, PD também se engajou, durante os anos 1950, na criação do Instituto de Pré-História (IPH), dirigido por ele e arduamente incorporado à USP em outubro de 1962. Além das restrições orçamentárias, o IPH também sofreu com o aparato repressivo que passou a vigorar na USP após o golpe militar de 1964. Compulsoriamente aposentado em abril de 1969, na sequência do AI-5, o diretor do instituto já havia denunciado aquela situação de "terrorismo cultural" no livro *O processo dos rinocerontes: Razões de defesa e outras razões*, publicado de forma independente em 1967. Pode-se enxergar, no título dessa obra, uma alusão à postura de quem, a exemplo das personagens do drama *O rinoceronte* (1959), de Eugène Ionesco, se sujeita à barbárie, normalizando-a.   **17** Ver carta de 14 de outubro de 1943, p. 421.

saem agora publicadas. Algumas ainda são impublicáveis porque poderiam ser interpretadas diferente do que representam. A mesma dificuldade vou ter ao retratar Sérgio Milliet (que é também uma das obsessões ainda não satisfeitas que me torturam), o que já comecei a fazer mas não sei quando se tornará realidade. É que de certos tipos muito meus, como Amadeu, o velho Júlio Mesquita, Sérgio, Paul Rivet, Henri Laugier, Mário de Andrade, Luis Buñuel, quero falar deles com o menos possível de restrições ou freiamentos de qualquer natureza. Merecem que sejam compreendidos como devem e como exige a boa qualidade dessas pessoas, que não podem ficar à mercê da malícia ou da perfídia dos maus, dos cruéis ou dos invejosos. Assim mesmo muita coisa que tenho dito sem rodeios nem continências tem dado alimento à maledicência e ao mexerico dos despeitados ou dos falsos catões modernos. Mas, que diabo, algum risco a gente tem de correr. E eu estou disposto a correr e a refutar esses riscos. Chamem-me do que quiserem, mas jamais poderão chamar-me mentiroso ou hipócrita ou pusilânime ou corrupto.

Os que viveram intimamente com Mário de Andrade sabem que até ali por volta de 1936 costumava ele repetir como um estribilho isto: "Sou um homem feliz!". Pois documentado com as suas cartas, o resto de suas cartas que não se perderam e com o conhecimento que melhor do que ninguém tive pelo menos desses últimos vinte anos antes de sua morte, posso afirmar que Mário deixou de ser feliz no dia em que o expulsaram do Departamento de Cultura. Em 1938, portanto.

A princípio, não queria ele de forma alguma vir para o Departamento já praticamente organizado, porque só faltava a promulgação por Fábio Prado, da lei, aprovada já pelo Conselho Consultivo (não havia Câmara Municipal), pronta para a publicação.

Foi a minha insistência, mais do que isso, foi a minha exigência, a minha imposição que o demoveram. Fiz-lhe ver a decepção não só minha mas também de Armando de Sales e do então prefeito Fábio Prado, aos quais, firmado na lembrança do apartamento da avenida São João, eu propusera o seu nome não como o indicado ou como o melhor para dirigi-lo, mas como o único que poderia dar ao Departamento o cunho com que fora ele estruturado. Só depois disso é que Mário acedeu, assim mesmo com o pretexto-profecia "Você vai acabar com o meu sossego!".

Assim foi de fato; acabou mesmo o seu sossego, porque passamos a viver dia e noite o Departamento de Cultura. Uma vida intensa de trabalhos e alegria que durou até o "Estado Novo", quando Mário foi atirado à rua, de um dia para outro, inesperadamente, iniquamente, grosseiramente, boçalmente, pior ainda, envolvido da maledicência que espíritos pequeninos entreteciam e o clima ditatorial conservava através da impossibilidade de qualquer defesa da parte dos caluniados.

A expulsão de Mário de Andrade do Departamento causou-lhe um estado de choque espiritual do qual nunca mais voltaria. Nem a tentativa que fez de mergulhar-se violentamente num trabalho exaustivo conseguiu dar remédio a esse precaríssimo estado de alma. A mudança para o Rio de Janeiro, onde pensava ele poder esquecer-se do seu Departamento, não fez mais do que agravar o traumatismo, e isso suas cartas o revelam com a máxima clareza. O ambiente fofo do Rio desse tempo, a pouca profundidade das cogitações que eram o característico da sua vida intelectual, também isto uma de suas cartas o conta. As restrições com que alguns amigos ou que ele tinha por amigos o trataram não podiam esconder o despeito pela vinda de uma figura que, pensavam eles, poderia obumbrar gloríolas ou contrariar pequenas ambições. Tais coisas o foram acabrunhando, o foram esgotando, o foram impacientando cada vez mais; o clima e ainda essas noitadas de bar, em torno das quais girava a vida cotidiana de tantos escritores e poetas na então capital da República, fizeram o resto, e lá morreria ele ingloriamente um dia se não tivesse àquele dia, a mão fechada sobre o mármore de uma mesa de bar, gritado consigo mesmo: "Vou-me embora pra minha terra!". E veio mesmo, mas aí já era tarde. Mário praticamente não se esterilizara,[18] mas pode-se afirmar quase que os meses que lhe restaram ainda de vida em São Paulo foram uma longa e dolorosa agonia, mais dolorosa ainda com a última inquietação que se somara às anteriores: a guerra, aquela guerra que ele não conseguiu compreender e com a qual não se conformava de jeito nenhum. Fazia planos que não executava, iniciava projetos que não concluía. Assim mesmo, são dessa época de tristeza alguns versos, algumas páginas e várias cartas esplêndidas.

Hoje há um mundão de gente que se mete a interpretar Mário de Andrade. Há mesmo uma porção de donos dele, publicando ou confidenciando um enfronhamento de segredos, de pormenores que nunca existiram. Ou pelo menos que nós, os que convivíamos com ele, noite e dia, ignoramos inteiramente. E quanto mais leio ou ouço esses tele-exegetas, menos consigo encontrar aquele Mário do meu convívio íntimo de anos e anos... Quanta fantasia e quanta mentira e quanta tradução errada do seu pensamento e da sua vida, da sua felicidade e da sua desinfelicidade!

Daí a minha repulsa cada vez maior pelas biografias de grandes personalidades alinhavadas no passado ou no presente, cosidas por analistas, muitas vezes de talento, mas com base apenas numa obra deixada em testemunhos, muitas vezes contraditórios, em comentários de contemporâneos pouco observadores ou pouco objetivos ou com base em alguns poucos documentos epistolares, testemunhos, falsos ou falhos e exagerados, principalmente de certos autores contemporâneos, que gostam muito de aparentar uma intimidade que nunca tiveram com figuras

---

[18] Dos últimos quatro anos de São Paulo são: *Padre Jesuíno do Monte Carmelo*, *Café*, *Lira paulistana*, os importantes rodapés "Mundo Musical" na *Folha da Manhã*. [N.A.]

significativas já desaparecidas e, portanto, incapazes de retificar os erros ou preencher hiatos impreenchíveis. Já eu havia observado isso com Amadeu Amaral, com quem convivi pra lá de intimamente, durante anos e anos, e do qual já li até discursos recentemente a ele atribuídos e que ele nunca fez.

O general Isidoro Dias Lopes, anos depois de 1924,[19] conversando comigo em seu apartamento do Rio de Janeiro, me contava, de modo completamente diferente, certos episódios a ele atribuídos. Foi quando me narrou um dos aleives e das críticas que foram atiradas por alguns companheiros porque, como chefe do movimento que estalara em São Paulo, em julho de 1924, se negara terminantemente a requisitar cerca de 800 mil contos que existiam nos bancos da capital do Estado, dominada pelos revolucionários.

"— Se eu caísse na asneira de requisitar esse dinheiro" — concluiu naquele seu sorriso irônico — "a revolução acabava"...

E rematou a conversa com essa observação bem digna do espírito sarcástico daquele velho militar, figura que jamais poderia estar presente numa página de Courteline, mas apareceria com esplendor num volume de Proust ou de Eça de Queirós:

"— Se essa História antiga foi escrita do mesmo jeito por que se está escrevendo a História de uns quarenta anos para cá, pode ficar certo de que é tudo mentira... Porque esta última, eu fui testemunha dela"...

Com Mário de Andrade a mesma coisa se vem repetindo, mas com Mário toda a sua vida, inteirinha, se restabelecerá,

---

[19] Na madrugada de 5 de julho de 1924, eclodiu na capital paulista um levante militar contra a administração Arthur Bernardes (1922-6), quase que inteiramente decorrida sob estado de sítio. A rebelião, liderada pelo general Isidoro Dias Lopes (1865-1949), foi rapidamente sufocada pelas tropas federais, que retomaram o controle da cidade antes do fim daquele mês. MA entusiasmou-se pelo movimento, conforme se depreende de palavras dirigidas a Sérgio Milliet ainda no calor da hora. Ver carta de 11 de agosto de 1924, p. 458.

com exatidão, através de suas cartas, cujo conjunto, quando publicadas, pelo menos a maior parte, dirá da sua verdadeira existência, tim-tim por tim-tim. Aliás, todos os que conviveram com Mário sabem que ele escrevia cartas para serem publicadas. Quando íntimas demais, ele mesmo tinha o cuidado de dizer que eram estritamente confidenciais. Estas a gente pode guardar, mas não mostra para ninguém, a não ser em circunstâncias especiais, como esta de dizer claro de sua vida. Essa coisa de Mário de Andrade haver declarado em disposição testamentária que as suas cartas não deveriam ser publicadas durante um certo número de anos, creio que não é verdade.[20] Nunca vi o seu testamento, mas, para mim, o que ele teria determinado é que não deveriam ser publicadas as cartas dos seus amigos a ele dirigidas e que se acham no seu arquivo. Isso, possivelmente, para não comprometer esses amigos. Tanto que Manuel Bandeira, um dos poucos guardiães do pensamento literário e íntimo, íntegro, de Mário de Andrade, não teve a menor hesitação em publicar as que recebeu. Eu também não tenho. Até acho isso um dever, como disse a Guilherme Figueiredo, que também possui algumas cartas interessantíssimas de Mário de Andrade, e precisam ser publicadas.[21]

Sim, as suas cartas ou pelo menos dezenas de cartas que ele me escreveu, das quais as vicissitudes de minha vida nômade de dois exílios que somam cerca de doze anos, fora prisões que também somam cerca de cinco anos, cerca de quinze anos de vida à

---

20 Mário não deixou testamento, deixou apenas uma carta com recomendações a seu irmão Carlos de Moraes Andrade, datada de 22 de março de 1944. Essa carta diz textualmente: "Toda a minha correspondência, sem exceção, deve ser fechada, lacrada, para só poder ser aberta e examinada, cinquenta anos após a minha morte". [N.A.] **21** As cartas endereçadas ao dramaturgo Guilherme Figueiredo (1915-97) encontram-se atualmente reunidas no seguinte volume: Mário de Andrade, *A lição do guru: Cartas a Guilherme Figueiredo, 1937-1945*. Rio de Janeiro: Civilização Brasileira, 1989.

margem e à mercê de energúmenos donos do poder no momento, fizeram que muitas dessas cartas se perdessem talvez para sempre.

Muitas outras, a outras gentes que não têm arquivo e não guardam a correspondência, também desapareceram ou jazem por aí em gavetas ou em papeladas em abandono, e só por acaso ressurgirão um dia.

Mário não era de polêmicas pela imprensa. Até nisto, preferia escrever cartas aos que com ele discordavam mesmo virulentamente, a discutir em público. Uma delas, dessas que por acaso aparecem, é a que escreveu a Mário Guastini, diretor do *Jornal do Commercio*, edição de São Paulo, a propósito do livro deste, *A hora futurista que passou*, contra os modernos de 1922, carta que me foi dada pelo filho daquele jornalista, Eduardo Guastini, velho e querido amigo, um dos espíritos mais estoicos que tenho conhecido.[22]

---

[22] Eis a carta de Mário de Andrade a Mário Guastini: "São Paulo, 7/11/1926. Mário Guastini: No fundo tem isto de muito engraçado: que estamos todos bem de acordo os modernistas e você que malhou neles sem parada. Recebi *A hora futurista que passou*. Agradeço o presente e a hora de bom-humor que você fez eu passar. Livro de marcha equipada, trote largo no estradão útil da gente se divertir pensamenteando. Ora vamos e venhamos: não foi isso que a gente fez quando desfraldou e andou passeando na saraivada a bandeira de Modernismo? Foi sim. Castigar se rindo não é sempre o jeito melhor da gente cair na esparrela? É. Você afirma que não caiu. Nós idem. No fundo estamos bem de acordo, Mário Guastini.

"O seu livro não pode ficar como história do movimento inicial dessa renovação que por tão variada e escorregadia teve mais nomes que um reizinho nascendo. Porém *A hora futurista que passou* é história fiel do movimento refletido em você. Num país em cuja arte o mais importante de se combater era o Academismo e a hipocrisia pedante de escrever chique a gente não podia seguir bobamente os ismos europeus. Por isso é cada um do seu jeito o que fizemos foi apenas largar a rédea da sinceridade e chicote nela desenfreadamente através da imbecilidade e dos castelos-de-cartas. Você também. A imbecilidade que acreditou que a gente ofendia os Mestres-do-Passado também acredita que agora você matou duma vez o nosso movimento. E você inda ajudou no mais a gente a derrubar os castelos-de-cartas. No fundo estamos bem de acordo, eu não falei?

Penso, porém, que toda a sua correspondência deveria ser publicada, num só conjunto, o que constituiria a maior documentação literária e política de sua época.[23] A figura complexa de Mário de Andrade só poderá ser integralmente estudada menos pelos seus livros do que pelas suas cartas espalhadas pelo Brasil inteiro. Muitas, muitíssimas, são apenas documentos simples, sem menor significado, mas número imenso fazem o retrato psicológico e intelectual de Mário e do Brasil do seu tempo. Creio, entretanto, que três pessoas guardam, em cartas dele recebidas, os traços mais exatos do pensamento e da estrutura espiritual, humana e intelectual de Mário de Andrade: Manuel Bandeira, Sérgio Milliet e eu. Nelas é que mais

"E, ainda tem mais isto de acordo entre você e a gente: nós nos revoltamos contra a Literatura no sentido oficial e brasileiro da palavra. Pois então você não fez o mesmo com um livro em que tem uma ausência sistemática de literatura? Fez sim. E da mesma forma com que pela liberdade alcançada e até abuso repreensível dela a gente demonstrou que era possível viver gostando e se rindo neste país, o livro de você demostra um homem que sabe viver bem, possui saúde, possui força e a inteligência sutil de embaralhar bem as cartas do baralho. Pro jogador bom não interessa fazer maço não. Porque então ele ganha com facilidade, rouba e não crê em si. O interessante o corajoso é aceitar as cartas como elas venham. Então se a gente ganha que satisfa tem no coração! Você é jogador bom. Inda embaralhou mais as cartas que embaralhamos. Agora estamos cada um com nove cartas na mão, na mesa se virou um, uma dama de copa, *de coeur* como falam simbolicamente os marabás. A partida de cunca principiou. Ganhar não sei se a gente ganha não sei *se* você. Mas eu pessoalmente só lhe tenho a agradecer a lealdade e a sorte nas cartas boas que você me deu. Mário de Andrade." [N.A.]

23 Trata-se de afirmação análoga à que segue, proferida por Antonio Candido já em 1946: "A sua correspondência encherá volumes e será porventura o maior monumento do gênero, em língua portuguesa: terá devotos fervorosos e apenas ela permitirá uma vista completa da sua obra e do seu espírito". Ver Antonio Candido, "Mário de Andrade". *Revista do Arquivo Municipal*, São Paulo, n. 106, ed. fac-similar n. 198, Departamento do Patrimônio Histórico, 1990, p. 69. Reintitulado "Lembrança de Mário de Andrade", o texto figura em: Antonio Candido, *O observador literário*. 3. ed. rev. e ampl. pelo autor. Rio de Janeiro: Ouro sobre Azul, 2004, pp. 91-5.

e melhor se encarnaram a inteligência e o espírito dessa curiosa e original figura da qual muito se fala, sobre a qual muito se tem escrito, mas poucos conheceram realmente. Manuel Bandeira revela o Mário renovador de literatura e as suas ideias como escritor e literato, com dados indispensáveis à história do movimento intelectual brasileiro. Sérgio Milliet e eu podemos revelar mais a sua alma torturada, o seu espírito dorido, ansiando pelo coração irmão que a miséria da política dele separou.

Um acaso feliz pôs em minhas mãos um punhado de lindíssimas cartas escritas a Sérgio Milliet. Não hesitei em juntá-las às que ele me enviou pra não ficarem perdidas. Elas se completam e, por elas, teremos Mário de Andrade contado por ele mesmo. Pelo menos na sua fase adulta, plenamente amadurecida. Da sua mocidade, creio não existir grande cópia de documentos epistolares. Talvez Tarsila do Amaral possua alguns. Porque Tarsila, com a sua beleza acarinhante, a doçura espiritual da sua pessoa, a amizade profunda dessa criatura suave e boa, foi como uma sublimação respeitosa e elevada de Mário de Andrade. Tarsila foi pra ele, como Natercia para o velho Camões, Laura pra Petrarca, Dulcineia para o maluco fidalgo da Mancha. Uma idealização inspiratriz e confortadora, que só de pensar dá coragem. Amante imaterial com quem a gente fabrica sonhos impossíveis, mas deliciosos; que a gente tem até vergonha de referir seja pra quem for...

Mas voltemos às cartas.

Por isso tudo é que, desde há muito, me vem vindo uma vontade doida de escrever qualquer coisa mais minuciosa sobre Mário de Andrade, com base na sua correspondência, e essa ideia tornou-se mesmo uma imposição obsedante e teria de acabar acontecendo um dia. Só para ajudar a repor Mário de Andrade nele mesmo. Para limpar a sua memória dessa crosta barroca que vai deformando e mudando as linhas puras da sua personalidade.

Porque esse Mário de Andrade que conheci tão intimamente, tão minuciosamente, tão dissecado em miúdo na vida que vivemos juntos, não é bem aquele que tenho encontrado por aí, retratado por gente que nunca o viu e pretende conhecê-lo a fundo, elogiado, espiolhado e panegiricado até por gente que o detestava, mas hoje aparece, na imprensa e até no livro, dizendo-se amigos do peito, donos ou condôminos e até viúvas de Mário de Andrade.

A correspondência e os diários são os únicos documentos autênticos para a construção de uma biografia ou de uma época, afirmou Antonio Candido. Mas só em países cultos, os vultos significativos fazem diários ou respondem cartas...

Mário de Andrade não deixou diário. Tentou algumas páginas mas não prosseguiu. Entretanto escreveu cartas que não foi vida. E as suas cartas, pelo menos muitas delas, falam e falam coisas. E as que enviou a Sérgio e a mim falam muito. Com Paulo Magalhães, seu compadre, ele se abria algumas vezes, embora sem a mesma assiduidade, como uma carta de 1931, que me deu o próprio Paulo.[24]

24 "NÃO RELEIO, São Paulo, 20/8/1931. Pois, seu Paulo, o melhor é eu não ir mais pro Rio por agora. Minha vida está duma atrapalhação safada outra vez, não me deixa não. A maior razão do momento é uma conferência que tenho que fazer no Mackenzie e devia ser amanhã. Foi adiada porque se trata duma conferência concerto, sobre música brasileira, coisa que inventaram, francamente, menos pra educar em música a rapaziada do colégio que pra umas tantas pessoas necessitadas ganharem um bocado de dinheiro. Eu não estava tão necessitado assim, até quando aceitei as finanças iam de ventinho em popa, mas eles careciam de mim pra justificar o lado didático da ganhança. Então aceitei e não é que de repente fiquei necessitadíssimo também? Mas mesmo que continuasse com o ventinho das finanças me soprando pra um uruguai de câmbio alto, a responsabilidade estava e tinha que ficar aqui, porque a conferência se não é um dia é no outro, tudo pronto, tudo ensaiado, só dependendo de uma cantora que ficou doente. Dona Mina Warchavchik me telefonou contando isso e mais uma trapalhada de Estatutos do colégio que não entendi bem. Mas como ela falou que a coisa continua de pé e será por fins deste mês ou princípio do outro, fico preso.

"Você falou com graça na miséria em que andaram aí no 51 [número da casa em que Paulo Ribeiro Magalhães residia e viveu em grandes dificuldades, até ser nomeado, em 1935, diretor do Theatro Municipal], 'até calculando bifes

E esse patrimônio eu o devo à ditadura do Brasil... Um paradoxo a mais na minha vida cheia de paradoxos. Sim, devo à ditadura do Brasil a existência dos melhores documentos que possuo ligados a Mário de Andrade: as suas cartas.

no Reis e sobremesa'. É [que] tudo isso é muito bonito quando as possibilidades inda dão pra gente se rir do atual. Mas não é o meu caso que encalacrei outra vez e não vejo jeito de sair tão cedo da encalacração. Até estou com um livro que queria publicar agora, de contos, e não posso editar. Pensei em arranjar editor mas... tenho vergonha de ir procurar, não tenho jeito. Você carece entrar também em relações com os edificantes editores nacionais e garantir pra eles, nem que seja da boca pra fora, que eu sou um grande escritor e que me devem editar. Você arranja tudo! O caso de ter arranjado os seiscentos paus do Manu [Manuel Bandeira] me deixou vesgo de despeito.

"Em todo caso, a não ser que você venha dar um pulinho nesta terra, sempre inda nos veremos este ano, porque muito provavelmente tenho de ir no fim do ano até Natal, crismar um afilhado novo filho do Cascudinho [Luís da Câmara Cascudo]. Se for, irei com certa antecedência pra passar uns dias aí no Rio. Falar em crisma, você carece me mandar uma carta pra que faça as vezes de você no batizado do irmão do Antônio. Não tem propósito o desleixo em que você está abandonando isso. Mande procuração que não carece ser legalizada, está claro, e mande o presente também, porque o padrinho é você, e não sou besta pra estar dando presente pra você ganhar os méritos.

"Hoje estou bem triste. Ontem foi o último concerto da nossa Sinfônica que fechou talvez definitivamente a atividade. Os melhores professores já partiram contratados pra grande orquestra que a municipalidade de Montevidéu acaba de fundar. O Brasil parte também pra lá, diz ele que pra uma temporada de oito concertos, mas pelo que apalpei, o mais provável, talvez já decidido, não sei, é que ele fique por lá. Dona Mina Warchavchik, heroiquíssima, inda lançou ontem um apelo ao Governo assinado por uma quantidade de sócios da Sociedade, pedindo a oficialização dela, e manutenção por meio dum impostinho sobre a música mecânica. Não creio que seja bem-sucedida, estou completamente amargo a respeito dessas coisas. Meu desejo atual, franqueza, é que batemos definitivamente à porta da merda final, pra que se possa recomeçar tudo de novo. Recomeçar tudo pobrinho, sem universidades, sem sinfônicas, sem nacionalidade, num apenas *fiat* de elementos passíveis de futuras organizações. Falei em 'sem nacionalidade' não vá imaginar que estou separatista, heim! Nada está tão longe de mim como qualquer prurido de separatismo. De resto a chegada do Laudo [Laudo Camargo, juiz, nomeado, em 1931, interventor de São Paulo, em lugar de João Alberto] meio que atordoou o separatismo infante que alguns estavam proclamando. Ficaram meio injustiçados, estão roncando engraçado, roncos do passado, feito cachorrinhos que depois de batidos inda rosnam." [N. A.]

A maioria das centenas que ele espalhou por aí são apenas conselhos, são respostas a perguntas que os moços de então lhe faziam, são lições solicitadas a esse esplêndido autodidata, que, como altíssima exceção no campo autodidata, era, como Amadeu Amaral, um grande autodidata. Mas as que escreveu a Manuel Bandeira, a Sérgio Milliet e a mim[25, 26] não eram nada disso, eram o desabafo, a confidência que só se faz ao irmão espiritual, porque o irmão espiritual é que é o verdadeiro irmão, que não falha, com cuja ajuda se pode contar sem pedir, principalmente nos instantes mais amargos. Tais cartas de Mário não eram cartas, eram confissão. Eram gritos de socorro, de desespero ou de alegria. Catarse.

De minha parte, tenho sido muito criticado pelas minhas atitudes, quando saio para defender amigos que pecaram gravemente, alguns cujo crime ou falta provocou mesmo o afastamento de relações mais íntimas, fez velhos companheiros e amigos debandarem, às vezes até envergonhados da confiança longa, aberta ao culpado. Eu sempre pensei diferente. Não sei se foi o longo convívio com a luta e a adversidade, com as fraquezas humanas, não sei se isso vem da minha própria conformação biológica e mental, parti sempre do princípio pelo qual há sempre em cada criatura, seja quem for, um escaninho iluminado por um conteúdo humano puro. E sempre parti da premissa pela qual qualquer ente humano precisa de um amigo quando erra. Quanto mais profundamente erra, mais o amigo se faz necessário, porque quando acerta ou quando triunfa, não tem nenhuma necessidade de amigos. Nos dias fáceis do êxito ou das posições, a bajulação e a subserviência geral os substituem pelo menos com uma grande e aparente vantagem. Por isso que, durante os

---

25 É preciso não deixar de lado a sua correspondência com Guilherme Figueiredo e Oneyda Alvarenga. [N. A.]   **26** Com relação às cartas de MA a Guilherme Figueiredo, ver nota 21, p. 30. Já aquelas trocadas entre ele e a musicóloga Oneyda Alvarenga (1911-84) estão compiladas no volume *Cartas: Mário de Andrade & Oneyda Alvarenga* (São Paulo: Duas Cidades, 1983).

longos meses de meus estudos na Penitenciária de São Paulo, que tentei salvar, me tornei amigo de Amleto Gino Meneghetti, um ladrão, ou de Ângelo Gracioso, um assassino, portadores daquilo que os verdadeiros criminalistas do meu tempo chamavam de "psicose perversa". Por isso também domestiquei o temperamento violento mas generoso de Paul Rivet, naquele ambiente dos professores europeus, para os quais o aluno ou o discípulo deverá ser um indivíduo passivo e dócil, coisificado, e eu era um discípulo mais ou menos discordante e até arrogante, embora muitas vezes humilde. Por isso mesmo, com uma grande diferença de idade, eu moço, eles quase velhos, me tornei amigo de Amadeu Amaral e do velho Júlio Ferreira de Mesquita, homens cujo conteúdo de humildade e de consciência sempre me comoveu profundamente. Com Júlio Mesquita, houve mesmo uma cena patética que ainda é cedo para descrever. Por isso mesmo conquistei a confiança, a amizade, o amor de Mário de Andrade.

Talvez porque Manuel Bandeira e Sérgio Milliet também fossem coisa parecida, tornamo-nos esse repositório de integral confiança de Mário de Andrade, que tinha nojo da soberbia e da prosápia, que era ríspido e duramente franco, quando preciso, mas que, no fundo, era um tímido, era um inseguro, como uma criança abandonada, e sentia necessidade de uma sombra fresca e de um refúgio acolhedor nos momentos de dúvidas, de incerteza e de tormentos.

Basta lembrar um trecho de uma de suas cartas em que ele, memorando um dia de doença grave, ameaçado de ficar surdo, cheio de desalento e desespero, me escrevia: "tive um instante de desespero acabado e de dor guaçu. Desses instantes em que a gente sente necessidade de gritar: Mamãe!".[27] E essa expressão ele repetiu mais de uma vez.

---

27 A carta de MA em que PD informa constar o trecho citado não foi reproduzida pelo destinatário no capítulo 6, "As nossas cartas".

Aí está o sentido das cartas de Mário de Andrade a Sérgio Milliet, a Manuel Bandeira e a mim: o chamamento de socorro supremo, a corrida para os braços protetores que não olham sacrifícios e se abrem mesmo. Por isso é que eram diferentes as cartas de Mário de Andrade a nós enviadas. Por isso é que ele amava como a seu irmão, como a sua irmã, como a sua tia, como a minha Mãi, uma das mulheres mais corajosas e compreensivas do mundo, como Juanita, que ele nunca esqueceu nas cartas, e as minhas duas irmãs, como revelam as que se vão ler, com um afeto que quase não fazia diferença entre elas todas.

Quando vivíamos aqui em São Paulo, ambos acessíveis um ao outro — a rua Guarará era inteiramente dele como a rua Lopes Chaves era inteiramente minha —, um dia apareceu-me ele para dizer: "O procurei pra dizer uma coisa muito importante, mas no caminho me esqueci...". Certa vez me telefonou às duas da manhã, para comunicar, pelo telefone, uma ideia interessante sobre o Departamento de Cultura. De outra feita, me acordou alta noite também, lá do Rio de Janeiro, para contar pelo telefone a invenção de uma palavra nova: "guanabarada", com significado de leviandade com ou sem grandes consequências, ou futilidade sem ou com graves compromissos. Ele pusera o neologismo, o que repetiu depois numa carta, num poema que me leu e dizia assim:

Há deusas,
Há Vênus, há Domitilas
Fazendo guanabaradas
Por aí.[28]

Daí o valor espiritual e psicológico das cartas que me mandou.

---

[28] Ver carta de 6 de outubro de 1938, p. 265.

Hoje Mário de Andrade está morto. Morto de corpo. Só nos resta beber as belezas que deixou escritas em seus livros, em seus artigos, muitos dos quais esparramados por aí em jornais diversos e constituem objetivo urgente para o Instituto de Estudos Brasileiros, que possui o seu acervo, nas suas cartas, ou soltas ainda na nossa lembrança de amigos e confidentes, que ainda deambulam nesta terra arrasada pelo analfabetismo dos que não sabem ler e dos que leem mas não entendem o que leem, terra que tem sido madrasta daqueles que querem viver pensando por conta própria.

Resta o exemplo intelectual puro que nos deixou. Capaz de morrer de dor diante de um ideal decapitado, como foi a sua morte no momento em que o nosso Departamento de Cultura entrava em agonia. Mas capaz de muito mais: capaz de viver sem poluir ideias e sonhos com a traição dos interesses imediatos, a cujas tentações nauseabundas tão poucos sabem resistir, apesar de cheirarem a cadáver.

Mas creio que não vale a pena alongar considerações desta natureza. As suas cartas, à medida que lidas, sugerirão o comentário cabível. Passemos pois a elas.

Antes porém das cartas, quero ainda, para sua melhor compreensão, dizer um pouco sobre o Departamento de Cultura que foi vida, paixão e morte de Mário de Andrade. Quero ainda fazer algumas confidências que esclarecerão e darão melhor sentido às cartas que me escreveu. Principalmente pelo Departamento de Cultura.

Mário de Andrade em estado de graça com a Inteligência. Um santo laico que pode fazer milagres, para a conservação da nossa saúde espiritual. Que Mário de Andrade, lá do outro lado — se é que existe outro lado —, ilumine a juventude de hoje, esta juventude incompreendida, desprezada, perseguida e torturada, que porventura me poderá estar lendo, pois é dela, só dela e não de certos velhotes — de menos de trinta anos ou mais de sessenta anos — que pode vir a salvação. Amém.

2.
Biobibliografia relâmpago

"O desarranjo exterior, essa espécie de desânimo que só espera notícias, isso ainda não faria muito mal, o pior é assim o ar de estrépito da minha psicologia assombrada." "Tem momentos em que me toma um tamanho medo, pavor mesmo da morte... não sei como diga, porque se está longe de ser medo de *minha* morte, nem penso em mim". "Eu tenho apenas um medo vago, mas nitidíssimo de que alguma coisa vá morrer." "[...] mas não é esse o MEDO que me toma por momentos, momentos pequenos mas que me destroçam por dias inteiros. E com isso estou vivendo uma vida miserável, em que tudo sai ruim." "Me escreva, Paulo. Não venha ralhando que não adianta. Prefiro que você diga que está com muito dó de mim, é gostoso e ando pra frente."

Estas palavras, Mário de Andrade as derramou na última carta ao seu amigo-irmão, nove dias antes de morrer.[1] E elas são a angústia, a inquietação, o desespero dos seus derradeiros momentos de vida. E são também a radiografia daquela psicologia assombrada a sacudir o seu sofrimento desde que deixara o Departamento de Cultura e deixara de ser o homem feliz que sempre fora, como ele próprio repetia reiteradamente até 1938.

Nascido a 9 de outubro de 1893, numa casa da rua Aurora, na cidade de São Paulo, que tinha o número 32, e morrendo a 25 de fevereiro de 1945, em sua residência, à rua Lopes Chaves, onde morava em companhia de sua mãe, Maria Luiza, e de uma velha

---

[1] Ver carta de 15 de fevereiro de 1945, p. 436.

tia, Ana Francisca, que era também sua madrinha de batismo, ambas presentes com frequência nas suas confidências mais íntimas, contava Mário de Andrade pouco mais de 51 anos de idade.

Vivera feliz, como ele mesmo repetia, durante 44 anos, e com a alma destroçada durante cerca de sete anos. Resistira às misérias da adversidade durante esse pedaço final de vida, até quando caiu como cai um corpo morto, para descansar definitivamente ou, quem sabe, para recuperar a felicidade que perdera em 1938, agora para sempre.

Morte prematura, num momento em que sua obra não chegara ainda ao apogeu. Mas não há nome de homem de pensamento mais falado em todo o Brasil do que o de Mário de Andrade ou, para gravá-lo por inteiro, Mário Raul de Moraes Andrade. E, no entanto, não há personalidade menos estudada do que a dele. Todos os apodos, de paranoico a mistificador; todos os panegíricos, de "papa brasileiro da Arte Moderna" a escritor genial, que lhe atribuíra a maioria intelectual deste país, recebera ele ainda em vida, mas sempre disfarçando a revolta ou a alegria, com o mesmo riso aberto que, mais do que a boca, lhe escancarava o crânio todo. Entretanto, sorrisos e elogios, xingos ou objurgatórias não retratam esta notável figura da cultura intelectual brasileira.

Isso porque tudo quanto se publicou sobre — para usar uma expressão toda dele — vem sempre assinado por amigos ou admiradores, todos incondicionais, que só o enaltecem, esquecidos muitas vezes de que Mário de Andrade era homem e não ídolo. A todos faltava a objetividade para a análise positiva ou negativa, porque uma figura como tal precisa estar colocada numa perspectiva funda de tempo para ser estudada e dissecada. Inimigos Mário não tinha, embora maldizentes, muitas vezes maledicência da inveja e do despeito, não lhe faltassem, que morria entretanto com o eco dos mexericos superficiais que nunca está ausente da vida cotidiana dos homens significativos.

Mesmo o presente estudinho não vai destituído da informação subjetiva, da lembrança agradável do convívio longo, da saudade e da memória melancolicamente amável daqueles que o conheceram bem, "delicioso pungir de acerbo espinho",[2] até a sua partida definitiva para o mundo das sombras.

Daí o esforço deliberado de traçar estes comentários, evitando-se o mais possível a crítica ou a referência pessoal, atendo-se apenas aos documentos que possam estruturar o rascunho de uma rápida biobibliografia, a mais objetiva possível, porque, pelo menos por enquanto, não seria possível traçá-la sem a influência das recordações ou do conhecimento direto dessa notável figura de escritor e poeta que morreu de amor, o amor das coisas espirituais, que ele julgou malferidas e liquidadas num desses períodos de que está cheia a nossa história, de eclipses da inteligência que obscurecem a crônica política de São Paulo e de todo o Brasil.

A sua primeira formação deve-se muito à rigidez moral do pai, Carlos Augusto de Andrade, e à suavidade inigualável de Maria Luiza de Moraes Andrade, a mãe carinhosa na qual procurava refúgio certo, nos momentos dolorosos de crise, e que passou pela desventura imensa de sobreviver ao filho.

Nascera durante um desses motins de que está picotada a história republicana do Brasil e não lhe faltaram outras quarteladas e badernas durante meio século de existência. Isso entretanto não impediu que, com sete anos, em 1900, estivesse matriculado no grupo escolar da alameda do Triunfo, ali perto da rua Aurora. Passou anonimamente o período da escola primária, sem destacar-se dos outros meninos. Era uma criança como as outras. Começaria a salientar-se depois de 1905, quando iniciava o curso secundário no Ginásio do Carmo, dos irmãos

---

[2] Segundo verso do poema introdutório ao "Canto I" da obra *Camões* (1825), de Almeida Garrett (1799-1854).

maristas, para sair bacharel em Ciências e Letras quatro anos depois, em 1909. Destaque apenas de cumpridor dos seus deveres ginasiais, pois não se podia prever aí o intelectual notável de mais tarde. Tanto que, depois do ginásio, a sua ambição estava em tirar o diploma de... guarda-livros!...

Um ano após deixar o Ginásio do Carmo, ei-lo matriculado na Escola de Comércio Álvares Penteado, que deixou pouco tempo depois, não porque já tivesse encontrado o seu verdadeiro caminho, mas porque brigara exatamente com o professor de português... É quando se revela a sua primeira tendência artística. Foi estudar música e piano no Conservatório Dramático e Musical de São Paulo, onde se matriculara, ali por volta de 1911. Antes mesmo de formar-se, tornava-se professor de piano. Só em 1917, professor conhecido no meio musical, diplomar-se-ia no Conservatório. Mas aí já havia sentido o estalinho da literatura e da poesia, e publicava críticas de arte em alguns jornais e revistas, inclusive na notável *Revista do Brasil*, na sua primeira fase, sendo que, no mesmo ano da formatura, publicava o seu primeiro livro: *Há uma gota de sangue em cada poema*.

As onze poesias deste livro são um grito de protesto contra a primeira conflagração. Publicado em 1917, longe ainda da Paz que ele aí exaltava:

Ó paz, divina geratriz do riso
chegai! Ó doce paz, ó meiga paz,
sócia eterna de todos os progressos,
estendei vosso manto puro e liso
por sobre a terra, que se esfaz![3]

---

[3] "Exaltação da paz". Ver Mário de Andrade, *Obra imatura*. Estabelecimento do texto de Aline Nogueira Marques, coord. da ed. de Telê Ancona Lopez. Rio de Janeiro: Agir, 2009, p. 34.

Mas não era aqui, na primeira estrofe do primeiro poema, que se distinguia já o poeta e o grande escritor, sim em outras partes do livro, inclusive numa espécie de abertura, onde vinha a autobiografia do autor:

> *São Paulo o viu primeiro.*
> *Foi em 93.*
> *Nasceu, acompanhado daquela*
> *estragosa sensibilidade que*
> *deprime os seres e prejudica*
> *as existências, medroso e humilde.*
> *E, para a publicação destes*
> *poemas, sentiu-se mais medroso e mais humilde, que ao nascer.*[4]

Como todos os outros versos de *Há uma gota de sangue em cada poema*, esse princípio de livro foi feito em 1917. Contava Mário de Andrade 24 anos. Começara porém muito mais cedo, lá por 1912 ou 1914.

E não pararia mais. Já então havia começado as suas aventuras literárias através de autores brasileiros e estrangeiros, principalmente franceses, e já se ia inclinando para as correntes novas das letras e das artes, pois nesse tempo, embora praticamente ignorada no Brasil, a revolução da Arte se iniciara muito mais cedo, na Suíça, na França, na Itália.

E a sua atividade como poeta, escritor e no campo musical (em 1922, era professor de História da Música e de Estética, no Conservatório Dramático e Musical de São Paulo) foi num crescendo sempre até a famosa "Semana", que sacudiria a vida intelectual do Brasil.

Foi neste ano que, aqui, nascera a poesia modernista. E nascera com *Pauliceia desvairada*, de Mário de Andrade, como

---

4 "Biografia". Ibid., p. 31.

afirma Mário da Silva Brito. O volume, escreve este historiador do modernismo brasileiro:

> [...] além de poemas originais, inteiramente novos em relação à poesia acatada pelos meios cultos, é precedido de um "Prefácio interessantíssimo", conforme o próprio autor o intitulou, que constitui verdadeira plataforma da nova estética, uma erudita e polêmica colocação dos problemas que informam a poesia. É uma nova visão e conceituação do fenômeno poético, da concepção da forma, da função das imagens e de todos os recursos técnicos da expressão artística.[5]

Realmente, *Pauliceia desvairada* está cheia de faíscas. Poemas como "Ode ao burguês" são farpas penetrantes no corpo de uma sociedade decadente, exageradas, talvez, talvez um tanto artificiais, mas altamente expressivas. Há pequenas frases, às vezes um verso, que contêm uma biografia inteira, como aquele em que se refere ao pequeno vendedor de jornais (um jornal custava cem réis), figura já desaparecida da Pauliceia, pequeninos descalços, malvestidos, doentes: "Lívidos doze-anos por um tostão".[6]

Uma tempestade de objurgatórias açoitou o livro e o autor. Os chamados "passadistas" não pouparam a munição do apodo e do insulto, tal qual acontecera no Theatro Municipal. Mas houve um intelectual, um grande intelectual suficientemente sereno e lúcido para reconhecer talento e inteligência naquele livro posto no pelourinho: Amadeu Amaral tomara o livro a sério. E publicara

---

5 Ver Mário da Silva Brito, *Ângulo e horizonte: De Oswald de Andrade à ficção científica*. São Paulo: Martins, 1969, p. 60.   **6** "A caçada". Ver Mário de Andrade, *Poesias completas*. Ed. de texto apurado, anotada e acrescida de documentos de Tatiana Longo Figueiredo e Telê Ancona Lopez. Rio de Janeiro: Nova Fronteira, 2013, v. I, p. 95.

isso em *O Estado de S. Paulo*,[7] como conta o próprio Mário numa crônica que está em *O empalhador de passarinho*.[8] E contaria também a Manuel Bandeira, em carta de maio de 1924:

> Há exageros na minha obra. [...] Se te não disse ainda, digo-te agora a razão por que os conservei. Trata-se duma época toda especial da minha vida. *Pauliceia* é a cristalização de 20 meses de dúvidas, de sofrimentos, de cóleras. É uma bomba. Arrebentou. [...] toda bomba arrebenta com estrépitos e excessos de liberdade. Meu mal, se mal houver nisso, foi não corrigir-lhe o que tinha de excessivo barulho e excessiva liberdade construtiva.[9]

[7] Eu mesmo, que, nesse tempo, era íntimo de Amadeu Amaral, demasiado moço e imaturo, levado pela onda do meio em que vivia, na redação de *O Estado de S. Paulo* me decidira a escrever uma série de três artigos contra os modernos. O primeiro foi contra *A teoria da indiferença*, de Antonio Ferro, que esteve em São Paulo, saiu publicado na *Folha da Noite*, em abril de 1923. O livro de Antonio Ferro é realmente muito fraco, mas o meu artigo também o é. Logo na madrugada seguinte, quando saíamos sempre juntos da redação, Amadeu disse que lera o meu artigo, havia nele coisas boas e coisas precipitadas. E chamava a minha atenção para que pensasse melhor no movimento dos modernos. "São estabanados, mas têm muito talento", expressão de Amadeu. E foi por aí além, durante a nossa caminhada a pé pela rua da Consolação com direção às nossas casas, a dele à rua Antônia de Queirós, a minha à rua Barata Ribeiro, que eu atingi tomando a mesma rua Antônia de Queirós à esquerda. Isso me decidiu não escrever a série que pretendia. Parou aí. E comecei a prestar atenção ao grupo moderno, do qual, então, eu só conhecia Oswald de Andrade, Agenor Barbosa e mal e mal Menotti Del Picchia. E os compreendi muito bem, ao ponto de tornar-me amigo íntimo da maioria deles... [N. A.]
[8] A crônica crítica "Amadeu Amaral" foi publicada por MA no jornal *O Estado de S. Paulo* em 24 de dezembro de 1939. Ver Marina Damasceno de Sá, *Edição de texto fiel e anotado d' O empalhador de passarinho, de Mário de Andrade*. São Paulo: FFLCH-USP, 2013. Dissertação (Mestrado em Literatura Brasileira), pp. 293-7. [9] Carta com data atestada de outubro de 1922. Ver *Correspondência: Mário de Andrade & Manuel Bandeira*. Org., intr. e notas de Marcos Antonio de Moraes. 2. ed. São Paulo: Edusp; IEB-USP, 2001, p. 72.

Mário de Andrade não é a única figura grande da "Semana", está claro; não é o autor nem dono dela — Oswald de Andrade trouxera o modernismo para o Brasil, dez anos antes, em 1912, ao regressar da Europa; Mário foi tido como seu chefe mais graduado, como seu inventor, isso devido ao destaque diferente que ganhou nos meios intelectuais. A sua coerência, a honestidade mental rígida que não permitiam que transigisse jamais com as oportunidades ou com as ocasiões, embora o obrigassem sempre a corrigir o erro possível, colocaram-no na posição de comando, após 1922, acima de Oswald, de Menotti, de Di Cavalcanti, de Sérgio Milliet, de Cassiano Ricardo e outros vultos exponenciais daquele movimento barulhentamente iniciado no Theatro Municipal, em princípio de 1922.

Dois meses depois de encerrada a "Semana" surgia a revista *Klaxon*, a nova travessura do grupo mais ou menos espeloteado que incendiara o ambiente plácido do Theatro Municipal.

Uma das armas mais agressivas do movimento de 1922 foi a piada. Assim inventou-se até o "poema-piada". *Klaxon* era a revista-piada. A começar pela capa, um arranjo de parangonas coloridas e em preto feito para provocar escândalo ou raiva nos passadistas. Havia mesmo o anúncio de uma fábrica de sonetos, madrigais, baladas a preços baratos... Mas a colaboração era boa. Artigos e poemas assinados por Oswald de Andrade, Sérgio Milliet, Antônio Carlos Couto de Barros, Manuel Bandeira, Rubens Borba de Moraes, Guilherme de Almeida, Menotti Del Picchia, Ribeiro Couto, Durval Marcondes, Graça Aranha, Alberto Cavalcanti e outros entre os brasileiros, e, entre os estrangeiros, Charles Baudouin, Henri Mugnier, Antonio Ferro. Saíram apenas oito números, o último, numerado 8/9, dedicado a Graça Aranha. Como era mensal, correspondeu aos meses de maio a dezembro de 1922, e o último de janeiro de 1923. Vida curta e fama longa.

Mário de Andrade era o mais entusiasta da revista, pois colaborou em todos os números e até três vezes em cada número. E era talvez o que a levava mais a sério, chegando a publicar um estudo sobre Guiomar Novaes, que começava a aparecer. *Klaxon* e *Pauliceia desvairada*, pelo barulho que fizeram, crismaram-no como pioneiro do movimento, ao qual não faltaram pioneiros...

E essa posição já havia ele conquistado quando, em 1925, publica *A escrava que não é Isaura*, volume oferecido a Oswald de Andrade, de quem se tornara o amigo de quase todos os dias. Mais tarde brigariam, e Oswald, quando brigava, esquecia-se do dito chinês pelo qual, quando a gente briga com alguém, nunca deve dizer desse alguém coisas que nos envergonharão quando fizermos as pazes com ele. Assim, mais tarde, quando Oswald, versátil e impulsivo, fez várias tentativas de reaproximação, estas foram sempre repelidas por Mário de Andrade.

A escrava que não é Isaura é um livro de muitas lacunas, parcial, dogmático, mas cheio de qualidades também. É uma veemente exposição doutrinária da Poesia Moderna, liberta, sem rimas nem métrica. É a escrava — a Poesia — que não é Isaura, que repele as superstições e os preconceitos clássicos e tradicionais.

Explica-se a veemência de *A escrava que não é Isaura* pelos insultos que então se dirigiam aos modernistas. É a justificação e a defesa dos modernos contra a intolerância. É um formulário, como o próprio autor o diz, de "pequenos e paliativos remédios da farmacopeia didático-técnico-poética".[10]

O livro é mais polêmico do que amadurecido, e o primeiro tema que lança, sobre a linguagem pelo gesto, já vem com base num erro de sociologia primitiva: sem muita coisa que fazer, "é muito provável que largos fossem os lazeres nos tempos primitivos". "O homem por NECESSIDADE DE AÇÃO rememora

---

10 "Posfácio", em *A escrava que não é Isaura*. Ver Mário de Andrade, *Obra imatura*, op. cit., p. 335.

os gestos e os reconstrói."[11] Ao contrário, o primitivo não tem tempo para lazer. A busca do alimento, a defesa, as hostilidades da selva são uma luta terrível e contínua. A vida do primitivo é mais dura do que a do homem inteligente num país subdesenvolvido ou subadministrado.

Há nesse panegírico modernista cacoetes que Mário perderia com o tempo. Grandes e pequenos também, como esse de traduzir nomes próprios, como João Cocteau ou Paulo Claudel, Anatole France é Anatólio France. Até Miguel Ângelo, escreve ele Miguel Anjo. Por que não Anatólio França?... Faltou-lhe um pouco de Charles Lallo, de Delacroix e de C. Baudouin também. De filosofia da Arte ou de psicologia ou psicanálise da Arte. Mário contentou-se com Ribot. Mas a polêmica é sólida e bem dirigida. Entre "ser do passado e ser passadista" há uma grande diferença, diz ele. Goethe era do passado mas não passadista. "Passadista é o ser que faz papel do carro de boi numa estrada de rodagem." O passadista "procura na obra de arte a natureza e como não a encontra, conclui: — Paranoia ou mistificação!".[12] Esta paulada em Monteiro Lobato é dada assim en passant mas com toda a precisão e com elegância.[13] *A escrava que não é Isaura* está toda explicada no final da última nota que fecha o ensaio. É a remembrança fresca da assuada do Municipal:

> Há uns mocinhos a assobiar nos meus ouvidos uma vaia de latidos, cocoricos... Os cães rasgam-me as vestes na rua

---

11 "Primeira parte". Ibid., pp. 235-6.   12 "Segunda parte". Ibid., p. 274.
13 Em 20 de dezembro de 1917, o escritor José Bento Monteiro Lobato (1882--1948) veiculou no jornal *O Estado de S. Paulo* a célebre crítica "A propósito da Exposição Malfatti", na qual se condenam não propriamente as obras da pintora Anita Catarina Malfatti (1889-1964), mas sim os movimentos de vanguarda que passavam a ser assimilados pela elite artística e intelectual de então. Dois anos mais tarde, o texto foi republicado no livro *Ideias de Jeca Tatu*, sob o título pelo qual viria a se tornar mais conhecido: "Paranoia ou mistificação?".

terrível, mordem-me os pés, unham-me as carnes... Eis-me despido. Nu. Diante dos que apupam. Despido também da ilusão com que pretendi amar a humanidade oceânica. Mas as vagas humanas batem contra o meu peito que é como um cais de amor. Roem-me. Roem-me. Uma longínqua, penetrante dor... Mas o sal marinho me enrija. Ergo-me mais uma vez. E ante a risada má, inconsciente, universal tenho a orgulhosa alegria de ser um homem triste. E continuo para frente. Ninguém se aproxima de mim. Gritam de longe: "Louco! Louco!". Volto-me. Respondo: "Loucos! Loucos!". É engraçadíssimo. E termino finalmente achando em tudo um cômico profundo: na humanidade, em mim, na fadiga, na inquietação e na famigerada liberdade.[14]

O próprio Mário de Andrade dá o estudo como um desabafo, no "Posfácio" onde, lembrando que o livro, embora publicado em 1925, foi escrito logo após a "Semana", menos de dois meses depois. Dominava ainda um certo desaponto de não serem compreendidos nem pelos moços. E revolta e desânimo também. Ao ser porém publicado o estudo, três anos depois, tudo isso estava ultrapassado. De modo que *A escrava que não é Isaura* não representava mais "a Minha Verdade inteira", diz Mário.[15]

Antes, porém, de *A escrava que não é Isaura*, deve-se atentar para um pequeno volume publicado no ano seguinte, em 1926, mas quase todo elaborado antes da *Escrava*: *Losango cáqui ou afetos militares de mistura com os porquês de eu saber alemão*, dedicado a Anita Malfatti, é de 1922. Vem, entretanto, com um prefácio de 1924, uma pequena profissão de fé. Poesia fardada

---

[14] "Apêndice", em *A escrava que não é Isaura*. Ver Mário de Andrade, *Obra imatura*, op. cit., pp. 331-2. [15] "Posfácio". Ibid., p. 333.

e poesia à paisana, mais fardada do que à paisana. Remembranças do serviço militar prestado na linha de tiro, com estadias no quartel de Santana e manobra em Gericinó, no ano de 1916. Um conjunto de rápidos 45 poemas ou, melhor, apontamentos poéticos "liricamente anotados".[16] Poesia de circunstância, como lembra o próprio autor: "Lhe falta aquela característica de universalidade que deve ser um dos principais aspectos da obra de arte". O livro deve ser "tomado como pergunta, não como solução que eu acredite sequer momentânea". Mário de Andrade, aí, considera toda a sua obra (muito pequena ainda) como simples "procuras", "uma curiosidade em via de satisfação".[17] É de fato um livrinho ainda imaturo, feito de improvisos poéticos, o que não impede trechos comoventes de sensibilidade e emoção:

A gente se encosta nos outros, pedindo
Uma esmolinha de calor.[18]

Em *Losango cáqui*, Mário de Andrade já se considerava um homem feliz, como se julgou quase toda a sua vida. Realmente, se ainda em 1938 se dizia um homem plenamente feliz, que dirá em plena e sadia mocidade que desfrutava em 1922?!
Citando um verso de *Losango cáqui*, "a própria dor é uma felicidade",[19] afirmava Mário, em carta de dezembro de 1927, a Tristão de Ataíde: "Porque feliz, isso eu sou. Ninguém não poderá diminuir minha felicidade, nem a morte de minha mãe. Sofrerei muito na certa quando ela morrer, porém sem

---

16 No texto de MA, lê-se: "Sensações, ideias, alucinações, brincadeiras, liricamente anotadas". Ver Mário de Andrade, *Poesias completas*, op. cit., v. I, p. 133.   **17** "Advertência", em *Losango cáqui ou afetos militares de mistura com os porquês de eu saber alemão*. Ibid., pp. 133-4.   **18** "XIII". Ibid., p. 153.   **19** "XVII". Ibid., p. 159.

fazer da morte dela e da minha dor um espetáculo".[20] Ele morreria primeiro...

Só começou a considerar-se "desinfeliz",[21] quando foi expulso do Departamento de Cultura, depois de implantada a ditadura em fim de 1937. Daí o seu grito de desespero, na carta de dezembro de 1939, que me enviou: "Mas te odeio por você ter me excitado a vaidade com essa [...] diretoria do Departamento de Cultura!".[22] Porém aí perdera já toda felicidade. "[...] tenho me esqueletizado em meu ser psicológico", condifenciava ele em outra carta de abril de 1938.[23]

Mário de Andrade considerava-se feliz mais por uma determinação tomada desde muito moço, para só esfrangalhar-se essa felicidade em 1938, quando contava 45 anos, do que mesmo por uma vida sem percalços, suave e confortável. Que importa porém ainda que fosse uma posição subjetiva?!...

Me sinto vestido de luzes estranhas
E da inquietação fulgurante da felicidade.[24]

Versos de *Losango cáqui*, de antes de 1922, portanto... *Losango cáqui* saía com uma capa de Di Cavalcanti e uma tiragem de oitocentos exemplares, paga evidentemente pelo autor.

A queixa repete-se ainda hoje: a falta de apoio aos novos. Mário de Andrade formulava-a já em 1931, em carta a Paulo

---

20 Carta de 23 de dezembro de 1927. Ver *Correspondência: Mário de Andrade & Alceu Amoroso Lima*. Org., intr. e notas de Leandro Garcia Rodrigues; estabelecimento do texto das cartas de Leandro Garcia Rodrigues e Tatiana Longo Figueiredo. São Paulo: Edusp; Rio de Janeiro: PUC, 2018, p. 94. Tristão de Ataíde era o pseudônimo do crítico literário e pensador católico Alceu Amoroso Lima (1893-1983).   **21** Neologismo empregado por MA em diferentes textos seus, tais como *Macunaíma*.   **22** Ver carta de 17 de dezembro de 1939, p. 287.   **23** Ver carta de 3 de abril de 1938, p. 253.   **24** "I", em *Losango cáqui...*, op. cit. p. 135.

Magalhães. Nem editores nem jornais queriam publicar Mário de Andrade. Com relação a estes, o primeiro jornal a ceder, pagando a colaboração, foi *O Estado de S. Paulo*, mas isso muito mais tarde. Durante vários anos, os seus livros continuaram recusados pelos editores. Quando ele lutava no Rio, procurando melhorar a situação financeira, comentava essa indiferença em carta, de julho de 1929, a Sérgio Milliet. Era preciso pedir, insistir, apelar para amigos. Lembrar espontaneamente, ninguém. "A vida do Brasil é assim feita de camaradagem de presença", queixava-se ele a Sérgio.[25]

Assim mesmo, ainda em 1926, publicava o seu primeiro livro de contos. Escritos velhos reunidos pelo gozo da publicação, ainda que com todos os sacrifícios financeiros. O nome: *Primeiro andar*.

Quem comece a ler *Primeiro andar* surpreende-se logo com o trabalho inicial, "Conto de Natal", uma crítica social perfeitamente passadista, na composição, na linguagem, no estilo, na sintaxe, em tudo. Publicado em 1926, ninguém nele reconheceria o autor de *A escrava que não é Isaura* (1925) ou de *Losango cáqui* (1926). E a mesma impressão continua pelo volume afora. No conto "Cocoricó", de 1916, embora revisto, cena burguesamente antifeminista, de moderno só aquele característico do abrasileiramento exagerado da deslocação de pronomes, assim mesmo uma só vez revelado num "me perdoa". E *Primeiro andar* continua do mesmo jeito em "Caçada de macuco" (1917); e "Caso pançudo" (1918); "Por trás da porta", nova cena com personagens e o resto passadistas; "Galo que não cantou" (1918); e "Eva" (1919), uma estória literariamente e biblicamente histórica... Depois vêm "Brasília" e "História com data", ambos de 1921, este último evidentemente retocado, pois várias notas são da década de 1930. O assunto aqui

---

[25] Ver carta de 4 de julho de 1939, p. 493.

é curioso, embora não novo: um transplante cerebral. "Moral quotidiana" que segue (1922) tem tons futuristas, embora a linguagem, a gramática e o resto sejam passadistas. Vem, por fim, a primeira estória de Belazarte: "O besouro e a rosa" (1923) com linguagem ainda no normal de então.

Há um ponto misterioso na evolução intelectual de Mário de Andrade: Quando se converteu ele ao modernismo? Parece que só em 1922 ou a partir de 1921. Antes, como demonstra *Primeiro andar*, que reúne trabalhos de 1914 a 1923, deste ano um apenas: "O besouro e a rosa", juntado talvez de propósito ao organizar-se a publicação do livro.

É verdade que há poesias anteriores de cunho perfeitamente moderno, mas, de um modo geral, até 1921, literariamente, Mário de Andrade era um escritor burguês, como todos os outros e muito hesitante ainda. A conversão ou, melhor, a atitude definitiva foi rápida e violenta. Explode em 1922, com *Pauliceia desvairada*, mas pouco consolidada ainda. Talvez se arrependesse mesmo de publicar *Primeiro andar*, a isso levado à fustigação de uma vaidade moça de publicar ou não perder o que estava feito. Entretanto, *Primeiro andar*, malgrado ele mesmo dizer que era o seu livro de que menos gostava, teve uma segunda edição, em 1932, quando a posição literária de Mário estava definitivamente firmada.

No prefácio deste livro, datado de junho de 1923, ele procura justificar-se: "Não sei mesmo que carinho errado por mim e por esses amigos assuntando o que escrevo me faz publicar estas façanhas de experiência literária". E mais adiante: "Se agora acontece às vezes me equilibrar sozinho sobre estes meus pés bem calçados não tive parada por toda a casa dos vinte. Andei portando nos pomares de muitas terras, comendo frutas cultivadas por Eça e por Coelho Neto, por Maeterlink". E conclui: "Pois neste volume eu salvo alguns Noés desse passado. Contos cuja virtude está nas datas, são os que me pareceram mais bonitos ou característicos. Aos que me estimam interessarão".[26]

E interessam mesmo. Principalmente quando se iniciar a verdade crítica sobre a obra e a personalidade de Mário de Andrade. O "primeiro andar de casa crescendo" — é ele mesmo quem o afirma — "ninguém põe reparo nele".[27]

Talvez só em 1923, ante as lutas e os percalços provocados pela "Semana", começasse ele a tomar verdadeira consciência do seu caminho certo, como revela inconscientemente a carta a Sérgio Milliet, de julho de 1923, de Araraquara, onde em geral ia descansar: "Depois dum mês de férias retomo a vida paulistana. Mais gordo e mais disposto. Sim. Talvez mesmo uma nova reserva dessas forças de ilusão que me permitem dizer de novo: Vou trabalhar. Escreverei. Estudarei...".[28] Mário Raul de Moraes Andrade aí é que encontrara Mário de Andrade. Achara-se.

Essas observações são importantes, pois o modernismo chegava pela primeira vez ao Brasil em 1912, com o regresso de Oswald de Andrade de Paris, trazendo no bolso o manifesto futurista de Marinetti e a notícia do novo movimento, ao qual dera já a sua adesão, inclusive a posição de Paul Fort que, em sua nova poesia, pusera abaixo a métrica e a rima. E é preciso notar ainda que a publicação de *Pauliceia desvairada* se dava quando o modernismo ou o "futurismo", como era genericamente chamado, afundava raízes no Brasil. Oswald publicava avulsamente versos futuristas, Lasar Segall fizera a sua primeira exposição em São Paulo, dez anos antes (1912); Anita Malfatti abrira a sua primeira exposição em 1914 e, em 1917, a segunda, que provocara "Paranoia ou mistificação?", de Monteiro Lobato.

---

[26] "Advertência inicial", em *Primeiro andar*. Ver Mário de Andrade, *Obra imatura*, op. cit., p. 83. [27] Ibid. [28] Ver carta de 19 de julho de 1923, p. 448.

Talvez em 1917, quando Menotti publicava o seu estupendo *Juca Mulato*, iniciara-se a amizade de Mário e Oswald, que publica versos "futuristas", desde 1916. Amizade estreita, incondicional, não se podendo prever que se esfarinhasse irremediavelmente alguns anos depois. Em 1923, João Ribeiro e Amadeu Amaral não aderiam, mas respeitavam a nova corrente. Manuel Bandeira também se revelava. Brecheret era descoberto por Oswald, Menotti Del Picchia e Helios Selinger em 1920, e, em 1921, saía o manifesto modernista, ano em que Oswald proclamava Mário "o meu poeta futurista". Nesse ano, Di Cavalcanti, figura importante do movimento, abre a sua primeira exposição. Graça Aranha aderira também ao movimento, retirando-se da Academia Brasileira, fazendo antes um discurso que provocou grande escândalo. Apesar de todos esses episódios marcantes, Mário hesitava ainda, escrevia, ora em português, ora em brasileiro, mesmo depois de *Pauliceia desvairada*, com aquele "prefácio interessantíssimo" que Mário compusera obrigado "por insistência de amigos e dum inimigo", como declarava em *A escrava que não é Isaura*.[29] Esse inimigo já deve ser Oswald. Apesar de tudo isso, Mário hesitava ainda, como prova a publicação de *Primeiro andar*, posterior a *Pauliceia desvairada*.

Depois de *Primeiro andar*, no ano seguinte, em 1927, dava Mário de Andrade o último episódio dessa fase de hesitação e de aprendiz, com *Amar, verbo intransitivo*, que nada mais é do que o que sobrou daquela *Fräulein* tão longamente anunciada e quase abandonada.[30] Como não valia a pena perder, cose-se o que estava feito e publica-se uma simples novela, cheia de

---

[29] "Segunda parte", em *A escrava que não é Isaura*. Ver Mário de Andrade, *Obra imatura*, op. cit., p. 292. [30] Título originalmente concebido por MA para o "idílio" *Amar, verbo intransitivo* (1927). Em carta a Alceu Amoroso Lima, expedida em 23 de dezembro de 1927, o escritor afirma ter abandonado o título *Fräulein* para que se evitassem erros de pronúncia no Brasil. Ver *Correspondência: Mário de Andrade & Alceu Amoroso Lima*, op. cit., p. 96.

trechos interessantes e cheia de costuras e alinhavos, o que deveria ser um romance completo cuidadosamente trabalhado e polido, definitivo, e não o foi. Nem romance nem novela: idílio apenas. Esvaziamento de gaveta com coisas velhas ou deixadas... Mas este *Idílio* já prenuncia 1928, o grande ano de Mário de Andrade. Começaria aí a sua obra verdadeira, integrada, definitiva. Mas *Amar, verbo intransitivo* já é um livro diferente, cheio de originalidade, linguagem e estilo diferentes, quase completamente liberto das peias tradicionais que ele agora procurava arrebentar violentamente.

Nesse ano de 1927 o movimento modernista caíra em cissiparidade. Polipartia-se em vários clãs: da Anta, do Jabuti, do Pau-Brasil, da Antropofagia, do Verde-Amarelo. Este último grupo, é curioso, nascia estreitamente regional. Era violentamente nacionalista dentro de uma revolução que se batia exatamente pela universalização da Arte. Mas assim foi e nesse ano de 1927 era ainda publicado por Mário o seu *Clã do jabuti*. Aqui estava firmado o poeta moderno através de uma coletânea de poemas do período 1923-26. "Levou a breca o destino do poeta", dizia ele aí sobre o Carnaval, mas parecia dirigido a ele mesmo; "Teu amor provinha de desejos irritados".[31] Havia, entretanto, muito lugar para a expansão da sensibilidade e da ternura, como em "Lenda do céu", dedicado a Tarsila:

Gemia numa sanfona
Uma mazurca tão linda
Que se parava um bocado
O ouvido cantava ainda.[32]

---

31 "Carnaval carioca", em *Clã do jabuti*. Ver Mário de Andrade, *Poesias completas*, op. cit., v. I, p. 215. **32** "Lenda do céu". Ibid., p. 273. O poema integra a seção "O ritmo sincopado", inteiramente dedicada à pintora Tarsila do Amaral (1886-1973).

Duas mulheres inteligentes tornaram-se o encanto maior de Mário de Andrade: d. Olívia Penteado e Tarsila do Amaral. Esta última porém merecia um carinho especial. Só uma "lenda do céu" poderia ser dedicada a ela. A beleza física e espiritual de Tarsila e sobre isso a grande qualidade da pintora a tornavam privilegiada no afeto de Mário. Daí uma piada de Paulo Magalhães, piadista maior do que todos os modernistas daquele tempo do poema-piada. Mário, doente do ouvido, fora aconselhado a arrancar numerosos dentes. Mas resistia a essa mutilação e Paulo Magalhães disse um dia no *Diário Nacional* que, se Mário fosse a isso obrigado, já planejara mandar fazer duas dentaduras: uma para comer e outra de veludo, para conversar com Tarsila... Voltemos a 1927.

Ia aí iniciar-se a fase alta de Mário de Andrade. O seu primeiro grande ano ameaçava começar: 1928, quando era considerado o patriarca inconteste do modernismo no Brasil. Mas haveria mais em 1928. Haveria *Macunaíma, o herói sem nenhum caráter.* No ano anterior, Mário de Andrade, na companhia de d. Olívia Penteado, de Dulce, filha de Tarsila, e outros, havia realizado uma longa viagem pela Amazônia, subindo o grande rio até Iquitos. Trouxe um mundo de notas sobre costumes, folclore musical e observações pessoais.[33] Essa viagem abriu-lhe as portas do entusiasmo pelo Norte e pelo Nordeste do Brasil, o que motivou outras idas posteriores àquelas paragens e consolidou o seu amor brasileiro por essa imensa e heroica região, onde

---

33 Entre 7 de maio e 15 de agosto de 1927, MA percorreu a Amazônia na companhia da aristocrata e mecenas dos modernistas Olívia Guedes Penteado (1872-1934); de sua sobrinha, a futura diplomata Margarida Guedes Nogueira (1908-82); e de Dulce do Amaral Pinto (1906-66), filha do primeiro casamento de Tarsila. Já entre 27 de novembro de 1928 e 24 de fevereiro de 1929, o escritor atravessou sozinho o Nordeste do Brasil, em viagem vincada pela perspectiva etnográfica. Ver Mário de Andrade, *O turista aprendiz*. Ed. de texto apurado, anotada e acrescida de documentos de Telê Ancona Lopez e Tatiana Longo Figueiredo; colaboração de Leandro Raniero Fernandes. Brasília: Iphan, 2015.

o Brasil toma aspectos originais inteiramente seus. *Macunaíma* acolheu, depois de pronto, algumas influências nortistas e nordestinas. Sim, algumas apenas, porque quando se deu a viagem pelo Amazonas, *Macunaíma* já estava pronto para a tipografia.

Ninguém se deu ao atrevimento de dizer que *Macunaíma* é uma sátira ao caráter brasileiro ou mesmo latino-americano. Mas é na realidade a crítica ao malandro tão infiltrado na vida brasileira. Um "ataque às desvirtudes nacionais", diz Cavalcanti Proença.[34] O livro é dedicado a Paulo Prado, autor do também satírico *Retrato do Brasil*. Talvez pudesse ser chamado *Caricatura do Brasil* ou pelo menos, de um certo Brasil, aventureiro, oportunista e, por isso mesmo, adesista, bajulador, dispondo de numerosas ilhas Marapatá, para maior comodidade dos políticos, dos ganhadores de dinheiro, dos peculatários, dos marginais da moralidade e da ética. "Católico-espirita-macumbeiro", como diz Cavalcanti Proença,[35] quem não reconhece esse tipo continental até no campo da religião? Disso, a expressão do próprio Mário: "pátria tão despatriada"...[36]

Porém, a melhor interpretação de Macunaíma é feita pelo próprio Mário de Andrade: "Fiz questão de mostrar e acentuar que Macunaíma como brasileiro que é *não tem caráter*. [...] Ponha reparo:" — está numa carta a Manuel Bandeira, de novembro de 1927 — "Macunaíma ora é corajoso, ora covarde".[37] Muito "secretamente o que me parece é que a sátira além de dirigível ao brasileiro em geral, de que mostra alguns aspectos característicos, escondendo os aspectos bons sistematicamente, o certo é que sempre me pareceu também uma sátira

---

34 Ver Manuel Cavalcanti Proença, *Roteiro de* Macunaíma. 3. ed. Rio de Janeiro: Civilização Brasileira, 1974, p. 6. **35** Ver ibid., p. 14. **36** A expressão consta na sexta parte do ciclo "Tempo da Maria", intitulada "Louvação da tarde" e que integra a coletânea *Remate de males*. Ver Mário de Andrade, *Poesias completas*, op. cit., v. 1, p. 334. **37** Carta postada em 31 de outubro de 1927. Ver *Correspondência: Mário de Andrade & Manuel Bandeira*, op. cit., p. 359.

mais universal ao homem contemporâneo". Isso repetia ele, noutra carta de dezembro de 1930.[38]

O livro foi escrito de dezembro de 1926 a janeiro de 1927 e publicado em 1928, certamente com muita revisão imposta pela viagem de 1927 à Amazônia. O nome *Macunaíma* foi colhido em Koch-Grünberg, "que me entusiasmou pelo herói" (carta a Manuel Bandeira, de 7 de novembro de 1927) "e se refere ao herói indígena que, segundo [Alceu] Amoroso Lima, aparece pela primeira vez em 1868 na obra de W. H. Brett sobre os selvícolas da Guiana", informa o mesmo Cavalcanti Proença.[39]

Mário, de início, definiu o seu livro como uma história ou um romance e finalmente como rapsódia. Escreveu dois prefácios que não o satisfizeram, motivo por que não publicou nenhum deles.

Depois de *Macunaíma*, com a sua linguagem e estilo peculiares, só apareceria, inconscientemente procurando mas não conseguindo ultrapassá-lo, Guimarães Rosa. Mas Guimarães Rosa conserva-se sempre mineiro, regional. *Macunaíma* é universal. Nele está todo o folclore ameríndio, com as influências europeias e africanas que recebeu.

Macunaíma tornou-se célebre rapidamente e continua vivo hoje, como em 1928. Além da primeira teve outra edição, em 1937, e três outras até 1969.

Um ano antes de *Macunaíma*, fundava-se o *Diário Nacional*, órgão oficial do Partido Democrático, no qual Mário de Andrade colaboraria intensamente desde o início, com literatura vária, artigos, contos, crônicas de livros e de música, pois aí nesse jornal estavam os seus mais íntimos companheiros, como Antônio Carlos Couto de Barros, Sérgio Milliet, Tácito

---

38 Carta de 12 de dezembro de 1930. Ver ibid., p. 473. **39** Ver Manuel Cavalcanti Proença, op. cit., p. 8. Já o excerto da carta a Manuel Bandeira se encontra em *Correspondência: Mário de Andrade & Manuel Bandeira*, op. cit., p. 364.

de Almeida, Rubens Borba de Moraes, Paulo Nogueira Filho, Paulo Duarte e outros.[40]

A música foi uma constante na vida de Mário de Andrade. Mas, ao integrar-se de todo nas atividades intelectuais, a literatura, prosa e poesia antecederam de muito a qualquer trabalho musical específico. Só nesse mesmo ano de 1928 publicava ele o *Ensaio sobre música brasileira*, quando se tornara conhecido já, com oito publicações literárias anteriores. Trata-se de uma coletânea folclórico-musical, que ele comenta transcrevendo texto e música desse material abundante que colhia pelo Brasil inteiro. Aí, numa primeira parte, analisa a música brasileira, diferenciando a música popular e a artística, o ritmo, a melodia, a polifonia, a instrumentação, a forma. Na segunda parte vêm a documentação musical do canto infantil, dos trovadores populares, as cantigas de trabalho, as danças, os cantos, religiosos, militares, de bebida e da comida, toadas, emboladas, desafios, lundus, modinhas, pregões musicados.

O *Ensaio sobre música brasileira* saiu logo depois de *Macunaíma*, mas o êxito que teve nada deve aos ecos ainda palpitantes deste último, o que muito incentivou o autor para outras publicações sobre tema musical, terreno em que Mário se movia comodamente havia muitos anos. Assim, em 1929, sai o *Compêndio da história da música*, que teve três edições sucessivas (1929, 1933 e 1936). Em 1930, aparecia *Modinhas imperiais*. É uma antologia de quinze preciosas modinhas brasileiras de salão, do tempo do Império, para canto e piano, seguidas de um delicado lundu para piano forte. O prefácio é longo, um ensaio sobre a modinha que "teve significação importante na complexidade musical brasileira". "Pelo papel que representou faz parte imprescindível dos nossos estudos etnográficos. Pelo que criou de bom, de gracioso e mesmo de lindo não é

---

40 Ver nota 8 do capítulo I, p. 19.

justo que permaneça no ostracismo da nossa ignorância atual."⁴¹ O ensaio se completa das notas apostas a cada uma das quinze modinhas transcritas musicalmente.

Remate de males, publicado em 1930, já é um livro inteiramente integrado no modernismo. Nele está incluída uma parte de "Tempo da Maria", anteriormente anunciado como obra isolada. Poesias de 1924 a 1930.

A obra poética de Mário de Andrade sugere a ideia pela qual, ao contrário do que fazia com os seus livros de prosa, não corrigia ou modificava muito os seus versos que vinham para o livro com imperfeições naturais a trabalhos não relidos ou modificados ou simplesmente corrigidos. Atinha-se, quase exclusivamente, ao parecer de Manuel Bandeira, ao qual enviava sempre cópia das suas poesias. Em *Remate de males* nota-se isso em poemas feitos entre 1924 e 1929. De qualquer maneira, o talento e a inspiração poética e a sensibilidade também jorram de todos os lados, já em versos humorísticos:

> *Muito de indústria me fiz careca,*
> *Dei um salão aos meus pensamentos!*⁴²

já em trechos de grande lirismo:

> *Assuntando aquele rosto*
> *Que o rouge aviva mansinho,*
> *A gente sente um sossego*
> *De peito de passarinho.*⁴³

---

41 "Prefácio". Ver Mário de Andrade, *Modinhas imperiais*. São Paulo: Casa Chiarato L. G. Miranda, 1930, p. 5. Disponível em: <https://digital.bbm.usp.br/handle/bbm/7737?locale=en>. Acesso em: 25 nov. 2021. **42** "Danças", em *Remate de males*. Ver Mário de Andrade, *Poesias completas*, op. cit., v. 1, p. 298. **43** "VII — Maria". Ibid., p. 338.

ou então este verso que é a explosão de um desabafo:

Eu fiz da minha vida sempre um rasgo matinal...[44]

ou então ainda uma força lírica estupenda:

Teu dedo curioso me segue lento no rosto
Os sulcos, as sombras machucadas por onde a vida passou.[45]

Em *Remate de males* foram incorporados vários poemas de "Tempo da Maria", anunciado como livro a ser publicado.

Agora vai aparecer Mário de Andrade verdadeiramente contista. Mas, embora os contos viessem desde 1924, *Belazarte* só foi publicado em 1934. Os sete contos aí incluídos consagrariam definitivamente Mário como um dos melhores estoriadores brasileiros. Alguns deles eram já conhecidos, pois foram publicados em revistas: *América Brasileira*, *Revista Nova* e no jornal *Diário Nacional*. Um saíra já, fechando o livro *Primeiro andar*: "O besouro e a rosa".

A bibliografia musical de Mário de Andrade ia enriquecer-se notavelmente nesse mesmo ano com outra contribuição: *Música, doce música*. É a reunião de diversos estudos selecionados dentre os numerosos por ele publicados na imprensa, principalmente no *Diário Nacional*. Corrigidos, desenvolvidos, modificados, esses estudos tornaram-se matéria digna de publicação em livro e melhor ainda apareceriam se não fosse certa negligência com que o autor organizou os originais sem cortar os trechos que os revelam como crônica de jornal e certos anacronismos que lhes dão uma aparência de superficialidade que, de fato, esses trabalhos não têm. Entretanto, quem

---

[44] "Louvação matinal". Ibid., p. 359.   [45] "Girassol da madrugada", concernente ao ciclo "Livro azul". Ibid., p. 462.

os lê aí encontra excelentes elementos de análise e de informação interessantíssima... Principalmente nas três primeiras partes das quatro em que foi o livro dividido. De fato, só a última destoa um pouco, pois aí aparecem algumas críticas severas e cheias de coragem nas quais Mário de Andrade investe contra a má qualidade da rádio paulista, (se ele visse hoje a televisão!...), contra a relaxação das temporadas líricas oficiais, contra os comerciantes da Música, contra o amadorismo profissional. Tudo isso, entretanto, se vaporiza diante da qualidade das três primeiras partes dedicadas à música do Brasil, ao folclore e a alguns autores brasileiros vivos e mortos, dignos de figurar entre os melhores que o Brasil teve... Enfim, um volume que revela as altas qualidades literárias e de investigador, como é o estudo sobre as origens brasileiras do fado, que se completaria só mais tarde com outras análises feitas por Mário do *Memórias de um sargento de milícias* e ainda outro sobre a influência portuguesa nas "rodas" do Brasil e outros.

Antes que terminasse o ano de 1934 era dado ao prelo novo volume de Mário de Andrade, um estudo aprofundado sobre o Aleijadinho e Álvares de Azevedo, a sair no início de 1935. São dois ensaios sem nenhuma ligação um com o outro. O estudo sobre o Aleijadinho é um esclarecimento artístico a respeito do célebre escultor e arquiteto mineiro, ao passo que o outro sobre Álvares de Azevedo está menos de acordo com este título do que o que lhe foi dado no texto: "Amor e medo". De fato, estuda-se aí esse fenômeno de medo e do amor em todos ou quase todos os românticos. O próprio Mário diz no final do ensaio: "Creio ter demonstrado pelos seus lados vários, o sambinha de sequestro que o amor e medo saracoteou na excessiva mocidade dos nossos maiores poetas românticos".[46]

---

[46] "Amor e Medo". Ver Mário de Andrade, *Aspectos da literatura brasileira*. 5. ed. São Paulo: Martins, 1974, p. 228.

De fato, no estudo juntam-se, a Álvares de Azevedo, Casimiro de Abreu, Fagundes Varela, Castro Alves e até Gonçalves Dias. É depois deste último livro que se inaugura uma fase nova na vida de Mário de Andrade. A última do homem feliz. "Sou um homem feliz!", não cansava ele de repetir desde os idos de 1921, desde antes talvez. Pois esta era do homem feliz iria entrar no seu último ato, que foi o mais importante de sua vida, pois nele se incluía o Departamento Municipal de Cultura. Terminado este, iniciar-se-ia o epílogo de tudo, encerrado em fevereiro de 1945. Usando uma expressão do próprio Mário, poder-se-ia chamar este trecho de o do "homem desinfeliz", isto é, o que abrange o período de 1938, quando foi sumariamente despedido do Departamento, até a sua morte.

Quando Fábio Prado, então prefeito de São Paulo, e Armando de Sales Oliveira, no início de 1935, aprovaram o plano por mim estruturado da fundação de um Departamento Municipal de Cultura, o autor do plano impôs, apenas, uma condição, caso aprovado: os funcionários superiores — chefes de Divisão e de Seção — necessários seriam por ele indicados; os especializados, por concurso. Os burocráticos, datilógrafos, escriturários, contínuos e serventes, a sua indicação caberia ao Partido Constitucionalista ou ao prefeito e ao governador do Estado. Armando de Sales Oliveira e Fábio Prado concordaram. A lista dos candidatos aos postos mais altos foi organizada. Assim, para a Divisão de Expansão Cultural e direção do Departamento iria Mário de Andrade; para a Divisão de Documentação Histórica e Social, iria Sérgio Milliet, então bibliotecário da Faculdade de Direito; para a Divisão de Bibliotecas, iria Rubens Borba de Moraes, funcionário da Recebedoria de Rendas do Estado e cuja alta competência bibliológica o tempo confirmou.[47] E assim por diante.

---

47 O intelectual Rubens Borba Alves de Moraes (1899-1986), que viria a se notabilizar como bibliófilo, bibliógrafo e bibliotecário, não assumiu de imediato a

Esta, a razão do êxito do Departamento de Cultura. Fábio Prado não conhecia Mário de Andrade; as informações que teve de estranhos eram de que se tratava de um futurista sem outra qualidade a não ser o próprio cabotinismo. Levei então Mário para almoçar em casa de Fábio Prado e assim, com a simpatia do prefeito e de Renata Prado, consegui a aprovação do nome de Mário que, ao ser então por mim oficialmente convidado, não queria de forma alguma aceitar uma responsabilidade daquelas, mas teve de ceder diante da imposição do seu velho amigo, ao qual Mário de Andrade rematou com estas palavras textuais: — Você vai acabar com o meu sossego, m'ermão!...

Assim Mário foi, em 1935, para a chefia da Divisão de Expansão Cultural e direção do Departamento, onde realmente se acabaria o seu sossego e onde deixaria de ser um homem feliz.

Mais tarde, quando posto para fora do Departamento pelo novo prefeito que substituiu Fábio Prado, Mário, que nunca se conformou com a injustiça, maldizia em carta de 17 de dezembro de 1939: "[...] te odeio por você ter me excitado a vaidade com essa [...] diretoria do Departamento de Cultura!".[48]

Nomeado Mário de Andrade, o Departamento passou a ser estruturado por uma pequena equipe, sob a minha presidência, da qual faziam parte Mário, Sérgio Milliet e Rubens Borba de Moraes.

---

chefia da Divisão de Bibliotecas do Departamento. O posto foi inicialmente ocupado pelo primeiro diretor da Biblioteca Municipal de São Paulo, o escritor Eurico Dória de Araújo Góes (1878-1938), aposentado no princípio de janeiro de 1936. Durante o breve período em que esteve à frente daquela Divisão, Eurico de Góes protagonizou velados embates com MA. A esse respeito, ver Mário de Andrade, *Me esqueci completamente de mim, sou um departamento de cultura* (org. de Carlos Augusto Calil e Flávio Rodrigo Penteado. São Paulo: Imprensa Oficial do Estado de São Paulo; Secretaria Municipal de Cultura, 2015, pp. 250-4). **48** Ver carta de 17 de dezembro de 1939, p. 287.

Em princípio de 1938, já a instituição se tornara célebre, e principalmente suas pesquisas sociais eram conhecidas em todo o mundo. Nesse ano, os seus criadores, inclusive Fábio Prado, eram afastados pela nova política do Estado Novo. E principiou a sua decadência até transformar-se numa simples repartição burocrática sujeita aos caprichos da política partidária que nada respeita.

Em pleno apogeu do Departamento, em 1936, Mário é solicitado a redigir o anteprojeto do Departamento do Patrimônio Histórico e Artístico Nacional, que se transformaria em lei, em dezembro de 1937, cuja execução ficou a cargo do seu primeiro diretor, Rodrigo Melo Franco de Andrade, com Mário de Andrade seu representante em São Paulo.

Às suas atividades, de Diretor do Departamento de Cultura e chefe da Divisão de Expansão Cultural, somou Mário de Andrade o labor penoso do Patrimônio Histórico. Isso em 1937. O seu primeiro relatório, apresentado sobre o trabalho realizado em São Paulo, demonstra uma extraordinária noção de responsabilidade. De fato, em cerca de trinta laudas, vinha a enumeração dos monumentos arquitetônicos e históricos de São Paulo, acompanhada de abundante documentação fotográfica e sugestões para o futuro. Esses dados ele os obteve diretamente, em numerosas viagens às regiões velhas do Estado, colhendo informes e visitando ruínas, na minha companhia, sendo eu o fotógrafo e o cronista daquelas reportagens. Tudo isso e mais a sua atividade de professor do Conservatório. A turma de 1935 o elegeu paraninfo, e o seu discurso "Cultura musical" era publicado só no ano seguinte. E ainda colaborações, como "A música e a canção populares no Brasil", trabalho editado mais tarde, em 1939, pelo Institut de Coopération Intellectuelle.

No Departamento de Cultura desenvolvia-se uma atividade de formigueiro, que continua, naqueles anos rápidos de 1935 a 1938. Em 1937, Mário de Andrade aí fundava uma Sociedade de

Etnologia e Folclore, da qual foi eleito presidente. E, ao mesmo tempo que publicava o estudo "O samba rural paulista", lançou-se na organização do Congresso de Língua Nacional Cantada, com o objetivo de estabelecer as normas de pronúncia do canto em nossa língua. O Congresso deu-se em julho de 1937, sob a sua direção, e foi uma realização inédita no Brasil. O objetivo era reunir estudiosos da língua nacional, foneticistas, atores e autores, cantores, professores de canto e musicistas, a fim de, bem estudado o assunto, estabelecerem-se as normas de como se deve cantar na língua do país. Evidentemente, não pretendia a iniciativa do Departamento de Cultura fixar desde logo as regras inflexíveis e a tradição de como devem ser o canto artístico e a dicção em língua nacional.

Desejava-se apenas iniciar o estudo do problema da língua e da música do Brasil, examiná-lo, discuti-lo e aventar normas principais com que professores de canto, cantores e compositores pudessem aconselhar-se e libertar-se das soluções improvisadas dos cacoetes pessoais em que se extraviavam até então.

Por aí se vê o que era o Departamento de Cultura. Sem ele seria impossível esse grande comício cultural com a presença de especialistas de todo o Brasil. Ia ser realizado no salão do Conservatório, mas a afluência foi tal que se transferiu para o Theatro Municipal. Era a primeira vez que no Brasil se via um encontro dessa natureza. Finalizada a reunião com um êxito extraordinário, o Departamento de Cultura publicou os anais do Congresso, que foram impressos na Gráfica da Prefeitura, pertencente ao mesmo Departamento, um volume de grande formato, com cerca de oitocentas páginas, fartamente ilustrado a começar pela página de rosto, com um desenho de Portinari. É hoje uma obra rara, mas indispensável a quem quer que estude Música no Brasil.

As numerosas repartições do Departamento de Cultura trabalhavam da mesma forma intensa, estruturavam-se em profundidade. Construíram-se parques infantis nos quais Mário de Andrade instituiu festas infantis onde se cantavam e se representavam as canções populares e o que de melhor o folclore do Brasil podia inspirar. Fundaram-se a Biblioteca Circulante, a Biblioteca Infantil e uma Biblioteca ambulante armada num automóvel especial que, cada dia, estacionava num jardim ou parque de São Paulo. Apesar da comovente aceitação do público, muitas pessoas acompanhavam a Biblioteca ambulante nos logradouros em que estacionava diariamente. A Biblioteca Central, à rua Xavier de Toledo, começava a ser construída. O seu acervo passava por uma reforma total e contava agora com verbas para a manutenção e compra de livros, que nunca tiveram as bibliotecas do Brasil. Na Divisão de Documentação Histórica e Social restauravam-se os velhos documentos da história de São Paulo, preparando-os para publicação, a Seção de Iconografia instalava-se, e fazia-se o levantamento demológico da Capital, quarteirão por quarteirão, trabalho inédito também que iria ser recebido com aplauso e admiração na França, apresentado por Sérgio Milliet na Exposição de Paris de 1937, tendo aí declarado o professor Bourdon que, pela primeira vez, era dado ao urbanismo e à sociologia o exame de uma cidade *"au microscope"*.[49] O Theatro Municipal fora aberto,

---

[49] Por intermédio da etnóloga Dina Dreyfus (1911-99), a Sociedade de Etnografia e Folclore, presidida por MA no Departamento de Cultura de São Paulo, foi convidada a participar de congressos realizados na França em julho e agosto de 1937, no âmbito da Exposição Universal de Paris. Assim, Nicanor Miranda (1907-90), chefe da Divisão de Educação e Recreio, apresentou a comunicação "Estudos cartográficos de tabus alimentares e danças populares" no I Congresso Internacional de Folclore, enquanto Sérgio Milliet, à frente da Divisão de Documentação Histórica e Social, expôs, no Congresso Internacional da População, o trabalho "A estatística demográfica na cidade de São Paulo e a representação dos resultados por curvas de nível". Integrava a comissão organizadora desse último evento o historiador Jean Bourdon (1889-1974), então professor de demografia na Escola de Antropologia de Paris e presidente da Comissão Internacional de Demografia Histórica.

pela primeira vez, aos trabalhadores, com grande inquietação dos meios grã-finos pelos estragos que aí podia praticar o homem do povo. Foi outra inesperada observação sociológica. Se nos espetáculos acessíveis apenas à elite, com frequência, cadeiras e outras instalações eram danificadas com pontas de canivete ou lâmina de gilete, que dirá o Teatro entregue às massas populares que certamente nada respeitariam? Pois a surpresa foi sensacional: a gente do povo era muito mais educada do que a gente educada!... Nunca se verificou um estrago, um desrespeito durante aqueles espetáculos de música ou de teatro oferecidos especialmente aos operários, com entrada grátis. O teatro regurgitava de uma multidão modesta, mas atenta e respeitosa. Entregue a sua direção a Paulo Ribeiro Magalhães, este sugeria as reformas e modificações no campo do teatro, do cinema e da música, tudo sob a orientação de Mário de Andrade. Da mesma forma a seção entregue à Oneyda Alvarenga, uma antiga aluna de Mário, que a foi buscar depois numa pequena cidade mineira. Aqui principiavam a Biblioteca musical e a Discoteca, e dava-se início ao Laboratório de Fonética. Um texto especial, com todos os sons da língua falada no Brasil, era gravado com a voz de uma pessoa culta e outra inculta da mesma região, do Sul, do Norte, do Centro. O homem culto de São Paulo foi Alcântara Machado, que proferiu o seu célebre "paulista sou de quatrocentos anos". Assim foram feitas numerosas gravações de todo o Brasil com a fala do culto e do inculto. As pesquisas estenderam-se à música popular, ao folclore e foram culminar com o primeiro congresso da língua nacional cantada, cujos anais, como dissemos, são obra de consulta indispensável a todos os estudiosos do assunto.

No ano seguinte, ano maléfico para o Brasil, para São Paulo, para o Departamento de Cultura e especialmente para Mário de Andrade, começaria a grande tragédia. A ditadura havia sido implantada no ano anterior, em novembro de 1937. O arbítrio passou a dominar a vida pública. Aqueles que haviam criado o Departamento passaram a ser presos ou expulsos do país. Mário de Andrade foi posto fora e, na impossibilidade de permanecer até na sua Divisão de Expansão Cultural, licenciara-se sem vencimentos e emigrara para o Rio de Janeiro, onde, com a proteção de Gustavo Capanema, ministro da Educação da ditadura e seu amigo, era admitido, primeiro, como professor de estética da Universidade do Distrito Federal recém-criada e, depois, em começo de 1939, chefe de Seção do Instituto do Livro, com o encargo especial de elaborar um anteprojeto da Enciclopédia Brasileira. Nesse ano, publica ele um livro interessante: *Namoros com a medicina*, editado pela livraria do Globo, de Porto Alegre.

É mais um livro de folclore. Na primeira parte, uma longa e minuciosa referência às ligações folclóricas com a medicina, principalmente da música. Esse trabalho foi uma forma de fugir às misérias que lhe eram feitas pelos donos da administração pública paulista, que, ansiosos por destruir tudo quanto os seus antecessores fizeram, atingiam a esmo todos os que se achavam ligados ao sr. Armando de Sales Oliveira. Mário de Andrade nunca fizera política, só fizera obra de inteligência, mas fora o primeiro diretor do Departamento de Cultura, e este, pela sua própria natureza, era coisa que provocava urticária gigante à nova situação. Ante a brutalidade das injustiças que o atingiam, procurava refúgio nas suas atividades mais queridas. Ele próprio, no curto prefácio do livro, revela bem isso: "Jogado fora da escrita por paixões talvez mais humanas, aos poucos vou retornando ao vício velho da literatura".[50] Daí o livro composto de dois ensaios. O primeiro, denominado "Terapêutica musical"; e o segundo, "A medicina dos excretos". A maneira por que foi

---

50 "Advertência". Ver Mário de Andrade, *Namoros com a medicina*. Porto Alegre: Livraria do Globo, 1939, p. 5.

recebido esse novo livro, depois de um silêncio editorial prolongado, que o Departamento de Cultura não dava tempo de publicar livros, foi um consolo às amarguras que o agrediam.

Mas a sua angústia começara e agravava-se a cada dia. Não se aclimatou no Rio de Janeiro. Sofreu aí até hostilidades de amigos nos quais confiava. Muitos o tomaram como um concorrente, vendo riscos pessoais na sua amizade com o Ministro da Educação. Faltou-lhe o necessário incentivo para adaptar-se, como se vê da sua correspondência com Sérgio Milliet e Paulo Duarte. Os contratempos financeiros, uma constante também da sua vida, agravam-lhe o estado de espírito. Apesar disso, ainda publica *A expressão musical nos Estados Unidos*, que teve grande repercussão nos centros de cultura norte-americanos. Convidado mais de uma vez a visitar os Estados Unidos, com tudo pago, recusou.

O regresso a São Paulo deu-se em fevereiro de 1941. Acabrunhado, o moral baixíssimo, bebendo mais do que devia e exigia o seu gosto apurado pelo bom vinho, Mário extravasa o seu desespero numa carta de abril daquele ano, ao confidente máximo de suas tribulações:

> Andei sofrendo por demais e me esqueci completamente de você, me esqueci de toda a gente, só interessado em digerir meu bolo cotidiano de desgraça. Desgraça que era mais ou menos como ovo-de-colombo, bastou que numa noite de porre eu batesse com o punho na mesa do bar e me falasse pra mim mesmo: Vou-me embora pra São Paulo, morar na minha casa. E eis que zás, num átimo e de supetão, minha desgraça diminuiu de seus sete décimos — que os outros três décimos são a dor humana, universal eterna pelos outros homens, coisa sem cura nem ovo-possível.[51]

---

51 Ver carta de 9 de abril de 1941, p. 302.

De novo em São Paulo, apesar de tudo, entrega-se Mário a um trabalho intensivo e a um desgaste intensivo também. Publica *Música do Brasil*, dividida em duas partes: *Evolução social da música brasileira*, trabalho de 1939, mas revisto agora, e *Danças dramáticas ibero-brasileiras*, da mesma época. A seguir, em dezembro de 1941, saem *Poesias*, seu primeiro livro publicado pela Editora Martins, que mais tarde imprimiria suas obras completas. Aí se encontram poemas de *Pauliceia desvairada*, de *Losango cáqui*; uma segunda parte de poesias a que chamou "Prisão de Luxo", seguida de *Remate de males*, de *A costela do Grã Cão* e finalmente *Livro azul*.

Enquanto saíam esses novos livros, segue ele para outra longa excursão ao Norte e ao Nordeste, comissionado pelo Patrimônio Histórico e Artístico, a realizar pesquisas histórico-artísticas, principalmente de folclore.[52]

Uma carta de 1941 chega com tom mais alegre: "Acham que estou bebendo por demais, porém enquanto eu não me achar, nesta cidadinha, como pegar o ritmo antigo, manhãs de acordar cedo, ora já se viu! Isso foi num tempo antediluviano em que se falava na existência dum Departamento de Cultura que teve a estupidez de ser cultural nesta Loanda". "Agora vou fazer um esforço pra justificar mais humanamente minha

---

[52] Após a permanência nas regiões Norte e Nordeste do Brasil em 1927 e 1928-9, respectivamente, MA não tornou a fazer viagens de longa duração. À exceção do período em que viveu no Rio de Janeiro, entre o segundo semestre de 1938 e o início de 1941, o escritor se distanciou de São Paulo "apenas para breves estadias no Rio, em Belo Horizonte, bem como em cidades do litoral e do interior paulista", inclusive quando comissionado pelo Serviço do Patrimônio Histórico e Artístico Nacional (Sphan), na qualidade de etnógrafo e pesquisador. Ver Telê Ancona Lopez e Tatiana Longo Figueiredo, "Por esse mundo de páginas". In: Mário de Andrade, *O turista aprendiz*, op. cit., p. 25.

existência pobre."⁵³ Na carta seguinte, de 26 de junho de 1941, anunciava que principiara pesquisas e estudos para novo livro sobre frei Jesuíno do Monte Carmelo e que estava organizando originais de *Poesias escolhidas* e de *Crítica literária*. Em janeiro de 1942 mandava o programa de um curso de História da Poesia Popular Brasileira, que iria ministrar na Escola de Sociologia e Política. Noutra carta de março, confessava: "Mas ando vivendo muito e bem melhorzinho de minhas crises morais Andrade", e anunciava a conferência a ser feita, no Rio, a convite da Casa do Estudante, sobre os pródromos do movimento modernista.⁵⁴ Já em abril voltava a falar da sua angústia que continuava, e que havia abandonado a ideia do curso sobre a História da Poesia Popular Brasileira.⁵⁵

A conferência foi publicada com o título *O movimento modernista*, um pequeno volume editado pela Casa do Estudante. Essa conferência provocou polêmica, mas é como uma confissão pública muito corajosa. Nela aponta erros dos modernos e que julgava serem erros próprios. "E eu — diz ele, terminando a palestra — que sempre me pensei, me senti mesmo, sadiamente banhado de amor humano, chego no declínio da vida à convicção de que faltou humanidade em mim. Meu aristocracismo me puniu. Minhas intenções me enganaram."⁵⁶

[...] Deveríamos ter inundado a caducidade utilitária do nosso discurso, de maior angústia do tempo, de maior revolta contra a vida como está. Em vez: fomos quebrar vidros de janelas, discutir modas de passeio, ou cutucar os valores eternos, ou saciar nossa curiosidade na cultura. E se

---

53 Ver carta de 5 de junho de 1941, p. 306. **54** Ver carta de 20 de março de 1942, p. 355. **55** Ver carta de 28 de abril de 1942, p. 357. **56** Mário de Andrade, *O movimento modernista*. Rio de Janeiro: Casa do Estudante do Brasil, 1942, p. 73. Disponível em: <https://digital.bbm.usp.br/handle/bbm/7730>. Acesso em: 25 nov. 2021.

agora percorro a minha obra já numerosa e que representa uma vida trabalhada, não me vejo uma só vez pegar a máscara do tempo e esbofeteá-la como ela merece. Quando muito lhe fiz de longe umas caretas. Mas isto, a mim, não me satisfaz.

[...]

[...] em síntese, eu só me percebo, feito um Amador Bueno qualquer, falando "não quero" e me isentando da atualidade por detrás das portas contemplativas de um convento.

[...]

[...] Tudo o que eu fiz foi especialmente uma cilada da minha felicidade pessoal e da festa em que vivemos.

[...] O meu passado não é mais meu companheiro. Eu desconfio do meu passado.[57]

E termina a conferência assim:

Nos períodos de maior escravização do indivíduo, Grécia, Egito, artes e ciências não deixaram de florescer. Será que a liberdade é uma bobagem?... Será que o direito é uma bobagem!... A vida humana é que é alguma coisa a mais que ciências, artes e profissões. E é nessa vida que a liberdade tem um sentido, e o direito dos homens. A liberdade não é um prêmio, é uma sanção. Que há-de vir.[58]

Palavras ditadas pela sua falta de segurança final. Empregando uma expressão sua, ele julgava haver confundido o galo com a aurora. Aliás muito antes, em meados de 1928, o grande ano da sua vida literária, ele já confidenciava a Manuel Bandeira: "Você já sabe de muito que não tenho confiança em nada de mim".[59]

---

[57] Ibid., pp. 74-6 e 79.   [58] Ibid., p. 81.   [59] Carta de 2 de junho de 1928. Ver *Correspondência: Mário de Andrade & Manuel Bandeira*, op. cit., p. 391.

Como se vê, quando se tratava dele, muitas vezes Mário deixava de ser objetivo. Porque a sua obra, a sua coragem moral, a sua coerência permanecem como uma lição e um exemplo. Dos maiores vultos do modernismo, foram ele e mais Sérgio Milliet os únicos talvez que ficaram mais rigidamente fiéis às ideias veementes pregadas e defendidas e não se entregaram às adesões melancólicas a correntes políticas dominantes em busca de posições ou de comodidade para viver.

Anunciava ele, em julho de 1942, um trabalho sobre a "Arte inglesa" e outro que serviria de prefácio ao catálogo da exposição que Lasar Segall ia fazer no Rio, e ainda uma aula de abertura dos cursos no Conservatório sobre a "Atualidade de Chopin". E rematava, depois de comentar a sua revolta contra aquela guerra incendiando a Europa, que ele não aceitava nem com ela se conformava: "Mas não há-de ser nada. Já está correndo o quinto ano das nossas vacas magras, e como isso de vacas é como regime penitenciário que a gente andando bem direitinho ganha comutação de pena, estou certo que nossa disgra, este ano mesmo, vai ser mudada em liberdade condicional — o que no caso quer dizer felicidade condicional".[60] Em outubro do mesmo ano de 1942, estava ele "vivendo uns dias sublimes de fecundidade criadora",[61] apesar do que sofria com a guerra que raivava sempre. Escrevera um novo ensaio sobre o folclore no Brasil, para o *Handbook of Brazilian Studies* e preparava uma ópera chamada *Café*, e a descrevia em pormenores, analisando o significado da ópera.

Outro livro anunciava ele em carta de março de 1943. Era *O baile das quatro artes*. Deixara de escrever artigos para jornais e revistas "por causa de não poder mais sofrear a revolta do

---

60 Ver carta de 7 de julho de 1942, p. 376. 61 Ver carta de 18 de outubro de 1942, p. 395.

meu pensamento".[62] Como tem acontecido tanto, a liberdade de exprimir o pensamento no Brasil estava muito cerceada e, em tais períodos, os homens autênticos preferem ficar calados e esperar. A partir de 1943, começara a última fase do seu sofrimento moral e físico também, pois esse ano seria todo de doença. Ao ponto de dizer que, na sua biografia, o ano de 1943 não existiu.[63] A angústia não o abandonava mais. "Uma angústia bastante curiosa de analisar, porque chega suficientemente até a consciência pra eu saber que é angústia, mas age longínquo, só tenho como que os ecos soluçantes dela. Se diria que tenho uma angústia formidável lá no eu profundo, mas nas partes mais profundas e impenetráveis, lá no inconsciente, uma angústia prodigiosa."[64] Em princípio de agosto de 1944, vinha ele mais animado: "Eu vivo melhor, Paulo. Desde o dia 1 deste, depois dum bruto esforço pra me libertar das instâncias que me faziam viver de fora pra dentro, principiei de novo vivendo de dentro pra fora". E mais animado ainda:

> [...] estou em vésperas de possivelmente (ainda não é garantido) dar um golpe bonito. Compro umas terrinhas, seus 12 alqueires, por aqui perto, que acontece ter dentro uma residência e capela do séc. XVII, que já estão tombadas e o Serviço está restaurando agora, não conte a ninguém. Na escritura de compra doarei o pedaço de terra em que está a preciosidade ao Estado. E pretendo ir viver lá e morrer lá.[65]

---

62 Ver carta de 14 de março de 1943, p. 402. Registre-se, ainda, que, nessa passagem, MA alude não a *O baile das quatro artes*, mas sim a outra obra publicada em 1943, *Aspectos da literatura brasileira*, conforme se depreende da leitura de missiva remetida por ele cerca de um mês depois. Ver carta de 23 de abril de 1943, p. 411. Apenas dali a aproximadamente quinze dias é que o escritor anuncia a publicação da obra mencionada por PD. Ver carta de 8 de maio de 1943, p. 416. **63** Ver carta de 14 de outubro de 1943, p. 421. **64** Ver carta de 28 de abril de 1942, p. 357. **65** Ver carta de 5 de agosto de 1944, p. 429.

Tratava-se do sítio de Santo Antônio, em São Roque, ao qual eu o levara a visitar em 1936 ou 1937.

Depois disso fora a Belo Horizonte, onde passou duas semanas e ficara encantado com a cidade e com os seus amigos de lá. O conjunto de Pampulha, em construção, lhe havia lavado a alma. "Eu já falei, faz bons anos, que considero a inteligência mineira a mais completa e harmoniosa do Brasil"...[66]

De volta a São Paulo, novamente, a angústia o assaltou e assim passou o fim de 1944 e o início de 1945.

A Editora Martins propusera a publicação de suas obras completas, isso logo depois da saída da última: *Os filhos da Candinha*, e Mário de Andrade reanimara-se organizando as edições definitivas dos seus livros. Antes, porém, a mesma Editora imprimira *Lira paulistana* seguida de *O carro da miséria* num mesmo volume. Mas, quando saiu o livro, Mário não mais se achava na Terra. Numa última carta, ele fazia a sua última confidência ao amigo ausente. E nessa carta um estranho pressentimento de morte: "Tem momentos em que me toma um tamanho medo, pavor mesmo da morte", "momentos pequenos mas que me destroçam por dias inteiros. E com isso estou vivendo uma vida miserável, em que tudo sai ruim". Depois dessas frases dolorosas, comunicava a compra do sítio com a capela de Santo Antônio e finalizava: "Me escreva, Paulo. Não venha ralhando que não adianta. Prefiro que você diga que está com muito dó de mim, é gostoso e ando pra frente".[67] Essa carta é de 15 de fevereiro de 1945. No dia 25, reunido em sua casa, à rua Lopes Chaves, com alguns amigos, passava todo o dia de cama, com dores anginosas (o pai e um tio morreram numa crise de *angina pectoris*). Cerca das 22 horas, a crise final.

---

66 Ver carta de 30 de setembro de 1944, p. 433. **67** Ver carta de 15 de fevereiro de 1945, p. 436.

Passou a Luís Saia a xícara: "Segure a xícara que eu não estou me sentindo bem". E fechou os olhos momentos depois.

Ao morrer, deixou Mário de Andrade 29 livros publicados. Parece, entretanto, que o principal da sua obra se achava inédito e disperso em jornais e revistas, que iria ser reunido nas obras completas. Realmente, aquela Editora levou a esplêndida tarefa até o fim. São vinte volumes, como determinara o seu autor, a saber:

1º volume (1960): *Obra imatura*, contendo *Há uma gota de sangue em cada poema*; *Contos*, selecionados de *Primeiro andar*; e *A escrava que não é Isaura*.

2º volume (1955): *Poesias completas*, com *Pauliceia desvairada*, *Losango cáqui*, *Clã do jabuti*, *Remate de males*, *O carro da miséria*, *A costela do Grã Cão*, *Livro azul* e o livreto da ópera *Café* (rascunho completo).

3º volume (1955): *Amar, verbo intransitivo*.

4º volume (1959): *Macunaíma*.

5º volume (1956): *Os contos de Belazarte*.

6º volume (1962): *Ensaio sobre a música brasileira*, com prefácio de Oneyda Alvarenga.

7º volume (1963): *Música, doce música*, contendo o texto da primeira edição e mais *A expressão musical nos Estados Unidos* e ainda 24 trabalhos inéditos e prefácio de Oneyda Alvarenga.

8º volume (1944): *Pequena história da música*, com um esclarecimento do próprio Mário de Andrade.

9º volume (1956): *Namoros com a medicina*, contendo "Terapêutica musical" e "A medicina dos excretos". Prefácio de Mário de Andrade.

10º volume [1964?]: *Aspectos da literatura brasileira*, contendo a primeira edição de "Aspectos da Literatura Brasileira", "Amor e medo" (Fagundes Varela), "O movimento modernista" e "Segundo momento pernambucano".

11º volume (1965): *Aspectos da música brasileira*, contendo "Evolução social da música no Brasil", "Os compositores e a língua nacional", "A pronúncia cantada e o problema do nasal brasileiro", "O samba rural paulista", "Cultura musical".

12º volume (1965): *Aspectos das artes plásticas no Brasil*, contendo "O Aleijadinho", "Lasar Segall", "Do desenho", "A capela de Santo Antônio".

13º volume (1963): *Música de feitiçaria no Brasil*. Um grosso volume com importante introdução de Oneyda Alvarenga.[68]

14º volume (1963): *O baile das quatro artes*, contendo ainda "Arte inglesa".

15º volume [1963]: *Os filhos da Candinha*.

16º volume (1963): *Padre Jesuíno do Monte Carmelo*, publicado anteriormente pela Diretoria do Patrimônio Histórico e Artístico Nacional, depois da morte de Mário de Andrade.

17º volume (1956): *Contos novos*.

18º volume (1959): *Danças dramáticas do Brasil* (3 volumes), notável repositório folclórico.

19º volume (1964): *Modinhas imperiais*, reprodução da edição de 1930.

20º volume (1955): *O empalhador de passarinho*, crítica e crônicas, fechando as obras completas de Mário de Andrade.

Constituem esses vinte volumes um patrimônio cultural de imensa valia. Mário de Andrade guardava em sua casa o melhor da sua obra, a qual o projeta ao plano mais elevado da cultura brasileira. A morte tornou-o também maior do que vivo. O seu martírio teve fim e a glória imorredoura começou àquele dia

---

68 Apenas mais recentemente foi restituído o plano original de MA para o volume 13 de suas *Obras completas*. Ver Mário de Andrade, *Aspectos do folclore brasileiro*. Estabelecimento do texto, apresentação e notas de Angela Teodoro Grillo; coord. de Telê Ancona Lopez. São Paulo: Global, 2019.

25 de fevereiro de 1945. Aí está ela expressa nesses vinte volumes que consagram uma vida curta, mas admirável.

A maioria dos trabalhos, Mário de Andrade deixou ainda sem organização, e essa carinhosa tarefa deve-se a Oneyda Alvarenga, antiga aluna sua no Conservatório e que Mário levou para o Departamento de Cultura. Oneyda Alvarenga não só preparou os originais para publicação, senão também acrescentou observações e explicações quando necessário. Será possivelmente essa obra o mais notável trabalho folclórico até hoje publicado no Brasil.

Durante toda a sua vida, Mário de Andrade viveu sob dois signos: o da pobreza e o dos sonhos irrealizáveis. As suas cartas mais íntimas revelam a tortura pela sobrevivência material. A única fase de maior tranquilidade financeira foi a do Departamento de Cultura, quer dizer, de 1935 a 1938, menos de três anos portanto. Isso não impediu que pedisse demissão de tudo, quando viu que não podia permanecer no Departamento sem o sacrifício de sua dignidade intelectual e pessoal. E afrontou, de novo, a insegurança.

As suas aperturas financeiras estão fundamente marcadas em sua correspondência mais íntima, desde data remota. Já em março de 1923, em carta a Sérgio Milliet, dizia ele: "Ando terrivelmente *miquiado*".[69] Em 1925, noutra carta a Sérgio, repetia: "Estou crivado de dívidas".[70] E a situação persistiu a mesma pelos anos afora. Em carta de 1927, agora a Manuel Bandeira, queixava-se: "Uma coisa que tem me aporrinhado um bocado é a minha 'pobreza'".[71] Na resposta a uma de Paulo Magalhães, comentava em agosto de 1931:

---

69 Ver carta de 18 de março ou abril de 1923, p. 441. **70** Ver carta sem data, cujo ano, 1925, é indicado por PD, p. 464. **71** Carta de 4 de outubro de 1927. Ver *Correspondência: Mário de Andrade & Manuel Bandeira*, op. cit., p. 354.

> Você falou com graça na miséria em que andaram aí no 51, até calculando bifes no Reis e sobremesa. É [que] tudo isso é muito bonito quando as possibilidades inda dão pra gente se rir do atual. Mas não é o meu caso que encalacrei outra vez e não vejo jeito de sair tão cedo da encalacração. Até estou com um livro que queria publicar agora, de contos, e não posso editar. Pensei em arranjar editor mas... tenho vergonha de ir procurar, não tenho jeito.[72]

É outro aspecto da vida desse escritor, um dos maiores do Brasil. Anos e anos foram precisos para que um editor aceitasse uma de suas obras. A maioria dos seus livros, publicados antes de sua morte, foi impressa à sua custa e com que sacrifícios!... O editor Chiarato aceitou editar o *Ensaio sobre a música brasileira* em 1928, desde que o autor nada recebesse por uma edição de mil exemplares, obrigando-se ainda a entregar à mesma editora o *Compêndio da história da música*. A única coisa que Mário receberia eram quinze exemplares do primeiro trabalho (carta a Manuel Bandeira, de 29 de agosto de 1928).[73] Foi esse o primeiro livro que teve editor, assim mesmo nas condições acima. E é bom lembrar que o *Compêndio da história da música* oferecia o interesse de ser um livro didático de saída fácil e rápida.

Ao deixar o Departamento de Cultura, em agosto de 1938, escrevia-me ele: "Minha intenção era recomeçar jornalismo, alunos particulares, e assim que tivesse com que me sustentar, reassumir minha cátedra no Conservatório".[74] A Paulo Magalhães escrevia no mesmo mês e ano: "Pego tudo o que me oferecem. Estou devendo uma fortuna e não gosto de dever".[75] Ainda nesse mesmo mês de agosto de 1938, queixava-se a mim, em carta do

---

[72] Carta de 20 de agosto de 1931. Ver nota 24 do capítulo I, p. 34.   [73] Ver *Correspondência: Mário de Andrade & Manuel Bandeira*, op. cit., pp. 400-2.   [74] Ver carta de 19 de agosto de 1938, p. 260.   [75] Ver carta de 4 de agosto de 1938, p. 259.

Rio de Janeiro: "Você já falou com o Julinho [Júlio de Mesquita Filho], a respeito de eu escrever uns dois artigos por mês pro *Estado*? Desejava saber isso porque aqui não se é pontual como na prefeitura de São Paulo e ontem me disseram que só vou receber lá por 16 ou 17 do mês que vem!".[76] A Sérgio Milliet, ainda do Rio, confidenciava em julho de 1939: "[...] vou me arranjar nalguma pensão, só tendo pra viver, no momento, os artigos de jornais, isto é, um conto, um conto e cem por mês. Vai ser o diabo esconder de mamãe o meu caso, e isso aliás é o que me penaliza. Ir pra casa, mesmo abandonando o Dep. de Cultura, seria perder os jornais daqui, viver com os quinhentos ou 400 mil-réis que rende o *Estado*, um impossível".[77] E três meses depois, em carta de outubro de 1939 ao mesmo Sérgio Milliet: "Se arranjar um empreguinho de conto de réis, juro que fujo daqui no mesmo dia".[78]

Pondo, como sempre, a sua dignidade acima da sua miséria, mas ansioso por voltar a residir em São Paulo, que deixara para tentar a vida no Rio, longe do Departamento de Cultura, cuja decadência já se iniciara, dali escrevia-me, em dezembro de 1939: "Se aqui o que ganho mal dá para uma vida muito meticulosamente econômica, se voltar pra S. Paulo, a bem dizer tenho que recomeçar a vida, pois que ficarei apenas com 400 ou 500 mil-réis mensais que me rende o *Estado*. Porque voltar pra prefeitura, indesejável como sou, seria falta de vergonha, não volto".[79]

Sempre na mesma obstinação de vir para a sua cidade, escrevia em maio de 1940 a Nini Junqueira Duarte:

Recentemente inda inventei um golpe que, bem-sucedido, me faria voltar pra minha terra, a serviço do meu próprio

---

[76] Ver carta de 19 de agosto de 1938, p. 260. [77] Ver carta de 4 de julho de 1939, p. 493. [78] Ver carta de 30 de outubro de 1939, p. 502. [79] Ver carta de 17 de dezembro de 1939, p. 287.

cargo aqui. Mas o golpe falhou. Estava também decidido a voltar de qualquer jeito, perdendo emprego e tudo, indo recomeçar a vida com os 500$ ou 600$000 mensais que o *Estado* me rendia. E a tremenda falcatrua [a ocupação do *Estado* pela ditadura] fez com que o *Estado* não tivesse mais nenhuma felicidade pra mim e o abandonei. Agora estou mesmo condenado a ficar banzando mais mesmo por aqui.[80]

De fato não hesitou em abandonar a colaboração no *Estado*, depois do assalto ditatorial,[81] apesar de constituir a última esperança de poder voltar para São Paulo:

> Nada tenho com ele [o jornal *O Estado de S. Paulo*], não é minha propriedade de forma nenhuma, não tenho direitos adquiridos, mas apenas um contrato de compra e venda, e isto por generosidade de seus proprietários. Se estes são esbulhados de sua posse, [...] há da minha parte um compromisso moral a que não posso me furtar. O resto me parece conivência com um roubo.[82]

O tema volta em princípio de 1942, em carta a Paulo Duarte, nos Estados Unidos: "lhe respondo já porque não tenho *money* pra mandar carta por avião".[83]

Em julho do mesmo ano, demitido do Conservatório meses antes por causa de uma lei recente proibindo acumulação

---

80 Ver carta de 7 de maio de 1940, p. 297. **81** Com base na alegação de que a cúpula do jornal conspirava contra o Estado Novo, o regime não apenas autorizou a invasão das instalações do periódico pela polícia, em março de 1940, como também, no mês seguinte, afastou a família Mesquita do controle do órgão. A devolução de *O Estado de S. Paulo* a seus legítimos proprietários viria a se concretizar apenas em dezembro de 1945, após intrincado processo judicial irrompido em seguida ao término da ditadura, no fim de outubro daquele ano. **82** Ver carta a Sérgio Milliet, de 23 de abril de 1940, p. 504. **83** Ver carta de 25 de janeiro de 1942, p. 343.

de cargos (ainda era chefe da Divisão de Expansão Cultural do Departamento de Cultura, posto efetivo, mas do qual se licenciara sem vencimentos), era reposto naquele cargo por ter sido dado provimento a um recurso dos professores do Conservatório. Mandando a notícia, comentava-me em sua correspondência: "Mas creio que por agora pelo menos a cadeira é uma salvação. Minha dificuldade grande [...] era não poder equilibrar o orçamento".[84] Mas, em setembro do mesmo ano de 1942, atendendo a um pedido feito dos Estados Unidos, escrevia ele: "As compras ficam por minha conta, o envio apenas [por avião] deixarei pra seus gastos, pra repartir. Desculpe repartir mas é que vivo sempre malabarítando financeiramente".[85] O estribilho repetia-se em carta de maio de 1943, já muito doente: "Agora peguei um rodapé musical na *Folha da Manhã*, que com esta história de remédios, injeções, exames e médicos ando meio atrapalhado e o que tinha não dava mais".[86]

A constância dessa situação de aperturas só podia comparar-se com a pertinácia dos projetos e dos sonhos que não se realizavam.

"[...] estou com os dedos cheios de sonho" escrevia ele a Paulo Magalhães, em agosto de 1938.[87] Não só os dedos, viveu sempre com a cabeça cheia de sonhos.

Um deles foi *Fräulein*, romance ou novela que andou arrastado por anos a fio. Em 1923, comunicava ele a Sérgio Milliet, numa carta enviada para Paris: "Atualmente escrevo *Fräulein* — romance. É possível que fique no meio, como todas as grandes empreitadas que tomo".[88] *Fräulein* é *Amar, verbo intransitivo*, terminado às pressas para fins de publicação, mas

---

84 Ver carta de 7 de julho de 1942, p. 376. **85** Ver carta de 15 de setembro de 1942, p. 392. **86** Ver carta de 8 de maio de 1943, p. 416. **87** Ver carta de 4 de agosto de 1938, p. 259. **88** Ver carta de 2 de agosto de 1923, p. 450.

não é o romance que ele desejava. *Na pancada do ganzá*, um tratado do folclore do Nordeste, estruturado com pesquisas pessoais aí feitas, foi uma preocupação obsessiva durante muito tempo. Em carta de 1941, escreve ele que iria agora terminar o primeiro volume de *Na pancada do ganzá*.[89] E em 1942, que foi o seu último ano de grandes esperanças e de grandes sonhos, preocupa-o um curso de História da Poesia Popular Brasileira, na Escola de Sociologia e Política, "uma aventura", diz em carta de janeiro daquele ano. "Pretendo aliás escrever todo o curso, pra publicá-lo depois."[90] E nessa carta envia-me uma pormenorização do curso, que daria uma linda tese universitária. Depois, em outra, responde à crítica e análise feita a esse programa, minuciando mais ainda o projeto. Mas em março do mesmo ano de 1942, achava grandiosa demais a aventura e justificava o seu abandono: "No momento psicológico em que eu estava, esta vaidade me era necessária pra eu ... regenerar".[91]

Em outubro, o curso de Poesia Popular Brasileira estava de todo esquecido, apesar da febre de trabalho em que passara a agitar-se: "Estou vivendo uns dias sublimes de fecundidade criadora". E acrescenta: "não é que me pus escrevendo uma ópera! Pois é, m'ermão. Se chama *Café* e a ideia em mim já vem de longe". E passa a um elogio à ópera em geral, "força coletivizadora do coro", "um melodrama exclusivamente coral, onde em vez de personagens solistas, os personagens são massas corais". Prossegue esquematizando todos os três atos da ópera *Café*, minuciando tudo, as cenas, uma parte da música inspirada nos hinos dos bardos celtas, as cores das roupas, até a maneira de descer ou subir o pano.[92] Respondendo

---

89 Ver carta de 5 de junho de 1941, p. 306. **90** Ver carta de 25 de janeiro de 1942, p. 343. **91** Ver carta de 20 de março de 1942, p. 355. **92** Ver carta de 18 de outubro de 1942, p. 395.

à minha crítica que não aprovava uma caricaturização cruel da Câmara dos Deputados, com base na embolada, àquele instante em que todos no Brasil se batiam pela convocação de uma Constituinte, volta ele à ópera, em carta de 9 de novembro de 1942, com mais minúcias. E demora-se falando e transcrevendo o poema do êxodo dos colonos abandonando o trabalho nas fazendas. Já estava feito o poema: "[...] você nem imagina. Está tudo terminado [a parte feita do poema seria publicada no 2º volume das *Obras completas*], concepção geral, marcação momento por momento de toda a colaboração musical e movimento cênico e os textos". "[...] o longo poema do êxodo", insiste, "está mesmo uma lindeza pro meu coração." "[...] ficou chiquezinho mesmo." "Tá bonito mesmo, companheiro. Familiar como dicção, mas de uma elevação danada."[93] Apesar disso tudo, a ópera ficou por aí. Já em *Modinhas imperiais*, anunciava-se este livro em preparo. Ele mesmo dizia em carta a Manuel Bandeira, de abril de 1933.[94] Também em *Belazarte* (1934) vinha a confirmação de *Na pancada do ganzá*, que se repetia em outro livro publicado no mesmo ano: *Música, doce música*.

Neste mesmo ano de 1942, inicia Mário de Andrade um diário minucioso, que era abandonado em janeiro de 1943.[95]

Embora anunciado em *Amar, verbo intransitivo* (1927), em *Clã do jabuti* (1927), em *Ensaio sobre a música brasileira* (1928), em *Modinhas imperiais* (1930) e em *Belazarte* (1934), o romance *João Bobo* ficou no tinteiro ou foi destruída a parte pronta. Sim, porque, em 1924, dizia ele em carta a Manuel Bandeira: "O ano que vem vai ser fecundo, vais ver". "Por junho ou julho

---

[93] Ver carta de 9 de novembro de 1942, p. 398. [94] Carta de 22 de abril de 1933. Ver *Correspondência: Mário de Andrade & Manuel Bandeira*, op. cit., pp. 556-7. [95] Ver carta de 14 de outubro de 1943, p. 421.

começarei novo romance, o *João Bobo*, já inteiramente esboçado, grande parte já escrito até mas que destruirei."[96]

Da mesma forma, a mais falada das futuras realizações, *Gramatiquinha da fala brasileira*. Já se afirmou que Mário de Andrade jamais cogitou fazer esse livro. Isso é desmentido desde que anunciado como livro em preparação em várias de suas obras, e todos aqueles que conviveram com Mário de Andrade sabem que a *Gramatiquinha* era um dos projetos mais vivos dele.[97] Em *Losango cáqui* (1926) está entre os livros a serem publicados. E isso se repete em *Primeiro andar* (1926), em *Amar, verbo intransitivo* (1927), em *O Clã do jabuti*, do mesmo ano, em *Ensaio sobre a música brasileira* (1928). Reafirma da mesma forma a saída da *Gramatiquinha*, em carta a Manuel Bandeira (abril de 1927), "apesar da desilusão que vai dar".[98]

Ao que parece, desistiu ele da *Gramatiquinha* porque vira a necessidade de um conhecimento mais profundo no campo da linguística, e Mário, com a sua alta idoneidade mental, sentiu que lhe faltava esta base. Não gramatical, que gramática ele conhecia bem, mas de linguística, o que era indispensável para tal mensagem revolucionária de transformação profunda. Aliás, para Manuel Bandeira, escrevia ele em 1925:

> Você compreende, Manuel, a tentativa em que me lancei é uma coisa imensa, enorme, nunca foi pra um homem só. E você sabe muito bem que não sou indivíduo de gabinete.

---

[96] Carta postada em 18 de dezembro de 1924. Ver *Correspondência: Mário de Andrade & Manuel Bandeira*, op. cit., p. 164. De fato, no arquivo do escritor, preservado no IEB-USP, não há registros materiais da obra *João Bobo*. A personagem que daria título a esse livro, no entanto, foi desenvolvida pelo autor em outro romance inacabado. Ver Mário de Andrade, *Quatro pessoas*. Ed. crítica de Maria Z. Galvão de Almeida. Belo Horizonte: Itatiaia, 1985.
[97] Ver Aline Novais de Almeida, *Edição genética d'A gramatiquinha da fala brasileira de Mário de Andrade*. São Paulo: FFLCH-USP, 2013. Dissertação (Mestrado em Literatura Brasileira). [98] Carta de 6 de abril de 1927. Ibid., p. 341.

Não posso ir fazendo no silêncio e no trabalho oculto toda uma gramática brasileira pra depois, de repente, pá, atirar com isso na cabeça do pessoal. Preciso que os outros me ajudem porque, confesso com toda a franqueza, embora não seja um ignorante em questões de língua e possa afirmar gritado que sei o português duma forma acima do comum, não sou forte no caso. Não sou. Careço que os outros me ajudem pra que eu realize a minha intenção: *ajudar a formação literária, isto é, culta da língua brasileira.*[99]

Outras obras que, em dado momento, ele projetava goraram também, como o *Dicionário musical brasileiro*, anunciado em 1930, em *Modinhas imperiais*, na segunda edição de *Macunaíma* (1937) e em carta a Bandeira, de 1933, esclarecendo até que já tinha "pra mais de mil palavras arroladas" para o *Dicionário*.[100]

A mesma coisa aconteceu com uma obra sobre *Estética* da qual já tinha "seis capítulos escritos", acrescentando uma frase expressiva: "Projetos é tão bom da gente fazer!...".[101]

Outro sonho malogrado era o lugar escolhido para aí morrer. Ora seria no Nordeste, ora no sítio de Santo Antônio, em São Roque, ora em São Paulo. "[...] estou de posse já duma casinha [...] na praia de Areia Preta em Natal. [...] 'E se Deus me der dinheiro é no Nordeste que hei-de morrer.' Casa já tenho e a resolução de passar no Nordeste meu fim de vida é séria. Não aturo esta amaldiçoada São Paulo, que na semana passada inda me botou de cama três dias, com um resfriado filho

---

[99] Carta postada em 25 de janeiro de 1925. Ibid., p. 181. [100] Carta de 22 de abril de 1933. Ibid., p. 557. [101] Carta a Manuel Bandeira, postada em 11 de maio de 1925. Ibid., pp. 210-1. Ver também Mário de Andrade, *Introdução à estética musical*. Estabelecimento do texto, intr. e notas de Flávia Camargo Toni. São Paulo: Hucitec, 1995.

da mãe." Isso está em carta a Bandeira, de 7 de abril de 1930.[102] E reafirmava noutra carta ao mesmo destinatário: "Meu sonho agora é a minha casinha pequenina de Natal".[103] Todavia, em 1944, dizia também em carta a Paulo Duarte, ao anunciar que havia comprado o sítio de Santo Antônio, em São Roque: "E pretendo viver lá e morrer lá. Lá ou cá, isso de morte pouco importa, mas quero ser sepultado aqui, na minha cidade:

> *Quando eu morrer quero ficar,*
> *Não contem aos meus inimigos,*
> *Sepultado em minha cidade,*
> *Saudade."*[104]

Ele mesmo lastimava o esborcinamento de tantos projetos quando escrevia a Bandeira, em novembro de 1931:

> Leio por acaso um desses anúncios de revistas europeias que indicando mais um livro de Morand de Zweig etc., ajuntam a lista das obras do autor. Me dá um mal-estar danado por dentro, pensando em tudo o que quero fazer e não faço que o tempo não dá, minha infinidade de projetos que depois vão aos poucos ficando no tinteiro até que eu desista ou me esqueça deles inteiramente. E o que me desagrada também muito, junto com esse aperto de vísceras que sinto então é imaginar que tenho uns doze projetos de livros de que não desisto e lembrar que os projetos continuam aparecendo cada vez mais e que a coisa afinal das contas é mesmo insolúvel, então fico horrorizado.[105]

---

102 Carta com data atestada de 19 de maio de 1930. *Correspondência: Mário de Andrade & Manuel Bandeira*, op. cit., p. 446.   **103** Carta de 11 de fevereiro de 1930. Ibid., p. 441.   **104** Ver carta de 5 de agosto de 1944, p. 429.   **105** Carta de 6 de novembro de 1931. Ver *Correspondência: Mário de Andrade & Manuel Bandeira*, op. cit., pp. 532-3.

Mário de Andrade profetizara, alguns anos antes, a sua morte para 1949. Entretanto, no começo de 1943 escrevia: "Mas a velhice chegou. Chegou um ano antes do tempo, pra meu gosto, pois que eu só pretendia cuidar um bocado de mim depois do dia 9 de outubro deste ano, em que faço as cinquenta ilusões".[106]

O ano de 1943 foi "a presença da inexistência". Foi um ano de padecimentos contínuos. "O ano de 1943 não existiu. [...] É isto: o ano de 1943 não existiu para mim."[107]

O ano seguinte, de 1944, este existiu e durou até fevereiro de 1945, quando Mário de Andrade, de repente, fechou os olhos para sempre. Mas, como disse Manuel Bandeira, para "um homem como Mário de Andrade não pode haver a morte 'que acaba tudo'. Porque a sua obra é imperecível"...[108]

---

[106] Ver carta de 9 de abril de 1943, p. 408. [107] Ver carta de 14 de outubro de 1943, p. 421. [108] Excerto do "Prefácio" que Manuel Bandeira após à edição que preparou das cartas que recebeu do amigo. Ver *Correspondência: Mário de Andrade & Manuel Bandeira*, op. cit., p. 682.

3.
Departamento de Cultura, vida e morte de Mário de Andrade

— Sou um homem feliz!

Durante anos, quanta vez não ouvi essa exclamação de Mário de Andrade! Creio que a primeira foi ali naquele apartamento da avenida São João, onde, entre 1926 a 1931, nos reuníamos quase todas as noites. O apartamento foi fechado pela polícia neste último ano. Naquele tempo, ser paulista era crime. Hoje é uma tristeza. Mas isso não vem ao caso. A polícia invadiu o apartamento. Não me encontrando, pois estava em Ribeirão Preto, fazendo ligações para a revolução de 1932, prendeu Nino Gallo, meu companheiro de casa, e lá deixou, me esperando, uns beleguins que saquearam tudo, levando, com documentos julgados perigosos, livros raros, quadros, originais de trabalhos meus que nunca mais recuperei, até roupa de uso. Obrigado a ficar foragido durante cinco meses, quando voltei só tinha que carregar o que sobrara, tão pouco que nem o dono do prédio retivera para garantir os cinco meses de aluguel, de sobressaltos e ruína.

Mas a memória daquele apartamento havia de ficar pelos sonhos que ali se sonharam. Foi lá que germinou o Departamento de Cultura. Éramos um grupo pequeno: Mário de Andrade, Antônio de Alcântara Machado, Tácito de Almeida, Sérgio Milliet. Antônio Carlos Couto de Barros, Henrique da Rocha Lima, Randolfo Homem de Melo, todos já mortos, Rubens Borba de Moraes e Nino Gallo. Havia mais um punhado que aparecia duas ou três vezes por semana: José Mariano de

Camargo Aranha, Vitório Gobis, Paulo Magalhães, Paulo Rossi, Adriano Couto de Barros, Elsie Houston e seu marido Benjamim Peret, André Dreyfus, Wast Rodrigues, Eugène Wessinger, o Barão de Krusenstiern, Clément de Bojano, também já desaparecidos todos (depois de uma certa idade a gente olha para trás e quase que só vê cruzes...).

Em torno de uma grande mesa de granito, fria como uma mesa de necrotério, dizia [Antônio] Couto de Barros, mas que se esquentava com vinhos bons, vindos do Buksky ou do Terminus, discutíamos e construíamos coisas, algumas que mais tarde haviam de existir mesmo, como o Departamento de Cultura.

Foi depois de um desses nossos jantares, que um livro de Mário recebeu a terceira e última dedicatória. Era o *Ensaio sobre música brasileira*, no qual eu havia colaborado com o lundu "Ma Malia", colhido por meu pai em Franca. A brochura fora parar no *Diário Nacional*, com esta oferta: "À distinta Redação do *Diário Nacional*, homenagem dos Editores, São Paulo, 16/II/1928". Homenagem dos editores, mas letra de Mário. Tempos depois, Couto de Barros apossou-se da edição e, para disfarçar o furto, Mário acrescentou, com uma reticência, isto: "... e eu também ajuntando a minha homenaginha camarada de amigo velho, ofereço isto pro A. Couto de Barros". Quase um ano depois, encontrei o volume em cima da mesa deste último, naquele jornal que era meu, era do Couto, era do Mário, era do Partido Democrático e era o nosso jornal. E o levei para casa, isto é, para o apartamento da avenida São João. Nessa noite, os nossos delírios eram iluminados de um maravilhoso vinho do Reno que Eugène Wessinger nos mandara do Terminus. Couto de Barros, sabendo da minha impermeabilidade para a música, ao meter um disco na vitrola para me enquizilar e para fazer o Mário abrir o crânio num daqueles risos imensos, fechado depois pelo *zip* de um "deliicioso" que bem conhecem todos os que o conheceram bem, viu sobre o móvel a pequena brochura. Protestou. Aquilo era dele. Mário mantinha-se neutro, os outros contra mim. Invoquei o melhor dos argumentos: enchi o copo de Mário daquele ouro líquido e fresco. E ele apossou-se da brochura e acrescentou: "e afinal, numa noite de domingo, 'Liebfraumilch', 'Madeira', 'Porto', 'Sinhô do Bonfim', 'Vamo Apanhá Limão', felicidade e pândega, Paulo Duarte, amigo velho, este livro é de você e carinhosamente, 29/12/1929". Decisão de Supremo Tribunal: é meu até hoje...

Pois foi nessa sala, em torno da fria mesa de granito, que um de nós — quem poderá saber qual de nós? — falou na perpetuação daquela roda numa organização brasileira de estudos de coisas brasileiras e de sonhos brasileiros. Mas cadê dinheiro? O nosso capital eram sonhos, mocidade e coragem. Havia quem conhecesse uns homens ricos de São Paulo. Mas homem rico não dá dinheiro para essas loucuras. Quando muito deixa para a Santa Casa. Caridade espiritual, jamais. Que testamento pinchou legado para uma universidade ou para uma biblioteca? A nossa gente ainda está no paleolítico da caridade física.[1] À vista de tantos argumentos, ficou decidido que um dia seríamos governo. Só para fazer tudo aquilo com dinheiro do governo.

---

[1] Afirmações análogas a essas foram atribuídas por PD ao então prefeito da capital paulista, Fábio Prado, em entrevista que o jornal *O Estado de S. Paulo* veiculou em 3 de março de 1936, sem que ali se indicasse a autoria da reportagem. Além disso, igualmente ecoam passagens da memorável "Oração de paraninfo" que MA endereçou aos formandos do Conservatório Dramático e Musical de São Paulo no fim do ano anterior. Naquela oportunidade, o já diretor do Departamento de Cultura sustentava ser urgente a formulação, pelos governos, de políticas públicas que contemplassem não apenas a área da saúde, por exemplo, mas também a da cultura, "tão necessária como o pão", segundo suas próprias palavras. Ver Mário de Andrade, *Me esqueci completamente de mim, sou um departamento de cultura*, op. cit., pp. 68, 93-100.

Passaram-se anos. Muita coisa se dissolveu. Vieram revoluções, vieram misérias e lutas. Veio um exílio também. Mas o grupo não se dissolveu. Continuou vivendo numa coleção de cartas que me buscaram, exilado de 32, durante todo o ano de 1933, num quartinho pequenininho da Avenue Carnot, em Paris, onde eu, para matar o tempo e a saudade, estudava as primeiras lições que Paul Rivet dava no Jardin des Plantes.

Voltei um dia, recomecei a vida. Mas recomeçar a vida na terra da gente é tão duro como o exílio.

Uma tarde, Fábio Prado me perguntou se queria ir trabalhar com ele na prefeitura. Foi em setembro de 1934. Acabava de ser convidado por Armando de Sales Oliveira. Tomaria posse no dia 7 desse mês, se não me engano. De fato entramos juntos no casarão da rua Líbero.

Um belo dia, menos de uma semana depois, não sei por que motivo, jantávamos juntos, o prefeito e eu, em casa do próprio Fábio Prado... Só nós dois. Creio que foi um maravilhoso vinho Montrachet que me cutucou, no subconsciente, a velha ideia nascida no apartamento da avenida São João. Contei tudo ao novo prefeito descoberto por Armando de Sales Oliveira. Fábio Prado não respondeu nada, passando a outro assunto. Esses homens ricos... A prefeitura andava cheia de assuntos. Dimitri encheu novamente os copos daquele ouro líquido e fresco. Fábio fisgou-me com uma pergunta: "— Por que não tentar esse instituto?".

Passei uma semana coligindo notas. Primeiro conversas com o então governador de São Paulo. Mas esse era o homem que criara a Universidade paulista. Viu que era bom. Fui à casa de Mário de Andrade. Fechamo-nos naquele quarto em que trabalhava. Móveis modernos, um oratório antigo, livros, gravuras, um harmônio e aquela felicidade imensa, causa de haver ouvido frequentemente, durante aquele período que ocorrera de 1931 a 1934, o mesmo estribilho:

— Sou um homem feliz!

Mário me ouviu. E disse: "Mas isso é felicidade demais!".
Era mesmo. Mandou-me uma porção de dados, dois dias depois, que se somaram aos meus.

Mostrei o primeiro projeto a Fábio Prado. Nunca vi homem de negócios nem homem rico mais acessível às coisas inteligentes. Aprovou tudo, nem pestanejou quando lhe disse que, para começar, haveríamos de precisar pelo menos de uns 5 mil contos por ano!

Mas eu não tinha confiança no meu rascunho. Mandei mimeografar aquele anteprojeto, onde se esboçava um sistema de parques infantis, e restauração e publicação de documentos históricos, teatros, bibliotecas. Mandei cópia a uma porção de gente: Plínio Barreto, Anhaia Melo, Júlio de Mesquita Filho, F. E. Fonseca Teles, Fernando de Azevedo, Antônio de Almeida Prado, Cantídio de Moura Campos, sem contar, está claro, o nosso grupinho. As cópias me foram devolvidas uma semana depois, cheias de anotações. Todas tinham coisas utilíssimas, mas a mais completa, a melhor estruturada era a de Fernando de Azevedo. Passamos para esta tudo quanto havia de bom, a nosso ver, nas outras. Éramos agora três armando aquele puzzle gostoso: o Mário, Paulo Barbosa de Campos e eu.

Mostrei ao Fábio. Viu que era bom. Mostrei ao Armando. Achou meio louco, mas viu que era bom. Mandamos para a imprensa o primeiro projeto definitivo. Vieram mais sugestões críticas. Umas construtivas, muitas xingativas. Mas o que chegou mesmo em quantidade foram pedidos de emprego. Havia pelo menos cinquenta candidatos que se julgavam excelentes para dirigir a Expansão Cultural, ou para dar conta da Documentação Histórica e Social, todos aqueles postos para os quais campeávamos um dirigente capaz, sem encontrar!

Foi na casa de Mário, naquele mesmo quarto de móveis modernos, do oratório antigo, dos livros e do *harmonium* que, autorizado por Fábio Prado, o convidei, ou melhor, o intimei a ser diretor do Departamento.

"— Deus me livre m'ermão! Sou o homem mais feliz do mundo. E o meu sossego? Não quero abandonar ele, não."

Mas teve de abandonar. E, numa manhã, o *Diário Oficial* punha na rua o grande sonho da avenida São João. Graças a Fábio Prado. Graças a Armando de Sales Oliveira. Graças à nossa loucura. Abençoados todos os três.

Mário ficou mais feliz ainda! Que de noites em claro, melhores ainda do que aquelas de domingo, de "Liebfraumilch", de "Sinhô do Bonfim", de felicidade e pândega.

E quanta descompostura! Os inimigos atacavam por aquele esbanjamento de dinheiro público. E os amigos? ah! os amigos, quantos mais furiosos ainda nos atacavam porque com cento e tantos funcionários nomeados não foram ouvidos os diretórios, nem escolhido nenhum daqueles formidáveis vultos que se consideravam capazes de dirigir cada Divisão. Onde já se viu! até perrepistas haviam sido nomeados.[2] Choveram queixas, e ataques. Acusações graves choveram: para proteger o Rubens "que era separatista", fora lhe dado um lugar de dois contos e quinhentos; para proteger um parente, o Sérgio, a mesma coisa... Fulana era filha de um tatu eminente. Um dia, o Fábio me mandou ao Guarujá explicar ao Armando, que lá se achava, aquela complicação toda. Levei um mundo de notas para o governador rebater a xingação. O Rubens, pelo gosto de ir para a biblioteca, abandonara, na Recebedoria de Rendas,

---

[2] Referente ao Partido Republicano Paulista, símbolo da ordem oligárquica em vigor na República Velha e ao qual se opôs, desde sua fundação, o Partido Democrático. Subsistindo por aproximadamente uma década, este último deu lugar ao Partido Constitucionalista, de existência ainda mais efêmera, pois foi extinto pelo Estado Novo somente três anos após ter sido criado. Ainda neste capítulo, o próprio PD esclarece, de forma sucinta, o significado da expressão "perrepista" (ver nota 19 do capítulo 4, p. 127).

um lugar onde ganhava mais. O Sérgio também ganhava mais, na Faculdade de Direito como bibliotecário. A perrepista entendia melhor de parques infantis do que os magníficos cabos eleitorais correligionários.[3] Mas os amigos continuaram zangados e os inimigos rosnando. Parecia que o país tremia todo ante aquela calamidade de desperdício e de maluqueira. Tremia mesmo, todo o São Paulo, aquele São Paulo que não podia compreender aquelas coisas. Mas tremeria muito mais se soubesse para onde iríamos ainda levar a carcaça do Departamento de Cultura. Uma seção nova de teatros estava sendo preparada para a direção de Antônio de Alcântara Machado; uma discoteca para Oneyda Alvarenga, que Mário descobrira num cafundó mineiro; o Paulo Magalhães já tirava o mofo reacionário do Theatro Municipal. Para ajudar o Sérgio fôramos desencavar o Bruno Rudolfer. Uma grande biblioteca infantil entrava em gestação, e ia ser entregue aos cuidados de Alice Meireles Reis. (Diziam que era perrepista perigosa...)

Foi um trabalho louco. Uma febre de pesquisas, paleógrafos espiolhando gatafunhos do século XVI; engenheiros construindo uns parques novos; o coral paulistano duro de nascer; a biblioteca municipal fazendo coisa que não fazia havia anos: comprando livros. Todos exaustos e contentes.

E o Mário? ...

— Sou um homem feliz! Depois dê um gole de Chambertin, agora não mais na avenida São João, mas à rua Guarará, repetia a frase, mas dando-se conta da qualidade do velho Borgonha:

— Este vinho me deixa com a boca tradicional!

---

[3] Com base no que PD relata mais adiante (ver capítulo 8, p. 519), trata-se de possível referência a Elza de Moraes Barros (1916-?), que atuou como instrutora nos Parques Infantis na segunda metade dos anos 1930 e que posteriormente viria a publicar, sob o pseudônimo de Elos Sand, obras literárias direcionadas ao público infantojuvenil.

Era mesmo, mas não era só a boca, nós vivíamos com a alma tradicional. Os parques novos abriram-se, e mais cinquenta deveriam instalar-se em três anos. Fábio Prado um perdulário de compreensão... Comprou-se a biblioteca Félix Pacheco. E a de Alberto Lamego.[4] E os manuscritos de Rui.

Para a compra da de Alberto Lamego, o Mário, ele mesmo, foi a Campos, no Estado do Rio. O Departamento estava só nascendo. Eu havia publicado no *Estado* o primeiro anteprojeto que ele leu por lá, e me bateu um telegrama: "Estou sem respirar. Torcendo como torci Sargento".[5]

Nunca mais São Paulo deixaria dispersar-se biblioteca como a de Eduardo Prado, que nem a de Alfredo Pujol! Como ainda éramos bobos! Mas que bobagem "deliciosa", como dizia o Mário, encompridando as sílabas.

E o trabalho continuava dia e noite. Levantamentos demográficos feitos cientificamente; restauração de documentos quase perdidos; museu da palavra; pesquisas folclóricas; congresso da língua nacional cantada; e coro madrigalista já organizado; setor de iconografia; um verdadeiro tesouro de publicações, um grande prédio para a biblioteca, participação na Exposição de Paris em 1937; preparativos para o grande Instituto Brasileiro de Cultura, que seria a etapa final e natural do Departamento de Cultura; o diabo, enfim. Paris fazia um departamento igual. E Praga também. A cada notícia assim, era um daqueles sorrisos de crânio aberto traindo o homem completamente feliz.

Para todos os problemas do Departamento nos consultávamos. De boca, pelo telefone, recadinhos curtos tão numerosos que só namorado bobo:

---

4 A pedido de Armando de Sales Oliveira, a Biblioteca Lamego foi doada à Faculdade de Filosofia, da Universidade. [N. A.]   5 Cavalo de corrida célebre, por suas repetidas vitórias. [N. A.]

> Paulo, o guarda vigilante Eugênio Góis, do Parque Infantil Pedro II, ganha 228$000, tem seis filhos, tem 42 anos, tem infelicidade. Pede para ser nomeado servente. O Departamento Cultural precisa, necessita, carece (no sentido português) e carece (no sentido brasileiro) de serventes. Força m'ermão.

Outro sobre o mesmo assunto:

> Paulo. É melhor assim, por carta. O Departamento de Cultura deve também desenvolver o gênero epistolar. Mando para você uma carta, faça dela o que entender, mas nós precisamos de contínuos. E de serventes. Outra coisa: a Penitenciária nos prometeu o móvel pra discos e até agora!!! A discotecária já não tem mais lugar dentro da Discoteca, é um absurdo! Telefone pra lá, faz favor. *Ciao*.

Mais insistência:

> Paulo. O Flávio[6] tem um primo ganhando pouquíssimo e que sonha ser servente ou contínuo. O Flávio que é ótimo o recomenda e diz que é trabalhador e bom. Chama-se Leôncio Nogueira Matos. Nós precisamos de contínuos e serventes. O que fazes, Nize, Nize onde estás que não respondes? Nize, Nize onde estás? Aonde? (*Veja Cláudio Manuel da Costa.*) Faiz forcinha, Nize do Departamento de Cultura!!!

Um dia havia um parecer do Conselho Técnico para assinar. Eu passei a tarde toda lá e me esqueci de assinar. De tarde, na prefeitura, o memorando a tinta vermelha: "Doutor. Esta Diretoria solicita de V. Exa. assinar o seguinte parecer, senão, arre!".

---

6 Flávio Graça, um dos meus soldados do Trem Blindado. [N. A.]

Às vezes, era funcionário que não dava certo:

Paulo Duarte. O Sérgio ontem me pareceu desesperado, na beirinha do suicídio, por causa da escriturária C. E., boa mocinha, bons modos, boa vontade e um Jaraguá, maciço e sem ouro, de estupidez. Não é possível mais, depois de um ano de experiência. Ora, não há, positivamente não há lugar pra ela no Departamento de Cultura. Não seria possível arranjar-lhe um lugarzinho macio em qualquer lugar que implique (não datar, que ela data errado) mas pôr carimbos em papéis? Seria a salvação de todos. *Ciao*.

Outras vezes duas palavras enviando coisas do Departamento que valia a pena publicar: "Paulo, alô! Como vai? Se gostar dê pro *Estado*. Abraços".

E assim por diante. São dezenas de bilhetes desse jeito. Em cada um deles aquela ternura comovente que completava a sua e a nossa felicidade.

Nós sabíamos que o Departamento era o germe do Instituto Brasileiro de Cultura. Primeiro, um Instituto Paulista, que Armando Sales no governo já nos garantira. Para isso o projeto do Departamento do Patrimônio Histórico e Artístico de São Paulo, lá estava na Assembleia Legislativa, ladrado embora pela cachorrada solta do despeito e da incompreensão. Depois, com Armando Sales na presidência da República, seria o Instituto Brasileiro, uma grande fundação libertada da influência política, com sede no Rio, inicialmente instalados, além do de São Paulo, paradigma, outros núcleos em Minas, no Rio Grande do Sul, na Bahia, em Pernambuco e no Ceará. Tivéramos uma ideia genial que Armando Sales aprovou: os Institutos de Cultura assistiriam com assiduidade todas as grandes cidades, com a colaboração da Universidade, porque, não comportando evidentemente essas cidades uma Faculdade, teriam contato íntimo com esta, através de conferências, cursos, teatro, concertos etc.

Quanta bobagem "deliciosa"!

Pensando nisso é que nós dois, todos os sábados, deixávamos a capital para ir descobrir ruínas, capelas antigas, velhos casarões coloniais. Assim, M'Boy restaurado pelo Sphan, a nosso pedido, o fortinho da Bertioga salvo, Carapicuíba velha, e a capela de São Miguel tombados também, e aquele que ele, Mário, viria comprar, o sítio de Santo Antônio, "aquele um, se lembra? que pertenceu a Fernão Pais de Barros, e tem capela e casa-grande do século XVII", como me confidenciava mais tarde, por carta.[7]

Mas um dia aziago, chegaram os matuiús do fascismo, de pés virados, calcâneos para frente.

Meses antes, Fábio Prado, desejoso de defender a sua obra, lembrara uma lei pela qual se efetivassem nos postos do Departamento de Cultura aqueles que o haviam criado e lá davam tudo. Eu, jornalista, iria para a Rádio-Escola, ainda em estudos. Cada ano, em rodízio, um dos chefes de Divisão seria o diretor... Chamei o Mário; unanimemente demos para trás na ideia generosa. E fomos em comissão explicar ao Fábio. O Departamento de Cultura era coisa muito grande para deixarmos cair sobre ele qualquer acusação de afilhadismo. Fábio Prado nos esguichou aquele sorriso cético e nos xingou de tontos. Mas compreendeu e não se falou mais nisso.

Meses depois, Mário de Andrade era expulso do Departamento de Cultura.

Mas era preciso defendê-lo, não o Mário, o Departamento.

Mário escreveu ao ministro da Educação, com quem se dava,[8] pedindo fosse anjo da guarda do Departamento de Cultura. Não recebeu resposta. Eu escrevi uma longa carta a José

---

[7] Ver carta de 15 de fevereiro de 1945, p. 436. [8] Gustavo Capanema. [N. A.]

Lins do Rego, em cuja roda havia muitos amigos da nova situação. Não recebi resposta... Fizemos uma reunião em nossa casa de todos os chefes de Divisão do Departamento. Resolvemos um supremo sacrifício. Qualquer que fosse o novo prefeito, qualquer que fosse o novo diretor do Departamento (o novo interventor, esse era mesmo impermeável à cultura),[9] um de nós haveria de ter meios de chegar até eles. Esse um se chegaria, fosse qual fosse o sacrifício a ser feito.

— Se preciso, até se avacalhar!

O riso de crânio aberto coroou a frase de Mário. Mas, curioso. Já não era aquele riso "delicioso" do homem completamente feliz.

Nada valeu de nada. Mário foi tirado da diretoria do Departamento. E tais as restrições que começaram a ser feitas, que teve também de afastar-se da direção de Expansão Cultural que ele havia criado. Ordem direta dos Campos Elísios[10] veio para uma devassa. Lá havia muito abuso, até negociata! Foi o próprio Mário quem me deu notícia dessa coisa infame. E não quis saber mais de São Paulo. Abalou-se pro Rio.

O sr. Prestes Maia nunca se prestou a misérias dessa espécie, nem o seu delegado no Departamento de Cultura. Envolvido de início na teia miserável tramada pelos discípulos que o ditador aqui arranjou, logo o novo prefeito deu de si e não se prestou ao papel que lhe insinuavam. Foi assim que a prefeitura não conheceu nem o artigo 177[11] nem deteriorações parecidas. Apesar disso, o sr. Prestes Maia nunca compreendeu o

---

9 Eleito, em 1934, deputado estadual pelo Partido Republicano Paulista, Adhemar Pereira de Barros (1901-69) foi interventor de Getúlio Vargas no estado de São Paulo entre abril de 1938 e junho de 1941. **10** Situado na avenida Rio Branco, 1269, região central da capital paulista, o Palácio dos Campos Elísios foi sede do governo do estado de São Paulo entre 1912 e 1967. Em 1977, o edifício foi tombado pelo Conselho de Defesa do Patrimônio Histórico (Condephaat). **11** Artigo da Constituição fascista do "Estado Novo", pelo qual o executivo poderia exonerar, em quaisquer condições, qualquer funcionário estável ou efetivo. [N. A.]

Departamento de Cultura. Injetou curare nele. Catalepsiou-o sem extirpar-lhe a faculdade de pensar. Tirou-lhe os movimentos sem tirar a sensibilidade para a dor. E ele ficou sofrendo dentro de nós, os seus sonhadores. Cada mutilação ecoava surda, em cada um e muito mais talvez dentro do Mário, que ficou como cachorro sem dono, como quem perdera a própria razão de ser.

O Rio não valeu de nada, ao contrário exacerbou-lhe a dor com a saudade. Cada amputação que se lhe impunha, era principalmente em Mário de Andrade que repercutia por um estado de choque tremendo. Quanto a mim, depois de perambular meses, por diversos presídios, fui de novo expulso do Brasil. O Mário veio e me acompanhou até Santos. Ele, o Rubens, o Sérgio, o Dreyfus, últimos representantes do grupinho da avenida São João. Não sorriu. Estava besta. Mas nunca paramos de conversar. Como quando esteve no Rio. Conversamos durante oito anos a fio. Quase uma centena de cartas durante esses oito anos. Fora as que a censura ditatorial roubou. Ele despejava-se nessas longas páginas, umas a máquina, a maioria a mão, todas com aquela assinatura quase esotérica: um *M* torto, um tracinho e um pontinho por cima. Me contava tudo. Mas nunca mais disse que era um homem completamente feliz. Até as extravagâncias me contava. E eu passava pito, escrevia nomes feios, pedia. A esperança de um grande instituto de cultura no Brasil não morrera, não, e a gente precisava dele para isso. Ele respondia, e provava que não desanimara, que continuava dando duro no Serviço do Patrimônio Histórico, com o Rodrigo.[12]

Mas até as cartas alegres eram tristes. Sentia-se que Mário morria. Morria assassinado pelo Departamento de Cultura, no

---

[12] Rodrigo Melo Franco de Andrade: diretor do Patrimônio Histórico do Ministério da Educação. [N. A.]

qual se integrara xifopagamente. A cirurgia aí era fatal. E fora fatal, todos os dois estavam morrendo.

A nossa conversa epistolar durou, pois, vários anos. Terminou para sempre no dia 15 de fevereiro de 1945.[13] Era um SOS do seu desespero: "Paulo, às vezes eu fico um bocado melancólico pensando em você. Faz dois meses, quase três que não lhe escrevo. Ingratidão não foi, foi desleixo. Pensar nisso tenho pensado mil vezes, meu Deus! você não sai da minha presença"...

Havia muita preocupação dentro dele. E muita presciência também:

> Fiz questão de não contar isso a ninguém, não resisto, mas que fique com você. É positivamente como eu falei, um ar de estrépito, uma coisa nebulosa, insolúvel mas estrepitosa, que me convulsiona [...]. Tem momentos em que me toma um tamanho medo, pavor mesmo da morte... não sei como diga, porque se está longe de ser medo de *minha* morte, nem penso em mim [...]. Eu tenho apenas um medo vago, mas nitidíssimo de que alguma coisa vá morrer. [...] E com isso estou vivendo uma vida miserável, em que tudo sai ruim. E principiou me brotando essa coisa que você decerto não esperava ouvir: a ingratidão de você. Por que você não me escreve? Ultimamente então, muitas vezes tenho imaginado que você criou um complexo do abandonado, e só escreve a quem escreve a você, só responde cartas. Sei que você tem razão com muita gente que tem outro temperamento que eu, mas comigo não é possível mais você imaginar que não lhe escrevo por abandono da sua companhia, esquecimento, mais o que fazer, ingratidão, o que seja! Faz não sei quanto tempo que não tenho uma linha sua. De vez em quando a Nini me telefona: que você

---

13 Ver carta de 15 de fevereiro de 1945, p. 436.

manda perguntar por cartas minhas. Principiei ficando ressentido e agora o ressentido sou eu, seu Paulo. Porque por certo eu estou mais necessitado de você do que você de mim. Não tenho lhe escrito mesmo. Lhe escrevi várias cartas que jamais receberam resposta, mas não conto resposta com você, pela incerteza de cartas idas pra Europa. Aliás a sua chegada aí nos States me sossegou extraordinariamente, e não nego que principiei-me vivendo nesta crise, com mais egoísmo por mim que por você.

E para concluir as últimas palavras da mesma derradeira carta:

É só o que posso lhe dizer, o tamanho da carta se acabou. Me escreva, Paulo. Não venha ralhando que não adianta. Prefiro que você diga que está com muito dó de mim, é gostoso e ando pra frente.

Não pude nem ralhar, nem dizer que tinha dó. Mário morreu nove dias depois. No domingo em que devia jantar com minha mãe para falar de mim. E eu recebi a carta cinco dias após a morte dele. Palavras que naquela cidade imensa de Nova York me bateram com brutalidade, fazendo ruído surdo de terra fechando sepultura.

Depois de tanta desinfelicidade, Mário de Andrade voltava de novo a ser um homem completamente feliz. Lá no céu, livre da maldade e do lodo humano, dirigindo um departamento de cultura que Nosso Senhor fez para ele, e se rindo de crânio aberto, tenho certeza de que voltou a dizer: Deliciioso!, e a considerar-se um homem definitivamente feliz.

4.
O lindo sonho e a dolorosa realidade

A prefeitura de São Paulo comemorou da mais original maneira o segundo aniversário da morte de Mário de Andrade: com um golpe fundo no Departamento de Cultura, para cuja elevação o grande intelectual paulista tudo dera e cuja ruína matou o seu primeiro e único diretor.[1]

A organização do Departamento, durante a administração Fábio Prado, estudou-se com esmero então considerado um excesso de exagero. É que seus organizadores tinham bem consciência de sua significação e do papel que poderia e deveria exercer na vida de São Paulo.[2]

---

[1] Durante a breve administração Christiano Stockler das Neves (mar./ago. 1947) deu-se o desmembramento da Secretaria de Higiene e Cultura, criada cerca de dois anos antes. Assim, por força do decreto-lei n. 430, de 8 de julho de 1947, o Departamento de Cultura passou a compor a Secretaria de Educação e Cultura. [2] As minúcias da análise que segue do Departamento de Cultura tornam-se imprescindíveis, numa apresentação mais a fundo da personalidade de Mário de Andrade. Pouca gente sabe, na hora atual, vendo os destroços que restam, o que foi o Departamento de Cultura, ignorando portanto o esforço e o sofrimento despendido e passado para dar ao Brasil uma instituição como aquela. A sua construção até 1938, quando os bárbaros entraram, só poderia dar-se ou prosseguir com uma equipe de homens como aquela que se organizou para a luta do Departamento. Se Mário de Andrade falhasse, haveria substituto para ele, em Sérgio Milliet, em Rubens de Moraes, em Carlos Pinto Alves e outros colaboradores à mão. Mas ainda que Mário falhasse na direção do Departamento, continuaria com a eficiência que demonstrou, na sua Divisão de Expansão Cultural. Mas Mário não falhou. Quando se afastou coercitivamente do Departamento, este estava quase na sua forma definitiva, porque teve a seu lado companheiros tão

Para isso, não se montou, a princípio, o importantíssimo instituto como precisava. Fez-se um começo tendente a avançar à medida que se fosse objetivando.

Pois esse início teve imediato eco no estrangeiro, em países e capitais, os mais civilizados do mundo. Um dia a cidade de Paris solicitou à prefeitura de São Paulo informes sobre o seu Departamento de Cultura. E, meses depois, a cidade de Paris instituía uma organização cujas linhas gerais eram as linhas gerais do departamento paulista. O mesmo deu-se com a cidade de Praga, uma das mais cultas de antes da guerra, onde os trabalhos de pesquisa sociológica do nosso departamento entusiasmaram os sábios daquele notável centro de cultura, a ponto de volverem a atenção para a capital paulista. Esses dados lá chegaram através do Congresso de População realizado em França, no ano de 1937, ao qual foi apresentada, por Sérgio Milliet, uma série de pesquisas feitas pela Divisão de Documentação Social e que recebeu menção especial, numa das sessões plenárias daquela assembleia. Basta dizer que o

denodados quanto ele, e teve dois homens lúcidos na administração, que o sustentaram também, o prefeito da cidade e o governador do Estado. Os cirineus com que Mário contou não apareceram apenas para o transporte de uma cruz, mas eram capazes até de desviá-lo do calvário que o ameaçava. Desgraçadamente, o que aconteceu foi a invasão de uma horda. E a uma horda de bárbaros nem Roma pôde resistir. Os Evangelhos ficaram para dizer das dimensões de um Cristo. E o Departamento não teve até hoje quem pudesse gritar em miúdo o que foi o trabalho e o sacrifício de Mário de Andrade. É isso que explica, neste livro, o capítulo a seguir, que seria inútil se o intuito não fosse apresentar uma face nova de Mário de Andrade, o seu papel na construção ou, melhor, no lançamento dos verdadeiros alicerces culturais de um país que durante os primeiros anos, a partir de 1934, se havia resolvido a ser grande culturalmente, como o era e, por milagre, ainda é, geograficamente. Os energúmenos se juntaram para impedi-lo. Eles estão aí para evitar, por todos os meios, que "o Brasil continue". Mas outros Mário de Andrade surgirão para que amanheça o dia em que "Os mortos varrerão os vivos, e os maus se afogarão na própria lama"... É a verdade disso que justifica as páginas que agora seguirão antes das cartas. [N. A.]

presidente do congresso, um dos mais importantes realizados antes da última guerra, ao referir-se à contribuição paulista, declarou, pela palavra do seu presidente, o notável especialista que é o professor Bourdon, que, pela primeira vez, se apresentava num laboratório de investigações sociológicas uma cidade *au microscope*.³ Essa cidade é a cidade de São Paulo, que para ali enviara oito representações ecológicas levantadas pelo Departamento de Cultura em menos de dois anos de trabalho.

As realizações de São Paulo não tiveram eco somente nestas duas cidades. Outras acorreram solicitando dados e informações, desejosas de imitar São Paulo na iniciativa considerada verdadeira *trouvaille* por outros centros cultos do mundo. Assim se pronunciaram as cidades de Haia, Nova York, Buenos Aires, sem contar personalidades de renome universal como Mauss, o grande discípulo de Durkheim, Rivet, dentre os maiores antropologistas vivos, André Siegfried, um dos grandes sociólogos europeus. Um professor norte-americano, referindo-se à Universidade e ao Departamento de Cultura, chegou a escrever, ali por volta de 1936, que "se fosse brasileiro, seria brasileiro de verdade, porque essas duas instituições justificariam a sua brasilidade".⁴ E, no entanto, o Departamento de Cultura era apenas um início. Entusiasmado com esse início, Armando de Sales Oliveira, último estadista que o Brasil teve, inscreveu-o no programa com o qual se apresentava para a presidência da República. Assim, como o Departamento Municipal de Cultura era o germe do Instituto Paulista de Cultura, com jurisdição em todo Estado, este, o Instituto Paulista de Cultura, seria o germe do grande Instituto Brasileiro de Cultura, abrangendo todo o território nacional.

---

3 Ver nota 49 do capítulo 2, p. 69.   4 Paul Yanasdem Shaw, "Se eu fosse brasileiro". *O Estado de S. Paulo*, ago. 1937. [N. A.]

De fato, o Instituto Paulista de Cultura iria absorver o departamento municipal, nele incorporadas outras criações complementares, dentre elas o Departamento do Patrimônio Histórico e Artístico de São Paulo, já em terceira discussão na Assembleia Legislativa do Estado, quando do golpe fascista de 10 de novembro de 1937. Essa lei, elaborada principalmente por Mário de Andrade, logo a seguir, mercê dos esforços de Rodrigo Melo Franco, foi, com algumas modificações, convertida em lei federal, criando-se o Sphan, cujos excelentes trabalhos toda gente conhece.[5] A vida do Sphan, ou Serviço do Patrimônio Histórico e Artístico Nacional, marca-se por uma série de milagres que só a tenacidade, a dedicação e o espírito de sacrifício de seu diretor e de alguns auxiliares podem explicar. A sua luta contra a ditadura, que nunca tolerou cultura, contra o clero que, no Brasil como em toda parte, era um dos mais resistentes baluartes contra a verdade científica, contra os donos da cultura que, no Brasil, são os semicultos e os simuladores de cultura, piores ainda do que os analfabetos, e os ignorantes — dará a Rodrigo Melo Franco um lugar de grande destaque na dolorosa história cultural brasileira, no dia em que tais assuntos forem realmente compreendidos entre nós.

Convertido que seria, pois, o departamento municipal em Instituto Paulista de Cultura, transformado, como se pretendia, numa fundação conforme estudos então já realizados por Plínio Barreto e por mim, com aprovação de Armando de Sales Oliveira, apenas candidato, seria o paradigma para a organização do Instituto Brasileiro de Cultura, fundação a ser instituída por Armando de Sales Oliveira transformado em governo do Brasil, se o pânico pelas eleições de 1938 não tivesse

---

[5] Ver Mário de Andrade, *Cartas de trabalho: Correspondência com Rodrigo Mello Franco de Andrade, 1936-1945*. Org. de Lélia Coelho Frota. Brasília: MEC; Sphan; Pró-Memória, 1981.

alvoroçado a onda de hominoides que implantou no Brasil a vergonha do Estado Novo.

Em linhas gerais, o Instituto Brasileiro compor-se-ia de um instituto sede, no Rio de Janeiro, organizado nos moldes do de São Paulo, e outros institutos estaduais, de início em Minas Gerais, no Rio Grande, em Santa Catarina, no Paraná, na Bahia, em Pernambuco, no Ceará, no Maranhão e no Pará. Seria uma grande fundação espalhando seus benefícios por todo o país, ao abrigo das nefastas influências políticas que, em nossa terra, nunca perdoaram à inteligência a sua beleza, o de que já tínhamos uma boa prova na experiência de São Paulo.

O patrimônio dessa maravilhosa fundação constituir-se-ia de primeiras doações feitas pelos municípios, pelos estados e pelo governo federal, robustecido de uma renda favorecida pelos artigos 148 e 156 da Constituição Federal de 1934 e artigos 80 e 82 da Constituição Estadual de 1935, que garantiam uma reserva de 10% da arrecadação de determinados impostos a favor da manutenção e desenvolvimento dos sistemas educativos.

Pois o início de tudo isso se achava no hoje falecido Departamento Municipal de Cultura de São Paulo, já em pleno funcionamento.

Vejamos agora o que era esse início.

O Departamento de Cultura estruturado pelo ato 1146, de 1936, compunha-se de cinco divisões: Expansão Cultural, Bibliotecas, Educação e Recreio, Documentação Histórica e Social, Turismo e Divertimentos Públicos.[6]

À Divisão de Expansão Cultural, pelas suas duas seções, a de Teatro, Cinemas e Salas de Concertos, a de Rádio-Escola,

---

6 Instituído em 4 de julho de 1936, o ato 1146 pode ser consultado no site da Câmara Municipal de São Paulo. Disponível em: <https://www.saopaulo.sp.leg.br/iah/fulltext/atosgovernoprovisorio/AGP1146-1936.pdf>. Acesso em: 25 nov. 2021.

competia promover e estimular iniciativas que favorecessem o movimento cultural e educacional; promover a organização de espetáculos de arte e cooperar por um conjunto sistemático de medidas para o desenvolvimento das artes plásticas, da arte dramática em geral, da música e do cinema; incentivar o cinema popular educativo, pedagógico ou escolar; pôr ao alcance do público, por uma estação rádio difusora, palestras e cursos, tanto universitários como de espírito popular, e tudo o que pudesse contribuir para o aperfeiçoamento cultural da população; organizar a discoteca municipal; organizar a orquestra e banda municipais; superintender quaisquer atividades relativas a teatros, salas de concertos e cinemas; adotar medidas legislativas da alçada municipal tendentes à repressão das produções cinematográficas, teatrais ou impressas ofensivas à moral ou antieducacionais que violassem texto expresso de lei ou fossem perniciosas à infância e à juventude; entrosar-se com a comissão do Plano da cidade e mais instituições competentes, para fixar as paisagens municipais dignas de preservação, bem como impedir o êxodo ou destruição de obras de valor artístico ou histórico. E mais, organizar planos para o desenvolvimento da arte teatral, da música, dos bailados e da cinematografia nacional, organizar concursos que, consoante a lei, para tal fim, fossem instituídos; promover benefícios fiscais aos cinemas que sistematicamente exibissem fitas documentárias ou educativas, e aos produtores nacionais dessas fitas, aos seus distribuidores; beneficiar do mesmo modo os cinemas postos à disposição da municipalidade, uma vez por mês, para a realização de espetáculos educativos; organizar exibições pedagógicas nos parques infantis e nos estabelecimentos de ensino, em geral, e conferências culturais, e cursos universitários pelo rádio, irradiações destinadas à capital e ao interior. E ainda: manutenção de um serviço de obras de arte erudita e outro de arte popular, de interesse estritamente folclórico; transmissões de discos, acompanhados de comentários explicativos de caráter cultural; manutenção de um serviço de gravação de discos, para o arquivo da palavra, para a fixação de canções, solos e conjuntos instrumentais populares, bem como da arte erudita; manutenção ainda de um serviço de partituras orquestrais e de câmara, e por aí além. Tudo isso atribuições da Divisão de Expansão Cultural do Departamento de Cultura.[7]

Basta ler as linhas acima para aquilatar a importância da Divisão de Expansão Cultural. Por isso, sua direção foi dada a um homem extremamente capaz, foi dada a Mário de Andrade, o primeiro diretor do Departamento.

Vamos ver o que se havia executado por ela.

A parte musical recebeu carinho todo especial pela sua importância e pobreza paulista em tudo quanto fosse organização desse gênero.

De início instalou-se a Discoteca Pública, quer dizer, uma grande coleção de discos à disposição do público, como os livros de uma biblioteca. Ao lado dessa atividade, inaugurou-se também o serviço de gravações, que se compunha de três ramos principais: o registro da música erudita paulista, o registro do folclore musical brasileiro e o Arquivo da Palavra, este último abrangendo dois sub-ramos — o registro das vozes dos homens ilustres do Brasil, e os registros destinados diretamente aos estudos de fonética.

Antes de Fábio Prado deixar a prefeitura, esse museu da palavra possuía já uma grande coleção de discos duplos, ou simples grandes e pequenos, dos quais uma série de análises das diversas pronúncias regionais do Brasil, dividida em sete zonas fonéticas, representada cada uma pela voz de dois indivíduos,

---

[7] Para mais pormenores sobre o Departamento de Cultura, ver o Ato Municipal n. 1146, de 4 de julho de 1936, artigos 177 a 233. [N. A.]

um culto e outro inculto. Esses discos permitem a análise de um texto padrão organizado sob a orientação de grandes foneticistas, o estudo comparativo portanto dos diferentes fonemas e falas brasileiras, sob os seus diferentes aspectos, ortoépico, prosódico e quanto ao ritmo, à entoação e à expressão. E já possuía, além daqueles, outros discos com as vozes de homens ilustres do Brasil. Tudo isso fichado e com informações complementares, como local de nascimento dos indivíduos, influências culturais etc.

Os registros de música erudita, àquele momento, constavam de várias peças representativas dos nossos melhores compositores, acompanhadas de comentários impressos, contendo também análises musicais dessas peças, para o completo cumprimento de suas funções educativas.

Os registros científicos de folclore musical brasileiro começaram em maio de 1937. Contavam em agosto daquele ano com 28 fonogramas, achando-se já organizada uma excursão que devia durar cinco meses ao Nordeste brasileiro, a região folclorista mais importante do país, a fim de colher material e realizar investigações folclóricas. Os fonogramas existentes, porém, incluíam já uma congada mineira, a dança de Santa Cruz, um misto de liturgia católica e fetichismo indígena, reminiscência da catequização jesuítica, realizada em Itaquaquecetuba, em maio de 1937, e várias danças e cantigas mineiras.

Não há quem ignore que a maioria dos nossos cantos e melodias populares, tal como acontece em outros países, está prestes a desaparecer. Donde a importância da colheita, antes que tudo se perca irremediavelmente. E daí a recomendação insistente, verdadeiro apelo desesperado lançado pelo Congresso Internacional das Artes Populares, reunido em 1933 em Praga, sob os auspícios do Instituto Internacional de Cooperação Intelectual, de que o Departamento possui um magnífico documento enviado ao ter conhecimento dos trabalhos que se realizavam em São Paulo, naquele ano fértil de 1933.[8]

Ao lado da discoteca, com seus quase quatrocentos documentos musicais gravados, existia já o início da coleção de fitas documentais etnográficas, entre elas quatro sonoras de danças dramáticas populares, cinco documentários sobre os Bororos e os Caduveus e mais dez outras películas sobre danças populares. O número total de discos então existentes subia a perto de 4 mil, todos entregues à consulta pública, completados por uma biblioteca musical de cerca de 2 mil volumes.

Esse material, sob a direção de um técnico especializado cuidadosamente escolhido, achava-se em atividade, pondo o povo em contato com as mais altas manifestações musicais — documentos de música erudita ou popular —, contribuindo para a riqueza e valor da Escola Paulista de Música instituída pelo Departamento de Cultura.

Porque havia mais ainda: havia a orquestra sinfônica, um trio e um quarteto de cordas, o coral paulistano e outro coral para madrigais.

---

8 O Congresso Internacional de Artes Populares, promovido pelo instituto a que PD se refere, transcorreu em outubro de 1928, na cidade de Praga. Embora não tenha viajado até lá, a cantora e compositora Elsie Houston-Péret (1902-43) foi a única pessoa a representar o Brasil no evento. A comunicação "A música, a dança e as cerimônias populares do Brasil", escrita em francês, foi publicada nos Anais do Congresso, em 1931. Em agosto de 1933, o jornal *O Homem Livre*, de São Paulo, veiculou uma versão em português do texto, dividindo-o em uma série de três artigos. Além de MA, os musicólogos Luciano Gallett (1893-1931) e Renato de Almeida (1895-1981) também estiveram envolvidos com o evento, ainda que suas colaborações não estejam presentes nas atas. Para saber mais a esse respeito, ver Flávia Camargo Toni, "Fonografia e projeto nacional: O Brasil no Congresso de Arte Popular de Praga (1928)". In: Fernando Paixão e Flávia Camargo Toni (Orgs.), *Estudos brasileiros em 3 tempos — 1822-1922-2022: Ensaios sobre o modernismo*. Belo Horizonte: Fino Traço, 2021, pp. 223-51.

Em fevereiro de 1938, Fábio Prado conservava-se ainda na prefeitura, quando partia para o Nordeste a missão organizada por Mário de Andrade com o encargo de fazer pesquisas folclóricas. Regressou em julho do mesmo ano, trazendo 179 discos de vários tamanhos, com cerca de 1300 fonogramas e algumas melodias gravadas, além de objetos de museu, películas e fotografias, em conexão com o material musical colhido.

Nesse tempo achava-se em pleno desenvolvimento uma sociedade de folclore, à qual Mário de Andrade oferecia uma atenção especial. Lembro-me de uma circular em que ele insistia para que os funcionários do Departamento levassem as suas observações e estudos para as colunas da *Revista do Arquivo*.

Tudo isso, como se disse, em pleno funcionamento, em plena vitalidade. O coral paulistano sob a regência de Camargo Guarnieri; o conjunto vocal madrigalista, composto dos melhores elementos do coral paulistano, para cantar o repertório madrigalista e demais canções polifônicas; o quarteto de cordas e o trio. A orquestra sinfônica tinha os seus programas discutidos antes, com os músicos, e a muitos artistas de reconhecida cultura musical deu-se o ensejo de se iniciarem na regência de orquestra, tentativa generosa de formar-se uma escola de regência. Assim, revelaram-se Souza Lima e Camargo Guarnieri. A música erudita brasileira não ficava, desse modo, nos arquivos nem na gaveta dos compositores contemporâneos. Ouviam-se com frequência páginas de Mignone, Heitor Villa-Lobos, Camargo Guarnieri, Souza Lima e outros.

Outro ponto de alta importância educativa: a gratuidade dos concertos e de outras manifestações artísticas realizadas principalmente no Municipal, sem contar as oferecidas nos bairros operários.

Mas não ficava por aí essa vigília abnegada e permanente imposta pela noção que se tinha da responsabilidade do Departamento de Cultura.

Mário de Andrade mantinha briga permanente com os empresários líricos que nos impingiam programas surrados de pequenas óperas por demais batidas, obrigando-os a apresentar óperas novas ou pouco conhecidas em São Paulo, como as do século XVIII e as de Wagner. Ao lado de tantas atividades vivas, que eram todas as suas atividades, a Divisão de Expansão entrara em contato com a Sociedade de Cultura Artística para a construção de um grande edifício no qual se instalassem duas salas de concerto, uma grande e uma menor para música de câmara. Nessa casa deveriam ter abrigo também entidades culturais outras, como a Academia Paulista de Letras, o Instituto Histórico, a Sociedade de Folclore, o Conselho Bibliotecário etc. Para tal chegou-se a aprovar a lei necessária.[9]

Ao lado da música, as artes plásticas. No novo viaduto do Chá, Fábio Prado reservara o espaço adequado, motivo por que Mário de Andrade teve vários entendimentos com engenheiros, a fim de estudar-se a iluminação e demais pormenores importantes, para exposições coletivas e outras manifestações de pintura, escultura e arquitetura. Da mesma forma o Departamento entrava em contato com museus europeus e dos Estados Unidos, sonhando a formação de seus museus, dentre eles um de reproduções. Na gestão do sr. Prestes Maia, começaram a chegar as respostas desses institutos. Pessoalmente eu me tinha posto em contato com o Museu do Louvre, em cuja direção contava ainda vários amigos, tentando a obtenção gratuita dessas reproduções, e tentávamos já as negociações com o governo francês para o oferecimento a São Paulo de uma grande coleção de reproduções de pintura e escultura. Basta dizer que, da pintura, iríamos obter as reproduções dos exemplares da escola italiana, flamenga, holandesa, espanhola, sem contar as escolas

---

[9] Revogada pelo sr. Prestes Maia. [N. A.]

francesas. E quanto à escultura, São Paulo iria ter, em tempo curto, moldagens da Vênus de Milo, da Samothrace e outros exemplares preciosos gregos e romanos, egípcios, sem dispêndio de um vintém, à custa apenas do local apropriado à instalação do museu.

Da mesma forma, cuidava-se da fundação de uma escola de gravura para a qual se procurava já um mestre estrangeiro disposto a vir passar dois ou três anos entre nós.

O cinema educativo merecera um cuidado especial. Vesperais concorridíssimos de cinema gratuito foram dados em vários teatros de bairro aos pirralhos dos parques infantis, a troco de favores às empresas cinematográficas. E o Departamento estudava ainda um projeto no sentido de instalar-se um laboratório cinematográfico para a execução de fitas científicas e educativas. Uma coleção editada pelo Departamento de Cultura, composta de livros excelentes, conta várias peças premiadas nos concursos organizados pelo Conselho Técnico da Divisão de Expansão Cultural.

Não havia sido ainda efetivada a Rádio-Escola nem se cogitava das instalações necessárias, devido ao alto custo, esperando-se também a consolidação dos serviços já instalados em pleno desenvolvimento. Pensava-se porém entrar em entendimento com uma estação existente para as irradiações do Departamento, e aí a discoteca iria contribuir de modo decisivo. Isso aliás estava previsto na lei.

Nessas condições, achava-se a Divisão de Expansão Cultural, quando Fábio Prado deixou a prefeitura e Mário de Andrade a direção do Departamento e, depois, a diretoria da mesma divisão.

Desde então a Divisão de Expansão Cultural ficou acéfala, pois o titular nomeado para substituir Mário de Andrade, e que por lá passou durante curto tempo, não realizou coisa alguma, fora um mínimo de expediente burocrático e receber os vencimentos.[10] O Departamento inteiro foi arquivado. Nos orçamentos constavam verbas tão grandes como no tempo de Fábio Prado, mas essas verbas eram desviadas, como todas as da prefeitura, para o programa de grandes avenidas do sr. Prestes Maia. A Divisão de Mário de Andrade tornou-se uma das fundamente atingidas, pois foi aquela em que os elementos estranhos, despidos de qualquer formação cultural e de gosto, mais se infiltraram. Essa intromissão indébita, sem nenhuma justificativa de interesse público, ao contrário, provocou a carta mais violenta que possuo, vinda de Mário de Andrade, durante a minha longa e coercitiva permanência no estrangeiro. Foi em 1939, quando os nefastos abelhudos, acolitados por alguns aventureiros, deram o golpe de morte nos agrupamentos musicais. Vale a pena repetir o trecho da carta em que Mário dá o seu grito de desespero ante a calamidade a ameaçar a Divisão de Expansão Cultural:

"Os nossos agrupamentos musicais estão no momento de rodar por água abaixo." Depois de identificar as personagens principais do vandalismo, pormenoriza a ação de um dos intrusos:

> [...] um professor de canto [...] que aqui foi depositado por inércia, vindo no rabo de qualquer companhia italiana de operetas. Imaginou no que ia ser, tomou o pulso fraquinho da terra e foi ser professor improvisado de canto e diversos instrumentos. Mas manteve sempre saudades da mais cômoda e festiva regência, de que conhece praticamente o bê-á-bá técnico, e absolutamente nada do estético. Expressão pra ele é dó-de-peito e berro.

---

10 Em julho de 1938, na sequência do definitivo afastamento de MA do Departamento de Cultura, a Divisão de Expansão Cultural passou a ser interinamente chefiada pelo poeta, tradutor, jornalista e crítico Guilherme de Andrade e Almeida (1890-1969), que ainda se mantinha no cargo um ano após a nomeação. Ver carta de 4 de julho de 1939, p. 493.

Esse sujeito, mancomunado com outro

> [...] que não sabe mal a técnica do violoncelo, tem bom som, mas nada entende de arte, nem se se escreve com agá ou traço de união, que imagina ser regente e diretor de coros, quando não passa de tamanco usado por pé sujo, expulso que já foi, por ladrão, do Centro Musical... pois esses dois [...] principiaram churriando [...] que trio, quarteto, coral erudito, são coisas que o povo não gosta nem fazem sucesso, que o bom era criar um coral pra óperas, uma escola de bailes pra óperas, e mais uma escola pra óperas, no Municipal, pra quando viessem companhias de ópera pra São Paulo, a cidade ter tudo isso, pra economizar importação de gente.[11]

Esse grito de revolta define a situação, mas esses e outros gritos de revolta não valeram de nada. Camargo Guarnieri, que regia o coral, foi aperfeiçoar-se no estrangeiro. Quando voltou, gritaram-lhe: quem foi a Portugal perdeu o lugar! O coral entrou em decadência, ficou desfalcado de muitas figuras e só após muito tempo se recompôs, mas não mais apareceu com a frequência devida. Do conjunto vocal madrigalista, composto dos melhores elementos do Coral Paulistano, para cantar o repertório madrigalista e demais canções polifônicas, desse não se teve mais notícia: criaram-se "massas" corais para o lírico, tal como queriam os dois intrujões, para os quais a "expressão é dó de peito e berro".

O quarteto de cordas e o trio também rarearam seus concertos e depois desapareceram...

A orquestra sinfônica, a não ser quando foi, por algum tempo, dirigida por Eduardo de Guarnieri, esta então foi transformada

---

[11] Ver carta de 1º de março de 1939, p. 282.

na coisa mais chula deste mundo. Passou a dar espetáculos de pantomima, apresentando programas de "música de efeito", como o "Hino ao Sol", de Mascagni, e "1812" de Tchaikovski, esta partitura, numa verdadeira palhaçada, comutação de luzes, trovoadas e pancadaria, que os comparsas executavam atrás do palco. Na opinião dos amantes de música o monumento musical que é a "Nona Sinfonia" de Beethoven foi executado depois de dois ou três ensaios, quando é sabido que o próprio Toscanini só se aventurava a ela após laboriosas, e reiteradas repetições. O malogro foi total, mas os escrevinhadores das coisas bonitas ditatoriais, euforiados pela gorjeta do DIP,[12] procuraram disfarçar a rata, dizendo que a crítica tinha de ser benévola para não desanimar aquela tentativa nunca vista de dar Beethoven daquele jeito num país como o Brasil!...

Outrora, os concertos e outras manifestações artísticas do Departamento de Cultura, dados no Municipal, eram inteiramente grátis para o povo. Mas a ditadura não podia conceber que o Municipal não tivesse renda, e esses espetáculos passaram a ser cobrados.

Isso, aliás, perfeita mentalidade de Estado Novo, pois um ministro da Educação de Vargas não chamou um dia a direção da Biblioteca Nacional para estranhar que aquele instituto só gastasse dinheiro e não figurasse no orçamento com nenhuma renda?

Mas voltemos à Expansão Cultural. Os concertos nos bairros operários foram definitivamente suspensos.

Quanto ao Theatro Municipal, o que aconteceu com esse teatro é de dar vontade de surrar. Havia no teatro um empregado subalterno, homem sem nenhuma instrução, mas

---

[12] Departamento de Imprensa e Propaganda do Estado Novo, um dos mais ignóbeis instrumentos da ditadura. Era ele encarregado ainda da censura a jornais e livros. [N. A.]

extremamente bajulador. Andava ele desgostoso com o Departamento, porque a energia de Mário de Andrade impusera ordem no teatro, onde aquele contínuo tinha sido uma espécie de reizinho. Mudada a situação, a intriga desse funcionário subalterno conseguiu afastar do teatro o seu diretor, Paulo Magalhães, que promovera, com aplauso do diretor da Divisão, uma reforma completa a fim de tirar do grande teatro toda eficiência de que ele seria capaz em favor da cultura paulista. Pois o diretor do teatro foi afastado, sem alegação do menor motivo e, para sempre, permaneceu completamente arredado do posto, embora percebendo seus vencimentos integrais, isso porque a única acusação que se lhe pôde imputar fora a energia com que pôs na linha aquele funcionário subalterno e a matula de exploradores que ganhavam até com os programas dos espetáculos, realizados no Theatro Municipal! Logo depois — espantem-se os que ainda sejam capazes —, funcionava dentro do Theatro Municipal de São Paulo um departamento da arrecadação municipal!

A lei permitindo a construção da Casa de Cultura foi revogada, e São Paulo perdeu as esperanças de possuir salas de concertos condicentes.[13] Extintos também a organização da Divisão de Turismo e os dispositivos sobre a Rádio-Escola.

Da mesma forma desapareceu todo interesse pelo folclore, principalmente pela etnografia. Pois ao saber-se no novo regime, do auxílio dado à missão que foi ao Nordeste colher música popular, houve quem na prefeitura declarasse, solenemente, que a municipalidade só poderia, quando muito, interessar-se pela etnografia municipal!...

---

13 Podem-se ler esboços manuscritos do projeto das Casas de Cultura em Mário de Andrade, *Me esqueci completamente de mim, sou um departamento de cultura*, op. cit., pp. 234-5.

A Discoteca entrou num marasmo absoluto. Graças entretanto ao heroísmo de sua diretora, Oneyda Alvarenga, resistiu, ficando apenas paralisada, mumificada. Muito tempo depois, foi melhor instalada na rua Florêncio de Abreu, com duas cabinas somente, para consulta pública, apesar dos esforços quase desesperados no sentido de aumentar o número delas. Nenhuma esperança mais de uma sala para audições coletivas com preleções, como outrora! Era perene a sua luta para a obtenção de funcionários técnicos, que deviam ser diplomados pelo Conservatório Dramático e Musical. Mas, para a mentalidade administrativa atual, essa gente deve ser equiparada a meros escriturários burocráticos! Nomeações novas houve, e quantas, na prefeitura, de gente absolutamente incapaz, lugares feitos para protegidos e não gente competente escolhida para os lugares.

De cinema educativo nunca mais se falou; atividades de teatro, nada. Os concursos de peças teatrais e sobre música, obras de valor educativo, artístico ou histórico, quase idem. Nem mesmo a Comissão do Plano da Cidade, com a qual o Departamento deveria entrosar-se para defender as belezas urbanas, existe. O vale da avenida Nove de Julho, para citar apenas um caso mais berrante, foi sendo deformado e mutilado, perdendo-se todas as inigualáveis oportunidades que a sua topografia oferece para um embelezamento sem igual em cidade nenhuma do mundo. O Conselho Técnico da Divisão de Expansão Cultural, destinado a dar orientação e assistência à seção de Teatros e Cinemas e Salas de Concertos, foi dissolvido após a saída de Fábio Prado e nunca mais se organizou. Nenhuma providência nova no sentido de facilitar o cinema cultural ou exibições nos parques infantis ou, gratuitamente, em cinemas de bairros populosos. A Sociedade de Folclore morreu; a etnografia morreu, a escola de gravura não foi por diante; os museus ficaram no tinteiro. Para coroar tudo, havia anos a própria Divisão de Expansão Cultural não possuía mais uma sede, nem uma instalação, uma escrivaninha sequer para o despacho do expediente! A última atividade experimental verdadeira foi a excursão folclórica ao Nordeste, em 1938. Adeus, Departamento de Cultura!

Quando o sr. Abraão Ribeiro foi para a prefeitura, o restinho que sobrava do Departamento respirou cheio de ilusões. Para dosar a materialidade das grandes avenidas ia ressuscitar-se o espírito. Que esperança! Abraão Ribeiro, embora homem de cultura intelectual, foi, de início, envolvido por uma conspiração que vinha de longe, à qual o sr. Prestes Maia, homem obstinado, resistira com galhardia, e um dos primeiros atos foi efetivar os diretores de Departamento que, de auxiliares de confiança do prefeito, passaram a ser funcionários efetivos. Com eles efetivou-se o substituto de Mário de Andrade na chefia, um intelectual, sim, mas despido completamente de entusiasmo, um desanimado talvez ante as forças obscuras contrárias, grandes demais para espíritos comodistas, um funcionário que se burocratizou e que jamais compreendeu o Departamento de Cultura, porque um instituto desses é, antes de mais nada, ação e exige, primeiramente, que os seus dirigentes e auxiliares sejam criadores, estejam dispostos à luta, a espernear e a agir, e não ser funcionários apenas. Um diretor do Departamento de Cultura que compreendesse e sentisse o Departamento de Cultura ou realizasse o que devia ser realizado pelo Departamento de Cultura iria embora, fosse à custa de que sacrifício fosse, como fez Mário de Andrade. Nunca se prestaria ao papel de embalsamador melancólico de instituição tal.[14]

---

14 O substituto de MA foi o escritor e jornalista Francisco Pati (1898-1970), que esteve à frente do Departamento de Cultura por aproximadamente três décadas.

A prova está no que aconteceu depois. O Departamento de Cultura, outrora subordinado ao prefeito, passou a fazer parte de uma secretaria municipal invertebrada, absurda, caríssima, inútil, parasitária, inconveniente e perniciosa, como se revelaram quase todas as secretarias criadas na administração municipal. O Departamento de Cultura passou pois para essa secretaria municipal, de promiscuidade com um hospital, com um mercado, com um tendal de carnes, com feiras livres, com um entreposto de verduras, sob a égide de uma incompreensão cultural capaz de abalar a serra do Mar![15]

Não foi só isso. A politiquice e o protecionismo que caracterizam os governos fracos continuaram os seus estragos. E agora, vago o posto que Mário de Andrade honrou como ninguém, apareceu a necessidade lisonjeadora de arranjar-se um bom lugar para um sobrinho qualquer do governo.

Mas esse sobrinho qualquer do governo teve, talvez, o vintém de autocrítica que a maioria dos pequenos aventureiros não possui e, vai daí, para fazer vaga no lugar de administrador do Hospital Municipal,[16] posto almejado pelo sobrinho qualquer do governo, removeu-se o excelente gerente, o excelente

---

[15] Instituída pela administração Abraão Ribeiro (1945-7), por força do decreto-lei n. 333, de 27 de dezembro de 1945, a Secretaria de Higiene e Cultura absorveu a estrutura desses dois órgãos que, durante os dez anos anteriores, haviam constituído departamentos distintos. Esteve à frente dessa secretaria o médico Ignácio Proença de Gouvêa (1892-1956), que, durante a gestão Fábio Prado, chefiara a Divisão de Abastecimento do Departamento de Higiene.
[16] Por sugestão de Ignácio Proença de Gouvêa, a administração Fábio Prado instituiu, em 1934, o primeiro Hospital Municipal no largo São Paulo (a atual praça Almeida Júnior), próximo à rua Conselheiro Furtado. Concebido para prestar assistência médica aos operários da prefeitura, o ambulatório funcionava no imponente edifício à época conhecido como Prédio da Torre, propriedade do Círculo Esotérico do Pensamento, e que viria a ser parcialmente destruído por um incêndio na primeira metade dos anos 1940. Em 1972, a clínica foi convertida em entidade autárquica, criando-se o Hospital do Servidor Público Municipal, vinculado à Secretaria Municipal da Saúde.

despenseiro, o excelente *maître d'hôtel*, do Hospital Municipal, à revelia deste, do lugar que sempre ocupou com competência, para o lugar, que jamais poderia dignificar, de substituto de Mário de Andrade, o posto mais importante do finado Departamento de Cultura que Fábio Prado criou e Armando de Sales Oliveira pretendia dar ao Brasil![17]

A existência de qualquer coisa remanescente do Departamento de Cultura deve-se só a um caso de sorte. Sorte principalmente que tiveram algumas repartições em possuir funcionários abnegados, estupidamente abnegados. Abnegada estupidez que permitiu salvar uma pequena parte daquele outrora grande instituto paulista. Consequência natural do critério adotado pelos seus fundadores ao escolher gente absolutamente capaz, refratária a essas tão horrorosas quão quase irresistíveis tendências burocratizantes a que as más administrações impelem o funcionalismo.

Quando se organizou o Departamento e chegou o momento de escolher os funcionários, ficou estabelecido que estes, principalmente os chefes e os técnicos, fossem selecionados, sem que se tomasse em consideração qualquer argumento de ordem partidária. Em igualdade de condições, dar-se-ia preferência aos recomendados pela política dominante. Isso, porém, só em igualdade de condições. Aconteceu, porém, o que era fatal. Nenhum dos recomendados políticos pôde medir-se com aqueles que os organizadores do Departamento tiveram em vista, ao estudá-lo e fundá-lo. Havia candidatos importantíssimos sob o prisma partidário político para chefiar a Divisão de Expansão Cultural ou a de Bibliotecas ou a de Documentação Histórica e Social ou a de Educação e Recreio. Todos ou

---

[17] Não tendo sido possível elucidar, por ora, a identidade das duas pessoas às quais alude PD, saliente-se que o posto a que o autor se refere equivale ao de Chefe da Divisão de Expansão Cultural e não ao de Diretor do Departamento (ver pp. 192-3, no fim deste capítulo).

quase excelentes pessoas, ótimos companheiros de luta, mas absolutamente incapazes. Aliás, os candidatos políticos são sempre *cargos para os homens* e só raramente *homens para o cargo*. A tais pretendentes não se disse sim nem não. Mas no dia da publicação das nomeações, com espanto e com escândalo, viu-se que para o lugar de diretor do Departamento da Expansão Cultural, em vez de fulano recomendadíssimo pelo partido, saiu o nome de Mário de Andrade; para a Documentação Histórica e Social, em vez daquele bacharel, cabo eleitoral, foram escolhidos Sérgio Milliet e Bruno Rudolfer; para a Biblioteca era nomeado Rubens Borba de Moraes, e não aquele sobrinho do deputado tal;[18] e para Educação e Recreio aparecia Nicanor Miranda, em vez de outro protegido qualquer. E assim para todos os cargos importantes. Houve um barulhão. Nuvens negras de crises borrascosas despenharam-se sobre a prefeitura. Raios caíram até sobre os nomeados. Assim, Mário de Andrade era um futurista pernóstico, Rudolfer um estrangeiro à toa, Sérgio Milliet ganhara o lugar por ser meu parente, Rubens Borba, um empregadinho da Recebedoria de Rendas, Nicanor Miranda, sobre ele, ao contrário dos outros, caiu mais a oposição do que os amigos, pois este tinha o crime gravíssimo de ter, como jornalista, acompanhado o sr. Getúlio Vargas em sua viagem ao Nordeste, e isso era uma afronta à honra de São Paulo, que não esquecia, não transigia e não perdoava. Para os amigos, havia outras faltas irremissíveis: duas ou três funcionárias eram filhas de perrepistas!,[19] e perrepismo devia ser hereditário...

Mas resistiu-se como leões. E por isso, só por isso, o Departamento foi adiante. O futurista, o engenheiro à toa, o parente,

---

18 Ver nota 47 do capítulo 2, p. 65.   **19** De PRP, Partido Republicano Paulista, que, pelos seus desmandos, principalmente fraudes eleitorais, foi tirado do poder pela revolução de 1930. [N. A.]

o empregadinho público, o mau paulista, todo o bando o que queria era trabalhar e levou para os postos, em lugar do sentido do emprego ou do encosto, o amor à missão, puseram-se todos em atividade sem nem ler aquilo que escreviam as excelentes vestais da coesão partidária e os impugnáveis defensores da honra bandeirante, os quais só descobriram o equívoco dos *brios de São Paulo*, quando o Estado Novo lhes abriu a porta da despensa.

O conjunto inicial revelou-se praticamente burocratizável e assim viveu durante todo o tempo em que o Departamento pôde fazer coisas. Quando a politicalha getulista o invadiu, encontrou uma camada impermeável ao caruncho fascista. Este porém é insidioso e conseguiu penetrar. Na Divisão Cultural, vimos os destroços que fez. Só resistiu realmente a Discoteca, repartição que teve a sorte de possuir um desses funcionários à prova de cupim.

Foi o que aconteceu com a Divisão de Bibliotecas, pela qual passaram, nesse tempo, dois funcionários da mesma espécie, como veremos. Essa é a razão por que a Biblioteca existe, embora em pandarecos, esclerosada culturalmente ainda hoje. Não deve nada às administrações que se seguiram: deve tudo à tenacidade de Sérgio Milliet.[20]

Esta Divisão tinha a seu cargo os serviços da Biblioteca Pública Municipal, os da Biblioteca Infantil, os das Bibliotecas Circulantes, os das Bibliotecas Populares e os de outras que fundassem.

No momento da criação do Departamento, havia em São Paulo duas bibliotecas públicas: a do Estado, à praça João Mendes, e a Municipal, à rua Sete de Abril. Ambas de organização

---

20 No princípio de 1942, o prefeito Francisco Prestes Maia promoveu uma troca entre dois chefes de divisão, ao deslocar Sérgio Milliet para a Divisão de Bibliotecas e Rubens Borba de Moraes para a de Documentação Histórica e Social. Esse episódio será narrado por PD um pouco mais à frente, nas pp. 138-9.

antiquada que não permitia pudessem dar os benefícios que se podem esperar de uma biblioteca moderna. A Biblioteca Municipal, senão a mais importante, pelo menos a mais movimentada, orientava-se por norma parecida com a imprensa no Brasil: em vez de órgãos orientadores da opinião pública, órgãos orientados pelo mau gosto do público. Assim, entre nós, em geral, em vez de se fazer um jornal para esclarecer as massas, o que se fazem são jornais para agradar o povo e assim ter circulação. Disso, a precariedade, a pobreza mental da maioria dos nossos jornais, onde a parte importante está ou no futebol ou na reportagem de polícia ou no escândalo, nos concursos de beleza ou no cantor de rádio. Pois a Biblioteca também, em lugar de comprar livros capazes de exercer uma influência nitidamente cultural, inclinava-se mais para a compra das obras procuradas pelo público. Essa a causa da quantidade de brochuras policiais, de aventura, de baixa literatura, enfim, que o Departamento foi encontrar empanzinando o velho e exíguo prédio da rua Sete de Abril. Quanto a revistas, a mais intelectual que ali existia era o *Sei Tudo*, porque a mais procurada no estabelecimento...[21]

O funcionário nomeado para dirigir a biblioteca era mesmo um funcionário da Recebedoria de Rendas do Estado. Nisso os zoilos acertaram. O que porém os zoilos e toda gente ignoravam era que Rubens Borba de Moraes, criado na Europa, aí se dedicara ao estudo da biblioteconomia, aprendera a amar os

---

[21] A revista *Eu Sei Tudo*, mensalmente editada pela Companhia Editora Americana entre 1917 e 1958, se inspirava no periódico francês *Je Sais Tout* (1905-21). Concebida como almanaque e fartamente ilustrada, dispunha de aproximadamente 150 páginas, cujas diferentes seções miravam adultos e crianças. Assim, a publicação congregava variados gêneros literários, como conto, comédia, crônica e romance, além de abrir espaço para temas do cotidiano, jogos e passatempos, ou, ainda, conhecimentos gerais, como curiosidades científicas e novidades tecnológicas.

bons livros e, uma vez vindo para São Paulo, entregou-se a colecionar livros raros principalmente sobre o Brasil e tornara-se, assim, a maior autoridade no assunto, dono dos mais modernos conhecimentos técnicos, um estudioso com qualidades de bibliotecário como ainda não existia no país.

Sim, porque os nossos bibliotecários eram até então gente que entendia de tudo menos de biblioteca. Todo bacharel malogrado que não ia ser professor ia ser bibliotecário. Ou então, quando se tratava de amparar um desses velhos autodidatas brasileiros ou qualquer rebuscador de arquivos, quase sempre um bom sujeito, sem preparo e senso crítico, dava-se a ele a direção de uma biblioteca. Ora o que acontecia era que, no primeiro caso, esses institutos ficavam com um simples burocrata na sua direção ou, no segundo, com um diretor para o qual só tinha importância ou a parte de manuscritos ou a parte literária ou a parte de livros antigos, ou o comodismo do cargo, conforme a inclinação do velho medalhão. Foi por causa disso que a Biblioteca Nacional do Rio de Janeiro teve destruída a sua parte mais preciosa, consequência do abandono que mereceram quase todas as suas seções durante anos consecutivos; por causa disso, as bibliotecas de São Paulo eram quase meros depósitos de livros. O Departamento de Cultura viria acabar com esse regime, irradiando seus benefícios por todo o Brasil.

Inicialmente, enquanto se preenchiam as lacunas nas coleções culturais inteiramente desfalcadas da Biblioteca da rua Sete de Abril, trataram os poderes públicos de unir à Biblioteca do Departamento de Cultura a Biblioteca Pública do Estado. Os livros foram desinfetados, outra providência urgente a impor-se: obras novas compradas, e tomou-se o compromisso de não deixar que recidivasse em São Paulo o crime de se dispersarem bibliotecas valiosas como as de Eduardo Prado ou de Alfredo Pujol ou de Estevão de Almeida, desaparecidas devido à desídia dos governos. Foi pela Biblioteca Municipal que a Universidade pôde obter a Biblioteca Lamego comprada pelo governo Sales Oliveira. E para aquela entraram outras coleções, como a de Félix Pacheco, a de Batista Pereira, com a coleção dos autógrafos de toda a campanha civilista, mais de 5 mil páginas escritas pela mão de Rui Barbosa.

Já se estava pensando na construção de um prédio digno de uma grande biblioteca, e, ao mesmo tempo, projetavam-se as bibliotecas circulantes, as bibliotecas populares, e a Biblioteca Infantil última foi logo fundada com um entusiasmo e uma organização que maravilharam Afrânio Peixoto, cujas visitas eram ali frequentes, bem como aos parques infantis, quando vinha a São Paulo.

Mas era preciso estruturar a profissão e a carreira de bibliotecário. Fundou-se o Conselho Bibliotecário, fechando entrada às bibliotecas aos funcionários sem especialização e sem cursos de biblioteconomia. Abriu-se a Escola de Biblioteconomia anexa à Biblioteca Pública e encheu-se de jovens de mentalidade nova, influência da mentalidade do Departamento de Cultura. Os burocratas arcaicos que levavam para as bibliotecas o seu próprio mofo fizeram uma gritaria louca contra a lei. A política mobilizou-se. Até velhos professores da Faculdade de Direito, velhos de corpo e de espírito, levantaram o seu protesto contra a lei de bibliotecários, temendo pela sorte de seus pequenos cortesãos. Mas a resistência foi grande, e a lei venceu, impôs-se e começou a preparar verdadeiros bibliotecários para as bibliotecas de São Paulo.

Iniciou-se para a maior delas, em 1936, um grande prédio que devia ficar pronto dezoito meses depois. O diretor iria morar no próprio edifício, como acontece com todos os grandes institutos espirituais, pois um diretor de biblioteca ou de outro instituto de cultura não é empregado público sujeito a horário de seis ou oito horas de quase vadiação, mas um lutador de tempo integral, capaz de dar 24 horas de entusiasmo e trabalho.

A localização e até plantas das bibliotecas de bairro achavam-se já em andamento; os serviços criados pelo ato 1146 num alvoroço de colmeias, uns iniciados, outros concluídos, a catalogação quase em dia, o curso de biblioteconomia, com cerca de duzentos alunos, um êxito tão grande quanto o da Biblioteca Infantil funcionando à rua Major Sertório, e outras em cada parque infantil de São Paulo; livros novos eram adquiridos às centenas, pois, no ano da fundação do Departamento de Cultura, a verba de compra de livros passara de cinquenta a duzentos contos anuais. Essa verba no último orçamento organizado pela administração Fábio Prado era de oitocentos contos de réis. O público tinha prazer em ir à Biblioteca, dadas as facilidades e a acessibilidade ali encontradas. Internamente, como beneditinos, funcionários escolhidos formigavam na desinfeção, na catalogação, na classificação, no fichamento, na organização do serviço de consultas e informações bibliográficas. Revistas e jornais importantes eram colecionados, e cuidava-se da brasiliana começada com a aquisição da Biblioteca Félix Pacheco. Um serviço de gravuras, documentos, manuscritos e mapas desenvolveu-se com tal ardor que, do nada, se tornou uma seção importantíssima da biblioteca de São Paulo.

Quanto à Biblioteca Infantil, além da sua constituição com obras nacionais de literatura infantil e de boas traduções, de estórias, de figuras, revistas infantis recreativas e educativas, mapas, gravuras, selos e moedas, instituiu-se ainda um concurso anual de livros para crianças com prêmio em dinheiro aos concorrentes vencedores.

Aí é que apareceu uma novidade sensacional: a Biblioteca Ambulante. Instalada num caminhão, este estacionava, cada dia, numa praça pública: jardim da Luz, praça da República, largo da Concórdia etc... Os livros cuidadosamente escolhidos pela sua qualidade de atrair e educar. O entusiasmo popular foi imenso. Tão grande que, quando Fábio Prado deixou a prefeitura, havia, em adaptação, mais quatro veículos!...

As bibliotecas dos parques estavam todas instaladas e realizavam até exposições de desenhos infantis, elemento de alto valor para a pesquisa colhida diuturnamente nos pequenos jardins das crianças paulistas.

O plano das bibliotecas populares achava-se já estudado, bem como decidida a localização de outra entre o Brás e a Mooca e outra na Lapa. Nestas bibliotecas, articuladas com a Discoteca, a Rádio-Escola e os serviços de Documentação Social, se instalaria um serviço com o fim de orientar o povo em suas leituras, um serviço cultural destinado a promover cursos de vulgarização e conferências e a formar associações de caráter educativo.

O ato 1146 previa mais o *Depósito Legal*, isto é, a obrigatoriedade de os editores e empresas de jornais e revistas enviarem à biblioteca pelo menos um exemplar de toda obra editada no município, ou jornal e revista logo que expostos à venda.

Um dos diretores da Rockefeller Foundation ficou tão entusiasmado com a organização da Biblioteca do Departamento de Cultura, que ofereceu imediatamente o dinheiro necessário à instalação do curso de Biblioteconomia. Essa subvenção repetiu-se ainda por dois anos.

Foi um aperfeiçoamento que, sem o Departamento de Cultura, não teria existido. Graças a esse curso, os verdadeiros bibliotecários começaram a surgir e, mercê deles, as coleções de livros e principalmente revistas deixaram de ser coleções mortas para ficar à disposição de estudiosos a qualquer momento por meio de catálogos e fichários cientificamente organizados.

Antes do Departamento não havia em São Paulo uma só coleção de livros antigos sobre o nosso passado. Hoje, a brasiliana da Biblioteca Municipal é talvez a primeira do Brasil, depois que os insetos, as águas pluviais e o furto, e o desleixo se encarregaram de mutilar a brasiliana da Biblioteca Nacional do Rio de Janeiro, que foi a primeira do mundo.

Quando se adquiriu a Biblioteca Félix Pacheco, o primeiro núcleo apreciável para a Brasiliana Paulista, houve ataques e críticas contra esse esbanjamento de dinheiro. Um professor universitário, da Tribuna da Câmara Municipal, chegou a atacar a prefeitura por ter comprado uma biblioteca de *livros velhos*...

O público correspondeu imediatamente a esse esforço. Basta dizer que, de 50 mil leitores que procuravam a biblioteca antes do Departamento de Cultura, esse número subia um ano depois a quase 150 mil. E aumentando sempre, atingiu, em 1946, apesar das mutilações que a biblioteca sofreu, como tudo no Departamento de Cultura, a cerca de 3 milhões e meio: 740 mil leitores, 1 milhão e 100 mil consultas, fora a sala de referências, com cerca de 1 milhão e meio de consulentes.

A lei de bibliotecas — lei 2339, de janeiro de 1937 — criada para regulamentar no Estado todo a profissão então nascente de bibliotecário e o serviço de bibliotecas, dispunha ainda sobre o catálogo geral das bibliotecas paulistas. Esse trabalho monumental, que merecia como ainda merece um cuidado excepcional de todos os povos cultos, estava sendo estudado, quando desceu sobre nós a neblina do Estado Novo.

Vamos ver o que aconteceu.

As obras da nova biblioteca, à rua Xavier de Toledo, que iam muito adiantadas em novembro de 1937, paralisaram-se por cinco anos. O diretor da biblioteca, como todos os outros do Departamento de Cultura, no começo, passou a ser olhado como indesejável. A primeira acusação que se lhe fez foi a de querer um apartamento só para ele no próprio edifício da biblioteca, coisa de que não tinha nenhuma culpa, pois isso se resolvera no gabinete do prefeito, aproveitando-se a experiência de outros países mais avançados do que nós nesses assuntos, onde os diretores das grandes bibliotecas, como de outros institutos científicos, residem na própria sede do serviço, a fim de manter-se a assistência assídua do responsável do estabelecimento. Várias instalações, como aquecimento, ar-condicionado e outras foram consideradas voluptuárias e suprimidas ou reduzidas, embora algumas tivessem que ser repostas após a verificação do erro.

Mas anos depois, tornou-se preciso provar que o Estado Novo era mesmo construtivo. Era preciso fazer cartaz, para empregar uma fórmula de gíria em circulação. O ditador, com um pontapé, desfizera-se do primeiro louvaminheiro que tivera em São Paulo. O segundo andava com comichões de exibir alguma coisa. Só no setor municipal isto seria possível, porque o prefeito Prestes Maia, embora se tivesse entregue inteiramente à doutrina do Estado Novo, não adotara as indignidades que o caracterizavam. O prefeito do Estado Novo teve erros grandes, errou ao dar uma feição unilateral às atividades administrativas, errou ao ceder, algumas vezes, à influência sem preparo espiritual de alguns amigos, em setores que atingissem o Departamento de Obras, que foi o seu centro de gravitação; errou quando cedeu à irritação de algumas implicâncias pessoais. Entre os seus erros, contam-se alguns graves pelas consequências, como esse dos transportes coletivos, problema que não foi tratado com a necessária urgência e energia pelo prefeito e até hoje tortura dolorosamente uma população de mais de 7 milhões; ou como esse que permitiu se perpetrassem atentados e mutilações no Departamento de Cultura, após o crime inicial do seu abandono.

A prefeitura, apesar disso e por isso, foi o único setor da administração pública que realmente podia apresentar um conjunto de realizações úteis e, além de úteis, especulosas, o que estava bem no espírito do Estado Novo. A este, não lhe importava a utilidade e a significação, importava a matéria-prima do cabotinismo.

Por isso, para o dia 25 de janeiro de 1942, promoveu-se um programa de arromba, destinado a mostrar aos povos as realizações do Estado Novo em São Paulo. E marcou-se para serem inauguradas as duas mais grandiosas obras do Estado Novo: o edifício da Biblioteca e a Ponte das Bandeiras...

Já alguns meses antes burla parecida fora feita com o mesmo fim. Num dia de inspiração, em que o ditador, tendo verificado que já podia arriscar-se a uma visita a São Paulo, marcou sua viagem à capital paulista. Nesse momento, menos de cinco anos depois de haver atentado contra a honra paulista, depois de haver metido na cadeia e torturado paulistas, depois de haver exilado paulistas, após a patrulha do suborno haver fundido resistências paulistas, que acabaram por escorrer no caudal deliquescente da adesão, o ditador viu o instante favorável ao tiro de misericórdia contra o brio paulista. Viria a São Paulo receber a adesão pública dos paulistas! E veio mesmo.

O seu delegado aqui, o primeiro que teve, o mesmo que iria passar à História como um dos maiores peculatários da História, por via de processos nos quais eram de freguesia alternada o peculato, a concussão, a malversação, o desrespeito à lei, o abuso, a violência, a sevícia e o nepotismo, todos os atentados contra a honra e a decência — trivial de cada dia —, quis dar, por sua vez, prova grandiosa do espírito fascista indígena.[22] Foi na prefeitura também que encontrou jeito de provar a fertilidade do deserto: e inaugurou, como partes do Estado Novo, a avenida Nove de Julho e os túneis sob a avenida Paulista, ambos realizações da administração Fábio Prado!

---

22 Referência a Adhemar de Barros, que inicialmente esteve à frente do estado de São Paulo na qualidade de interventor (1938-41) e, depois, na de governador eleito (1947-51; 1963-6). Entre junho e julho de 1954, o jornal *O Estado de S. Paulo* veiculou uma série de dezessete artigos, assinados por PD, nos quais o ex-governador era acusado de enriquecimento ilícito e improbidade administrativa. A esse respeito, ver Marli Guimarães Hayashi, op. cit., pp. 68-9.

Isso em 1940. Em 1942, o novo delegado do getulismo, ante embaraço semelhante, saiu a procurar, no mesmo campo que seu antecessor, alguma coisa em que se pudesse meter o rótulo do Estado Novo. E essas coisas foram a ponte das Bandeiras, que o sr. Prestes Maia realizou, apesar do Estado Novo, e a sede da Biblioteca Municipal, iniciada pelo prefeito Fábio Prado, para ser concluída dezoito meses depois, mas abandonada pelo mesmo sr. Prestes Maia, cinco anos antes! As obras da Biblioteca achavam-se pois completamente cruas. Foi uma azáfama no Departamento de Obras. Mobilizaram-se turmas de operários para preparar a fachada da biblioteca, a fim de que ficasse em condições de ser inaugurada pelo interventor. Este inaugurou de fato a famosa biblioteca. Havia mais de seis anos que fora iniciada. Deveria achar-se realmente concluída, pelo menos quatro anos antes. Só daí pelo menos dois anos poderia funcionar normalmente! Era preciso porém fazer propaganda do Estado Novo. E foi inaugurada a fachada da Biblioteca Municipal. Isso, em janeiro de 1942. Solenidades importantes a fim de que o público visse bem as benemerências getulistas. Inaugurou-se no mesmo dia em que a ponte das Bandeiras. Era a glória paulista também acarinhada pelo Estado Novo. Houve discurseira, lá à beira do Tietê, houve discurseira, à beira do casco da Biblioteca. Evidentemente, nem uma palavra sobre os verdadeiros criadores do Instituto. "Aquela biblioteca, como tudo que então se executava ou se inaugurasse, não é serviço nosso: é simplesmente obra de São Paulo." Foi o que disse o orador principal. Mas referia-se ao São Paulo do Estado Novo, o São Paulo da ditadura, o São Paulo humilhado, vilipendiado, corrompido pelo fascismo de 10 de novembro. Aquele eufemismo servia para encobrir o São Paulo da verdadeira cultura, o São Paulo da dignidade que construía aquele símbolo que era a biblioteca pública, abandonada durante anos e agora vestida às pressas de um pouco de reboque para servir às fitas grotescas do fascismo de 10 de novembro de 1937.

Todo mundo ficou contente, exceto os funcionários da Biblioteca. E destes principalmente o seu antigo diretor, que viu por água abaixo tudo quanto sonhara para aquele cantinho da Xavier de Toledo e rua São Luís. Era a mesma sina triste da Divisão de Expansão Cultural que se alastrava pela Divisão de Bibliotecas, cujo primeiro golpe recebido aliás não fora aquele. E o diretor começou a ser impertinente para com a administração. Inauguraram uma fachada de biblioteca, agora dessem os recursos de que necessitava para funcionar. E os ofícios começaram reclamando, primeiro secos, depois duros. Foi quando o sr. Prestes Maia fraquejou. Em lugar de interpretar a insistência do funcionário como revolta natural, o zelo de auxiliar ativo, por ver o que acontecia, tomou o pião na unha, tomou a coisa como impertinência, como uma questão pessoal e, um dia, resolveu castigar o subalterno insolente. Pediu um raio a Júpiter, que foi cair não sobre o funcionário, mas sobre o Departamento de Cultura! O prefeito tinha o direito de castigar o empregado, suspendendo-o, afastando-o, até o direito sanhudo de que nunca usou do artigo 177. Mas, em lugar disso, o prefeito transferiu o diretor da Biblioteca para a direção da Divisão de Documentação Social e transferiu o diretor desta para a Divisão de Bibliotecas: quer dizer, passou o bibliotecário para o laboratório de sociologia e o sociólogo para a direção de uma biblioteca!

Rubens Borba de Moraes não se conformou. Abandonou o Departamento de Cultura que havia ajudado a crescer e mudou-se para o Rio de Janeiro. Abandonou o cargo. Prova de honestidade que poucos souberam dar.

Agora, entra o fator sorte, a que se referiu no começo destes comentários. Felizmente, o diretor da Documentação Social, Sérgio Milliet, que, antes da existência do Departamento de

Cultura, fora bibliotecário da Faculdade de Direito e ali, mercê dos estudos a que se entregou por conta própria, adquiriu tirocínio de modernas organizações bibliotecárias e de biblioteconomia, não perdeu o entusiasmo e entregou-se de corpo e alma às novas funções. Essa adaptabilidade mereceu-lhe a simpatia do prefeito que, naturalmente, tivera consciência do erro mas, por melindre ferido, não quis voltar atrás. Foi isso que ditou a vigilância longa, mas atenta e melancólica de Mário de Andrade, ao escrever, quando me desabafava numa de suas cartas, que o novo diretor da Biblioteca, também um dos criadores do Departamento de Cultura, caíra no goto do prefeito.[23]

Foi assim que a biblioteca pôde continuar.

Mas muita destruição tinha sido feita.

A começar pelo funcionalismo. Só um ano depois, foram nomeados funcionários novos e necessários ao novo prédio. Mais ainda: todas as vagas que se verificavam durante esse tempo não eram preenchidas e os postos extintos. A Escola de Biblioteconomia fechou-se. A biblioteca impermeabilizou-se para qualquer incentivo dependente do alto, inclusive o concurso de livros infantis, dispositivo legal que foi suprimido. Da mesma forma o texto sobre Depósito Legal não foi executado, e nunca mais os editores enviaram as obras publicadas para a biblioteca, obrigada a comprar aquilo a que tem direito por lei. Todos os projetos referentes às bibliotecas de bairros suspensos, estalando assim a estrutura do plano de bibliotecas, segundo o qual a sede da rua Xavier de Toledo seria o centro de um grupo desses institutos. Cada biblioteca de bairro poderia requisitar os livros necessários ou raros em depósito na sede principal, facilitando ao leitor do bairro uma comodidade que ele hoje ainda não tem. Como consequência, o congestionamento em que se encontra hoje a Biblioteca Central, pequena para atender os

---

[23] Ver carta de 20 de janeiro de 1939, p. 279.

seus leitores diários. Da mesma forma a verba para a compra de livros, que era de oitocentos contos quando Mário de Andrade deixou o Departamento, passou a ser 350 contos em vez de aumentar todos os anos, como exigiam as necessidades do instituto a fim de conservar-se em dia com o livro universal.

A jurisprudência lamentável, para um país adiantado, de bibliotecas preciosas dispersarem-se em mãos de mercadores, que havia sido decididamente liquidada pelo Departamento de Cultura, voltou a impor-se, pois novas e preciosas bibliotecas São Paulo perdeu, vendidas em parcelas, como a de Artur Mota, notável pela coleção literária de que se compunha, a de Basílio Magalhães e outras.

Felizmente a Biblioteca Paulo Prado foi doada pela viúva do grande escritor e não se perdeu. Mas esse milagre, como tudo quanto de bom pôde acontecer, na Divisão de Biblioteca, deve-se ao fator sorte. Sorte, a herdeira de Paulo Prado ter tido uma compreensão generosa que a administração pública não tem; sorte de encontrar um bom diretor da biblioteca, no funcionário que a dirigia.

Exclusivamente devido a isso, a nova direção da biblioteca, apesar das suas verbas reduzidíssimas, apesar da falta de funcionários com que lutou sempre, causa de ficar atrasado até o importantíssimo serviço de catalogação, conseguiu organizar a seção de livros raros, a de microfotografia, uma excelente seção de Arte, a Biblioteca Circulante existente, as exposições permanentes nas vitrines do saguão de entrada, os ciclos anuais de conferências no auditório da biblioteca e a publicação do *Boletim Bibliográfico*. Mas tudo isso viveu, durante algum tempo, por acaso, ao deus-dará das circunstâncias, porque para livros raros nunca mais houve verba especial, a microfotografia feita com "verba roubada" tinha que viver à própria custa; na seção de Arte também não há, até hoje, dinheiro para a aquisição de livros mais caros que são os mais importantes; e o *Boletim*

Bibliográfico desapareceu. Tamanho é o descaso atual que, no prédio da Biblioteca, principalmente na Biblioteca Circulante, qualquer frequentador pode ver rachas e goteiras que não se consertam, porque ao que parece o Departamento de Obras não cuida disso hoje.

E assim passou a viver a Divisão de Bibliotecas, não como as demais, na esperança de uma espiritual loteria da Espanha ou no desassossego pela possibilidade muito provável de um dia ser para ali transferido um funcionário qualquer do tendal de carnes ou do entreposto de verduras, a fim de abrir a vaga desejada por um sobrinho qualquer do governo.

Tinha razão Ibraim Nobre, quando, do alto de um arranha-céu moderno, contemplando a paisagem da Megalópolis, lançou a apóstrofe:

Calai silêncios que, em meu peito, enjaulo!
Esta paisagem que daqui se avista,
a terra pode ainda ser São Paulo,
mas a gente deixou de ser paulista!

Na Divisão de Educação e Recreio, do Departamento de Cultura, manifestaram-se, quase em partes iguais, o espírito de extermínio estado-novista e o heroísmo de parte dos funcionários, ali postos desde o início. Serve mesmo de documento raro para o estudo da luta dolorosa travada no Brasil entre a barbárie e a cultura, episódio de que aquele Departamento constituiu um símbolo.

Na Divisão de Expansão Cultural, como vimos, os vândalos atrasaram quase tudo. Na Biblioteca, os guardiães ali deixados conseguiram resguardar boa parte do que fora construído. Na de Educação e Recreio, o resultado da peleja deu ganho de metade para cada uma das partes. Continuamos vendo, portanto, que o que resta de positivo se deve sempre e exclusivamente à sorte de acontecer um ou alguns funcionários bons, contra os quais a própria administração sempre se voltou.

O ato 1146 distribuía os serviços da Divisão de Educação e Recreio em duas seções: a de Parques Infantis e a de Estádio, Campos de Atletismo e Piscinas.

Os parques deveriam ser instalados, de preferência, nos bairros populares, nas proximidades de fábricas, escolas, casas de habitação coletiva. Destinavam-se essencialmente a colaborar na obra de preservação, previsão social, e de educação das crianças. Dentro deles, seriam dirigidos e acompanhados a prática e o desenvolvimento de brinquedos e diversões. Para tudo isso, em cada parque, haveria tantos educadores sanitários, instrutores, quantos reclamados pelo serviço. Com a colaboração dos institutos educativos, neles seria promovido um inquérito permanente de pesquisas psicológicas, folclóricas e outras, recolhendo-se as tradições de costumes, superstições, adivinhas, parlenda; estórias, canções, brinquedos etc. Os resultados, devidamente selecionados, organizados e catalogados em seções distintas, destinar-se-iam à publicação na *Revista do Arquivo*, que era o órgão oficial do Departamento de Cultura.

As educadoras sanitárias tinham a missão de auxiliar a assistência médica e dentária, permanente nos parques; zelar pela saúde das crianças, investigar as condições sociais do meio de que proviessem, formar-lhes a consciência sanitária, incutindo-lhes hábitos higiênicos, levando a investigação até mesmo à família de cada pequeno, e, ainda, vigilar pela nutrição, estudar a criança sob o ponto de vista biológico, fisiológico, psíquico e social; auxiliar a organização das fichas clínicas, biotipológicas e sociais.

Às instrutoras competia, além da fiscalização de tanques de vadear e aparelhos de divertimentos, colaborarem em todos os serviços sociais, e mais atrair as crianças para os brinquedos próprios para a idade, desviando-as dos contraindicados, ensinar-lhes a prática de jogos infantis, participando dessas atividades; propagar a prática de brinquedos tradicionais do Brasil, promover a daqueles que, pela experiência universal, fossem dignos de serem incorporados ao patrimônio da terra, promover ainda a educação física dos pequenos frequentadores dos parques.

Inicialmente, os serviços clínicos dos parques ficaram a cargo dos médicos do Hospital Municipal, devendo depois organizar-se, como depois se organizou, um corpo definitivo dos pediatras e dos nutricionistas dos parques.

O primeiro parque infantil construído em São Paulo é anterior à administração Fábio Prado. Foi o sr. Anhaia Melo, quando prefeito, quem os introduziu entre nós, instalando o parque Pedro II, que funcionava já na capital, mas sem organização de qualquer espécie. Era um refúgio reservado naquele grande parque às crianças que ali fossem ter. O Departamento de Cultura iria organizá-los e transformá-los, ao lado da obra social que representam, numa fonte preciosa de pesquisa sociológica.

Assim, foram abertos logo a seguir dois outros, um no bairro do Ipiranga e outro na Lapa.

A Divisão tratou de levantar, concomitantemente, um mapa com a localização dos futuros parques infantis, todos em bairro de trabalho ou de pobreza, imediações de escolas ou fábricas, enfim onde pudessem ser mais úteis socialmente. Desse mapa do município da capital constava já a localização de 53 parques, cuja construção se iniciou logo, a partir de um em Santo Amaro, outros na Barra Funda e Tatuapé, outro em Vila Romana. O de Santo Amaro, poucos meses após, vinha logo juntar-se aos demais já abertos às crianças paulistas.

O êxito dos parques infantis foi uma coisa entusiasmante. Resultados excelentes verificavam-se logo nos primeiros meses, dando plena satisfação aos seus fins essenciais, como o de conservar as crianças pobres fora das ruas, prevenir a delinquência infantil, promover, ao ar livre, a saúde dos desprotegidos, assistindo-os, observando as suas tendências para a efetivação do trabalho do parque: a educação. Sem contar a observação sociológica cientificamente recolhida que iria fornecer ao Serviço de Documentação Social um dos seus melhores elementos para análise, estudos e investigações. À Assembleia Legislativa do Estado, levei, em 1937, um relatório dos benefícios desses recantos de felicidade infantil, demonstrando, graças a esses elementos coligidos e estudados por especialistas da Divisão de Documentação Social, que tais observações desprezadas até tempo recente pela escola tradicional, e ainda hoje completamente esquecidas da família, se apresentavam sob múltiplos aspectos: um dizendo respeito à saúde física e mental, estimulando a liberdade e a alegria ao ar livre; outro interessando à coordenação neuromuscular e às funções normais do organismo infantil; outro, ainda, à educação da criança, de modo insensível, incutindo-lhe o sentimento da camaradagem, da sociabilidade, da lealdade e da amizade, por meio de atividades lúdicas, como os brinquedos tradicionais do folclore nacional. Dos mais importantes, o fim de cultivar as boas e analisar e observar as más tendências, para serem combatidas. E o despertar nas novas gerações o gosto, criando o hábito de empregar seus lazeres em atividades saudáveis de alto cunho moral e higiênico; contribuir para a educação social infantil, proporcionando oportunidades e meios de recreação ao ar livre; estreitar o convívio de crianças de todas as classes sociais, desviá-las dos maus hábitos, dos vícios e da criminalidade, para ambientes saudáveis e atraentes, reservados aos seus divertimentos e exercícios. E ia por aí além esse programa impressionante que só poderia deixar fria a gente do Estado Novo, completamente vacinada contra qualquer problema de interesse coletivo que não podia mesmo compreender.

O pessoal destinado a agir nesses pequenos mundos foi escolhido com cuidado minucioso. Basta dizer que o cargo de educadora se preenchia por concurso, cuja inscrição era acessível só a candidatos que tivessem dois cursos: o da Escola Normal e de Educadora Sanitária.

De junho de 1936 a julho de 1937, o serviço de documentação revelou notáveis conclusões obtidas com os dados fornecidos pelos parques. Só o Pedro II realizou, além das observações psicológicas, quase 2 mil exames feitos com o intuito de isolar as crianças portadoras de moléstias transmissíveis, encaminhar aos servidos especializados as que necessitassem de exames, análises e tratamentos; indicar a prática de esportes que mais se coadunassem com as condições de cada caso, ministrar conhecimentos de ordem higiênica nem só às crianças mas ainda às pessoas que com estas convivessem etc. Todos os pequenos frequentadores foram assistidos pelos médicos dos parques, tendo sido feitas, só naquele período, mais de mil fichas de antecedentes hereditários, familiares e pessoais. As educadoras sanitárias entraram em contato com os pais, estendendo-se até a casa a ação esclarecedora, pois não valia nada tirar os piolhos de uma criança no parque para que esta se parasitasse novamente ao contato com a mãe e irmãos maiores. Uma das observações versava sobre o banho, o cuidado com o vestuário, os cabelos e as unhas, a higiene alimentar, os hábitos nocivos e anti-higiênicos, uns ensinados, outros reprimidos com inteligência, tudo isso, depois de exercida sua função pedagógica da educadora para a criança, retransferia aquela por uma curiosa influência antropológica, da criança para a família. Esta ia aprender com a criança aquilo que o abandono social não havia permitido que aprendesse outrora, quando os seus membros adultos eram crianças também.

Instrutores, educadores, médicos entregaram-se a pesquisas que foram pacientemente concluídas, como sobre a pediculose, hipertrofia de amígdalas, cárie dentária, ferimentos, suas causas e localização no corpo das crianças; uma análise meticulosa dos chamados *acidentes necessários* que ensinam as vítimas a defender-se. Resultados inesperados, surpreendentes e quase sempre dolorosos deram essas pesquisas como a de encontrar-se numa só criança quase duzentos piolhos, ou do horroroso estado de higiene das habitações coletivas. Num só quarto de cortiço, verificou-se que dormiam quatro menores e os pais, estes e mais duas crianças tuberculosas. A média de garotos necessitados de tratamento médico atingia quase 80%! Cerca de 60% dos que frequentavam os parques eram desnutridos, passavam fome! Tais conclusões obrigaram providências urgentes, como a merenda infantil e uma assistência médica e sanitária mais intensa em todos esses centros, e ainda providências para a instalação de outros parques onde os mesmos benefícios se distribuíssem a todas as crianças de São Paulo. Organizado esse pormenor, inicialmente, consumiam-se, só no Parque Pedro II, 160 litros de leite e oitenta quilos de pão para uma média de quatrocentas crianças. Mais tarde estabeleceu-se a distribuição de uma sopa substancial. Graças à generosidade particular suprida pela prefeitura, o leite nunca faltava e as crianças puderam ter ainda um suplemento de presunto, mortadela e gorduras. Novos gabinetes médicos montaram-se, e os parques foram dotados de mais uma ou duas instrutoras em cada um. O serviço especializado com a colaboração do Departamento de Obras localizou e estudou, em pouco tempo, mais 33 centros infantis, em terrenos reservados pela prefeitura nos bairros que mais clamavam por essa assistência.

Os casos de tracoma, numerosíssimos, declinaram imediatamente, pois se isolavam todas as crianças vítimas da conjuntivite granulosa, encaminhando-as a tratamento adequado. O mesmo em relação a muitas afecções da pele, grande parte consequência da mais absoluta falta de higiene. Assistência hospitalar e medicamentos, de graça para todos, sem distinção. No ano de 1937 foi dominada, graças a adequadas providências, uma epidemia de coqueluche em dois bairros: na Lapa e no Ipiranga.

Dos primeiros trabalhos realizados nos parques, destaca-se um estudo sobre a formação e articulação da palavra, apresentado ao Congresso Nacional de Língua Nacional Cantada, que foi uma das mais notáveis realizações do Departamento de Cultura.

Aqui me seja permitido um rápido parêntese pessoal. Fábio Prado queria nomear, para a direção dos Parques Infantis, minha irmã, que era candidata exclusivamente de Mário de Andrade, que sabia de seus conhecimentos com relação a Parques Infantis. Eu tinha dois candidatos: Alice Meireles Reis e Nicanor Miranda, meu colega da Faculdade de Direito, rapaz culto e que frequentava o grupo do apartamento da avenida São João. Mostrei a Fábio o inconveniente de nomear minha irmã, pois os ataques e críticas viriam contra mim e contra o próprio Fábio. Então, depois da recusa de Alice Meireles Reis para aceitar o cargo, foi Nicanor Miranda nomeado chefe da Divisão, e minha irmã chefe de seção apenas. Assim mesmo, por insistência violenta de Antônio Mendonça junto do prefeito. Tudo correu admiravelmente até 10 de novembro de 1937. Atrás ficou narrado um encontro em minha casa, de todos os diretores do Departamento, pelo qual se resolveu que aquele que contasse relações prestigiosas na nova situação, mesmo que tivesse de humilhar-se, se aproximaria dos donos do regime, para a defesa do Departamento. Nicanor Miranda foi o primeiro que teve oportunidade, mas foi longe demais: aderiu inteiramente à nova situação. Com ele foi também o médico chefe nomeado por mim, João de Deus Bueno dos Reis, cuja adesão se fez através de uma verdadeira traição a nós todos. Ambos passaram mesmo a hostilizar minha irmã, que nada tinha com as minhas atitudes políticas, mas tornou-se alvo de todas as perseguições. Ao médico, enviei então uma carta, lançando-lhe em rosto toda a sua miséria. Mas Nicanor, mais inteligente, só começou mesmo a sua perseguição contra minha irmã a ponto de infernizar-lhe a vida na prefeitura, com implicâncias, más-criações e hostilidades de toda natureza, depois que fui expulso do Brasil. Foi premiado com a confiança dos donos do Brasil e de São Paulo, àquele momento. Mas foi praticamente expulso do nosso grupo, pois todos, sem exceção, manifestaram a sua repulsa.

E a perseguição à minha irmã constituiu um capítulo especial e único da história de todas as administrações públicas do mundo. Ela sempre foi considerada funcionária exemplar. Pois apesar disso, o seu cargo, que era de carreira, foi transformado pela política adhemarista em cargo isolado, para que nunca mais pudesse ser promovida. E não foi mesmo, pois Maria Aparecida Junqueira Duarte aposentou-se, trinta anos depois, no mesmo posto para o qual fora nomeada três décadas antes! Nunca teve uma só promoção em toda a sua vida de funcionária exemplar. Caso inédito, pois, em toda a história da administração pública. Propriamente inédito, não, porque meu irmão, B. J. Duarte, chefe de iconografia, fotografia e cinema da prefeitura, passou pelos mesmos vexames, exclusivamente por ser meu irmão. E aposentou-se também com o mesmo cargo e funções com que fora nomeado trinta anos antes. Fica consignado este episódio pela sua originalidade e para definir a politiquice dos longos anos de abusos e misérias verificados na prefeitura de São Paulo, o que, aliás, é trivial e histórico em períodos de arbítrio. Fechemos o parêntese.[24]

---

[24] Mais pormenores desse "parêntese pessoal" são fornecidos por PD no capítulo 6. Ver carta com data atestada por ele, de março ou abril de 1936, nota 13, p. 241.

Ao lado dessa assistência assídua às crianças, vivia vigilante a espiritualidade principalmente pelos instrutores que mantinham em cada parque uma biblioteca infantil, coleções de selos, até pequenos jornais se publicavam. E realizavam-se competições de jogos entre diversos parques, exposições de desenhos infantis completando, enfim, aquele mundo de sonhos acordados para os pobres pirralhos de São Paulo, ignorantes até então da delícia de possuir um brinquedo que só viam nas vitrines do centro em época de fim de ano, temporada de alegria dos meninos ricos, de suplício e recalques para os pequenos infelizes das várzeas e dos cortiços. Foi quando surgiu um problema curioso e que os parques infantis tiveram de resolver imediatamente: a fuga do lar. De fato a criança que passava fome, frio, toda espécie de necessidades em casa, começou a preferir o parque à casa, a educadora ou a instrutora, que com ela brincava, às mães. E foi a missão de entrosar os pais na vida do parque com visitas às casas, aconselhando-se os adultos, promovendo-se um pouco de bem-estar em lares onde, muitas vezes, toda miséria era mais produto da ignorância de que da penúria. Muito pai desempregado tornou-se operário municipal pela *influência* do filho frequentador de um dos parques.

Política inspirada em Anchieta, que viu genialmente o método de conquistar os pais selvagens, pelos curumins que ele catequizava...

Essa aproximação chegou ao ponto de, na competição entre parques infantis, o entusiasmo maior nem ser observado entre as crianças, mas entre os pais que davam maior importância a um jogo de bola ao cesto do que o próprio filho que nele tomava parte. Foi assim que surgiu a *Associação dos Pais das Crianças Matriculadas nos Parques Infantis de São Paulo*. Quando havia neles qualquer festa, os pais, que chegavam a sacrificar um dia de serviço para tal, lá estavam ajudando nos enfeites e preparativos.

Não cabe na estreiteza deste trabalho um estudo minucioso dos parques infantis, cheio de ensinamentos e revelações, nem da influência que começaram a exercer como elemento educador ou fonte de pesquisa. *A Revista do Arquivo* está pejada de estudos publicados em suas colunas: estudos folclóricos, linguísticos, musicais, sociológicos e outros, fruto da observação e de dados colhidos nos parques infantis de São Paulo. Que messe de benemerências não se teria feito se pudessem esses recantos esplêndidos de benefício e estudo ter tido o desenvolvimento que lhes daria uma administração lúcida, durante os longos anos que decorreram desde a sua fundação!

Aliás, essa assistência às crianças, oferecida pelos parques, tinha a sua continuação natural nos campos de atletismo que seriam a continuação do primeiro, cujos frequentadores iam até os doze anos, passando depois para o campo.

Competia à Seção do Estádio, Campos de Atletismo e Piscinas, sobretudo em bairros operários, dispor de campos para atividades atléticas, ginásticas e esportivas, destinados a proporcionar a adolescentes, principalmente, oportunidades para exercícios físicos ao ar livre, desviando-os dos ambientes prejudiciais. Esses campos, uma vez aparelhados, seriam entregues à guarda e direção de uma comissão constituída de adolescentes e adultos dos bairros em que estivessem situados. Era o convívio social, a amizade, a camaradagem dos jovens que começavam orientados inteligentemente, antes da vida universitária ou da labuta profissional. Neles trabalhariam instrutores selecionados por concurso, devendo os candidatos possuir diploma da Escola Normal e ainda de instrutor de Cultura Física dada pelo centro de Educação Física do Exército ou pelo Departamento de Educação Física do Estado. Teriam preferência os que ainda tivessem seguido o curso de Educador Sanitário do Instituto de Higiene, ou do Instituto Nacional de Música ou outros congêneres oficializados, qualquer curso enfim com afinidades no problema educacional.

A administração Fábio Prado esperava apenas consolidar decisivamente o serviço de parques infantis, contando que se abrissem pelo menos dez deles, para inaugurar os primeiros campos de atletismo, complemento natural daqueles. Os dois primeiros tinham sido já localizados, um no Ibirapuera e outro no terreno a ser desocupado pelo Jóquei Clube, na Mooca, prestes a passar para a nova sede de Pinheiros. Esses dois primeiros campos de atletismo seriam inaugurados em 1938, ano em que Fábio Prado deixou a prefeitura e começou o calvário do Departamento de Cultura.

Neles, instalar-se-iam também as piscinas municipais, de não menor alcance educativo. Fase preparatória dos campos de atletismo, já se achava em pleno funcionamento o Clube de Menores, cujo entusiasmo inicial garantia o êxito de que se revestiram aqueles.

Outro complemento da Divisão de Educação e Recreio, um dos mais importantes, estava no Estádio Municipal.

Vale a pena contar a história do Estádio Municipal, do qual tanto se falou e se fala ainda, mas tão poucos o compreenderam. Hoje toda gente pensa que foi ele construído para ser o Estádio da cidade de São Paulo. Puro engano, o Estádio Municipal foi apenas um complemento dos campos de atletismo, ápice do programa de educação social dos menores paulistas, aqueles que não podiam frequentar os clubes a pagamento, aqueles para os quais a administração pública só olhava quando os metia na cadeia, sob o pretexto de crimes e contravenções, cuja maior responsabilidade recai justamente sobre o meio social que os deixa ao abandono.

Mas vamos à história do Estádio Municipal.

A lei determinou que o Estádio do Departamento de Cultura se destinara à realização de competições, campeonatos, demonstrações ou torneios esportivos ou atléticos nacionais e ainda de grandes solenidades cívicas.

Desde que se resolveu sobre a sua existência, começou a Divisão de Educação e Recreio o trabalho de escolha do local para a sua construção. Pensou-se primeiro num dos terrenos do Ibirapuera, ao lado do grande parque mutilado pela estupidez administrativa, terreno que vem sendo alvo da cobiça de todas as organizações militares ou civis que ainda não compreenderam a importância de um parque amplo, vasto, dentro de uma cidade sem estrutura urbanística traçada com larga visão. Ainda uma boa parte desses terrenos adjacentes ficou de ser entregue para a construção de um quartel, um centro militar e outras coisas parecidas.

Passemos adiante. Pensou-se pois num desses terrenos do Ibirapuera para o Estádio, mas a ideia foi logo afastada, justamente para que não se mutilasse o conjunto dessas áreas do ex-futuro grande parque, o *Bois de Boulogne* de São Paulo, como diziam alguns administradores líricos. Lembrou-se então do espaço que seria deixado pelo Jóquei Clube, na Mooca, quando este mudasse para Pinheiros.

O assunto estava nesse pé quando, certo dia, resolvi, para mais comodidade, desatravancar o meu gabinete de trabalho, na prefeitura de São Paulo. Havia ali um grande e maciço armário, que uma administração passada entulhara com processos engavetados, sem solução. No primeiro mês de sua gestão, Fábio Prado havia feito caminhar de novo esses processos paralisados, alguns, até por longos anos. O armário tornara-se inútil, e os serventes começaram a removê-lo para outro sítio onde estorvasse menos. Por detrás do pesado móvel escorregou qualquer coisa. Era uma empoeirada pasta de documentos. Aberta, descobri algumas plantas e uma velhíssima proposta da *City* oferecendo o terreno no Pacaembu para a construção de um estádio! Junto, algumas folhas anotadas nas quais zelosos funcionários esclareciam a esperteza daquela companhia imobiliária querendo valorizar uns buracos que possuía à custa dos cofres públicos; havia ainda cálculos sobre o quanto a companhia iria ganhar, e patati, patatá. Só não havia nenhuma referência ao que a cidade iria lucrar. Depois de remoer aqueles papéis velhos de alguns anos, fui ter com Fábio Prado. Nunca encontrei em minha vida homem que tenha passado todo seu tempo na tormenta gelada dos negócios, tão aberto aos problemas culturais, como o prefeito de São Paulo, com cuja administração colaborei assiduamente. Fábio Prado compreendeu o que significava aquela oferta e deu-me a autorização que pedi de estudar os papéis e entender-me com a *City*. Um dos diretores desta explicava-me 24 horas depois que, ante o silêncio da prefeitura, o terreno destinado ao estádio fora doado, havia uns dois anos, ao estado, para o mesmo fim, mas este, ao que parecia, também se desinteressara do assunto. A prefeitura entrou em entendimentos com o estado. Alguns dias depois, o terreno era transferido para a municipalidade e, por sua vez, a *City* cedia, ainda gratuitamente, uma área complementar a fim de que se pudesse erigir uma arena de jogos esportivos digna da cidade de São Paulo. O mais todos conhecem. Em menos de um ano, o estádio estava começado e as obras iam adiantadas quando Fábio Prado deixou a prefeitura. Também foi declarado realização do Estado Novo. O ditador foi convidado a inaugurá-lo, como tal...

Um espoleta qualquer da nova situação tentou um dia cozinhar umas maldadezinhas ao insinuar em entrevista à imprensa que ali, como em todas as atividades do Departamento de Cultura, tinha havido negociata ou proveito pessoal a favor dos membros da situação caída. Ausente, na Europa, Fábio Prado achava-se impossibilitado de defender-se, e esse fato me obrigou a vir a público revidar a infâmia com a energia necessária. O sr. Prestes Maia foi elegante. Ao ponto de, como informaram pessoas da intimidade do então prefeito, ter fechado a boca do pequeno miserável com um pito que não admitia réplica.

E o estádio também pôde acontecer. Mas, coitado, quase se arrependeu de ter nascido, ao ouvir, no ato inaugural, as palavras com que o sr. Prestes Maia saudava o sr. Getúlio Vargas...

Em maio de 1938, era suprimido o cargo de Chefe da Seção do Estádio, Campos de Atletismo e Piscinas. Diretor do Estádio, função que só poderia ser desempenhada com proficiência por um especialista culto e capaz, foi nomeado um burocrata sem uma só das qualidades exigidas para tão importante cargo. E o Estádio de São Paulo criado para um destino alto no programa de educação do povo arrasta-se até hoje, servindo apenas o trivial do seu destino, como campo de futebol, lutas de boxe e, às vezes, comícios políticos. Parte integrante, complementar e indispensável da Divisão de Educação e Recreio, foi amputado do Departamento de Cultura ao qual não mais pertence!

Assim, malogrou integralmente a segunda seção das duas que possuiu a Divisão de Educação e Recreio; o Estádio quase inteiramente desvirtuado dos seus fins, já por falta de capacidade de administração; já pelo abandono de suas atividades realmente culturais: os campos de atletismo e as piscinas porque a administração nunca mais quis ouvir falar deles desde o dia em que Mário de Andrade deixou o Departamento de Cultura.

Só a seção de Parques Infantis não tresleu. Mas foi ela conservada como fazia jus, pela importância, pelo significado cultural e social, pelos notáveis trabalhos do seu ativo de dois ou três anos?

É o que passamos a ver.

Ao sair da prefeitura, Fábio Prado deixou abertos, em pleno funcionamento, quatro parques infantis: o do Ipiranga, o da Lapa, o Pedro II e o de Santo Amaro. E deixou já prontos, prestes a serem inaugurados mais três: o do Tatuapé, da Barra Funda e Catumbi. E mais um último em adiantada construção: o da Vila Romana. Outros 46 parques figuravam no programa de construções do Departamento para o ano de 1938.

Os quatro abertos foram conservados pelo sr. Prestes Maia que, de início, fechou os do Tatuapé, o da Barra Funda e da Vila Romana, concluído à vista de haver verbas empenhadas, contratos escritos etc.

Estes dois últimos parques ficaram fechados, uma primeira vez, pelo espaço de mais de dois anos.

Veio então a visita do ditador a São Paulo, a fim de, getulianamente, dar um atestado público do avacalhamento paulista. Os túneis e a avenida Nove de Julho somavam muito pouco em obras a serem inauguradas pelo pai do Estado Novo, cuja característica era exatamente o dinamismo, a energia moça, a febre das construções gigantescas tão do agrado dos fascismos de todos os matizes, fossem sinistros, como os europeus, fossem apenas ridículos, como o brasileiro.

Procura que procura coisas para o ditador nelas deitar o batismo do seu riso sem significação, quando, de repente, como um *eureka* salvador, estourou no miolo de algum áulico a lembrança dos parques fechados havia anos. Ideia genial, pois aquilo, ademais, era também espírito! E às pressas, mandaram capinar os recreios, fazer uns remendos, passar uma mão de cal nas construções esborcinadas, cheias de mofo do abandono. Mas faltavam funcionários, faltavam crianças, pois as crianças dos bairros pobres perderam havia muito a esperança de ver aberto o pequeno paraíso que Fábio Prado oferecera aos pirralhos pobres de São Paulo. Para contornar a dificuldade, mobilizaram-se alguns caminhões municipais, e estes veículos saíram correndo a pedir crianças emprestadas aos outros parques! Com as crianças vieram educadoras, instrutoras, tudo, como num palco de ópera, para dar movimentação a uma realidade falsa, plena intrujice cívica, como foram quase todas as realizações do Estado Novo.

Feito o convescote patriótico, o ditador retirou-se satisfeito de cada parque, e, atrás do último automóvel da sua alegre comitiva, seguiram também os caminhões devolvendo funcionários e crianças, e os parques ficaram de novo ao abandono que durava já por mais de dois anos.

Pois ficaram fechados mais dois anos! Quatro ao todo! Finalmente, mercê de uma campanha tenaz de alguns funcionários remanescentes, que alguns haviam abandonado o serviço desanimados e sem esperança, foram eles abertos após quase um lustro de absoluto esquecimento. Para a entrada das crianças e dos funcionários, houve a necessidade de uma completa reforma, pois a ruína e a vegetação invadiam tudo.

Mais tarde, num dia de veneta, o sr. Prestes Maia, apesar da sua ojeriza pelo Departamento de Cultura, projetou dois parques: o da Penha e o do Itaim, ambos decididos e projetados sem nenhuma observância aos interesses sociais de tais institutos, pois nem o preceito da densidade de população foi levado em conta para a localização de um parque infantil nos terrenos da chácara Marengo e outro no Itaim. Aqui era depois inaugurada simbolicamente também uma biblioteca infantil que, uma vez inaugurada, foi de novo fechada e fechada permaneceu.

Dez anos depois de iniciados, a cidade de São Paulo deveria possuir pelo menos uns sessenta parques infantis, pelo menos uns cinquenta campos de atletismo e outras tantas piscinas públicas.

Pois contava apenas uns poucos parques infantis, uma piscina apenas, a do Estádio Municipal, e nem um só campo de atletismo, o complemento natural do parque infantil, na solução do problema de educação das crianças e adolescentes pobres da cidade de São Paulo! Beneméritos estadistas da escola ditatorial! Para eles, para esses vigaristas das massas, que por aí se arrastam, herança do Estado Novo, filhos putativos de verdadeira mãe que os ricos e os impostores tiveram, para eles, crianças e adolescentes pobres deixaram de existir desde 10 de novembro de 1937...

Mas vejamos o que conseguiu manter e até criar a luta de meia dúzia de funcionários abnegados, quase todos eles, como das outras vezes, sobras do Departamento que existiu no tempo de Mário de Andrade.

Além daqueles pobres parques havia então um acampamento permanente de menores em Santo Amaro; uma colônia climática para menores, também em Santo Amaro, uma chácara adquirida por Fábio Prado, um centro de moças e quatro centros de rapazes, e um recanto de crianças, na praça da República.

Os dois primeiros existiram graças a uma área adquirida por Fábio Prado, à margem da represa Guarapiranga, em nome da prefeitura, e para esse fim. Para fazer o acampamento de menores, a Divisão de Educação e Recreio lá penetrou clandestinamente, depois de 1937, e, mercê desse precário *uti possidetis*, ali permaneceu até ser apoiada pelo prefeito Abraão Ribeiro. Tanto o acampamento quanto a colônia puderam, pois, existir graças a funcionários dos parques e apesar da administração. Os centros de rapazes e moças viveram também da mesma forma durante todo o tempo ditatorial e só tiveram algum apoio administrativo quando o sr. Abraão Ribeiro tomou posse na prefeitura, mas até há pouco essas iniciativas, acampamento de menores, colônia climática, centro de moços viviam a vida precária dos abandonados. Vida clandestina, como a dos que permaneceram fiéis aos ideais de liberdade durante a longa noite ditatorial. Para que, àquela época, funcionassem os centros de rapazes, os seus instrutores foram contratados, também clandestinamente, como operários. E assim permaneceram durante cinco anos! Quer dizer, figuravam no quadro como operários para que a administração não desconfiasse e os metesse na rua. Onde já se viu pensar nessas bobagens, quando o Estado Novo estava aí para cuidar de coisas mais sérias! Finalmente, o recanto da praça da República, ideia da Divisão, que mereceu o apoio simpático do sr. Abraão Ribeiro. Que pena não se tivesse lembrado o prefeito que logo depois deixava a municipalidade um pouquinho mais ou um pouquinho menos, conforme o caso, do Departamento de Cultura! A própria regulamentação dos parques infantis, pronta e elaborada, ficou no fundo de uma gaveta qualquer. Entretanto, duas ou três reformas se fizeram: outros tantos golpes contra o Departamento de Cultura, condenado. Se quisesse fazer alguma coisa só seria à custa de pequenas astúcias clandestinas, como aquelas de instrutores no quadro de operários.

Aliás, esse disfarce em operários é recurso que não morreu aí: durante vários anos, os enfermeiros dos parques infantis, pela mesma razão, figuravam ainda no quadro de operários!

No tempo de Fábio Prado havia apenas uma ambulância dentária montada em automóvel e havia também apenas dois médicos para os parques existentes. Imposto o Estado Novo, maravilha das maravilhas, instalaram-se três gabinetes de odontologia, um no parque da Vila Romana, outro na Barra Funda e o terceiro no Tatuapé. Havia quatro dentistas para esse serviço, três nos parques e um na ambulância. E quanto a médicos, dez foram nomeados.

O serviço, porém, muito menos eficiente do que outrora, dada a organização absolutamente precária, incapaz dos benefícios que se esperaram, e principalmente porque se fizeram as nomeações sem a providência das devidas instalações. Isso por um motivo muito simples: as nomeações foram feitas sem nenhum critério ou, melhor, pelo mau critério do afilhadismo, nomeações irregulares e até contra a lei! Basta dizer que para ser médico dos parques a lei exige, além do de médico, o diploma do curso de Educação Física. Pois nenhum dos nomeados satisfez às exigências legais. E o Expediente da Prefeitura, que levava as suas exigências a verdadeiras ortodoxias de interpretação, deu posse aos protegidos, não lhes exigindo os documentos exigidos pela lei, para serem empossados! Foi preciso que a própria Divisão de Educação e Recreio, defendendo o seu patrimônio espiritual, levantasse a lebre para que tudo se alvoroçasse. Houve mesmo um velho áulico que demonstrou o seu desagrado pelo zelo manifestado na Divisão. Mas que adianta a lei quando se trata de protegido? A lei, ora, a lei... O que vale é que os nomeados demonstraram boa vontade e, assim, assistiu-se, na prefeitura, ao pequeno espetáculo dos médicos nomeados estarem tirando o seu curso de Educação Física para satisfazerem às exigências legais e às do decoro municipal nem sempre suficientemente resguardado. É preciso, entretanto, ressalvar alguns nomes que se dedicaram ao serviço com afã capaz de justificar a má origem da nomeação.

Preferível talvez a orientação do sr. Prestes Maia, a do abandono, em lugar dessa pletora de médicos que, após saturar o Hospital Municipal (105 médicos para sessenta leitos durante o período adhemarista!), escorreu para o Departamento de Cultura, não com o intuito de beneficiá-lo, mas de encostar coercitivamente alguns encostáveis... O sr. Prestes Maia caía no pecado inverso. Não só não nomeava ninguém, mas ainda extinguia os cargos que se vagassem. Ainda em maio de 1938, suprimia no quadro os de primeiros e segundos instrutores e os de primeiros educadores dos parques, cortando a carreira dos abnegados colaboradores naquela obra admirável de preservação, previsão social e educação.

Uma coisa, porém, é preciso lançar no ativo do sr. Prestes Maia: a Biblioteca Infantil, hoje à rua General Jardim; a excelente instalação que lhe foi dada deve-se exclusivamente àquele prefeito, a única obra cultural da sua unilateralíssima administração.

Mas esta como as outras viveu também tributária da dedicação de sua diretora. Inútil dizer, funcionária do tempo de Mário de Andrade.[25]

A Divisão de Documentação Histórica e Social do Departamento de Cultura criou-se com a humildade dos sinceros. Para a parte histórica seria mais ou menos fácil improvisarem-se elementos. Alguns existiam mesmo capazes e dedicados tanto na prefeitura como fora dela. Mas a pesquisa social era coisa inédita entre nós. Para provar a lástima dos nossos serviços de pesquisa ou de estatística, basta ver os recenseamentos brasileiros ainda hoje feitos e repetidos inquinados de vícios, onde outrora se imiscuiu até a política para falsificar resultados. E ainda o patriotismo primário que se eriça ao ver num recenseamento mais moderno corrigido para menos o número de habitantes de tal e qual unidade brasileira que o recenseamento anterior aumentara, a fim de influir no número de deputados de uma determinada região... Quanto à história, estamos ainda no tempo de considerar um determinado cidadão um grande historiador só porque tenha encontrado umas coisas em documentos velhos e transcrito essas coisas para o papel moderno, palavra por palavra, sem a menor interpretação crítica, sem a menor acuidade, como se história cronológica fosse História. Como se historiógrafo fosse historiador...

Foi pois em pleno domínio desse caos que nasceu o Departamento de Cultura, com uma divisão de pesquisas históricas e estatísticas municipais!

Daí a sua prudência humilde ao reunir numa só divisão dois ramos de trabalho — documentação histórica e documentação social — que poderiam abranger cada ramo um departamento.

---

25 A Biblioteca Infantil Municipal de São Paulo (a atual Biblioteca Pública Municipal Infantojuvenil Monteiro Lobato) foi dirigida pela educadora e bibliotecária Lenyra Camargo Fraccaroli (1908-91) entre 1936 e 1961.

Mas era preciso começar, e os começos devem ser cautelosos, principalmente num meio acanhado como o nosso.

E assim nasceu a Divisão de Documentação Histórica e Social, com duas subdivisões e duas seções: as subdivisões de Documentação Histórica e a de Documentação Social e Estatísticas Municipais e ainda a Seção Gráfica e a Seção de Iconografia.

A primeira subdivisão tinha por fim: recolher, restaurar e conservar e depois publicar em volumes os papéis e documentos históricos e antigos, pondo-os em condições de serem consultados e divulgados; manter contato com os institutos culturais do Brasil e de outros países, permutando informações e publicações; coligir leis, atos e outras matérias de interesse para a administração e promover-lhes a publicação.

A lei definia para isso o que fosse documento histórico; aquele existente no arquivo municipal há mais de trinta anos.

Ninguém ignorava então, como ninguém ainda hoje ignora, que a maior parte do arquivo histórico do Brasil, especialmente de São Paulo, apodrece em repartições sem nenhum resguardo ou defesa dos documentos. O que o bicho não devora, consome a umidade e mais que a umidade, o desleixo.

A municipalidade iria começar esse trabalho de desentulho, limpeza e salvação, início do que seria mais tarde desenvolvido, quando estivesse fundado, pelo Instituto Paulista de Cultura, com jurisdição em todo o Estado.

Mas foi tal o alarme que me causou a visita a alguns cartórios do interior e do litoral, ao ver a destruição e desaparecimento de papéis importantíssimos, desde o século XVI que, prevendo a demora daquele instituto, apresentei e defendi, na Assembleia Legislativa, um projeto de lei determinando o recolhimento, ao Arquivo do Estado, de todos os processos e documentos, velhos de mais de trinta anos, existentes nos cartórios de São Paulo. É a lei n. 2800, de dezembro de 1936.

Essa lei dispõe sobre a restauração e publicação dos documentos históricos cujos originais, uma vez saídos em volumes, iriam sendo recolhidos ao Museu do Ipiranga, o lugar mais consentâneo com a sua guarda e conservação. Para maior facilidade, todos os serventuários públicos em cujos cartórios existissem tais documentos ficariam obrigados a fornecê-los quando fossem requisitados para publicação ou simples restauração e catalogação. Essa lei não foi revogada, mas onde paira essa lei?

Consoante a lei, os trabalhos foram contratados com o Instituto Histórico de São Paulo, que, mediante a subvenção prevista de 250 contos anuais, publicou vários volumes de Inventários e Testamentos, Documentos Interessantes etc...

Esse trabalho, que era a continuação lógica e natural da iniciativa de Washington Luís, havia muitos anos esquecida, sofreu nova solução de continuidade com a saída de Armando de Sales Oliveira do poder, desde quando pouquíssima coisa se publicou.

Antes porém que houvesse o Instituto Paulista de Cultura para cuidar da mais ampla execução dessa lei, o Departamento de Cultura organizou, iniciou e desenvolveu pela sua Seção de Documentação Histórica o serviço de restauração, catalogação e publicação de documentos municipais, publicação paralisada desde Washington Luís.

Durante os anos de 1936-7, o serviço de restauração e encadernação, entre muitos trabalhos, havia reunido todos os documentos avulsos de 1800 a 1841, em noventa volumes! Restaurara e encadernara livros antigos de diversos assuntos, em número de 423 volumes! Encadernara cerca de noventa grossos tomos de manuscritos, depois de restaurá-los convenientemente! Tinha no prelo um grosso volume de ordens régias dos anos de 1737 a 1757 e nove volumes de documentos avulsos, de 1842 a 1850. Todos os documentos avulsos do século

XIX haviam sido já colecionados em ordem cronológica para serem restaurados e encadernados. Quanto aos serviços de paleografia, haviam sido copiadas as ordens régias de 1700 a 1757 (quase mil documentos); todos os papéis avulsos, de 1809 a 1812 (mais de quinhentos documentos); Atas da Câmara de São Paulo, de 1835 a 1841 (sete volumes); Registro Geral da Câmara de São Paulo, de 1830 a 1834 (cinco volumes duplos); Atas da Câmara de Santo Amaro, de 1833 a 1881, com 670 documentos; Cartas de Datas de Terra, de 1555 a 1863 (mais de três séculos), dez volumes com cerca de mil documentos; livro de escrituras do cartório de Parnaíba, do ano de 1726, com quase duzentos documentos; Atas de eleições quinhentistas e seiscentistas, 29 documentos; correspondência do Arquivo Américo Brasiliense, dos anos de 1859 a 1891, com 206 documentos.

Quanto aos publicados subiam a setenta volumes, sendo 28 no ano de 1937, até o golpe fascista de novembro. Quer dizer, o Departamento publicara, em dois anos apenas, o que o Estado publicara em vinte anos.

Cabia ainda à subdivisão de Documentação Histórica indicar, por propostas, as denominações a serem dadas aos logradouros, publicando também a sua lista, completa.

Missão importantíssima esta, nem só para a preservação dos nomes tradicionais, mas ainda para refrear a bajulação, sentimento que prolifera no Brasil em grau que nem a fertilidade da terra explica.

A publicação e revisão da nomenclatura das ruas foi logo iniciada, tendo sido publicada até 1937 a relação completa com os respectivos dados históricos, das ruas cujos nomes comecem por *A* a *G*. E prontos para a publicação os originais até a letra *S*. Cancelaram-se assim muitos nomes sem a menor significação, substituídos por outros que dissessem qualquer coisa à história de São Paulo, quase sempre com relação ao próprio lugar onde passava a rua. Foi então que antigo largo do Palácio, depois João Pessoa, passou a chamar-se Pátio do Colégio. Alguns cabos eleitorais do antigo PRP, vivos ou mortos, deixaram de ver figurados os seus nominhos em ruas da capital, substituídos por outros com melhor significação histórica e moral...

Já não se punha mais numa rua nova o nome de um chefe perrepista, mas quantos cafajestes vivem hoje nas placas azuis de ruas e avenidas?...

Promover anualmente um concurso sobre assunto histórico era outra atribuição deste setor do Departamento de Cultura. Com enorme êxito, até 1937, esse concurso foi levado a efeito. Neste mesmo ano estudava-se a instalação do Museu Histórico da cidade de São Paulo, a cargo da subdivisão. Seria o Museu *Carnavalet* de São Paulo, aquele que contaria numa simples visita a crônica de Piratininga, desde o deslocamento de Santo André até a época de altas realizações, cortadas pela brutalidade, então já concretizadas na Universidade de São Paulo e no Departamento de Cultura.

A maior criação talvez do Departamento foi a *Revista do Arquivo*. Empossando-se Armando de Sales Oliveira no governo de São Paulo, logo nos primeiros dias, verificou-se que o clima administrativo era diferente. Uma das provas experimentais foi o acolhimento que teve a iniciativa de dois funcionários do arquivo municipal: Alfredo Galliano e Nuto Santana. Mercê dos esforços de ambos, organizou-se a *Revista do Arquivo*, que só pôde ver o seu primeiro número publicado na gestão do sr. Antônio Carlos Assunção, em junho de 1934. Quando Fábio Prado assumiu a prefeitura, em setembro do mesmo ano, quatro números haviam sido lançados. Era uma publicação modesta com cento e poucas páginas apenas, que se arrastava com dificuldade, pela verba exígua, mas com impulso de boa vontade de dois funcionários. Logo o quinto número pôde ser publicado com cerca de duzentas páginas. Quando, em seu número 12, passou a ser órgão do Departamento de Cultura, então criado, a *Revista do Arquivo* mudava completamente de feição, dirigida por Mário de Andrade, tendo Sérgio Milliet como secretário. Desde então foi um crescendo que nunca mais parou. Saiu regularmente todos os meses. O último número dirigido por Mário de Andrade, o volume 46, publicava já a letra *S* das nomenclaturas das ruas de São Paulo e publicava artigos e ensaios etnológicos, sociológicos, um estudo jurídico sobre a Taxa de Melhoria, pesquisas sociais sobre o problema rural, o problema do abastecimento da carne, estudos de folclore e muitos outros trabalhos de alto interesse cultural. Contava esse volume cerca de quinhentas páginas! No mês seguinte a revista caía nas mãos do Estado Novo. Já saiu minguada com duzentas e poucas páginas... Depois foi minguando e mediocrizando, até praticamente desaparecer...

A prefeitura gastava um dinheirão com serviços de tipografia para seus impressos e publicações. As atividades do Departamento de Cultura vieram aumentar sensivelmente essas despesas. Donde a ideia de montar-se uma oficina gráfica que pudesse desincumbir-se de todo esse trabalho por menor preço e com melhor qualidade. Assim nasceu a gráfica municipal. Escolhido cuidadosamente o pessoal técnico, principiou a gráfica a funcionar e dava conta excelente das necessidades municipais, do Departamento inclusive, com todas as suas coleções, desde a publicação de documentos históricos até a revista publicada todos os meses. Anexa à gráfica, instalou-se uma oficina de encadernação cujos artesãos se entusiasmaram de tal maneira que o Departamento, com gente por assim dizer improvisada, pôde fazer encadernações consideradas verdadeiras obras de arte. Fora uma injustiça não animar essa iniciativa, e assim estudou-se uma encomenda, na Europa, de ferros, máquinas, instrumentos e todo o necessário. E para aperfeiçoar os encadernadores paulistas, tratou-se de pedir em

Paris um dos seus grandes mestres encadernadores, disposto a passar dois ou três anos entre nós, para criar a nossa escola de encadernações. Tudo isso estava perfeitamente preparado em novembro de 1937...

Todas essas realizações na menor das subdivisões da Divisão. A outra, a de Documentação Social e Estatísticas Sociais, vivia numa atividade capaz de encantar qualquer estudioso inteligente.

Para dirigi-la, foi convidado um notável pesquisador que vivia mais ou menos desconhecido em São Paulo: Bruno Rudolfer. Dono de uma formação universitária excelente, causa principal da sólida cultura que possuía, Bruno Rudolfer era apenas conhecido de um punhado de amigos. Ao mesmo tempo que fisgava Mário de Andrade, a administração Fábio Prado fora buscar também Rudolfer no retiro de sua casa, onde vivia entregue ao trabalho e aos livros. Colaborador de Sérgio Milliet, chefe da Divisão, os dois atiraram-se imediatamente às pesquisas sociais da cidade de São Paulo. Os parques já aí estavam como fonte inesgotável de material, da mesma forma outras organizações municipais, como o hospital, os mercados, a limpeza pública, os departamentos de obras e serviços municipais com milhares de operários, e a própria cidade de São Paulo, com sua população heterogênea, usos e costumes dos quatro cantos do mundo, um formigamento de povos e etnias em flagrante zoológico de miscigenação, e sociológico de absorção e amalgamento de culturas.

As atribuições dadas pelo ato 1146 à Subdivisão de Documentação Social eram a de promover e realizar o levantamento das situações sociais e econômicas do Município, coligindo e publicando mapas, dados estatísticos, esquemas, gráficos que permitissem estabelecer um retrato do grande núcleo municipal, em todos os campos de atividade; proceder a inquéritos e pesquisas sobre os padrões de vida em São Paulo, especialmente da família operária, para estudo e solução racional dos problemas relativos à produção e ao custo dos víveres, aos transportes, à assistência, ao cooperativismo, às habitações coletivas e a outros similares; coordenar e elaborar dados de fontes públicas ou particulares; colaborar com a administração municipal na uniformização e racionalização da colheita de elementos e estudos sobre problemas sociais; na organização de pesquisas e inquéritos sociais; organizar as estatísticas municipais, as de recenseamentos inclusive, e os quadros gerais dessas pesquisas completadas por fontes oriundas da administração pública municipal, estadual ou federal etc.

Para realizar tudo isso, foi preciso tirar do nada um corpo de investigadores, foi preciso estabelecer o contato difícil com as repartições públicas, com os institutos de cultura de São Paulo, como o Centro de Pesquisas Sociais do Instituto de Educação, com a Universidade, outros institutos científicos, Biológico, Butantã, Agronômico de Campinas, Serviço da Lepra, Santa Casa, fábricas, estabelecimentos de ensino, um nunca acabar. E nada disso se poderia realizar se, na alta administração, não reinasse uma mentalidade capaz de compreender todas essas coisas.

As atividades que se preconizavam para o Departamento de Cultura, em geral, e, em particular, para a Divisão de Documentação Histórica e Social, assim postas no papel, como vimos, e se acham no ato 1146, coincidiam com muita coisa que, de vez em quando, aparece no Brasil. Leis bonitas e complexas, feitas para sonhos irrealizáveis tanto pela impossibilidade da terra como pela má vontade, pela incapacidade dos administradores.

Mas o Departamento de Cultura, antes de ser assaltado pela incompetência, realizou tudo isso! E ninguém sabe onde iria parar se não fossem as saúvas caudilhistas que ali se encarrapitaram para nunca mais deixar aquele corpo rico e generoso de conquistas e ensinamentos culturais. Só o abandonavam depois de esterilizar tudo, completando a paisagem de desolação que o Brasil oferece depois de anos de abusos e erros inqualificáveis.

Estudos notáveis havia já realizado a subdivisão de Documentação Social no campo das pesquisas sociais, demográficas, econômicas, estatísticas, iconográficas e de racionalização.

Dentre as primeiras, uma análise aprofundada sobre o padrão de vida dos operários da prefeitura.

Esse inquérito começou com o grupo mais desprotegido do serviço municipal. E provocou consequências verdadeiramente históricas. Sérgio Milliet e Bruno Rudolfer, obtido o cadastro dos lixeiros, visitaram as respectivas famílias e chegaram a acompanhar, durante a noite, o serviço desses verdadeiros párias. Era a miséria mais revoltante. Eles passavam fome. Ganhavam uma miséria sem direito a nada. Nesse tempo, na Europa, alguns países haviam adotado a lei de férias. Mas nenhum eco chegara ainda ao Brasil. As leis trabalhistas foram encaixadas no programa da Aliança Liberal pelo Partido Democrático. Fui eu quem, a pedido de José Carlos Macedo Soares, redigi o trecho do célebre discurso de Vargas, na Esplanada do Castelo, no Rio, abrindo a campanha política contra o candidato Júlio Prestes, lançado pelo presidente Washington Luís. Eu tinha feito uma coisa resumida, para ser desenvolvida pelo candidato, mas este a incluiu no seu discurso tal qual eu a redigira, e assim foi reproduzida mais tarde, na série dos discursos do futuro ditador. E isso fora inspirado pela minha experiência na Documentação Social do Departamento de Cultura...[26] O inquérito sobre os lixeiros e o dos parques infantis vieram provar uma coisa que todos negavam: que havia fome

---

26 Repare-se na incompatibilidade das datas, pois a campanha política inicialmente mencionada por PD se deu em 1930, ao passo que sua experiência na Divisão de Documentação Histórica e Social esteve circunscrita ao período de 1935-8.

em São Paulo. Se assim era em São Paulo, o que seria no resto do Brasil! Quando Fábio Prado leu o relatório do inquérito sobre os lixeiros, pediu-me um parecer. Sugeri-lhe o texto de um ato (não havia ainda a Câmara Municipal) determinando as primeiras melhorias desses infelizes servidores. Esse ato não só lhes melhorava os miseráveis vencimentos, mas ainda obrigava a administração a fornecer aos lixeiros, a cada ano, dois ternos de roupa e dois pares de botas de borracha, capa, chapéu e luvas grossas para o trabalho. Mas não ficou nisto: a situação de São Paulo inspirou-me a primeira lei trabalhista do Brasil. As glórias desse início de justiça social, colheu-as o sr. Getúlio Vargas, muito mais tarde, graças à demagogia de um seu ministro da Justiça, que fez, pelo rádio, a campanha que ficou chamada de *Boa noite, trabalhadores do Brasil*, mas isso com fins mais políticos, eleitorais, do que mesmo assistência social.[27] Mas quem iniciou concretamente essa assistência foi Fábio Prado, na prefeitura de São Paulo, dada a inutilidade dos esforços de Lindolfo Color em começá-la no campo federal. Color contava-me, no exílio de 1932, que levara mais de uma vez os projetos que elaborara das primeiras leis trabalhistas ao ditador, mas tinha que interromper a leitura porque o sr. Getúlio Vargas, na sua cadeira de balanço, adormecia antes mesmo do fim do primeiro capítulo. Não havia este ainda descoberto a mais eficiente arma política que poderia ter nas mãos, o que só conseguiu o seu vivíssimo ministro da Justiça, logo após o golpe de 1937.[28] Mas a prefeitura de São Paulo se

---

27 O programa radiofônico "Falando aos trabalhadores do Brasil", afamado pela denominação a que se refere PD, foi concebido no início de 1945 por Alexandre Marcondes Machado Filho (1892-1974). Nomeado ministro do Trabalho do Estado Novo em dezembro de 1941, o político também esteve à frente da pasta da Justiça a partir de julho do ano seguinte. **28** Ex-ministro das Relações Exteriores (1934-7) do governo Vargas, o jurista José Carlos de Macedo Soares (1893-1968) permaneceu à frente do Ministério da Justiça

havia adiantado de alguns anos, com a primeira lei cuja inspiração inicial foi o inquérito dos lixeiros. Foi então que se descobriu que todos os operários da prefeitura podiam ser demitidos ad nutum, e só se tornariam estáveis depois de 25 anos de serviço contínuo! E então combinamos um texto que reconhecesse o trabalho dos mais humildes servidores municipais. Foi o ato n. 754, de 24 de dezembro de 1934. Um presente de Natal aos operários da prefeitura, base e incentivo de todas as conquistas trabalhistas do Brasil. Assim os operários municipais foram enquadrados em três categorias: estagiários, pré-efetivos e efetivos, cada categoria atingida com cinco anos de serviços, até a última com novos direitos em cada uma, até a efetividade absoluta aos dez anos de serviço. Tratei desse assunto em pormenor noutro lugar.[29] De modo que apenas registro o fato que serviu de base às leis trabalhistas no Brasil, praticado sem alarde e apenas com a satisfação de fazer justiça social.[30]

Ficou célebre outra pesquisa demográfica com dados por quarteirão, um verdadeiro cadastro demográfico da capital, dando uma ideia exata da fisionomia da cidade. Levantaram-se assim plantas ecológicas, elaborou-se o material abundante que serviu para a representação paulista na Exposição de Paris,

> por apenas seis meses, demitindo-se em 8 de novembro de 1937, dois dias antes da deflagração do golpe que instituiu a ditadura. Seu substituto foi o também jurista Francisco Luís da Silva Campos (1891-1968), a quem PD alude nessa passagem. Francisco Campos atuava como consultor-geral da República desde novembro de 1933 e foi encarregado por Getúlio Vargas de redigir a Constituição do novo regime. **29** *Fábio Prado*, edit. *Anhambi*, 1964, pp. 41 e ss. [N. A.] **30** Guardo uma lembrança afetuosa deste fato: os canteiros da prefeitura lavraram na pedra utilizada no calçamento das ruas paulistas um esplêndido tinteiro, do qual me fizeram presente, comemorando o ato 734, de dezembro de 1934, em nome de todos os operários municipais. Foram eles praticamente que me elegeram deputado à Assembleia Legislativa de São Paulo... Da mesma forma, os operários do Departamento de Higiene mandaram fazer um peso de papel, de cristal, com o meu nome no interior, que conservo com o mesmo carinho. [N. A.]

constituindo um dos motivos principais por que o Departamento se tornou conhecido no exterior.

Da mesma maneira e com a mesma eficiência, foram realizados inquéritos sobre a carne, o pão, o leite, secos e molhados, preços de verduras, outros gêneros e utilidades, constituindo os dados econômicos assim estudados bases para qualquer ação futura da municipalidade em relação ao abastecimento e ao custo de vida no município.

Como exemplo das pesquisas de racionalização, basta citar a do cadastro dos contribuintes, outra sobre o reajustamento dos funcionários, bem como o estudo que serviu de apoio para reorganizar-se o protocolo da prefeitura, que só começou a funcionar com eficiência depois da investigação feita pelo Departamento de Cultura.

Seria comprida demais a enumeração de todas as atividades da Subdivisão de Documentação Social até o ano de 1937, não só nos campos citados mas ainda no da estatística, com a organização dos serviços de estatísticas municipais até aí inexistentes e a fundação de um serviço de iconografia, com coleções de fotografias antigas de São Paulo, adquiridas pela prefeitura, e a formação dos fichários racionalizados dessa documentação.

Havia mais alguns estudos oriundos de observação dos parques infantis e dos grupos escolares, como a investigação do nível social de São Paulo pela distribuição das profissões dos pais dos alunos das escolas primárias. Nesta foram pesquisados 76 grupos escolares, com quase 70 mil crianças. A planta ecológica resultante do estudo mostrou-se de notável utilidade, inclusive para questões relativas aos meios de transporte, assunto que a administração Fábio Prado ia resolver de maneira definitiva com a construção de linhas de trens subterrâneos.

Também a nacionalidade dos pais dos alunos dos grupos escolares e dos frequentadores dos parques infantis se estudou, traçando-se várias plantas funcionais, entre elas a de porcentagem de brasileiros comparada com a porcentagem de estrangeiros; distribuição de mães brasileiras e pais portugueses, mães portuguesas, pais italianos, de mães italianas, de pais espanhóis, de mães espanholas, de pais sírios, de pais russos, japoneses, alemães. Como complemento, organizou-se depois o mapa de distribuição pela língua falada em casa, portuguesa, italiana e espanhola.

Destinado à Divisão de Compras, então criada, a subdivisão de Documentação Social elaborou ainda o código de especificações a ser usado pela prefeitura. Esse trabalho permitiu pôr ordem no fornecimento dos materiais, os mais variados, os mais diversos.

Não houve atividade social que não merecesse a atenção dos investigadores. Relativamente ao urbanismo, pesquisaram-se dados objetivos para o zoneamento da cidade de São Paulo, trabalho urgente que ainda está por ser resolvido; relativamente à estatística das habitações, promoveram-se informações sobre o cadastro predial, elaborando-se formulários sobre construções residenciais, mistas e especiais, instalações comerciais e industriais e sobre pavimentação. Ainda um código de indústrias e profissões redigiu-se. A frequência dos parques infantis foi estudada com minúcias que revelam fenômenos jamais suspeitados na cidade. Outra pesquisa dirigiu-se para as instituições de socorros individuais, gratuitos ou não, a fim de determinar-se o número de pessoas anormalmente dependentes da cidade, avaliar-se o custo da assistência, descobrir-se a duplicidade de auxílio entre instituições, determinar se preenchiam os fins e se a comunidade estaria aparelhada para amparar os necessitados.

O Ministério do Trabalho solicitou uma importante pesquisa, que foi levada a termo admiravelmente — inquérito nos bairros paulistas, a fim de serem esclarecidos os seguintes quesitos:

bairros e distritos de localização industrial e operária; distância entre as fábricas e a residência do trabalhador; custo do transporte; preços dos aluguéis das residências operárias; custo de vida nos bairros operários.

Não podemos prosseguir. Não há tempo nem espaço. A *Revista do Arquivo* e outras publicações aí estão para demonstrar o que saiu dessa importantíssima organização que, se tivesse merecido a atenção que lhe daria qualquer administração lúcida, forneceria hoje elementos completos para a solução rápida de qualquer problema social ou administrativo, cuja ignorância é fator capital do caos em que vivemos hoje.

A subdivisão de Documentação Social foi a única da prefeitura que mereceu certa atenção do sr. Prestes Maia. É que parte das suas atividades interessava muitíssimo o plano das grandes avenidas, que absorveu toda a sua administração.

Assim, verbas obtidas com grande custo para encomendas especializadas do prefeito podiam espalhar-se de quando em vez e às escondidas por outras pesquisas. Graças a esses "furtos", alguns dos inquéritos permanentes puderam continuar tanto no campo social ou demográfico ou econômico, como no da estatística e da racionalização.

Os serviços de estatística e de iconografia prestaram àquele prefeito relevantes serviços (pesquisa de transporte coletivo, trânsito de veículos, levantamento iconográfico de trechos da cidade que sofreram modificações). Alguns desses trabalhos fizeram-se por ordem direta do prefeito, que chegou a realizar essa coisa inédita na vida administrativa do sr. Prestes Maia: contratar alguns recenseadores e pesquisadores! Fez mais ainda: visitou pessoalmente, duas vezes, a sede da Divisão Histórica e Social, à rua da Cantareira!

O sr. Prestes Maia, apesar de verificar de visu a importância desses trabalhos, pois usou muitos de seus fichários quando preciso para suas alternadas demolições e construções e nunca deixou de assistir à exibição das películas documentárias realizadas pelo serviço de iconografia, assim mesmo não permitiu o contrato de auxiliares suficientes. Durante muito tempo, os quadros do departamento permaneceram desfalcados, mas a boa vontade e o amor ao trabalho de antigos funcionários ali postos quase todos por Mário de Andrade não permitiram que os serviços perecessem. Bruno Rudolfer desaparecia cedo, arrebatado por uma morte prematura; o diretor Sérgio Milliet foi transferido para a Biblioteca, quando do incidente que narramos com Rubens Borba de Moraes. Felizmente Bruno Rudolfer deixara alunos, e a alguns destes coube a missão heroica da resistência. Graças a eles, tudo quanto foi feito não se perdeu de todo.

Basta relembrar que, à medida que iam vagando, os cargos eram extintos.

Uma das reformas feitas, a primeira de 1946, revelava tal desleixo que se deu a um dos cargos o nome de estatístico em vez de estatista... O barbarismo espraiou-se pelo Brasil inteirinho...

A Divisão de Documentação Histórica, menos útil ao plano Prestes Maia, foi logo de começo quase arrasada, embora nela não tivesse faltado também o núcleo de resistência.

Assim deixou de ser organizado o Museu da Cidade de São Paulo já em estudos, em 1937. Nele figurariam objetos ligados à cidade, documentos antigos, publicados ou particulares, mobília, arte popular, fotografias, todos os objetos de valor ou evocativos da vida paulistana e que chegassem ao seu poder. Limitar-se-ia a coisas relacionadas exclusivamente com o município da capital, para diferenciar-se do Museu do Ipiranga.

O concurso sobre o assunto histórico esteve suspenso durante toda a gestão Prestes Maia, apesar do interesse que despertou não apenas em São Paulo, mas em todo o Brasil.

A *Revista do Arquivo*, que se tornara um dos órgãos mais importantes da Cultura Brasileira, teve a sua publicação atrasada mais de um ano e atrasada continuou. Entrou em franco declínio, e voltando a normalizar-se mercê dos esforços de um dos antigos funcionários do Departamento. Mas depois decaiu de novo até quase desaparecer.

Um setor do Departamento, destinado a editar obras de valor ou de interesse geral, publicou, de 1935 a 1937, 21 volumes. De 1938 a 1947, publicou apenas dez; mas com "verbas roubadas". Duas vezes mais em dois anos com Mário de Andrade, do que em dez de Estado Novo...

Foram extintos os cargos especializados de paleógrafo e de restaurador, por inúteis! Tais cargos se substituíram recentemente pelo de arquivista, denominação genérica em que se pode enquadrar qualquer tipo de funcionário. Enquanto isso, a Faculdade de Filosofia da Universidade instituía o ensino da Paleografia... Releva notar que o Arquivo Municipal possui documentos que datam dos princípios da formação paulista, desde o século XVI, sendo importantíssima essa documentação para a reconstituição da História de São Paulo e do Brasil. Daí a necessidade de paleógrafos hábeis, para seu estudo de dificílima interpretação e análise, mais ainda para a salvação desses documentos prestes a desaparecerem, ou mesmo já desaparecidos.

Não obstante isso, para os cargos de arquivistas foram nomeados, sem concurso, protegidos políticos, pessoas aquém, muitíssimo aquém dessas atribuições. Daí a lentidão maior ainda com que começaram a caminhar os serviços desfalcados, mutilados, sacrilegamente mutilados da Divisão de Documentação Histórica e Social.

A denominação dos logradouros públicos faz-se hoje ao léu da bajulação e da estupidez, embora o próprio sr. Prestes Maia tenha recomendado a observância da lei. Nomes sem nenhum significado na vida ou na história de São Paulo foram postos em ruas. Outros com grande significação, porque memoram os autores do descalabro brasileiro, também foram homenageados. Há tempos, a municipalidade deu a uma rua o nome de um jornalista que viveu há algumas décadas e cuja vida se caracterizou principalmente pela exploração do escândalo e pelo atassalhamento da vida particular de seus inimigos e adversários. A uma rua de São Paulo, não se sabe por que memória paulista, deu-se o nome de Cardeal Cerejeira, o patriarca do Estado Novo português. A outra chegou a dar-se o nome de Getúlio Vargas e, depois, para completar os espetáculos grotescos das adesões ao novo governo, arranjou-se uma pantomima digna da chulice da nossa política: passou-se a falar na avenida Adhemar de Barros ali ao lado do Hospital das Clínicas, que o governador de São Paulo grilou para disfarçar com uns farrapos de glória a indigência mental de sua política.

O serviço da nomenclatura de ruas que, como vimos atrás, se achava em 1937 na letra *S*, por aí mais ou menos ficou pois, se está em dia sob o aspecto rotineiro, deixou a desejar sob todas as outras faces, como por exemplo no que se refere à organização dos índices completos dos logradouros, com o seu respectivo histórico. Iniciado na prefeitura Fábio Prado, depois disso prosseguiu com incrível lentidão, devido à deficiência de pessoal. Deficiência quantitativa e principalmente qualitativa. Toda a divisão não possui em exercício ativo mais do que quatro ou cinco funcionários de carreira. Só em 1947, mas com o fito evidente de proteger afilhados, o quadro foi elevado a quinze arquivistas. Gente bisonha e incapaz, para substituir os especializadíssimos restauradores e paleógrafos, cujos cargos se extinguiram!

As coleções das atas e do Registro Geral, se tiveram alguns volumes publicados depois disso, tal se deve, como sempre, ao esforço exclusivo dos *resistentes*, apesar da ação negativa da administração.

Lamentável e edificante que até hoje, transcorridos tantos anos, a alta administração não tivesse ainda pensado sequer em dotar o Arquivo Histórico com instalações adequadas. As em que foi há anos provisoriamente instalado são simplesmente indecorosas. Faltam-lhe acomodações para os funcionários, e não possui uma só sala de consulta. Além disso sempre mal localizado, ponto de encontro de todas as culturas da terra menos as do espírito.

A Gráfica da Prefeitura que, como vimos, satisfazia a todas as necessidades municipais, abastecendo-a de impressos, de livros e ainda dando conta do movimento editorial do Departamento de Cultura com suas obras, relatórios, ensaios e a revista, decaiu de tal maneira que, dando lucro em 1937, passou a dar prejuízo a tal ponto que, logo depois, podia considerar-se comercialmente falida. A *Revista do Arquivo* não pôde mais sair, a não ser de vez em quando, porque mesmo a esplêndida revista que o Departamento teve, a gráfica se tornou incapaz de imprimir. O mesmo aconteceu com o *Boletim Bibliográfico da Divisão de Bibliotecas*, paralisado pela incapacidade da Gráfica e aquela organização proibida de imprimir fora da prefeitura. Da escola de encadernação nunca mais se falou. Se nem para as encadernações finas que a Gráfica autodidatamente conseguiu realizar há hoje recursos, como falar na vinda de um mestre encadernador estrangeiro para tornar realidade esse ponto pequeno, mas não menos importante do antigo programa cultural do Departamento?

Numa palavra, os serviços da Divisão nem só diminuíram como decaíram, porque não puderam continuar. Como aconteceu com todas as outras atividades do Departamento, só o esforço verdadeiramente abnegado de alguns funcionários que resistiram ao arrasamento do Estado Novo permitiu se conservasse alguma coisa do que existia e se criassem alguns serviços. É eloquente o fato de, de todas as iniciativas depois de 1937, muito poucas mas algumas muito boas, nem uma só partisse da administração ou de funcionários novos! Todas, sem exceção, obra de funcionários antigos e quase todas levadas avante com "verbas roubadas", isto é, desviadas de sobras de outras verbas. Algumas dezenas de contos desviadas na municipalidade; em favor da cultura para contrabalançar com os milhares de contos desviados do Tesouro do Estado para a satisfação das vaidades pessoais dos políticos ou para a realização da maior e mais escandalosa série de peculatos, malversações e concussões que a crônica de São Paulo conheceu em quatro séculos de história.[31]

Agora vem a talho de foice um pormenor curioso. A Divisão de Documentação Histórica e Social, com as suas duas subdivisões, e duas seções foram assim iniciadas para que, mais tarde, quando os serviços estivessem completamente organizados, pudessem ter o desenvolvimento que justificasse novas transformações complementares. Entretanto, depois de ter passado por esse processo de redução e atrofiamento, durante anos consecutivos, acontece que, uma década após, se faz uma reforma na prefeitura, da qual surgiram as famigeradas secretarias, não só inúteis mas ainda altamente prejudiciais. Nessa ocasião, em setembro de 1946, cria-se com as outras, a Secretaria de Cultura e Higiene, que envolveu no mesmo manto administrativo o Departamento de Cultura e os mercados e feiras, o tendal de carnes e o Hospital Municipal!

Foi quando o Departamento de Cultura, anêmico como vivia, com todos os seus trabalhos extintos ou reduzidos à expressão mais simples, depois de tudo que se fizera para liquidar as suas atividades, viu o seu funcionalismo, em vez de diminuir como competia em face das mutilações, aumentar com o aparecimento de muitos cargos novos na estrutura irremediavelmente abalada!

---

31 Ver nota 22, p. 136.

Mais ainda: as subdivisões de Documentação Histórica e a de Documentação Social passaram a divisões. Mais ainda: o Estádio, simples seção outrora, da Divisão de Educação e Recreio, passara também a divisão! Quando no apogeu de suas atividades, em plena florescência realizadora, possuía quatro divisões. Agora, em prolongada decadência, em pleno processo de sufocação, passava a ter seis divisões! Anteriormente, criara-se uma subdivisão de Estatística com a seção de Iconografia...

Mais ou menos o mesmo fenômeno manifestou-se em toda a prefeitura. Como explicar essa teratologia administrativa? Do modo mais simples. O fim que se tinha em vista não era o serviço público. Era muito outro, era o interesse particular ditando as modificações. Não houve reestruturação de serviços, nem mesmo reestruturação de funcionários, mas uma injusta reestruturação de alguns funcionários. Para que o pequeno número de privilegiados alcançasse o que sonhava, foi preciso transigir e disfarçar, e assim a cornucópia das graças alcançou servidores alheios à trama, deixando porém a maioria, principalmente os pequenos, fora dessa urna de mercês feitas por medida. Essa circunstância permitiu o benefício em favor de alguns bons, gente estranha à conspiração cujos autores tentaram primeiro insinuar-se junto ao sr. Prestes Maia e acabaram envolvendo tragicamente o prefeito Abraão Ribeiro. Daí ainda essa febre de transformar cargos de carreira em cargos isolados de *livre provimento*, e de criarem-se outros a fim de com eles serem satisfeitos pedidos de palácio e as necessidades da própria prefeitura de dar vazão a protegidos, parentes, amigos e afilhados dos Campos Elísios, dos partidos políticos camaradas e até de membros do Conselho Administrativo mais chegados à prefeitura. Não havia nada de censurável se nomeações e transformações se tivessem feito com proveito para o serviço público, para a cultura, e recaíssem as primeiras sobre gente capaz. Isso porém não aconteceu. As transformações deformaram ainda mais o sistema, e os novos funcionários, em grande maioria, eram nulidades, gente absolutamente precária, não poucas vezes nomeada contra dispositivo expresso em lei. Dentre eles, antes que os analisemos mais circunstancialmente, basta lembrar dois *estatísticos*, cargos de carreira, provimento esse por concurso ou promoção por merecimento de auxiliares de *estatísticos*, que foram nomeados interinamente: dois candidatos não especializados, um dos quais inapto para as funções, pois a elas nunca se adaptara. Há mais uma agravante: nomearam-se para os cargos de padrão I, quando o inicial da carreira desse impagável *estatístico* devera ser o padrão P. Com lesão grave portanto aos direitos adquiridos de cerca de trinta funcionários, alguns dos quais ali se achavam desde a criação do Departamento, exercendo as funções de auxiliares de *estatístico*.

Agora resta apenas analisar uma Divisão do Departamento de Cultura e verificar como foi tratada pelo Estado Novo. É a Divisão de Turismo e Divertimentos Públicos, instituída pelo ato 1146 em seus artigos 228 a 232.

A sua organização fora prevista no programa de 1938. Todos os estudos para a instalação achavam-se feitos quando anoiteceu o 10 de novembro. Não havia pois um só funcionário para resistir, pelo simples motivo de que nenhum funcionário fora ainda designado para a Divisão de Turismo e Divertimentos Públicos, nem nenhum serviço instalado para inaugurá-la. E, no entanto, o quadro dessa divisão constava de 42 lugares, todos já criados por lei: um chefe de Divisão, dois de seção, dezessete escriturários, quinze fiscais, quatro contínuos e três serventes. Quarenta e duas vagas de funcionários, do mais alto aos mais modestos, que uma administração não preencheu, com tantos pedidos políticos, com tantos candidatos fortemente amparados!

Um velho perrepista a quem eu narrava isso, certa vez, me respondeu com um sorriso e uma sinceridade de legítimo perrepismo: Vocês mereciam ser expulsos do poder...

Pois é a pura realidade: nem um desses cargos foi preenchido, porque os serviços, ainda não definitivamente organizados, não podiam caminhar. Felizmente o sr. Prestes Maia tornou-se desde o início inacessível aos pedidos políticos. Portanto também merecedor de ser expulso do poder, consoante doutrina perrepista. Negando-se todavia a nomear funcionários, aquele prefeito negou-se mais a compreender o Departamento de Cultura e, como não se tratasse de Divisão afim com os programas de abertura de grandes avenidas, zás! o sr. Prestes Maia, com uma penada, extinguiu a Divisão de Turismo e Divertimentos Públicos!

Vejamos o que era essa divisão, transcrevendo literalmente os artigos a ela atinentes. Tratava-se de toda a seção VI, do ato 1146:

Art. 228 — A Divisão de Turismo e Divertimentos Públicos compreende as seguintes seções:
 a) Turismo;
 b) Divertimentos Públicos.

Art. 229 — À seção de Turismo compete:
 a) organizar e dirigir um conjunto de medidas sistemáticas que desenvolvam o turismo, atraindo para o Município visitantes nacionais e estrangeiros, e o tornar mais perfeitamente conhecido fora do Estado e do País;
 b) promover, para tanto, exposições anuais, certames de toda espécie, em colaboração com as entidades especializadas, empresas, companhias de transportes, hotéis, imprensa, rádios e outras quaisquer instituições;
 c) incentivar, quer por favores especiais, quer por isenções, toda iniciativa referente à propaganda de São Paulo, por meio de publicações, películas cinematográficas e outros;
 d) organizar, de acordo com as demais repartições do Departamento e com a colaboração dos outros, a propaganda

do Município por meio de publicações de guias, folhetos, boletins, mapas e similares;

e) promover, entendendo-se com os Ministérios competentes, a propaganda do Município em todas as representações do Brasil no estrangeiro;

f) provocar, com a colaboração de Câmaras de Comércio e das representações estrangeiras aqui acreditadas, um intercâmbio de caráter turístico com todos os centros que mantêm relações com o Município de São Paulo;

g) fazer em todas as grandes cidades do Brasil, mediante entendimento com suas Municipalidades, ou entidades organizadas, a propaganda do Município.

Art. 230 — À Seção de Divertimentos Públicos incumbe:

a) organizar e estimular todos os divertimentos públicos inspirados na tradição nacional e quaisquer outros que possam interessar à população;

b) organizar concursos públicos de planos de festejos, de cartazes de propaganda, de festividades populares e tradicionais e de corsos, cordões, bailados e fogos de artifícios, nas festas de interesse etnológico ou popular;

c) estudar, estabelecer e executar planos de ornamentação da cidade por ocasião de festas;

d) fiscalizar os parques particulares de divertimentos e os públicos em geral, proibindo os prejudiciais ou perigosos, e indicando ou sugerindo outros;

e) a expedição de guias para recolhimento da renda proveniente de emolumentos, alvarás, impostos, licenças, taxas de vistoria e qualquer outras, não somente de divertimentos públicos, como de espetáculos, cinemas, campeonatos, torneios e certames esportivos.

Parágrafo único — A parte arrecadadora da Seção e a sua contabilidade ficarão a cargo do Departamento da Fazenda, devendo para isso ser organizada na Seção de Divertimentos Públicos, que em hipótese alguma poderá receber dinheiro, a necessária agência arrecadadora.

Art. 231 — A Divisão de Turismo e Divertimentos Públicos dará as necessárias providências para a instalação, na cidade de São Paulo, de um restaurante destinado a estilizar a culinária brasileira e a fazer a propaganda dos produtos e gêneros alimentícios nacionais.

Parágrafo 1º — Para a instalação desse restaurante, entrará a Divisão em entendimentos com técnicos de competência notória, com os quais fará os estudos necessários, apresentando, oportunamente, um relatório circunstanciado ao prefeito.

Parágrafo 2º — O restaurante referido no artigo anterior, que será subvencionado e ficará sob direta fiscalização da Divisão de Turismo, organizará programas especiais por ocasião das festividades, exposições e certames.

Art. 232 — As funções de intérprete e cicerone, quando se façam necessárias, serão exercidas por contratados por tempo indeterminado e a título precário.

A 10 de novembro de 1937, estavam prestes a executar-se, com estudos feitos, vários dos dispositivos acima. A Divisão de Turismo deveria ser instalada a 1º de janeiro de 1938. Uma das suas primeiras realizações fora o guia da cidade de São Paulo, uma publicação nos moldes do *Baedeker* ou dos *Guides Bleus*. O Instituto Paulista de Cultura, que nesse ano deveria surgir, absorvendo o Departamento de Cultura, encarregar-se-ia do guia para todo o Estado, mas o do município seria executado imediatamente como ponto de partida. A Divisão de Documentação Histórica, o Departamento de Obras e Serviços

Municipais e outros setores colaborariam intensamente com uma comissão composta de historiadores, escritores, jornalistas etc. O *Guia de São Paulo* seria editado pela Gráfica Municipal, como as demais publicações do Departamento.

Achava-se em elaboração também um projeto de lei incentivando a fundação de grandes hotéis na capital e no interior, mediante isenção de impostos e outros favores concedidos pela municipalidade e pelo Estado.

Outro ponto já perfeitamente estudado com todas as suas minúcias fora o restaurante destinado a estilizar a culinária brasileira e a fazer propaganda dos produtos e gêneros alimentícios nacionais.

O artigo 231 do ato 1146 que o instituiu foi alvo da chacota de todos os bajuladores da nova situação. Riram-se daquela extravagância do governo do município descer da sua dignidade para abrir um restaurante na capital de São Paulo! Era o cúmulo! Só mesmo da cabeça dos idiotas do Departamento de Cultura poderia sair uma bobagem daquelas! Esses pobres selvagens, porém, render-se-iam à evidência do fator cultural que, para um país, representa a comida, a maneira de preparar os alimentos, desde a plantação e a colheita até uma panela cheirosa fumegando a uma chama viva. Iriam aprender que não existe nenhum povo civilizado do mundo que não possua uma cozinha própria. Que uma boa cozinha representa tão bem a alta cultura de uma sociedade humana como uma grande Universidade. A Civilização Latina que se acrisolou principalmente na França demonstra a sua grandeza não só pela alta cultura científica, representada na pesquisa pura, completamente alheia à intenção especulativa, que tanto viceja nos laboratórios da França, mas igualmente por esses tantos outros laboratórios de finura e gosto que são os restaurantes de Paris. Mas isso tudo, os tapuias do Estado Novo não podiam mesmo compreender. Daí a risota alvar dos pândegos a quem Getúlio Vargas deu São

Paulo como presente de aniversário, a nata deles, os mesmos que na véspera o chamavam de salteador e facínora.

Pois apesar desses pequenos grandes uivos, o restaurante municipal iria ser instalado dentro de poucos meses, para orgulho da cidade, alegria dos homens de gosto e para dar um pouco de verniz aos pequenos trastes de cabeceira que o ditador veio encontrar em São Paulo a fim de mobiliar o pardieiro do seu Estado Novo. Ia ser montado no viaduto do Chá, do lado do Theatro Municipal, onde todas as necessárias instalações seriam feitas.

Havia mais de vinte anos que viera para São Paulo, dirigir um dos seus únicos dois grandes hotéis, o antigo Terminus, da rua Brigadeiro Tobias, um grande especialista da Suíça, país onde existem verdadeiras academias de culinária. Foi por ele que tomei conhecimento, pela primeira vez, da existência das grandes escolas de cozinha, com cursos especializados até da arte de pôr uma mesa para um pequeno jantar ou para um grande banquete. E que havia ainda cursos de dois ou três anos de estudos relativos aos vinhos, sua qualidade, a idade, o momento de servi-lo etc. Pois Eugène Wessinger, ao chegar a São Paulo, apaixonara-se pela nossa cozinha verdadeira, não essa que se assassina nas espeluncas de São Paulo ou do Rio, mas a verdadeira cozinha encerrada no esoterismo dos fogões familiares das velhas famílias ou das antigas fazendas do Brasil. Foi comendo um cuscuz paulista que ele, um dia, já três ou quatro anos depois da sua chegada, contou a mim e a Mário de Andrade que realizava estudos no sentido de estilizar os melhores pratos da nossa cozinha. Porque o segredo do grande prato não está somente no sabor agradável, mas ainda na dosagem do tempero que sobressai esse sabor e ainda na apresentação agradável desse prato, tanto aos olhos como ao olfato. A Medicina fez o mesmo com os remédios no sentido de torná-los mais suportáveis, impressionando bem os olhos e o paladar.

Foi assim que Eugène Wessinger um dia nos apresentou um prato de rara beleza plástica, cheio de cores, que ia do amarelo do ovo e o verde das ervas finas, ao branco de claras cozidas e o negro do feijão. Tratava-se de uma trivial feijoada, esse quitute delicioso que a vista repele e a que os estrangeiros dificilmente se aventuram por causa do aspecto geral. Não era só na apresentação física, o tempero da velha feijoada fora também artisticamente dosado, era uma feijoada, conhecia-se, mas diferente, mais fina, mais agradável, estilizada como só poderia fazer um artista completo. Em mais de vinte anos de estada entre nós, Wessinger estilizou vários dos nossos grandes pratos, e era o resultado dessa longa experiência que levaria para o restaurante do Departamento de Cultura, preparando-se já para figurar na fila de realizações daquele instituto com a mesma dignidade da Biblioteca Municipal ou do coral ou do conjunto madrigalista. Eugène Wessinger morreu como diretor do Hotel Glória, do Rio, sem realizar o seu grande sonho de dar um pouco de modos a essa gostosa, inteligente, mas mal-educada cozinha nacional...

Onde andarão hoje apontamentos e fichas sobre a culinária brasileira que algumas vezes eu mesmo manipulei?!

Logo após o 10 de novembro, um dos primeiros atos do sr. Prestes Maia foi revogar toda a seção VI do ato 1146, Divisão de Turismo e Divertimentos Públicos, e lá se foi por água abaixo um capítulo inteiro — e que capítulo! — do Departamento de Cultura.

O grande técnico suíço não morreu, como Mário de Andrade, ao peso da tragédia do Departamento de Cultura. Mas o ato de revogação daquele pequeno artigo de lei, o artigo 237, deve ter-lhe dado a mágoa imensa do artista ante a destruição iconoclasta de uma obra de arte.

Chegamos ao momento da síntese. A hora de tirar conclusões da análise, superficial, embora, que vimos fazendo do que aconteceu no Departamento de Cultura, durante os primeiros dez anos, a partir de novembro de 1937, de desatinos políticos e administrativos.

Durante esse tempo, passaram pela administração municipal dois prefeitos e um só diretor do Departamento. De permeio, um secretário de Cultura e Higiene que entrou em funções em 1946.[32]

O sr. Prestes Maia mutilou e mumificou o Departamento de Cultura, mas não o degradou. É que, quando a ditadura apareceu para tudo poluir, o governo da cidade caiu nas mãos de um técnico, para o qual a concepção de prefeitura não ia além dos limites relativamente estreitos de um departamento de obras acromegálico. E o departamento de obras, para o novo prefeito, reduziu-se à Divisão de Urbanismo que, por sua vez, se restringiu à execução do plano das grandes avenidas. O que não interessasse a esse plano não interessava à administração Prestes Maia. Do Departamento de Cultura, só a Divisão de Documentação Histórica e Social podia prestar auxílio à execução daquele plano. Mercê pois da utilidade de algumas pesquisas e dos serviços iconográficos, o sr. Prestes Maia deu alguma assistência a essas repartições, intervindo nas outras quase que com o fito de fazer-lhes mal: a Divisão de Turismo e Divertimentos Públicos, para extingui-la, e os cargos de funcionários que se foram vagando, para extingui-los também. Raras as exceções que traduzem uma ação protetora: a Divisão de Documentação Histórica e Social, pelos motivos há pouco citados, a Biblioteca Municipal, depois da remoção para lá de Sérgio Milliet, mas, após ter sido submetida a várias restrições, creio por uma questão de simpatia com o novo funcionário, e a Biblioteca Infantil, que ganhou uma boa instalação porque — charada psicológica — isso lhe deu na telha, ao prefeito.

32 Ver notas 14 e 15, pp. 124-5.

O caso Prestes Maia é pois um caso de incompreensão e estreiteza de visão. S. Exa. achou que as grandes avenidas valiam tudo, o Departamento de Cultura não significava nada. Eram as primeiras um sonho para cuja realização lhe caiu do céu a única oportunidade, depois de anos de desejo recalcado. E aquele engenheiro executou o seu plano, desprezando o resto. Um arranha-céu no novo traçado de uma grande avenida? punha-se abaixo o arranha-céu. Uma montanha? removia-se a montanha. Um Departamento de Cultura que era a vida espiritual da cidade? abata-se o Departamento de Cultura. Pura incompreensão: um pedacinho das verbas gigantescas destinadas à realização dessas obras todas, as quais, em si mesmas, só um tolo poderia apupar, e as avenidas ganhariam o enfeite cultural que a existência do Departamento de Cultura lhes poderia trazer.

Mas o sr. Prestes Maia caiu em outro pecado mortal. O de permitir a abelhudice incompetente de alguns amigos, até gente de sua família, na Divisão de Expansão Cultural. Preferível a ruína da Expansão Cultural, como se fez com a de Turismo, a destruir-se a obra a que Mário de Andrade deu o maior de seu carinho e constituía mesmo uma realização extraordinária de alcance cultural. Seria um erro imperdoável arruinarem-se os agrupamentos musicais, mas abafar-se a existência de um trio, de um quarteto, de um coral erudito, até de uma orquestra sinfônica, de um conjunto vocal madrigalista, para substituí-lo por um coral para óperas, uma orquestra para óperas ou para as palhaçadas de partituras ilustradas com fogos de artifício ou onomatopeia de pancadaria por detrás do palco, ao gosto de artistas primários e de público sem nenhuma educação artística ou artisticamente viciado e deformado, isso foi um crime que nem a parte positiva da obra administrativa do sr. Prestes Maia poderá apagar.

O sr. Abraão Ribeiro assumiu o governo municipal em 1945. Todos os seus auxiliares mais diretos foram os mesmos do seu antecessor. Só que, no tempo do sr. Prestes Maia, estes só faziam o que o prefeito mandava, ao passo que, no tempo de Abraão Ribeiro, tais auxiliares conseguiram que o novo prefeito fizesse tudo quanto eles desejaram. No tempo do sr. Prestes Maia, ensaiou-se tudo que aconteceu depois, mas não vê que aquele iria desviar um tostão que fosse das suas sonhadas avenidas para premiar funcionários ou auxiliares mais diretos, fossem quais fossem!

Entretanto, na prefeitura, às cegas, o sr. Abraão Ribeiro, impressionado com a administração unilateralmente fecunda daquele a quem substituiu, apoiou-se imediatamente nas pessoas todas como elementos de confiança direta do sr. Prestes Maia. E aí está o primeiro erro do novo e estreito governador da cidade: a boa-fé. Os principais auxiliares diretos do sr. Prestes Maia e que passaram a exercer as mesmas funções junto a Abraão Ribeiro não eram funcionários da prefeitura. Eram, por lei, pessoas estranhas, da confiança pessoal do prefeito; exerciam os cargos de diretor de Departamento em comissão. O primeiro resultado do assédio que fizeram ao novo titular foi efetivarem-se no cargo. Uma injustiça monstruosa e um erro enorme. Injustiça porque se presenteou com cargo ápice de carreira meia dúzia de pessoas de fora, preterindo-se antigos e bons funcionários. E um erro enorme porque se deu a estabilidade em altos cargos a muitos funcionários para os quais pouco interessava a função, interessava apenas o cargo.

O Estado de S. Paulo, numa série de notas por mim redigidas, com exatidão e com uma franqueza que só a confiança que o novo prefeito podia merecer explica, apontou nem só os erros mas até as ilegalidades dessas e de outras nomeações e atos. Apontou a inutilidade das secretarias municipais. Apontou o absurdo de serviços, os mais diversos ou antagônicos, figurarem num mesmo organismo, batizado pomposamente com o nome de Secretaria. Apontou o erro de substituir-se uma estrutura tão sólida sob o ponto de vista administrativo, como o ato 1146, que serviu mesmo de objeto a algumas aulas de Direito Administrativo na Universidade de São Paulo pelo professor dessa cadeira, por uma armação invertebrada, sem nenhuma consistência técnica, como foi a primeira reforma de Abraão Ribeiro, caríssima e, pior do que isso, estagnadora do serviço público. A ação centralizadora do sr. Prestes Maia que, por simples portarias, enfeixou todas as suas atividades nas mãos do prefeito, foi a venda com que os interessados maliciosos antolharam o novo prefeito. E este, em lugar de simplesmente revogar referidas portarias, restaurando o ato 1146 em toda sua plenitude, reajustando depois esse ato, dentro de sua estrutura original, perfeita, adaptável, pronta para receber qualquer ampliação ou acréscimo exigido pelo desenvolvimento dos serviços municipais, em lugar de uma providência simples e natural, o sr. Abraão Ribeiro, levado pela opinião interessada dos auxiliares diretos que adotara no escuro, estalou o ato 1146, para substituí-lo por uma lei inconcebível, feita para reestruturar a vida desses funcionários em vez de reestruturar ou reajustar os serviços públicos ou o funcionalismo municipal.

Tudo isso as *notas do Estado* mostraram ao novo prefeito, e S. Exa., logo após a primeira crítica, respeitosa, elevada e construtiva, fez a declaração digna de um homem inteligente: se tivesse errado, repararia o erro, revogando o que fora feito.

O não cumprimento dessa promessa constituiu o segundo erro do prefeito Abraão Ribeiro. Daí não foi possível mais nada. A ambição de alguns desses funcionários não parou mais. Basta analisar dois ou três casos: um deles, no momento da saída do sr. Prestes Maia, ganhava 2 mil cruzeiros por mês. À saída do sr. Abraão Ribeiro, estava ganhando 8500 por mês e mais 0,95 % sobre a arrecadação da dívida ativa! Outro ganhava 2 mil cruzeiros por mês, passando a perceber agora 8 mil cruzeiros mensais e mais 0,85% sobre a arrecadação da dívida ativa!

Outro enfim tinha vencimentos de 2 mil cruzeiros por mês à entrada do sr. Abraão Ribeiro, passando a 7500 mensais à sua saída. Releva notar que, no instante em que o sr. Abraão Ribeiro assumia a prefeitura, todos sem exceção exerciam o cargo em comissão e depois foram efetivados como funcionários municipais!

Ao lado de tanto absurdo, outro elemento passou a pesar sobre a administração municipal: a influência da política partidária. A prefeitura sempre foi uma espécie de cozinha política e eleitoral. Pesadíssimos os ônus pagos por ela para manter o prestígio de gente sem nenhum prestígio e a ambição de políticos sem nenhum limite. Antes de 1930, o perrepismo transformou a administração municipal numa vergonha. O dinheiro público saía até para a manutenção do fogo sentimental de altas autoridades municipais, inclusive vereadores, para os quais as ilusões do amor não estavam completamente mortas. Saía para pagar despesas particulares de cabos eleitorais do PRP, os mais sórdidos, aqueles que mais comprometiam a dignidade de São Paulo, antes que 1930 varresse tanto lixo da administração do país, detritos que, mais tarde, haveriam de ser ali repostos, de 1930, os mesmos ou da mesma escola dos que se agarram hoje ao Palácio da Alvorada, e a todos os campos elísios do Brasil.

Foi o advento de Armando de Sales Oliveira que quebrou essa tradição. E Fábio Prado quem a baniu definitivamente da prefeitura. O sr. Prestes Maia mostrou-se de certa firmeza na manutenção desse novo estado de coisas. Mas o sr. Abraão Ribeiro cedeu à politicalha, que jamais perdera a esperança e invadiu de novo a administração. Dos inúmeros funcionários então nomeados para a municipalidade, pode-se afirmar, sem receio de errar, que nem 3% são capazes de exercer as funções para as quais foram nomeados. Basta repetir o caso do Hospital Municipal. Com sessenta leitos, passou a contar com mais de cem médicos! Quase dois médicos por leito! Ali haveria filas de horas até para assinar o ponto, se tais protegidos não tivessem sido nomeados, segundo opinião externada por alguns deles, com a condição de não estarem sujeitos ao ponto. Agora é preciso registrar também que, das dezenas, talvez centenas de nomeados, não haja cinco funcionários candidatos do prefeito: tudo política, política do PSD,[33] ou do PSP,[34] política dos amigos do PSD, do PSP ou dos parentes do PSD ou PSP, política dos aliados ou dos futuros aliados do PSD; ou do PSP. Puro perrepismo aperfeiçoado, portanto.

Ora esses episódios refletiram-se profundamente sobre todos os serviços municipais e, em particular, sobre o Departamento de Cultura.

Ante a lava violenta de politiquice de dentro e de fora da prefeitura, o sr. Abraão Ribeiro acabou capitulando descrente de tudo e de todos.

Se o caso do sr. Prestes Maia foi de incompreensão e de estreiteza mental, o do seu sucessor foi de ceticismo e desânimo.

Outrora o Departamento de Cultura achava-se subordinado ao prefeito. Com as secretarias e o diretor, efetivado, subordinou-se ao secretário de Cultura e Higiene, e este quem fazia a ligação com o prefeito. Quer dizer, distanciou-se muito o Departamento do chefe supremo da administração. O primeiro secretário que teve aquela Secretaria foi um velho funcionário, homem de coração, médico generoso, e com larga prática dos serviços de Abastecimento que dirige há longos anos.[35] Esse funcionário, entretanto, não teve, como era natural que não tivesse, a mínima noção dos campos de atividades do Departamento de Cultura. Não se deu conta dele, atirou-o fora.

Consequentemente, o Departamento iniciaria nova fase de decadência, maior talvez do que a anterior. Só isso explica o

---

33 PSD — Partido Social Democrático. [N. A.]   **34** PSP — Partido Social Progressista do sr. Adhemar de Barros. [N. A.]   **35** Ver nota 15, p. 125.

absurdo capaz de levantar todos os paralelepípedos que calçam a rua da Cantareira e que é a transferência do intendente do Hospital Municipal, a fim de abrir vaga a um intruso parente do governo, para chefe da Divisão de Expansão Cultural, o cargo de Mário de Andrade, o maior talvez dos intelectuais paulistas.

O caso do administrador do Hospital Municipal — cujo lugar foi cobiçado por um protegido fortemente amparado pelos Campos Elísios e, por isso, se fez a remoção do primeiro, quando este estava na mais completa ignorância de tudo, em gozo de férias no interior — seria capaz, em qualquer lugar do mundo, de fazer cair um governo.

Que dizer então quando, para abrir essa vaga, aquele primeiro funcionário, com conhecimentos, bons conhecimentos aliás, de gerência de um armazém ou de um hotel, foi removido para o lugar de Chefe de Expansão Cultural — o setor musical, o setor teatral, onde se acha o Museu da Palavra, onde se acha a Escola de Bailados e o Theatro Municipal, enfim, o mais importante do Departamento de Cultura?

Será que, para perdê-lo, Deus tenha ensandecido os nossos homens do governo?

Sim, porque não ficaram neste caso as últimas agruras do Departamento de Cultura.

Em março de 1947, foram reestruturados os funcionários municipais. Nessa distribuição de dádivas generosas, o quinhão do Departamento de Cultura foi ainda incompreensão e mesmo ódio. Vejamos alguns exemplos: Enquanto o gerente do serviço Funerário ou o secretário da junta de Alistamento Militar, antigas chefias de seção, funções para as quais não se exigem diploma ou cultura de alta especialização, passaram da letra N para a letra Q, as chefias de quatro das principais seções do Departamento de Cultura, funções especializadíssimas, algumas exigindo mais de um diploma, que só podem ser exercidas por gente absolutamente dotada e competente, como as seções da

Discoteca, de Iconografia, Técnico Educacional e Técnico Assistencial, respectivamente das Divisões de Expansão Cultural, do Arquivo Histórico, de Educação, Assistência e Recreio, essas três chefias ficaram na letra *M*, em que se achavam anteriormente padronizadas. Quase a mesma coisa aconteceu com o Técnico de Economia da Divisão de Estatística e Documentação Social que, da letra *L*, passou para a letra *M*, apenas.

E, no entanto, vejamos: o de gerente do Serviço Funerário e o de Secretário da Junta de Alistamento Militar, que passaram da letra *M* para *Q*, são cargos acessíveis a qualquer pessoa. Ao passo que o de Discotecário exige: diploma da Escola Oficial de Música; o de chefe de Iconografia exige: conhecimentos aprofundados de cinematografia e fotografia; e o de chefe de parques exige: além de diploma da Escola Normal ou de Escola de Educação Física ou de Educador Sanitário, concurso de provas e de títulos inicialmente!

O de Técnico de Economia que passou de *L* a *M* exige diploma da Faculdade de Economia Política da Universidade! Há outra injustiça berrante: esses cargos eram de acesso, os titulares, pela aplicação e competência, poderiam ir à chefia de subdivisão ou de Divisão de Departamento. Pela chamada reestruturação, foram transformados em cargos isolados, de livre provimento do prefeito — de cargos de acesso a cargos de cavação — cortando-se assim a carreira dos respectivos funcionários. Sob o ponto de vista jurídico isto é evidentemente ilegal, mas foi feito!

Há outro caso incrível, ainda no Departamento de Cultura: o gerente da Gráfica Municipal. Antigamente, esse cargo só poderia ser exercido por pessoa capaz, conhecedora do assunto. Mas passou a ser de livre provimento do prefeito, dentre os funcionários com mais de cinco anos de efetivo exercício municipal. Quer dizer, aquele a quem caberá dirigir a tipografia, escolher máquinas tipográficas, imprimir livros, conhecer a arte de imprimir, adquirir papel apropriado para os trabalhos, em lugar de ser um especialista no assunto, tinha que ser apenas um simples burocrata, com mais de cinco anos de burocracia... De outro lado, o que se devia fazer no Departamento não foi feito. Por exemplo, as suas instalações. As diversas partes do Departamento de Cultura foram fragmentadas, esquartejadas, os pedaços espalhados aqui e ali. A Divisão de Expansão Cultural, depois de anos sem sede, passou a funcionar à rua Quirino de Andrade, por ironia ao lado do Serviço Funerário, onde também funcionou antigamente a direção do mesmo Departamento. A Discoteca, à rua Florêncio de Abreu, 157, instalações acanhadas e impróprias; a Divisão de Educação, Assistência e Recreio à mesma rua, n. 427, mais ou menos nas mesmas condições; a Biblioteca Pública, à rua da Consolação, a Biblioteca Infantil à rua General Jardim, e, finalmente, as Divisões do Arquivo Histórico, antiga Documentação Social, à rua da Cantareira, nas instalações provisórias em que foram colocadas, quando se fundou o Departamento quase catorze anos antes, e a Direção à avenida Ipiranga!

O cargo de diretor do Departamento, como vimos, era anteriormente exercido por pessoa de confiança do prefeito. Quando Fábio Prado via iminente a sua saída da municipalidade, pensou em efetivar os chefes do Departamento. O inolvidável prefeito tinha em mira apenas defender a obra que realizara. Fora árdua e difícil. Não era justo que ficasse à mercê da aventura iniciada a 10 de novembro. Como seu consultor jurídico, opus-me à ideia porque quebrava a estrutura do ato 1146, longamente estudado e elaborado. Assim mesmo reuni dois diretores do Departamento mais ligados a nós e que mais atingidos seriam por certo com o advento do Estado Novo: Mário de Andrade e Paulo Barbosa de Campos Filho, diretor do Departamento Jurídico. Ambos se opuseram, declarando mais que, colaboradores que foram da nova organização municipal, se isso fosse feito, não poderiam aceitar a indicação dos seus nomes para o lugar de efetivo. Ademais, naquele Departamento, trabalhava-se nele por amor à cultura e não aos cargos. A sua chefia deveria ficar acessível a qualquer dos chefes de Divisão ou a qualquer intelectual de valor, ainda que estranho à prefeitura. Isso demoveu Fábio Prado do seu intento. Fábio Prado pôde, pois, partir contente consigo mesmo e com seus auxiliares mais diretos. E estes satisfeitos com eles próprios e quites com seus deveres de cidadãos e de paulistas.

Os auxiliares diretos do sr. Prestes Maia, os mesmos do sr. Abraão Ribeiro posteriormente, adotaram norma inversa. Impossibilitados de o fazerem com o primeiro, obtiveram do segundo essa reforma de jurisprudência. Dessa maneira, foram efetivados os antigos diretores do Departamento. Dentre eles o do Departamento de Cultura, o mesmo que viera substituir Mário de Andrade, o mesmo durante a administração Prestes Maia, o mesmo durante a administração Abraão Ribeiro.[36]

O sr. Prestes Maia escolheu o seu diretor para o Departamento de Cultura entre os intelectuais de São Paulo. Mas não o fez em nenhuma das correntes literárias nitidamente definidas. Tirou-o das fileiras do meio-termo, desses que são neutros e não são neutros, que tanto poderiam formar ao lado de Alberto de Oliveira e Monteiro Lobato, como ao lado de Mário de Andrade ou Manuel Bandeira. Não era definitivamente nem passadista nem modernista. Era indeciso. Indeciso por temperamento e por formação. Intelectual honesto, com cultura literária, mas irresoluto, incerto, hesitante. No primeiro período, nenhuma iniciativa sua, ao que se saiba apareceu: toda sua personalidade foi apagada pela personalidade absorvente, autoritária e centralizadora do prefeito Prestes Maia que, nessas condições, não podia ter auxiliar mais cômodo. Característica a expressão do antigo prefeito ao declarar, certa vez, que poderia substituir o seu primeiro auxiliar por outro mais ativo ou talvez

---

36 Ver nota 14, p. 124.

com mais cor política, mas havia o inconveniente de este querer meter-se a fazer coisas...[37] E o seu diretor do Departamento de Cultura foi mantido pela inércia. Ao advento do sr. Abraão Ribeiro, tentou o diretor algumas tímidas iniciativas não levadas a efeito pelo nascimento das absurdas Secretarias e ser dada a de Cultura e Higiene a um antigo funcionário cujo traço característico era a movimentação, embora quase sempre desordenada, sem método nem continuidade.[38] Novamente, o diretor do Departamento encolheu-se à passividade primitiva, e o silêncio se fez de novo em torno de sua pessoa. Como outrora, desmantelou-se a Expansão Cultural, desorganizou-se a Divisão de Educação e Recreio, sem a menor reação por parte da diretoria, desta vez todas as intromissões desastradas que se verificaram na vida precária do Departamento foram registadas sem o mínimo gesto, a mínima atitude do seu apático diretor. Só uma vez tentou reagir, mas houve contrarreação e recuo. Assim pode-se dizer que se, em relação ao Departamento de Cultura, foi o primeiro prefeito um caso de incompreensão, o segundo um caso de ceticismo, e a atitude do primeiro e único secretário de Cultura e Higiene um caso de este não se ter dado conta do Departamento, o caso do diretor, o único diretor que teve o Departamento de Cultura, durante quase dez anos, foi um caso de faquirismo burocrático. Assim pois, se o primeiro prefeito marcou sua presença pela incompreensão, o segundo pela indiferença, e o primeiro Secretário de Higiene e Cultura pela ignorância do Departamento, o único diretor que o Departamento teve nem sequer marcou sua presença: não existiu. Sua vida passou-se alheia ao Departamento, indiferente aos seus anseios e preocupações, fazendo tudo quanto fosse incompatível com

---

37 Mais à frente, por duas vezes PD retoma essa fala atribuída por ele ao ex-prefeito Prestes Maia, que assim teria justificado a interlocutores sua rejeição ao nome de Carlos Pinto Alves para dirigir o Departamento de Cultura. Ver capítulo 5, p. 201, e capítulo 6, p. 235. **38** Ver nota 15, p. 125.

um instituto daquela ordem, que exigia devoção, assiduidade e espírito de sacrifício à Mário de Andrade. Porque um instituto dessa ordem requer tempo integral, absolutissimamente integral. Não é possível dirigir uma universidade ou um instituto de pesquisa sem ter o pensamento, a ação, a alma, dia e noite, a todas as horas, a todos os momentos, voltados para esse instituto. Porque senão acontece o que aconteceu: o instituto apodrece. Releva, porém, notar uma coisa a favor do então diretor do Departamento: jamais exerceu qualquer vingança, qualquer perseguição sobre qualquer funcionário. Algumas injustiças deveram-se à falta de esclarecimento sobre o caso, nunca por inferioridade. Essa minúcia positiva não altera porém a situação, em face da tragédia consumada pelo abandono. O abandono da cabeça da cultura municipal nas mãos dos selvagens recém-chegados do getulismo. Submetido ao processo primitivo da redução, o Departamento de Cultura ficou microcéfalo, *tsantsa* trágica a servir de troféu aos jivaros do Estado Novo.

O que se salvou, o que ainda perdurava em 1947 — deveu-se exclusivamente a alguns funcionários lá postos pelos fundadores. Onde tais funcionários não foram arredados e onde foram aproveitados pôde sobrar alguma coisa. Porque eles resistiam, trabalhavam, *furtavam* verbas imutavelmente negadas, realizavam enfim, lutando contra a própria administração sob o testemunho impassível do diretor. Se tivesse havido a mais pequena reação deste contra o primeiro prefeito, possivelmente tivesse sido substituído, mas outro que viera também se meteria a fazer coisas e haveria incentivo para a defesa do organismo ameaçado. Se tivesse havido reação contra o estancamento administrativo do secretário de Cultura e Higiene, o Departamento teria ganhado a partida e não teria sido invadido pela politicalha, nem pelos incompetentes, nem pela consequente destruição. Essa resistência teria sobretudo vedado o Departamento à ação corruptora dos bajuladores. Sim, porque, numa situação política fraca, não pode viver elemento de infecção mais pernicioso do que o bajulador.

O bajulador é aquele homem que renega tudo e adere a tudo. A sua baba é de mel quando vista de frente, e de vitríolo quando atirada pelas costas. Ele confunde as cores, não é daltônico porque para ele todas as cores são iguais, para todas tem o mesmo sorriso servil, prestes a tornar-se no mesmo ríctus da traição. Está pronto a aplaudir todas as ideias porque tem horror de defender qualquer ideia: a sua opinião é a do amo, e este é aquele que, no momento, tenha entre os dedos um pouco de isca. Rasteja-se coleante, para não perder uma graça, ou uma propina suporta tudo. A menor sombra, o menor resquício de altivez jamais se manifesta em seu rosto esmaltado, porque é contra os seus reflexos, é contra a sua religião, é contra o seu temperamento, contra a sua endocrinologia. A sua capacidade de receber humilhações não é a virtude dos santos ou dos ascetas, porque, em vez de diluir-se em amor, se consolida em recalques tristes, prontos a explodir à centelha da covardia. Tem pés na alma e o cérebro, em vez de ferver à luz da inteligência, fermenta em raiva pobre e pegajosa. Tem todos os físicos como tem todas as caras. O riso abre-lhe a boca tanto para beijar como para morder. O próprio Dante, na sua imaginação de fogo, que colocou no purgatório os soberbos, os iracundos, os avarentos e os invejosos, reservou ao bajulador uma das covas mais tenebrosas do inferno. Lá está ele, *gente che col muso scuffa*, no fundo de poço escuro, cujas exalações nauseiam os *olhos e o nariz*:

Le ripe eran grommate d'una muffa
per l'alito di giu che vi s'appasta,
che con li occhi e col naso facea zuffa.

Ao invejoso, Dante costurou os olhos com fios de ferro e o mergulhou na lama do Purgatório para que, quando falasse, em vez de palavras a sair, fosse lodo que entrasse. Mas a este dera a esperança de redenção, a possibilidade de purificar-se pela dor. Ao bajulador, não. Lá está ele, nos quintos, mergulhado também na lama, mas lama de outra qualidade, lá estava a ignominiosa

gente attuffata in uno sterco
che da li uman privadi parea mosso

E tinha razão, porque o bajulador não é só inimigo do seu semelhante, mas é o inimigo do seu povo, da sua terra, do grupo humano a que pertence. Para bajular, ele abandona tudo, amigos, protetores, ideias, causas, partidos. Abandona e une-se à parte contrária, as mais antagônicas com os princípios que há pouco defendia apenas para adular. Torna-se impermeável e cínico. Finge não acreditar em nada, mas crê nos efeitos confortáveis da lisonja. E, na adulação, ele destrói tudo, pai, mãe, irmão, amigo, a casa, a cidade, a província. Destrói universidades, bibliotecas e departamentos de cultura. Queima livros para que Hitler fique contente, queima Deus para agradar ao diabo, queima a liberdade para ser amável aos tiranos, queima a vergonha para que ditadores lhe sorriam.

Este é realmente o homem de mau espírito que procura destruir, se é que já não destruiu o Brasil; que destruiu a dignidade pública em nosso país; que vai destruindo todas as resistências morais da nossa gente em proveito próprio. Ele quem minou a administração, arrasou a Universidade e o Departamento de Cultura, únicas esperanças de nossa restauração espiritual, que o meu grupo, o grupo que criou esses centros para homens de pensamento, defendeu contra a mediocridade invasora, defendeu com unhas e dentes e com a mais dolorosa das invejas: inveja daqueles países onde a cultura merece respeito.

Diante desse espetáculo, era natural que Mário de Andrade se fosse embora...

5.
Paixão de Mário de Andrade

Antigamente eu escrevia a Mário quase duas vezes por mês: digamos três cartas cada dois meses. E ele me respondia na mesma toada. Agora, apesar de haver voltado para a cidade que era dele e minha, escrevo ainda mais uma vez por ano: no dia de hoje.[1] Mas ele não me escreve mais, nem escreverá nunca mais! Eu quero porém continuar a receber as cartas dele, e dou a mim mesmo a ilusão de recebê-las, relendo as que ele enviou, escritas a mão, escritas a lápis, escritas a máquina.

A correspondência assídua começou em fins de 1932, quando fui expulso do Brasil, pela primeira vez. No começo de outubro desse ano, a ditadura me tirou da Casa de Correção, no Rio de Janeiro, para, junto com outros indesejáveis, nos despachar a todos num cargueiro especial com destino ao Velho Mundo. Chegamos a Lisboa em meados de novembro. Logo após me veio a primeira carta de Mário de Andrade, que não se esquecera do dia dos meus anos, quase no fim daquele mês. As cartas pingaram em França durante todo o ano seguinte, me ajudando a mascar *o guaraná fortificante e duro da miséria e do exílio*, como me dizia ele, por escrito, em janeiro daquele ano. A correspondência morreu com a minha volta ao Brasil.

Veio o período do Departamento de Cultura, que coincide com a época dos bilhetinhos que me enviava da rua da Cantareira

---

[1] Dia do aniversário da sua morte. [N. A.]

para a rua Líbero Badaró, pedindo verba, pedindo pessoal, pedindo coisas, pedindo felicidade pro Departamento.²

Passou depressa a nossa aventura cultural. O Departamento foi embalsamado, Mário expulso dele, e de desgosto abalou-se para o Rio.

Em princípios de 1938, reiniciava-se o segundo período da nossa correspondência. Ele ainda não havia deixado o Departamento, mas o fascismo se implantara no Brasil e, apesar da presença de Fábio Prado ainda na prefeitura, tudo indicava já o clima hostil a qualquer manifestação de inteligência. Foi de lá, do Rio, onde Mário de Andrade passava alguns dias de férias, que a 3 de abril de 1938, me enviou o seu primeiro grito de desespero:

> Preciso sossego. Olha, Paulo, no geral tenho muito pudor de fazer parada das minhas fraquezas, e por isso disfarçava o total esgotamento nervoso e intelectual em que me achava estes últimos tempos, coisa que vem desde esse vulcão de inquietações que foi o Congresso da Língua Nacional Cantada que me chupou os restos de prazer da vida. Disfarçava. Ninguém sabia que desde dezembro, a bem dizer, eu não sabia o que era um sono profundo. Dormir três horas numa noite era uma troia para mim. Escrever, mesmo agora, analise a escritura desta carta de pleno descanso e ainda você verá surgirem um *Plínio* e uma *Troia* com *p* e *t* minúsculos.

---

2 Localizavam-se na rua da Cantareira, 216, perto do Mercado Municipal de São Paulo, a Diretoria e a Divisão de Expansão Cultural do Departamento de Cultura, ambas conduzidas por MA. O mesmo edifício abrigava, ainda, a Divisão de Documentação Histórica e Social, bem como a Discoteca Pública Municipal. Situada a aproximadamente um quilômetro dali, na rua Líbero Badaró, 324, a sede da prefeitura esteve instalada em um dos três Palacetes Prates até 1951, quando o imóvel foi desocupado e demolido, dando lugar ao Edifício Mercantil Finasa, no atual n. 377 daquela rua.

Por duas vezes falei ao dr. Fábio em descansar mas ele retrucou que era hora da Vasp abrir voo e perguntou se eu já tinha sarado da *úlcera* no estômago e queria almoçar com ele. Então usei do Capanema pra este descanso quase-descanso. Mas vamos ao que importa.

Uma vez, recentemente, aí na sua casa, na frente do Sérgio e não me lembro quais mais, você num gesto certamente falso porque você é muito mais inteligente do que isso, retrucou a qualquer frase minha de desgosto pela diretoria do D. C. [Departamento de Cultura], retrucou que vocês não me tinham feito favor nenhum me oferecendo esse cargo; eu é que fizera favor a vocês aceitando-o.

Foi boa safadeza de você, porque fiquei numa vergonha danada, quis disfarçar, falei umas coisas muito bestas e mudou-se de conversa.

Ora eu sei, sabia e sempre sube,[3] que se não foi favor pedido, sempre nessas coisas há favor. Favor que eu devo. É também certíssimo que eu fiz um enorme favor pra vocês. Mas favor por favor, essas coisas não se medem por peso e medida, e na verdade estamos todos quites: a satisfação de minhas vaidades, o prazer de mandarzinho, o prestígio até de um lado, e do meu o sacrifício de mim, sobretudo da minha liberdade e da minha felicidade pessoal. Que não sacrifiquei toda a minha liberdade pessoal, aos poucos retomada, você sabe tão bem como eu com aquela conjuntura de chantagens em que você me ajudou com a sua vasta energia.[4]

---

3 Para escolhas editoriais como a manutenção de "sube", ver comentário ao fim do "Posfácio", p. 558. [N. E.] **4** Aproveitando-se de um aleive lançado contra Mário, um miseravelzinho, funcionário subalterno do Departamento, iniciou uma chantagem que começou por cartas anônimas. Depois apresentou-se pessoalmente a ele, ameaçando-o de escândalo caso não o promovesse imediatamente. Mandei chamar esse funcionário, mostrei-lhe as suas cartas anônimas, que só elas poderiam metê-lo na cadeia, disse-lhe

Pois eu tenho sofrido e sofrido imensamente, Paulo, com a diretoria do D. C. Esse sofrimento (você pode certamente imaginar a formidável vida interior de um sujeito como eu) por várias vezes arrebentou numa espécie de anedota bem ridícula que foram os meus vários pedidos de demissão ou ameaça disso. Na aparência vulgar, que não me pareceram sair nem num mais sério Sérgio, nem uma mais pensante Nicanor, nem muito menos o epidérmico Rubens, na aparência esses pedidos pareceriam pretensão minha, fingimentos e fitas. Mas essa aparência se convertia na realidade numa inquietação muito constante, num sofrimento difícil de suportar, numa verdadeira tragédia interior que ninguém suporia.

Vou fazer 45 anos. Sacrifiquei por completo três anos de minha vida começada tarde, dirigindo o D. C. Digo *por completo* porque não consegui fazer a única coisa que, em minha consciência, justificaria o sacrifício: não consegui impor e normalizar o D. C. na vida paulistana. Sim, é certo que pra uns seis ou oito, não mais, paulistas, o D. C. é uma necessidade pra São Paulo e talvez pro Brasil. Não é certo que fizemos várias coisas muito importantes ou bem bonitas. Mas a única coisa que em minha consciência justificaria minha direção era ter *justificado* o D. C. e isso não consegui. Que bem me importa argumentar que o tempo era pouco, que as dificuldades eram muitas, que o meio era de nível baixo demais. Essas coisas *explicam*, mas não *provam*.

que podia fazer o escândalo que quisesse e até o desejávamos para mostrar a [todos] de que miséria caluniosa era ele capaz. E, para provar que nem Mário, nem eu, nem o prefeito tínhamos medo das suas ameaças, ia ele ser demitido àquele dia mesmo, embora fosse funcionário estável. O seu direito era incontestável, ganharia uma ação se pleiteasse a readmissão, mas era isso que nós queríamos porque, no processo, provaríamos ser ele um reles caluniador, e isso nos daria base para o processo regular de demissão. De fato, foi ele demitido e nunca mais tivemos dele notícia. [N. A.]

Porque essas razões nós as conhecíamos de antemão e foi contra elas e apesar delas que nos lançamos na aventura do D. C. Foi com a, não finalidade, mas necessidade de vencer e matar essas razões que fizemos o I. C. E. [Instituto de Cultura de São Paulo] e o D. C. falhou nesse ponto, logicamente quem falhou fui eu. Necessariamente. Falhei até contra você, deixe que eu lhe diga esta queixa, tanto no caso da Rádio-Escola a que me opus, as razões que dei diante do seu anteprojeto, como no caso do Turismo. E, meu Deus! Contra os outros falhei inumeráveis vezes... Falhei contra o Rubens no caso do Moreno, falhei no caso do Paulo Magalhães (falha azeda porque foi por amizade), falhei no Carnaval de 1936, falhei no caso do Parque Infantil do Bom Retiro, falhei... meu Deus! não vale a pena enumerar todos os casos grandes em que falhei. Por que falhei? É engraçado dizer e bastante trágico: falhei porque sou um fraco, que não sei fazer prevalecer as minhas razões, quando elas não são ouvidas, não cedendo pela força, brigando, estourando. Ditaduras... Não sei se é sarcástico orgulho ou irrespirável, bolorento espírito democrático: acredito na possibilidade de razão dos outros contra as minhas razões; estúpida feminilidade, cedo, me calo, aceito. E falho.

Tenho mais que refletido, Paulo, tenho me esqueletizado em meu ser psicológico. Não me sinto propriamente triste com estas coisas, me sinto especialmente deserto. É uma vagueza, uma vacuidade monótona. Lá no fundo do deserto, uma miragem. Estou formalmente decidido a não mais dirigir o D. C. Ficar definitivamente no Rio (o que seria ideal) não posso. As razões contra são mais fortes que o meu violento desejo de me carioquizar. Há sobretudo uma voz de sangue, meu pai que foi operário, e depois de subido, continuando numa cotidianização operária de ser, fazendo sempre atos que eram como pedras, objetivamente fazendo. O que existe de aristocrático em mim, principalmente este safado gozo de viver e a atração de todos os vícios, sei que não me dá paz — e essa parte é obrigada a ceder diante e na voz de meu pai. Não fico no Rio não, volto pra São Paulo e vou serenamente e humilde retomar meu cargo de chefe de divisão, onde serei bem mais fecundo e poderei trabalhar também um bocado pra mim, meus livros.

No desgosto em que vivo, a visão estúpida da minha divisão periclitando sem chefes nem técnicos, e o remorso de me ver um diretor muito besta e fraco: isso estou desta vez decidido a não aguentar mais. Eu sei: vai haver um escandalinho, diretor relaxado, diz-que-diz-que dos funcionários da prefeitura e possivelmente dos jornais. Sei mesmo que deixo o dr. Fábio e você numa espécie de atrapalhação, desculpem. Vocês não poderão me recusar o direito que tenho, como todos têm, de voltar ao meu tamanho legítimo e respirar um pouco de ar mais verdadeiro.[5]

Desde dezembro, ele "não sabia o que era mais um sono profundo". O Departamento de Cultura, o seu, o nosso Departamento de Cultura, que todos nós vivíamos, ia começar a agonia. Havia apenas um mês que nascera o Estado Novo e já era possível antever o que seria de destruição espiritual. Essa carta tumultuada, quase sem nexo às vezes, revela bem o estado de espírito não só de Mário como o de todos nós. A morte que prevíamos daquilo que criamos com carinho materno nos desorientava.

Os seus escrúpulos, fruto de uma comovente e imensa integridade mental, levavam-no, ante a ameaça a pairar sobre aquele centro cultural que nós criamos, a julgar a iniciativa falhada! E, no entanto, Praga criava um instituto igual e Paris imitava São Paulo! Foi tudo isso que lhe levei ao Rio pessoalmente.

---

[5] Ver carta de 3 de abril de 1938, p. 253.

Falei-lhe no dever de, ao menos, não abandonar Fábio Prado, que eu deixara já, dada a minha posição de combatente de primeira linha com Armando de Sales Oliveira. Aquiesceu, subordinando entretanto a sua permanência à de Fábio Prado na prefeitura. Aquiesceu, embalado por uma tênue e malograda esperança que nunca o abandonaria.

— Será por pouco tempo — acrescentei —, porque o Fábio também não fica. O clima é de outra mentalidade.

E era mesmo. A saída de Fábio Prado desfez todas as hesitações: Mário abalou-se definitivamente para o Rio.

Mas que vale mudar de terra, quando a tragédia está dentro de nós? Lá no Rio, foi uma azáfama de fazer esquecer. "A vida que estou levando é assim", dizia-me uma carta de 19 de agosto de 1938.

Entre uma aula e outra, será que não vem me atrapalhar? lhe escrevo. A vida que estou levando é assim. Estudo, aulas, direção do Instituto de Artes. Uma pureza exterior incomparável. No princípio ainda foi bom: fazia três anos que eu não estudava por estudar, não especulava por filosofar, não lia um livro inteiro, só consultava. Me atirei com uma volúpia indizível ao estudo e à literatura. Mas a imaginação — essa doida — me fez ter a má ideia de fundir os dois cursos que faço, o de História da Arte e o de Filosofia da Arte, num só curso; o de uma, que chamaríamos, Filosofia da Arte, através de sua História, ou melhor por síntese, uma História filosófica da arte. O resultado é que estou fazendo um curso, quase uma matéria, uma disciplina nova. E isso me obriga a tal dose de estudos, comparações, pesquisas, premidos pelo tempo das aulas (4 por semana) que estou me fatigando bem, não sei se aguento.

Mas não é isso que me faz estar internamente feliz. Me percorre o dia e a noite uma vasta, profunda tristeza, uma inquietação, mais do que isso: um medo, que é a coisa mais desagradável deste mundo. Às vezes me vem também uma espécie de remorso de ter deixado o Departamento. Remorso derivado mais de um vício que de uma realidade exata. Pois o certo é que estava interiormente decidido a largar do Departamento e a voltar pro meu cantinho. O primeiro passo dessa decisão você conhecia: o abandono da diretoria. Minha intenção era recomeçar jornalismo, alunos particulares, e assim que tivesse com que me sustentar, reassumir minha cátedra no Conservatório e sair da vida pública. Puro egoísmo sim, mas raciocinado, bem pesado, meu. Com estas lembranças o remorso acaba logo; mas não acaba a tristeza... física do remorso, e o reflexo social dos que me censuram por largar São Paulo. É certo que não estou nada feliz, embora não me sinta desgraçado.

É assim que vivo, companheiro. Saudades tenho muito poucas, não sou homem de saudades. Também não sou homem de arrependimentos, que considero fraqueza. O dia que me convencer que fiz mal em vir pro Rio (se me convencer), volto pra São Paulo. Mas cada vez me convenço mais que fiz bem.

Não vejo os amigos. O próprio Nino, que é o tipo do sujeito que a gente quer bem e o tipo do óleo canforado pra reanimar, não vejo desde muito. Quero ver se na semana próxima procuro ele.[6]

Era, sim, homem de saudades. São inúmeras as cartas em que as confessa com todas as letras. E nesta já se manifestavam as de São Paulo e do Departamento de Cultura.

Além do mais, as preocupações com a vida material nunca o abandonaram. Porque um homem da envergadura de Mário

---

6 Ver carta de 19 de agosto de 1938, p. 260.

de Andrade está sempre arriscado a passar necessidade numa terra como a nossa ou como qualquer outra terra. Em carta anterior me havia pedido indagar se o *Estado* aceitaria a colaboração dele. E nessa mesma de 19 de agosto, dizia ainda, referindo-se ao diretor de um grande jornal do Rio:

> Hoje vou fazer uma safadeza: participar [a ele] minha fixação de residência aqui. Quem sabe ele me convida pra fazer a crítica de arte no *Jornal*, que está sem crítico... Você já falou com o Julinho, a respeito de eu escrever uns dois artigos por mês pro *Estado*?

Já falara. Júlio de Mesquita mandava dizer que escrevesse quantos quisesse e marcava até preço maior para ele. O diretor do tal jornal do Rio fez de desentendido porque Mário era independente demais para sacrificar a sua maneira de escrever aos interesses de um bobo-rico qualquer.

Só um mês e meio depois enviava o primeiro artigo. Junto com a carta de 6 de outubro:

> Aqui vai um artigo pro *Estado*. Fiquei hesitante, sem saber se devia mandar diretamente ao Julinho, ao secretário do jornal, ou se me aproveitava ainda uma vez da sua amizade. Concluí pela amizade, antes de mais nada, por ser gostoso: aguenta firme, m'ermão! [...]
>
> Amanhã principiam os exames de primeiro período e dia 15 ou 16 espero estar em S. Paulo para um descanso de semana. Vou aproveitar bem esse tempo se não me engano. É que já estou bem *cansadamente* como dizia o jornaleiro da praça da Sé. Além do mais, tive uma gripe bastante grave que por umas três semanas atrapalhou a linha serena. Bonito hein, *linha serena* pra significar a cotidianidade de viver. Só que não sei se ninguém me entenderá, sem notas à

margem, ah, ninguém me entende, sou um incompreendido, sou... o que sou eu? Não sou, somos, meu caro Mário Raul de Moraes Andrade, múltipla caricatura, espécie grátis de centopeia dos sentimentos e dos pensamentos.

Comunico-lhe que no mês passado fiz uma poesia, sobre o Rio, de puro entusiasmo pélico (de pele). Não vale nada, mas tem pelo menos quatro versos e um neologismo que justificam tudo:

> *Há deusas,*
> *Há Vênus, há Domitilas,*
> *Fazendo guanabaradas*
> *Por aí.*

Que tal? Como é que ninguém ainda descobrira que a palavra "guanabaradas" significa todas as espertezas pélicas (de pele) provocadas pelo contato da natureza facilitadora, é que não sei.

Queria contar umas coisas mais sérias mas neste ambiente de carta em que, não sei como me instalei, não é possível. Vou parar, vou escrever pra minha mãezinha que anda muito idílica, coitada, muito sofrendo com a minha falta. Eu noto, aliás, Paulo, que nós exercemos em nossas famílias um papel muito importante e que não tem sido muito bem nem nada estudado até agora: o papel de *alegria da casa*. Esta *alegria* não consiste especialmente em ser a pessoa alegre, otimista, anedotística, da família, não. Consiste essencialmente na gente ser a... movimentação familiar, a pessoa que de repente tem vontade de comer um pato, por exemplo, ou de repente tem coragem de dizer sobre um parente qualquer uma verdade deslumbrante que toda a família precisava dizer, mas não tinha coragem dentro do convencionalismo familiar. Isso, custou mas achei, o *alegria da casa* é esse que traz pra o convencionalismo familiar a possibilidade de evasão; é o que decora e ao mesmo tempo esportiza a profunda, comovente, mas severa e bastante monótona humanidade familiar.

A inquietude que andou sempre dentro dele apareceu no fim da carta:

> Farei todos os esforços pra ficar no Rio, se possível, definitivamente. Não é questão de ilusões, não, devidas a um primeiro contato fácil. Não creio que no Rio me melhorem nem piorem, ou que eu melhore ou piore no Rio. No momento, o que me fortalece na decisão é apenas um desejo, e os desejos são voláteis. Nada me garante, por enquanto, a permanência no Rio. A Universidade [...] é a coisa mais construída na areia que já encontrei no meu turismo vital. Vamos a ver janeiro o que decide por mim.[7]

Todo o início de novembro, passei com ele, hospedado no seu apartamento do Edifício Minas Gerais, à rua de Santo Amaro, esquina do Catete. O dia da minha chegada foi um interrogatório longo sobre o Departamento que já ia paralisado. Isso até quando me vim embora, lá pelo dia 8. A 15, aniversário da República, escrevia de lá, num tom mais alegre:

> Escrever um romance! Fazer um verso! dizer *eu te amo!*...
> E brincar pulado sem relógio despertador...
>   P. m.!, eu quero brincar pulado, sem despertador!!!
> Agora dei pra cultivar ideal de orelhas, ideal sem orelhas não adianta, é demagogia! Senhores! as maiores criações nacionais, todas elas, derivam da iniciativa particular!

---

[7] Ver carta de 6 de outubro de 1938, p. 265.

Addio, Paolo, Paoluccio mio! Me recomende respeitosamente ao dr. Armando e com maior liberdade amiga ao Júlio Mesquita. E com muito afeto ao Armandinho. Nunca mais o vi, tenho saudades... [...]
   É só. Aqui vai um abracíssimo fidelíssimo deste irrecorrível Mário.[8]

Naquela referência a Sérgio Milliet, ao prefeito, a explosão, a esperança de ver a salvo a sua preocupação de todos os dias, o Departamento de Cultura. E daí o desabafo de alegria derramado no pseudoeufórico do resto.
   Mas foi na carta de 1º de março do mesmo ano que ele explodiu. Por enquanto era um abandono geral do Departamento inteiro. A prefeitura enjeitava todas as atividades culturais e também todas as atividades materiais que fossem alheias ao plano das grandes avenidas. Mas isso num sentido geral. A implicancinha pessoal em relação a um determinado serviço ainda não tivera entrada. Os Campos Elísios mandaram ordem de abrir inquérito para descobrir coisas. Mas ali não havia as coisas que os Campos Elísios desejavam. De outro lado, o novo prefeito ainda não se prestava a perseguições pessoais. Infelizmente, porém, prestava-se a influências estranhas de pessoas outras que ali se intrometiam não para perseguir mas para dar guarida a pequenos bajuladores doidos por um lugar no Departamento. Os intrusos e os abelhudos um dia entraram lá dentro. Foi assim que se invadiu a seara mais do Mário: o campo da música. Essa carta de 1º de março é ainda impublicável na íntegra. A violência dela traduz a revolta ao ver o desprezo, a falta de compreensão e de respeito por uma criação daquelas, que manifestavam já os sintomas primeiros da obra desagregadora da ditadura.

8 Ver carta de 20 de janeiro de 1939, p. 279.

Eu lhe havia pedido um estudo sobre Franz Post publicado aqui no Brasil. Procura que procura, foi ele por fim achar o livro numa casa de música.

"Por onde se vê que a música ainda é útil. Menos, parece, pra nova gente de São Paulo... Os nossos agrupamentos musicais estão no momento de rodar por água abaixo."

E lá vinha a descrição viva do acontecido. Nele estavam até metidas influências femininas, e um maestro cavador

> que aqui foi depositado por inércia, vindo no rabo de qualquer companhia italiana de operetas. Imaginou no que ia ser, tomou o pulso fraquinho da terra e foi ser professor improvisado de canto e diversos instrumentos. Mas manteve sempre saudades da mais cômoda e festiva regência, de que conhece praticamente o bê-á-bá técnico, e absolutamente nada do estético. Expressão pra ele é dó-de-peito e berro. Esse [...], mancomunado com um tal [...] que não sabe mal a técnica do violoncelo, tem bom som, mas nada entende de arte, nem se se escreve com agá ou traço de união, que imagina ser regente e diretor de coros, quando não passa de tamanco usado por pé sujo, expulso que já foi, por ladrão, do Centro Musical... pois esses dois [...] principiaram churriando na orelha da outra [mulher do prefeito], que trio, quarteto, coral erudito, são coisas que o povo não gosta nem fazem sucesso, que o bom era criar um coral pra óperas, uma escola de bailes pra óperas, e mais uma escola pra óperas, no Municipal, pra quando viessem companhias de óperas pra São Paulo, a cidade ter tudo isso, pra economizar importação de gente. Quando o dono da cidade escutou a palavra economizar, esqueceu o resto, esqueceu de tudo o que vai gastar com esses corpos novos e que desconfio será bastante mais que com os de agora. A coisa está assim, e já os jornais governistas noticiaram a destruição do

existente e a construção desses corpos novos. Não sei se a coisa já se fez porque cada vez mais não escrevo pra gente do Departamento, pra não receber queixas e contar feiuras que me deixam macambúzio. Mas é uma nova obra ilustre do Rabecão,[9] que se estraçalha em meio, é pena.

Passa a seguir para o Rio: "Aqui no Rio a bagunça cultural não vai melhor". A Universidade do Distrito Federal estava sendo destruída.

Eu é que insisto na procura de um empreguinho sem projeção, onde a alma adormeça sem preocupações nem entusiasmos ilusórios. Achado isso, vou alugar uma casinha de vila, oh penetrar nos segredos dos habitantes de uma vila! e então recomeçarei pacatamente as minhas literaturas. Aliás creio que vai nascer um romance. E nisto se está vivendo, eu adaptado ao Rio e ao calor. Estou magrinho não tem dúvida, mas paciente como brasileiro. Durmo sem sonhos, isso nos raros momentos em que durmo. Conservo uns dois ou três amigos que gostam de comer bem. [...] É o deserto.[10]

Duas afirmações em julho de 1939: as primeiras vontades do regresso para São Paulo e o juramento de que nunca mais voltaria a falar no Departamento de Cultura:

Não há mais esperança, morreu, está acabado. Foi um bom sonho que tivemos, mas agora já estamos acordados, m'ermão. Tira ele do sentido porque eu já tirei o sentido dele.

---

9 Rabecão era o Departamento de Cultura, alcunha inventada por Paulo Magalhães para enquizilar o Mário. [N. A.] **10** Ver carta de 1º de março de 1939, p. 282.

Nunca mais minhas cartas levarão praí as penas do Departamento que são os nossos pecados.[11]

Veio depois a maior pausa epistolar que tivemos em anos de correspondência assídua. Reclamei e xinguei. Afinal chegou uma em dezembro de 1939. O silêncio se devera à minha movimentação. Saí de Paris para Nova York. Daí vim ao Brasil clandestinamente.[12] Buenos Aires, depois. As cartas dele se perderam. Essa de 17 de dezembro falava no seu recente trabalho *Namoros com a medicina*, que eu não havia recebido e por isso nem acusara.

Então imaginei que por alguma razão justa você preferia evitar correspondência no momento, e me calei, me limitando a saber sempre de você, quando encontrava algum dos seus.
Eu te odeio, isso é incontestável. Mas te odeio teoricamente, quando imagino na minha existência. Então te odeio por você ter me excitado a vaidade com essa [...] diretoria do Departamento de Cultura. Mas gosto muito de você, sou seu amigo de coração.

Seguem linhas de carinho lembrando o início da nossa amizade. A seguir o desespero, de novo, e o desejo de voltar para São Paulo que vinha ficando insuportável:

[...] Basta de sentimento.
Mas, a não ser sentimento, vejo que não tenho nada a lhe contar, senão coisas tristes. Estou literalmente desesperado, não aguento mais esta vida do Rio, e ou acabo comigo ou não sei. Pra disfarçar as mágoas, vivo bêbado. Tomo porres

---

[11] A carta de MA em que PD informa constar o trecho citado não foi reproduzida pelo destinatário no capítulo 6, "As nossas cartas".   [12] Este episódio está narrado em *Prisão, exílio, luta...* [Rio de Janeiro: Livraria Editora Zelio Valverde, 1946, pp. 121-82.] [N. A.]

colossais, dois três por semana. Os outros dias, me trato. O último médico que me examinou, poucos dias faz, me garantiu que tenho todas as vísceras esculhambadas pelo álcool e estou condenado à morte. Morte, melhor que a vida, quem não te ama! Diante da condenação, tomei um porre tão fabuloso que, além de pela segunda vez perder completo acordo de mim, não saber o que faço, ainda fiquei dois dias de cama, imóvel. [...] Bom, às vezes sinto que a única salvação é voltar pra São Paulo de uma vez. Lá eu tenho de perto a imagem de minha mãe, que de longe não é suficientemente forte pra vencer meus desesperos. Antes os aumenta, pela própria ausência dela que não posso suportar.

Mais adiante:

Aliás estou trabalhando em casa, porque estou mentalmente fatigadíssimo, num bem completo esgotamento intelectual, arriado de fobias. Basta que lhe diga que atualmente não posso andar na rua sozinho, é tamanho o mal-estar, tais as sensações de que vou me esbandalhar nas pessoas que vêm em sentido contrário, que, se não tenho algum amigo que me acompanhe, só posso andar de automóvel! Minha obsessão é voltar definitivamente pra São Paulo, pra minha casa, mas como? Se aqui, o que ganho, mal dá pra uma vida muito meticulosamente econômica, se voltar pra São Paulo, a bem dizer tenho que recomeçar a vida, pois ficarei apenas com os quatrocentos ou quinhentos mil-réis mensais que me rende o *Estado*. Porque voltar pra prefeitura, indesejável como sou, seria falta de vergonha, não volto. Ainda faz pouco, sube por um amigo que o [...] afirmara ter certeza que houvera grossa bandalheira no Departamento só que fora tão bem-feita que não se podia provar! Outra vez, reuniu alguns amigos nossos pra afirmar que se falava muito mal do Departamento aqui no Rio, insinuando que isso partia de mim. Você bem pode imaginar como estas coisas me abatem, tanto mais que na minha natural altivez intelectual, justamente sempre fiz ponto de honra de elogiar prefeito, o diretor, o Departamento pros alvissareiros que vinham me contar coisas ou solidarizar comigo.[13]

Faltam-me as cartas de todo o ano de 1940, todas elas extraviadas. Estão na França ou em Nova York ou em Lisboa, num desses cantos do mundo onde deixei papéis espalhados e não consegui ainda ajuntar. Não me lembro se falam do Departamento, mas sei que estão cheias dessa "obsessão de voltar pra São Paulo" e cheias da tragédia da França. A sua carta sobre a queda de Paris é um poema de dor. A seguir, um silêncio de três meses. A ocupação da França e a tradicional hospitalidade da gente portuguesa que me foi negada pelo governo Salazar empurraram-me para os Estados Unidos. Lá foi que me chegou essa quase proclamação de felicidade que foi a sua carta do dia 9 de abril de 1941. Mário voltava enfim para São Paulo e me contava como foi:

> Andei sofrendo por demais e me esqueci completamente de você, me esqueci de toda a gente, só interessado em digerir o meu bolo cotidiano de desgraça. Desgraça que era mais ou menos como ovo-de-colombo, bastou que numa noite de porre eu batesse com o punho na mesa do bar e me falasse pra mim mesmo: Vou-me embora pra São Paulo, morar na minha casa. E eis que zás, num átimo e de supetão minha desgraça diminuiu de seus sete décimos — que os outros três décimos são a dor humana, universal eterna pelos outros homens, coisa sem cura nem ovo-possível.
> E aqui estou, faz mês e meio, menos brilhante, cultivando doencinhas e gravuras, tomando diariamente a bênção de

---

[13] Ver carta de 17 de dezembro de 1939, p. 287.

minha mãe e dos meus autores protetores, com menos dinheiro no bolso mas com felicidade própria, forte e modesta, que me parece justa, digna das minhas muitas lutas e trabalhos, e de aguentar com esta paciência surda as deficiências com que Deus acalcanhou meu ser e as maiores com que castiga a nossa terra.

Não sei, Paulo, se terá alguma coisa de indigno de eu estadear diante de você uma paisagem de felicidade que você não pode se dar por enquanto? Mas não é por nenhum egoísmo que fiz isso. Foi pra lhe dar uma justificação do meu esquecimento e o prazer que você sempre terá, eu sei, por saber de um amigo que conseguiu enfim se amelhorar no seu interior. Estou calmo. E agora quando bebo, bebo pelo prazer de beber. Duas enormes conquistas para este seu amigo convulso cujas tempestades você ignora pelos três quartos.

Uma pequena referência mostrava que o Departamento continuava sangrando dentro dele:

Daqui não sei escolher o que lhe conte. Ah! sei. São Miguel e Embu concluídas e uma delícia. Descobriu-se a torre primitiva, ou pelo menos anterior, de Embu, foi possível refazer a carinha gostosíssima dela e o azul e branco do conjunto é maravilha ao sol. O caso de S. Miguel é que se complicou deliciosamente. Se descobriu que toda a ala da esquerda da igreja era moderna, e dantes tudo estava ao ar-livre com um tapamento apenas de madeira colorida verde-mar que vai quase até o teto. É originalíssimo e uma delícia. Vou ver se arranjo umas fotos pra mandar.

Este ano parece que enfrentaremos a capela de Sto. Antônio e Bertioga. Eu aqui arranjei pra ficar encostado no Serviço do Patrimônio, o que fez com que ainda não abandonasse de vez meu cargo na prefeitura. Nem sei bem pra quê pois a ela não tenho a mínima intenção de voltar, arre!

E estão me chamando pra janta, paro aqui. Mande ordens e perguntas.[14]

Nos trabalhos do Patrimônio nota-se já o esforço por um derivativo qualquer, pelo *deslocamento* ou transferência, classificaria a psicologia psicanalítica, do Departamento de Cultura para outra atividade espiritualmente correspondente. Mas era difícil a operação psicológica. Difícil e dolorosa: "Acham que estou bebendo por demais, porém enquanto eu não me achar, nesta cidadinha, como pegar o ritmo antigo, manhãs de acordar cedo, ora já se viu! Isso foi num tempo antediluviano em que se falava na existência dum Departamento de Cultura que teve a estupidez de ser cultural nesta Loanda".

Daí para o fim a mesma procura, a mesma ânsia de evasão. Hesitações entre continuar um *romance* ou concluir o primeiro volume de *Na pancada do ganzá*. Um convite dos Estados Unidos para um livro sobre formas musicais ibero-americanas, com viagem por toda a América Espanhola.

Palavra que quase chorei, Paulo. Imagine esse convite me chegando dez anos atrás!... que sublime... Mas agora não me sinto com coragem mais, pra tamanha empreitada. [...] não é possível mais, não tenho nem idade, nem saúde pra tanto e devo morrer em 1949 mais ou menos. Você então irá no meu enterro, já principiada a nova era do mundo.[15]

Ele não sabia ainda, mas no dia 26 desse mesmo mês de junho encontrara finalmente o melhor derivativo, o consolo melhor

---

[14] Ver carta de 9 de abril de 1941, p. 302. [15] Ver carta de 5 de junho de 1941, p. 306.

que lhe veio pela perda do Departamento de Cultura. Foi o seu último livro, publicado postumamente, sobre frei Jesuíno do Monte Carmelo:

"Lhe escrevo hoje num dia bonito pra nós dois. É que vou principiar hoje uns estudos e pesquisas sobre o nosso bom pintor colonial, frei Jesuíno do Monte Carmelo. Pretendo escrever sobre ele uma monografia — se o assunto der pra tanto — ou pelo menos um artigo sobre tudo quanto se sabe a respeito dele".[16] O assunto só voltou no dia de São Paulo de 1942, com seis meses de amadurecimento:

> [...] o quarto número [da *Revista do Sphan*] eu mesmo enviarei registrado a você. Sai nele um documento importantíssimo que descobrimos aqui no Carmo de Santos, uma carta do padre Jesuíno do Monte Carmelo, o pintor do teto dos Carmos paulistano e ituano.
>
> No momento estou escrevendo uma monografia sobre o padre Jesuíno. É uma figura interessantíssima como homem e como artista. Estou completamente apaixonado. Mas o trabalho que já foi enorme ainda vai ser imenso, tantas pesquisas ainda tenho a fazer. Mas me sinto com coragem pra.

Novo convite para ir aos Estados Unidos e nova recusa, apesar do desejo de me ver, novo pressentimento da morte. Curioso, todas as vezes que lhe vinha o pressentimento da morte, ele pensava em mim:

> Mas você é um amigo insatisfatório sem que isso seja culpa de você. Eu estava precisando de você, não porque sinta, tenha dificuldade pra viver, não é nada disso nem há nada. Eu precisava de um amigo pra eu falar, pra ele tomar conta

---

[16] Ver carta de 26 de junho de 1941, p. 316.

de mim, me dominar pelo espírito mais forte. Sinto que você seria esse amigo mas você está longe. [...] Depois, mesmo que estivesse aqui, você tem excesso de saúde mental, [...] você não é lento e evidentemente não pode pajear ninguém. Tenho assim meio a impressão de que estou me suicidando aos poucos e vou me acabar um pouco antes do tempo, pois desejava viver até os 55 anos.

Entretanto, a ferida do Departamento, apesar do padre Jesuíno, vivia aberta:

Que carta amarga... Hoje estou adoentado, está fazendo um frio úmido, me sinto muito infeliz, inquietíssimo, cheio de pressentimentos. Por que será que fico assim, se tudo vai bem!
    Vou ver se procuro Rubens[17] pra ler a carta de que você fala. Hoje ele deve estar ocupadíssimo e bem satisfeito: inauguraram a casca da Biblioteca que já ficou pronta. E falam que em dois meses o edifício estará funcionando... O Rubens me garantiu que nem neste um ano!

O livro sobre o padre Jesuíno criava corpo, e ele preocupando-se ainda. A carta acima, de 25 de janeiro, minuciava um curso de História da Poesia Popular, na Faculdade Livre de Sociologia e Política, "uma aventura doida", cujo programa me mandava em pormenores, pedindo crítica e sugestões:
    "Pretendo aliás escrever todo o curso, pra publicá-lo depois. O trabalho vai ser tão imenso que desejo que fique, ao menos como esboço que outros afirmem e completem depois."[18]
    O Museu de Arte Moderna de Nova York, onde eu trabalhava, pediu-me qualquer coisa do Brasil. Escrevi ao Mário, lembrei o

---

17 Rubens Borba de Moraes. [N. A.]   **18** Ver carta de 25 de janeiro de 1942, p. 343.

possível auxílio do que restava do Departamento de Cultura. Ele respondia em 15 de junho de 1942: "Quanto ao Dep. de Cult. até é bobagem você falar nisso, arre, você deu pra burro nessa idade!".[19]

E nem mais uma palavra. Esta carta, aliás, é de uma beleza trágica ao dar impressões do que se passava no Brasil, que era também um Departamento imenso sofrendo o mesmo processo do Departamento de Cultura. Ele, Mário de Andrade, ainda incerto no caminho. Havia um ensaio sobre a Música dos Estados Unidos. Havia a conferência do vigésimo aniversário da Semana de Arte Moderna; havia um capítulo sobre a arte inglesa; havia "uma encomenda que talvez venha a me apaixonar: um Guia de São Paulo". "Imagine que eu fizesse um *Guia Polêmico da Cidade de São Paulo!...*" Um estudo para o catálogo da exposição Segall, e outros trabalhos muitos dos quais sem realização, transações de consciência destinadas apenas a adormecer o seu espírito atribulado.[20] Em julho de 1942 me dizia:

"Já está correndo o quinto ano das nossas vacas magras, e como isso de vacas é como regime penitenciário que a gente andando bem direitinho ganha comutação de pena, estou certo que nossa disgra, este ano mesmo, vai ser mudada em liberdade condicional — o que no caso quer dizer felicidade condicional."[21]

Foi quando estabelecemos uma polêmica sobre inteligência brasileira e nova literatura brasileira e ele me acusava de querer encarar as duas manifestações sob um ponto de vista universal, quando devera talvez analisá-las primeiro "naquilo em que elas são 'originais', isto é, peculiares". O entusiasmo que lhe deu essa polêmica por correspondência não podia entretanto amortecer os ecos da dor a corroer por dentro, como trai uma dessas cartas, a de 7 de agosto daquele ano:

---

19 Ver carta de 15 de junho de 1942, p. 365.   **20** Ver carta de 28 de abril de 1942, p. 357.   **21** Ver carta de 7 de julho de 1942, p. 376.

Você tem razão enorme na sua carta quando me acha muito irrequieto. Egoisticamente eu poderia dizer que estou vivendo uma vida pessoal de uma intensidade admirável, prodigiosa, não raro sublime. Porém isso não me satisfaz à minha moral de homem. Por dentro sou um descalabro, um sofrimento atroz, não consigo acomodar meus gestos com a consciência. Não aceito esta política, não aceito esta guerra, uma atitude de recusa, um ideal de Anarquia, um desequilíbrio humano detestável, irrespirável, ferocíssimo.[22]

No segundo semestre desse ano, a saúde física começou a decair precipitadamente. Em setembro, já se queixava:
"Não sei se fígado, se rins, até falaram em apendicite. Sei que passo a maior parte do tempo deitado, num desânimo infinito."[23] Assim foi durante todo o mês, a doença "riscou esse mês todinho da minha vida", "principiei produzindo feito uma fúria":

Estou vivendo uns dias sublimes de fecundidade criadora. Escrevi um ensaio sobre a situação do Folclore no Brasil [...]. E não é que me pus escrevendo uma ópera! Pois é, m'ermão. Se chama *Café* e a ideia em mim já vem de longe. É que o teatro cantado sempre existiu e com dignidade humana. Se chamou tragédia grega, se chamou Chegança e Bumba-meu-boi, teatro Nô etc., e tal. Até que um dia perdendo validade social, também careceu mudar de nome e se chamou "ópera" [...]. Como tornar à dignidade e eficiência humana do teatro cantado em referência ao nosso tempo? Então parti da força coletivizadora do coro e imaginei um melodrama exclusivamente coral, onde em vez de personagens solistas, os personagens são massas corais. Então, obedecendo ao princípio

[22] Ver carta de 7 de agosto de 1942, p. 384. [23] Ver carta de 15 de setembro de 1942, p. 392.

(utilitarista agora) de que a depreciação dum valor econômico fundamental traz a insatisfação pública que se revolta e muda o regime político, esbocei o meu *Café*.[24]

No ano de 1943, as doenças aumentaram, dores que "passeiam o dia todo aí por isso que chamam cabeça, numas pontadas fortíssimas".

Deixou de escrever artigos, três meses na cama, "sem trabalhar um isto". Um "princípio de arteriosclerose também, é natural". "Abandonei por completo o Franciscano, onde ainda alguns me procuravam." "O que alimenta a gente ainda é o estudo e o trabalho, mas isso desde janeiro nem posso fazer!" Parou de escrever artigos "por causa de não poder mais sofrer a revolta do meu pensamento".[25] A reintegração no conservatório compensava um pouco o déficit trazido pelo abandono dos artigos.

A chegada aos Estados Unidos de Sérgio Milliet, nesse mês, levou-me notícias da sua inquietação, das suas doenças e principalmente das suas extravagâncias. Mandei uma carta brava e ele, em 9 de abril:

> Meu Paulo, não zanga não. [...] Sua carta quase que é só de passar pito, xingar meu chope, xingar meus exageros vitais, xingar eu. [...] Cheguei a ficar tão humilde com o sofrimento que abandonei por completo álcool, fumo, extravagâncias de qualquer burguesia, faz pra umas quatro semanas. Não adiantou nada. Mas a velhice chegou. Chegou um ano antes do tempo, pra meu gosto, pois que eu só pretendia cuidar um bocado de mim depois do dia 9 de outubro deste ano, em que faço as cinquenta ilusões. Engraçado: hoje estão fazendo justo três meses que a saúde

---

24 Ver carta de 18 de outubro de 1942, p. 395.   **25** Ver carta de 14 de março de 1943, p. 402.

me largou, pois foi a 10 de janeiro que me bateu a primeira dor de cabeça que me paralisou na cama, horas. [...] Olha, Paulo, se nestes meses eu nem sempre lhe responder como costumo, não acredite em qualquer esquecimento meu, ponha a culpa no meu estado, que por vezes me deixa semanas inteiras sem sequer uma aspiração de natureza nenhuma. [...] Atualmente até as aulas do Conservatório deixei de dar.[26]

Em maio continuou a piorar, mas apesar disso, "peguei um rodapé musical na *Folha da Manhã*, que com esta história de remédios, injeções, exames e médicos ando meio atrapalhado e o que tinha não dava mais".[27]

Já no mês de outubro, escrevia-me da cama ditando a carta ao seu secretário, esse bravo Zé Bento, companheiro fiel do Mário, de todos os momentos, por longos anos.[28] Comovido com o carinho dos amigos pela passagem dos seus cinquenta anos, que todos acorreram à rua Lopes Chaves, escrevia:

"Entre esses amigos tive a graça de contar as suas duas irmãs, e lhe juro que essa prova de afeição me comoveu enormemente. Senti você aqui também e ao mesmo tempo senti falta de você."

O amigo mais fiel porém eram as dores de cabeça que o atormentavam dia e noite. Por causa delas, a "vida que estou levando este ano [...] tem sido a mais inútil e infecunda da minha vida desde que me lembro de ser gente. Imagino que numa possível biografia minha, o biógrafo teria que botar: 'o ano de 1943 não existiu'".[29]

---

[26] Ver carta de 9 de abril de 1943, p. 408.   [27] Ver carta de 8 de maio de 1943, p. 416.   [28] Ex-aluno de MA no Conservatório Dramático e Musical de São Paulo, José Bento Faria Ferraz (1912-2005) foi também seu secretário particular por aproximadamente dez anos, trabalhando com ele até o falecimento do escritor, em 1945.   [29] Ver carta de 14 de outubro de 1943, p. 421.

As cartas de novembro de 1943 a maio do ano seguinte foram furtadas pelo correio do Brasil. A primeira, de junho, já chegou cheia de recortes feitos pela censura. Cruel, desonesta, insensível e inconsciente, a censura brasileira mutilava cartas não do que pudesse interessar à guerra, mas do que pudesse interessar à ditadura ou ao patriotismo primário dos censores. Nessa picotada carta de 2 de junho, ele fazia uma referência ao estudo sobre o padre Jesuíno. A saúde melhorara e desde janeiro principiara a trabalhar. Novos trabalhos artísticos e organização das suas obras completas para a Livraria Martins.

"Até agosto, quero ver se termino todas as encomendas, e daí vou bancar a minha independência ou morte. Viro neurastênico, [...] não atendo telefone, não faço a barba que está branca, vou ler que estou desaprendendo, e vou escrever o meu padre Jesuíno que deve estar pronto pra dezembro [...]."[30]

Outras cartas se perderam na viagem para Portugal e Espanha, onde me encontrava havia quase um ano, muitas furtadas pela censura ditatorial. Mas no começo de agosto, fazia epistolarmente uma declaração de amor à França. Mas não se esparrama só pela França:

> Sei que amo muito, mas de amor todo carnal e espiritual, é Portugal, isso não tem dúvida, é o país que eu mais amo. Se existe gradação no amor (existe) vem depois a Catalunha como identidade humana, e sujeição espiritual, Florença, a minha Florença que estes dias está com a guerra alheia por de cima e por debaixo. [...] Quando o mundo ficava entusiasmado com o salvamento de Roma, eu tive apenas meio prazer, e falei alto: Eu temo é por Florença. E estou sofrendo muito por ela. Depois de Belém do Pará [...] a cidade que mais amo é Florença. São Paulo... Não, São Paulo

---

[30] Ver carta de 2 de junho de 1944, p. 426.

é outra coisa, não é amor exatamente, é identificação absoluta, sou eu. E eu não me amo. Mas me persigo. Bonita palavra "perseguir" em tudo o que a sua etimologia sugere e confessa. Eu per-sigo São Paulo. [...] Mas a França, o que é que a França tem! Às vezes quero detestá-la. É certo que a derrota da França me irritou duma maneira meia desesperada, fui injusto, fui cruel, falei palavras duras. Mas hoje eu sei: era menos raiva e desprendimento que uma desesperada desilusão. Eu não persigo a França, é certo, mas a França me persegue.

E como vai o meu "Portugal pequenino"? E você dentro dele, ah! cartas livres... [...] Eu vivo melhor, Paulo. Desde o dia 1 deste, depois dum bruto esforço pra me libertar das instâncias que me faziam viver de fora pra dentro, principiei de novo vivendo de dentro pra fora.

A seguir, anunciava a compra de um sítio, "por aqui perto, que acontece ter dentro uma residência e capela do séc. XVII".

Era o sítio de Santo Antônio, em São Roque, que ele conhecera por mim e pelo qual nos apaixonamos. Havíamos jurado comprá-lo, ou qualquer de nós, ou nós dois juntos ou fazer o governo comprar para conservar aquele lindo monumento histórico, como museu de arte colonial. O Mário conseguiu realizar o nosso sonho.

"E pretendo ir viver lá e morrer lá. Lá ou cá, isso de morte pouco importa, mas quero ser sepultado aqui na minha cidade..." E vinha o testamento:

Quando eu morrer, quero ficar,
Não contem aos meus inimigos,
Sepultado em minha cidade.
[...]
No Pátio do Colégio afundem
O meu coração paulistano:

[...]
Os olhos lá no Jaraguá
Assistirão ao que há-de vir.
O joelho na Universidade.
[...]³¹

[...] tenho uma notícia daquelas pra lhe dar, sente, senão você cai de costas. Vou comprar o sítio de Santo Antônio, do bandeirante capitão Fernão Pais de Barros, com a capela e tudo. Segunda-feira vou lá pra resolver detalhes da compra. Compro, doo uma parte com capela e casa-grande ao Brasil, que entrará na posse da doação [depois] da minha morte. Em compensação o Sphan me nomeia conservador de tudo (já está tombado, você sabe), aliás já está restaurando, e constrói em troca da doação um pombal pra mim. Pombal por ser só o absolutamente necessário, mas vai ser do modernismo, no alto fronteiro, e por enquanto weekendíssimo apenas. Mas pretendo acabar a vida lá, se Deus quiser. E você terá recanto pra quando quiser ou pra sempre, junto deste seu amigo certo.³²

Capela e casa-grande estão sendo restauradas pelo Serviço [Sphan]. Vão ficar quase irreconhecíveis a você; repostas como foram no séc. XVII. Basta lhe dizer que na casa foi reposto o alpendre central e a capela tem alpendre, e a fachada é todinha colorida! Rosa, amarelo e verdes, achados incrustados na madeira. Do alpendre se acharam até paus de sustentação do telhado, que estavam jogados por aí. Quando você voltar, teremos um rega-bofe de prazer lá. E venha logo, Deus queira.³³

---

31 Ver carta de 5 de agosto de 1944, p. 429.   32 Ver carta de 30 de setembro de 1944, p. 433.   33 Ver carta de 15 de fevereiro de 1945, p. 436.

Nesta última carta vinham mais fundos os pressentimentos de morte. E como a esconder a sua angústia na nossa velha amizade, abria-se uma tortura desesperada na que recebi daí a quinze dias, depois de ele morto. As palavras desta carta cheia de negrume bateram dentro de mim longamente, como passadas dentro de um túmulo. Tornei-me herdeiro forçado dos últimos ecos da tragédia pessoal, agravada por aquele "ar de estrépito da [sua] psicologia assombrada",[34] para cujo conhecimento basta ler a correspondência longa, assídua, que me escreveu, de 1938 a 15 de fevereiro de 1945. É fantástica a nitidez com que se apresenta. A desgraça do Departamento de Cultura atirou-o num mar grande e fundo. Desde o início ele profeticamente viu tudo perdido, mas não quis deitar fora as esperanças. Assim agia o consciente, mas o inconsciente não tinha ilusões e escorregava por aquele chorrilho de deslocamentos e transferências. Uma caça aos símbolos que pôde agarrar no seu caminho. Primeiro o Rio de Janeiro, longe de São Paulo, longe da rua Lopes Chaves, longe da Mãe, a minha Mãezinha, como rezava sempre, longe da rua da Cantareira, longe da Expansão Cultural, dos Parques Infantis, dos corais, da Discoteca, de tudo. A Universidade do Rio de Janeiro, o Instituto de Artes, a ânsia, às vezes, de "um empreguinho sem preocupações nem entusiasmos ilusórios, para recomeçar as minhas literaturas"; a obsessão de voltar para São Paulo, os trabalhos do Sphan, projetos de livros novos, romances, *Na pancada do ganzá*, projetos de viagem ao estrangeiro, a Escola de Sociologia e Política, a História da Poesia Popular, comemorações da Semana da Arte Moderna, Música dos Estados Unidos, Guia de São Paulo, ensaio sobre folclore, a ópera *Café*, as obras completas, afinal frei Jesuíno do Monte Carmelo e o Congresso dos Escritores, "belíssima manifestação da inteligência

---

34 Ibid.

nacional", e, por último, o sítio de Santo Antônio, "aquele um, se lembra? que pertenceu a Fernão Pais de Barros, e tem capela e casa-grande do séc. XVII",[35] tudo isso, todos, todos esses devaneios, tábuas frágeis, que só o desespero via, ajudando-o a nadar em busca de uma sublimação qualquer ou, quem sabe, mesmo uma esperança de, um dia, atingir ainda o Departamento de Cultura a tempo de salvá-lo da destruição total e daquela petrificação burocrática que o acabou de inutilizar recentemente.

Nisso, a explicação desse um "remorso de ter deixado o Departamento" confessado na carta de agosto de 1938.[36] Nisso, aquele desejo de ir morar numa vila distante, onde a única acessível fosse, não a lembrança sequer do que se estava passando na instituição para a qual déramos sangue e todas as energias nervosas, mas a vida anônima dos seus habitantes, como exprime outra carta de meses depois. Nisso, a obsessão doentia pela volta a São Paulo, onde ele via um "[amelhoramento do] seu interior"[37] que não era mais do que as vizinhanças do centro desse magnetismo que o sustentou numa espiritualidade eruptiva durante mais de três anos e deveria matá-lo em menos de oito. O acento doloroso daquela frase de sua carta de dezembro de 1939, na qual se negava a retomar as atividades na Divisão de Expansão Cultural porque ele era considerado indesejável na prefeitura, ainda trai a esperança de volver para vigiar a vida da instituição.[38] Mas o seu amor por ela não poderia evidentemente levá-lo ao sacrifício de dignidade ferida já, da maneira boçal por que Mário de Andrade foi tratado pelo governo municipal. Nada mais natural do que a sua substituição por outro, apesar de Mário de Andrade jamais se ter envolvido em política militante. Nunca motivos de ordem política valeram dentro do Departamento de Cultura

---

35 Ibid. **36** Ver carta de 19 de agosto de 1938, p. 260. **37** Ver carta de 9 de abril de 1941, p. 302. **38** Ver carta de 17 de dezembro de 1939, p. 287.

para uma nomeação ou orientação de suas atividades. Ao contrário, alguns políticos do partido situacionista de então acusaram muitas vezes os seus organizadores e dirigentes de haverem ali acolhido gente adversária. É que essa gente adversária, nas funções de que foram encarregadas, se mostrava mais capaz do que a gente amiga.

A sua continuação pois na direção do Departamento, que só vinha dando motivos de orgulho a São Paulo, poderia verificar-se sem nenhuma capitulação política, sem nenhum risco ou temor para os novos dirigentes. Admita-se porém que a saída se impusesse, a fim de que fosse possível uma devassa que abrisse ao sol as negociatas que lá tivéssemos feito. Muito bem; o resultado negativo da pesquisa inicial a que se procedeu talvez tenha sido uma das razões que levaram o novo prefeito a não admitir mais na prefeitura nenhuma intromissão politiqueira dos lobos sedentos por morder os seus adversários de ontem. Nesse instante, no momento em que tudo ficara claro, Mário de Andrade merecia uma satisfação pelo menos moral. Impunha-se uma manifestação a esse homem excepcional em nosso meio, porque não se tratava de um cabide de empregos qualquer nem de um joão cavador, desses tais inúmeros que, à entrada de qualquer governo, saltitam daqui para ali, insinuando-se, procurando impor-se como o mais capaz de funções para as quais lhes falta tudo, até idoneidade moral e funcional. Ao contrário, tratava-se de um dos intelectuais mais impolutos que o Brasil teve.

Verificado que no Departamento de Cultura só se fez cultura, cultura indiferentemente distribuída a gregos e troianos, cultura para São Paulo e para o Brasil, nesse instante, em lugar de proclamar-se essa justiça elementar, que exigia o respeito obrigatório ante a excepcional honestidade desse homem excepcionalmente honesto, nesse instante, o lema de "agora vão ser postas a nu as vergonhas do Departamento de Cultura" foi substituído pelo lema "[com] certeza [...] houvera grossa bandalheira, só que fora tão bem-feita que não se podia provar".[39]

Não era apenas isso que somava nova agonia à sua lenta agonia. Era também ver o esborcinamento, hora por hora, do edifício, cuja construção tão adiantada ia naquele nefasto 10 de novembro de 1937, quando os monstros chegaram. Cada dia uma destruição nova. Tudo ia sendo arrancado de suas atividades e guardado num baú profundo, senão de ódio pelo menos da indiferença. Porque na realidade, não se poderá jamais acusar o substituto do sr. Fábio Prado de ódio ou de intolerância idiossincrásica pelo Departamento de Cultura. O sr. Prestes Maia só teve amor pelo seu plano de grandes avenidas. Era o único e ansiado sonho da sua vida e para realizar-se um grande sonho, principalmente quando longamente recalcado, não se pensa em mais nada. Daí o fato de poder-se considerar o ex-prefeito de São Paulo como um urbanista, embora não atualizado, como um diretor de obras, excelente talvez, mas nunca um prefeito passável. Porque a administração de uma prefeitura como a de São Paulo é mais complexa do que isso: nem só de grandes avenidas vive uma cidade de 1 milhão e meio de habitantes àquele instante, ou de mais de 6 milhões hoje em dia, capital de um Estado, uma das mais cultas de um país. O nome do ex-prefeito de São Paulo ficará ligado a realizações extraordinárias, excepcionais mesmo pela sua grandeza em nosso meio mais ou menos acanhado, mas ficará também ligado a destruições e a ruínas horrorosas, inclusive essa maior de todas, que é a ruína do Departamento de Cultura. São do próprio antigo prefeito estas palavras ditas numa pequena roda de amigos: "Eu sei que o Carlos Pinto Alves poderia dar um bom diretor do Departamento de Cultura,

---

[39] Ver carta de 17 de dezembro de 1939, p. 287. O primeiro lema não se encontra nessa carta de MA.

mas, se eu o puser lá, ele quererá meter-se a fazer coisas, e isso por enquanto não convém de forma alguma".[40]

Foi essa doença que matou o Departamento e matou Mário de Andrade. Matou Mário de Andrade primeiro, porque o golpe de misericórdia ao Departamento de Cultura, já no chão, malferido, todos os órgãos vitais atingidos pela implacável vivissecção ditatorial, esse coube, coisa estranha, a um homem que se destaca, não pelo apego aos cargos públicos, mas pelo gosto da cultura: o sr. Abraão Ribeiro. Como me amarga a boca ter de deixar sair esta queixa contra um dos meus mais queridos amigos! Queixa pessoal, queixa de paulista, queixa de brasileiro, queixa de humano.

Abraão Ribeiro não podia, é verdade, ressuscitar Mário de Andrade, mas poderia reviver o Departamento de Cultura. Bastava chamar para o papel dessa Ísis heroica um dos colaboradores de capacidade e honestidade comprovada que Mário de Andrade deixou lá mesmo no Departamento de Cultura, e qualquer deles ajuntaria os pedaços dispersos aos quatro cantos da incompreensão. Ou qualquer outro homem inteligente, disposto a meter-se a fazer coisas. Porque para dirigir uma instituição dessa categoria, difícil de ser compreendida num meio ainda pouco permeável à verdadeira cultura, precisava ser o que Mário de Andrade foi, isto é, um homem que, pela obra, abandonasse tudo. Deixasse de ser artista, deixasse de ser escritor, deixasse de ser jornalista, deixasse de ser professor. Era preciso ser só Departamento de Cultura, tomando-o não como um bico a mais, não como um degrau para arranjos melhor retribuídos, tomando-o

---

40 Atualmente, o nome do advogado e empresário Carlos Pinto Alves (1898-1966), de acentuada presença nos meios intelectuais de seu tempo, não se dissocia do de sua esposa, a artista plástica de origem russa Moussia von Riesenkampf Pinto Alves (1901-86), que dele pintou um retrato a óleo exposto na I Bienal de São Paulo, em 1951. Essa tela compõe o acervo do Museu de Arte Moderna de São Paulo, em cuja fundação ele esteve envolvido.

como *finalidade* no seu verdadeiro sentido filosófico de causa final. Era preciso apaixonar-se pelo Departamento de Cultura, entregar-se inteiramente a ele, num amor de instinto de perpetuação da espécie cultural, capaz de morrer pelo seu amor, como Mário de Andrade morreu pelo Departamento de Cultura.

Agindo assim, ele ainda achava que havia falhado! Havia falhado por causa de pequeninas divergências sem nenhuma profundidade, pequenos erros de que não lhe cabia a culpa e fáceis de serem corrigidos, como o foram, lacunas fatais em qualquer administração, grande ou pequena, mas a que ele não se achava habituado vivendo até então como sempre vivera no mundo puro dos ideais e dos seus livros.

Hoje aí está: Mário de Andrade morto, o Departamento de Cultura morto. Só nos resta beber as belezas que nos deixou escritas em seus livros e nas suas cartas ou soltas ainda na nossa lembrança de amigos, como resta a alguns coveiros do Departamento morto o sentimento glutão pelo corpo mutilado, assassinado, do Departamento de Cultura, mas que ainda dá alimento a burocratas indiferentes. Tal qual, hoje, a Universidade praticamente morta. Assassinada...

E o silêncio demonstra que a nossa gente não deu bem conta do que isso traduz. Não deu conta sequer da morte de Mário de Andrade. Ah! meu Deus, quando o Brasil compreenderá o que significa para um país o desaparecimento de homens universais como, digamos, Romain Rolland, Lincoln, Tagore, Bergson, o padre Teilhard, e, no Brasil, um Rui, ou um Armando de Sales ou um Abraão de Morais, um Amadeu Amaral ou um Mário de Andrade? E que é crime irremissível matar homens tais?

Depois dessas dolorosas confidências, podemos compreender as cartas que vão a seguir...

6.
As nossas cartas

São Paulo, 5 de agosto de 1932[1]

Paulo:

Recebi hoje seu cartão, já sabe, com enorme alegria. Cada notícia que chega dos amigos da família, é festa naturalmente. Antecipa os gozos da vitória. Não sabia pra que lado você estava, se não já tinha escrito por mim, sem receber cartão seu. Minha vida se passa aliás nos trabalhos da Liga de Defesa Paulista, pra onde os amigos me mobilizaram. E graças a Deus, porque o início da guerra me deixou meio tonto, sem saber que destino tomar pra ter alguma utilidade. Agora, tenho consciência que trabalho, que sou de alguma forma útil, muito embora minha utilidade nem de longe se compare com o maravilhoso gesto de vocês que são soldados.

É extraordinário como o voluntariado se manifesta, como continua intenso aqui, e como se tem portado por toda parte. Ontem mesmo inda alistamos na Liga nada menos que trinta voluntários, todos daqui mesmo de São Paulo. Não é prodigioso quando a gente pensa que já está fazendo um mês que a guerra começou? As reservas de energia paulista são espantosas. Tenho conversado com alguns estrangeiros sinceros e

---

[1] Carta enviada para Vila Queimada, frente leste do movimento de 1932, onde me encontrava. [N. A.]

inteligentes, que não cabem mais em si de admiração. Quanto à maneira com que nossos voluntários se portam por aí tudo, nas diversas frentes, agora são os oficiais, as cartas vindas que testemunham a grandeza, a força de ânimo, a paciência no sacrifício, de vocês.

Você sabe bem o meu velho pessimismo a respeito de nós paulistas, bem há de imaginar que tomei como um xeque-mate, mas daqueles. Estou completamente derrotado, e confesso, com que alegria, meu Deus, que estava completamente errado, que este nosso povo é uma grande gente, uma sublime gente. Digna como as mais dignas. Este entusiasmo até me maltrata pela impossibilidade de partir e me reunir a vocês. Só se a coisa durasse haveria essa possibilidade de eu me alistar também, mas as linhas da vitória estão se delineando cada vez mais rápidas, e não tenho esperança que a guerra inda me pegue em condições de partir. Se pegar, então parto também e vou carregar minha velhice meia inútil nos braços mais fortes, no destemor mais glorioso de vocês. Bem a criada está aqui batendo na porta, "O almoço está na mesa". Mas não digo isso pra despertar em você saudades da capital. Fiz uma questão mística de reduzir os nossos almoços familiares, ao mínimo de apenas alimentação, sem prazer, porque também dessa forma se colabora na vitória. Mas quando esta vier, vá já imaginando o nosso almoço, você, o Fernando,[2] o Carlos,[3] os três mosqueteiros de meu coração, reunidos juntos nesta vossa casa, na serenidade dos dias pacíficos, e mais legítimos, mais paulistas, mais nobres, que hão de chegar. Será uma gostosura.

O Fernando está em Camanducaia e já entrou em fogo. O Carlos agora está em Itapira e viveu os combates de Ouro Fino. E tenho ainda dois afilhados no sul, além dos amigos

---

2 Fernando Galvão. [N. A.]   **3** Carlos de Moraes Andrade, irmão de Mário, também na frente. [N. A.]

da LDP[4] que estão em Cunha. Ontem ainda pegaram um prisioneiro, um marinheiro, notícia que ainda tem mais graça quando contada por mim, que ando dizendo pra toda gente que foi o Guilherme de Almeida que prendeu o marinheiro...

Não exijo que você me escreva cartas. Depois você contará tudo, e já estou me deliciando porque sei quais são os seus dotes de exagero e também de fina observação. Mas vá mandando sempre uns cartõezinhos, que alimentam a satisfação de sentir os amigos por essas frentes, mais dignos e mais felizes do que eu.

Mamãe,[5] madrinha,[6] Lurdes,[7] a piazada, todos te mandam abraços e vai também o meu, na mais verdadeira expressão de confiança e carinho.

MÁRIO

* * *

São Paulo, 19 de janeiro de 1933

Paulo:

Recebi seu cartão e agora respondo. A estrela branca isolada está brilhando cada vez mais fulgurante neste céu. Aliás, é de manhãzinha que estou escrevendo pra você... Mas garanto que a estrela, brilha, vai se alastrando interior adentro, caminha com rapidez, rouxinolando, e não sei que reis magos vem trazendo pra não sei que Jesus paulista deste medonhíssimo natal. Em torno da simpática estrelinha vem rosnando um avião da ditadura, praquê não cai, miserável! Não cai do ar não, porém aqui

---

4 Liga de Defesa Paulista. [N. A.]   5 D. Maria Luiza de Moraes Andrade. [N. A.]   6 D. Francisca de Almeida Moraes, madrinha e tia de Mário que, com ele e mais a irmã, viveu até morrer, à rua Lopes Chaves. [N. A.]
7 D. Maria de Lourdes de Moraes Andrade Camargo, irmã de Mário. [N. A.]

tudo parou num cai-não-cai, mais ridículo que empolgante. Os tenentes em brigas com os generais, está claro. Disputam esfomeadamente a presa sublime, e desgraçadamente está certo, essa é a lei dos homens. Dos homens selvagens. O pior é que se esforçam pra fazer a presa entrar na contradança, e, o pioríssimo de tudo, é que tem paulista bastante impuro, bastante ingênuo, bastante sem-vergonha, não sei, que acredita em tenente, que acredita em general, que acredita em gaúcho (coletivo) e acredita em promessa. Não! Vamos dar um basta nisso. Não prometam, deem. Deem um estatuto só para nós, pois que somos diferentes mesmo, e sobretudo não venham mais brigar na terra da gente, fazendo esse martirizado São Paulo de campo de suas guerrilhas de roubo, de indivíduos e de merda. Vão brigar na terra deles, nesses brasis africanos onde a puta os pariu! Pois é, Paulo, não tem semana em que tudo não fique de prontidão, Valdomiro[8] pede socorro, você vai passar numa rua, "não pode" fala uma carabina tendo por detrás um gaúcho, um cabeça chata. Quando não tem o pior de tudo neste mundo, o vomitório araxento, a imundícia punga, um mineiro!!! Arre, que essa palavra não devia pousar na minha pena triste!

Vivemos na angústia. E às vezes na vergonha também. Há um conde, que é cretino, é idiota, mas enfim é paulista de boa nação, que deita discurso pra Valdomiro. Valdomiro então responde que São Paulo é uma coisa formidável e que dez mulheres levantaram um Brasil. Feliz você, meu Paulo, que masca o guaraná fortificante e duro da miséria e do exílio, não vive, feito nós, entre ódio, vergonha e nojo, *Ciao*.

MÁRIO

---

[8] General Valdomiro Lima, interventor de São Paulo, após a derrota da revolução de 1932. [N. A.]

Essa carta, mandada para Paris, onde me achava exilado, mostra bem a revolta reinante em São Paulo, com a ocupação ditatorial, a partir de fins de 1932. Mas retrata também aquele espetáculo imutável até hoje, do adesista desbriado. Não faltou paulista de quatrocentos ou de trinta anos que não se curvasse à ditadura. Intelectuais eminentes disputaram até emprego na censura, o famigerado DIP, que, em São Paulo, amordaçava os paulistas de brio. Muitos, dentre a melhor gente da política e da sociedade, também picaretavam empregos, no Executivo, no Judiciário. Os salões finos e os clubes de luxo abriram as portas e os braços aos forasteiros armados. Formavam-se até partidos para apoiar a ditadura que os elegeriam deputados ou nomeariam interventores ou simples burocratas, enquanto alguns exilados irreconciliáveis mascavam "o guaraná fortificante e duro da miséria e do exílio". Mário de Andrade expressa nessa carta todo o desespero do São Paulo que não se conforma, e vivia entre "ódio, vergonha e nojo", sob um lema já olvidado: "São Paulo não esquece, não transige e não perdoa". Depois, muito tempo depois, quando não havia mais perigo, estas palavras eram usadas até pelas bocas dos que mais esqueceram (inclusive da dignidade), que mais transigiram (até na pouca vergonha) e mais perdoaram (com bajulação e servilismo) uma execrável ditadura vitoriosa. Enquanto isso, uma minoria clamava o seu desespero até por cartas, que a censura poderia apreender, como esta de Mário de Andrade. Dentro da alma a desesperada revolta paulista, Mário, que tinha um encanto especial pelos mineiros, aqui manifesta náusea pelos mineiros; que adorava o Nordeste, xinga o nordestino; que sempre foi um entusiasta do gaúcho, aqui vomita o gaúcho. Esta tem sido a obra de certos brasileiros: intrigar o Brasil. Essa carta, com aquela peça de Abílio Pereira de Almeida, *Santa Marta Fabril S.A.* pintam a situação dos que sofriam e dos que se aproveitavam da traição, ou para continuar a sua vida desbragada de grã-finos ou para apenas ganhar dinheiro.

* * *

Paulo:[9]

Aqui vai uma cópia do Regulamento, hoje entregue ao Prefeito. Creio que está um primorzinho.

Peço a você o favor de tirar o artigo 80. Quando foi da criação do Coral Popular, temendo o nenhum sucesso da iniciativa, avisei como chamariz, pelos jornais, que o Coral Popular (que é grátis) era um degrau de ingresso para o Coral Paulistano (que é pago). Mas o resultado foi desastroso porque certas senhoras excessivamente rabecônicas entraram no Coral Popular com a intenção exclusiva de passarem pro Coral Paulistano. Estava criado um foco de desorganização e de descaminhamento do Coral Popular. E esse foco já tem nos causado prejuízos. Pondo este artigo no Regulamento cumpro melancolicamente a palavra dada. Mas cumpro porque a suprema instância do Prefeito, reconhecendo as razões aqui expostas e não tendo que cumprir palavra dada, pode suprimir o artigo.[10]

Quanto ao artigo n. 303, ele deriva dos artistas "amigos" que me pedem escrever em papel departamental e com minha autoridade de Diretor, atestados de que são artistas de-fato (ninguém não se conhece), cartas de apresentação a sociedades e coisas assim. E o pobre do Diretor ou recusa e briga ou sofre. Vamos acabar com isso. Nos casos da apresentação ou

---

9 Esta carta, sem data, é de 1935, quando organizávamos a Divisão de Expansão Cultural, do Departamento de Cultura, da qual Mário seria nomeado chefe, e que deveria ser definitivamente estruturado no ano seguinte, pelo ato 1146 de 4 de julho de 1936. [N. A.]   10 Foi suprimido o artigo 80. [N. A.]

atestado ser justo, eu mesmo providenciarei a ordem por escrito do Prefeito. Não fica bom?

MÁRIO

* * *

Paulo Duarte:

Os dados que você me pediu aqui vão...[11] mais ou menos. Não era possível dum dia para outro fazer eu mesmo tudo. Tanto mais que o pedido, feito ontem de tardinha, tive que transmiti-lo pelo telefone aos chefes de Divisão. Eu não voltei mais ao Departamento, pois tinha reunião do júri do Mausoléu do Soldado Paulista de 32. Reunião que só acabou às 20 horas. Fiz a parte que me competia, isto é, Diretoria e Divisão de Expansão Cultural. O Nicanor[12] doente, não pôde fazer a Divisão de Educação e Recreio, mas a Chefia da Seção de Parques Infantis[13] se encarregou de dar a você pessoalmente a parte dos

---

[11] Esta carta é de março ou abril de 1936, quando Paulo Barbosa de Campos e eu preparávamos o ato 1146 de 4 de julho de 1936. [N. A.] [12] Nicanor Miranda, nomeado por minha indicação e contra a opinião de Armando Sales de Oliveira e Fábio Prado para a chefia da Divisão de Educação e Recreio. [N. A.] [13] Maria Aparecida Junqueira Duarte, minha irmã, chefe da Seção de Parques Infantis, candidata de Armando Sales de Oliveira e de Fábio Prado à chefia da Divisão de Educação e Recreio. Opus-me à nomeação para que não houvesse exploração política, devido ao nosso parentesco. Mais tarde, a prefeitura tomada de assalto pela política adhemarista, minha irmã passou a sofrer uma tenaz perseguição a que se submeteram todos os prefeitos posteriores até Prestes Maia. O sr. Paulo Lauro, estreitamente ligado a essa política, baixou um ato transformando o provimento da Seção em livre escolha do prefeito e não mais um cargo de carreira como era antes. Só Abraão Ribeiro tentou desmanchar a mesquinha perseguição, mas não conseguiu. A perseguição, provocada exclusivamente pelas minhas atitudes políticas, pois Aparecida Duarte foi sempre considerada como uma das mais competentes

parques. A Divisão das Bibliotecas não compreendeu nada de nada o seu pedido e se resumiu a reproduzir as justificações de verbas para o exercício de 1937! Isso não era preciso pois vai aqui cópia completa do nosso pedido de verbas e competentes justificações.

Se enfim você não ficar satisfeito, fique pelo menos agradecido por tudo. Foi um esforço danado, em 24 horas e nesta trabalheira. Um abraço do

MÁRIO DE ANDRADE

* * *

Paulo Duarte:

Nesta campanha importantíssima que você iniciou e o Instituto Histórico[14] está agora dirigindo, creio que não será impertinência eu vir dizer uma palavra minha.

funcionárias, perdurou até a sua aposentadoria, trinta anos depois. O sr. Lino de Matos, prefeito também de Adhemar, colocou-a em disponibilidade, num quadro especial, para o qual iam todos os perseguidos, onde permaneceu vários anos. Tirada desse quadro, retomou seu lugar, mas jamais foi ela promovida, prosseguindo a perseguição até nas administrações Prestes Maia. A nota mais curiosa dessa situação é a ajuda que Nicanor Miranda deu a essas misérias. É que o seu velho amigo, que lhe fizera a carreira, se tornara excomungado pela política populista que degradou, irremediavelmente talvez, São Paulo e o Brasil.

É o único caso, no serviço público de todo o mundo este de um funcionário ser aposentado trinta anos depois, no mesmo lugar para o qual fora nomeado trinta anos antes. Na prefeitura, até ladrões foram ao último degrau da carreira. Só meus dois irmãos, como contei atrás, tiveram a glória de jamais serem promovidos durante três décadas... [N. A.]

14 Esta carta é o apoio de Mário à campanha "contra o Vandalismo e o Extermínio", por mim desencadeada em *O Estado de S. Paulo* em 1937, e depois

Devo lhe confessar inicialmente que o título geral dado à parte de publicidade da campanha pareceu um pouco exagerado. O simples fato de ter existido um padre estrangeiro, em São Miguel, que vendeu ou trocou, não sei, alguns elementos da deliciosa igrejinha, não devia entenebrecer com sua lembrança uma campanha de fins muito mais elevados e largos.

De resto, é certo que teremos a colaboração do clero na defesa do nosso patrimônio histórico e artístico. Esse é o pensamento do nosso cardeal. Faz pouco menos de mês que o dr. Rodrigo Melo Franco de Andrade, diretor geral do Serviço do Patrimônio Histórico Artístico Nacional, recebeu de d. Sebastião Leme o seguinte telegrama: "Acusando recebimento ofício posso assegurar Episcopado brasileiro vê com entusiasmo grande empreendimento defesa patrimônio artístico nossa pátria. Direito canônico contém disposições severas prelados brasileiros não cessam urgir. Na obra patriótica boa hora confiada vossa senhoria, bispos e clero colaborarão afetuoso interesse. — Saudações. — (a) Cardeal dom Sebastião Leme".[15]

publicada no livro *contra o vandalismo e o extermínio*, editado pelo Departamento de Cultura, por iniciativa de Sérgio Milliet. Eu então pertencia à diretoria do Instituto Histórico e Geográfico de São Paulo, cujo acervo e cujo edifício em frangalhos eu havia restaurado com meios obtidos na prefeitura e no governo do Estado, daí haver posto a campanha sob a égide daquele Instituto, que eu pretendia salvar do abandono e da mediocridade que o dominavam. Esse episódio, também muito curioso, acha-se numa pequena publicação de minha autoria, *Contra os donos do Instituto Histórico e Geográfico de São Paulo*, São Paulo, 1938, já no início do Estado Novo... A carta é de alta importância, pois revela toda a nossa orientação cultural de então. [N. A.]
15 Até hoje, quando perduram ainda o vandalismo e o extermínio contra as coisas culturais (patrimônio histórico e artístico, patrimônio pré-histórico etc.), as autoridades eclesiásticas têm sido clementes para com os vândalos quando não mercadores desses patrimônios. Até o Museu da Cúria foi recentemente, pouco antes da fundação do atual Museu Sacro [Museu de Arte Sacra], desfalcado com a venda de mais de cem peças raras de suas coleções. Isso, como se vê desta carta, contra disposições expressas do Direito Canônico. Quem sabe, agora, com essa mudança de mentalidade

Além disso creio que os mais verdadeiramente culpados de descaso serão os leigos. Alguns anos atrás, ninguém ignora a campanha tão convincente que se fez em prol de uma arquitetura brasileira. Disso resultou o bem menos convincente "neocolonial". Mas o espantoso é que ninguém cuidasse então, organizadamente, de preservar o colonial verdadeiro... Despargiu-se no corpo das nossas colinas paulistanas uma quantidade de... de "chalets" decorados à colonial, desvirtuando profunda, intimamente o espírito, a expressão, a "necessidade" dos tipos coloniais da nossa arquitetura. O que havia de essencial nesta arquitetura, a sua monumentalidade lógica, nascida diretamente de formas lógicas em que a tradição portuguesa se acomodava e regia por nossa natureza e economia, isso se destruiu. E se destrói ainda. Não será vandalismo maior, esse desvirtuamento, do que a venda de uma porta de jacarandá?...

Parece que nessa corrente, em que, aliás, há duas ou três exceções respeitáveis, ao menos uma coisa valiosa se fez. A documentação ajuntada. Quando uma arquitetura histórica, um desenho rupestre de primitivos, uma casa de taipa e outros elementos frágeis não podem ser guardados através do tempo, a tradição se preserva pela iconografia. Não será o caso da campanha agora empreendida, tratar imediatamente de se dar a si mesma uma feição energicamente prática? Fazer leis, reunir mecenas, iconografar os restos e as ruínas? Sei, pois tenho a felicidade de participar da atividade do Instituto e de você, que isso já se está fazendo. Se aludi ao fato, é que me parece de

---

do clero brasileiro, ou pelo menos de parte dele que se ergueu contra o ranço do passado, as coisas mudarão também neste campo? Mário mesmo se penitenciaria comigo, mais tarde, ao assistir à luta que tive que sustentar contra a própria Arquidiocese para defender as igrejas abandonadas e a venda das alfaias, das quais uma preciosa amostra se acha no abandonado Museu da Cúria, ou, melhor, no depósito cheio de mofo, a que se dava esse nome, ou, para usar a expressão do próprio Mário, um cemitério de coisas preciosas. [N. A.]

necessidade imediata reunir-se a documentação ajuntada por engenheiros e artistas diligentes, durante a campanha do neocolonial, defendendo esses documentos da dispersão. E publicá-los de maneira racional.

Outra coisa que me parece de enorme e imediata necessidade é a organização de museus. Mas, pelo amor de Deus! museus à moderna, museus vivos, que sejam um ensinamento ativo, que ponham realmente toda a população do Estado de sobreaviso contra o vandalismo e o extermínio.

Os museus municipais me parecem imprescindíveis. Não museus especializados que só competem às grandes cidades e são, devem ser protegidos por fortes verbas dos Governos estaduais. Aliás estes museus especializados devem ser móveis, viageiros como começam agora a ser os de França.

Os museus municipais devem ter outra constituição que será regulamentada pelos Governos centrais. Devem conter de tudo. Devem ser museus arqueológicos, folclóricos, históricos, artísticos e também de ar livre e indústria. Se num edifício central do município se guardam um tronco de escravos, umas cestas trançadas, uns desenhos-cópias de petroglifos existentes na região, uma cadeira de jacarandá entalhado, uma bandeira da Guerra do Paraguai um quadro de boa pintura e uma cópia de Fídias, haverá também um jardim com papiris ameríndios, taipas caipiras, pinguelas, porteiras, seriação progressiva de cultivo dos vegetais da região etc. E também não esquecer as indústrias do município.

É mesmo espantoso como estas coisas ficam relativamente barato, desde que as municipalidades façam a força financeira inicial de fornecer bom edifício e jardim. Um caipira mesmo virá construir sua "taipa". A indústria? As próprias fábricas forneceriam os gráficos, os produtos, os desenhos e explicações de seu funcionamento, em grandes quadros de adorno das paredes. Sei disso, por experiência própria, pois quando se tratou, no Departamento de Cultura, de organizar um mostruário da fabricação de discos tudo, desde a bonita e cara vitrina, foi oferecido grátis por uma das fábricas daqui. Quanto aos objetos do museu, não haverá munícipe que não ofereça o que possuem de arqueológico, de folclórico, e mesmo de histórico ou de artístico, em benefício e glória do seu município. Talvez seja apenas necessário mudar de vez em quando de partido na prefeitura, pois desconfio que muitos prefeitos só receberão ofertas de seus correligionários, ah, política!

Mas não se esqueça, Paulo Duarte, de legislar que nesses museus municipais, como em quaisquer outros, haverá visitas obrigatórias, *em dia de trabalho*, de operários, estudantes, crianças etc. Visitas vivas, sem conferência de hora, mas acompanhadas de explicador inteligente. Sem isso não haverá museu, mas cemitério. Sem isso, sem o auxílio do povo, esclarecido, jamais conseguiremos nada de permanentemente eficaz contra vandalismos e extermínios.

Para terminar quero aplaudir sem reservas o trabalho de defesa do nosso patrimônio cultural a que agora você está se dando com tanta atividade. Num país como o nosso, em que a cultura infelizmente ainda não é uma necessidade cotidiana de ser, está se aguçando com violência dolorosa o contraste entre uma pequena elite que realmente se cultiva e um povo abichornado em seu rude corpo. Há que forçar um maior entendimento mútuo, um maior nivelamento geral de cultura que, sem destruir a elite, a torne mais acessível a todos e em consequência lhe dê uma validade verdadeiramente funcional. Está claro, pois, que o nivelamento não poderá consistir em cortar o tope ensolarado das elites, mas em provocar com atividade o erguimento das partes que estão na sombra, pondo-as em condição de receber mais luz. Tarefa que compete aos governos.

Cumpre organizar os serviços, forçar a vitalidade dos museus e a criação de institutos culturais que ajam pelos processos educativos extrapedagógicos que cada vez mais estão se tornando os mais capazes de ensinar. O que há talvez de mais admirável na pedagogia contemporânea é o seu caráter, por assim dizer, antipedagógico; justamente o engurgitamento da massa mais oculta dos estudantes, nivelando-a à dantes melancólica elite professoral, pelo respeito às suas qualidades e tendências próprias, de massa e de sombra.

Serão assim os museus, os institutos culturais que desejaria espalhados com mais frequência entre nós. Sim, temos enorme necessidade de escolas primárias e de alfabetização. Mas a organização intelectual de um povo não se processa cronologicamente, primeiro isto e depois aquilo. Tanto mais em povos crianças e contemporâneos como o nosso, com avião, parques infantis, rádio, bibliotecas públicas, jornal, e impossibilitados por isso de qualquer Idade Média.

Não entreparemos portanto no sofisma sentimental do ensino primário. Ele é imprescindível, mas são imprescindíveis igualmente os institutos culturais em que a pesquisa vá de mãos dadas com a vulgarização, com a popularização da inteligência. Aliás, tão respeitável e humano como o povo dos campos, é o das cidades. E este, entre nós, em sua maioria sabe ler.

São Paulo entrou ultimamente numa corrida que, por felicidade, não é armamentista, é cultural. Agora não pode mais parar, porque seria o fracionamento brusco numa orientação que não é mais uma experiência, é já uma necessidade normal da nossa vida pública. O meu modo de ver é que esta campanha, a lei federal sobre o nosso patrimônio, a lei estadual idêntica que você está preparando,[16] são como a escola primária. Não basta ensinar o analfabeto a ler. É preciso dar-lhe

---

16 O projeto de lei estava já em terceira discussão na Assembleia Legislativa de São Paulo, quando foi dissolvida com o 10 de novembro de 1937. E nunca mais se falou nisso. O Brasil caíra no caos que ainda perdura. [N. A.]

contemporaneamente o elemento em que possa exercer a faculdade nova que adquiriu. Defender o nosso patrimônio histórico e artístico é alfabetização. Não disseminados organismos outros que salientem no povo o valor e a glória do que se defendeu, tudo será letra morta, gozo sentimental e egoístico de uma elite. E a defesa jamais será permanente e eficaz. Entre as "profissões" humanas está o ladrão, está o contrabandista, o vendedor de ferros velhos, o antiquário. E não contar também com a universal estupidez humana é pura e simplesmente covardia. Sem o policiamento permanente do povo estaremos sempre à mercê dos vandalismos e extermínios.

MÁRIO DE ANDRADE

* * *

Paulo Duarte — Aqui lhe mando resposta, do Rodrigo, a representação do Capanema ao Getúlio de que saiu o decreto deste (Já mandei pedir o número) e enfim o esboço de lei, feito pelo Rodrigo e dado ao Capanema. Insisto um pouco com você pra demorar um bocado a coisa. Na realidade, fizemos o projeto do Serviço do Patrimônio Histórico e Artístico Nacional, a pedido e por iniciativa do Capanema. De forma nenhuma eu desejo sequer *froisser* o Capanema, que admiro no seu esforço e cuja luta feroz conheço bem. Veja o que faz pra algodoar quaisquer choques. S. Paulo sempre foi produtor máximo de todos os algodões da nacionalidade. *Ciao*. Mário.

Esta carta é de setembro de 1937. O projeto de lei criando o Serviço do Patrimônio Histórico e Artístico Nacional já estava no Senado, mas faltava a última discussão. O meu projeto do Departamento do Patrimônio Histórico e Artístico de São

Paulo, que seria o início do Instituto de Cultura, que pretendíamos iniciar aqui e, uma vez eleito presidente da República Armando de Sales, estender para todo o Brasil, estava pronto, esperando apenas a cópia do projeto de lei da Câmara, para dele aproveitar alguma coisa que nos servisse. Achava Mário que a aprovação do meu, em São Paulo, antes de ser promulgado o da Câmara, poderia melindrar Capanema que, na realidade fora o iniciador da coisa. De fato, esperei até outubro para lançar o meu com um discurso na Assembleia Legislativa. Quando se deu o golpe de Estado, o meu achava-se já em terceira discussão e o da Câmara permanecia mais ou menos congelado. Tanto que, impossibilitado de dar andamento no meu pela dissolução da Assembleia Legislativa, e pelo receio do governador interino Cardoso de Melo Neto em baixar decreto fazendo lei um projeto meu, quando já execrado da ditadura, achamos Mário e eu que era preciso tudo fazer para que Getúlio, já ditador, assinasse o decreto-lei correspondente ao projeto parado na Câmara. O Rodrigo Melo Franco estava desesperado no Rio, pois Capanema, apesar de ministro, não se achava em condições de exigir isso do novo regime, porque, ao que parece, a sua posição periclitava. Lembrei-me então de Alcântara Machado, que conservava a sua amizade com Getúlio e a quem eu dava a minha colaboração no projeto do novo Código Penal do Brasil. Solicitei-lhe então obtivesse a assinatura daquele referido Decreto-Lei. Poucos dias depois, me escrevia Alcântara Machado comunicando que a "nossa lei" sairia sem falta, em princípio de dezembro de 1937, o que realmente aconteceu, não no princípio, mas mais para o fim daquele mês.

* * *

Rio de Janeiro, 22 de março de 1938[17]

Paulo Duarte

Lhe escrevo às pressas sobre o seguinte: Vai se realizar uma expedição científica em fins de maio, que descerá o Tocantins e subirá o Araguaia, exclusivamente feita de membros brasileiros. Um dos principais organizadores da coisa, o Oto Leonardos (brasileiro) foi a S. Paulo e convidou o Plínio Airosa[18] para participar da expedição. Este acedeu com a condição de ir pelo Departamento de Cultura, me disse o Oto. Não sei se o Plínio falou isso pra se livrar do convite sem recusar ou se falava sério.

Peço a você saber se a coisa é séria mesmo, e decidir das condições aí. Bastariam quinze contos, cinco ao Plínio pra se preparar e dez à expedição pra alimentação etc., como contribuição do Dep. de Cult. Em compensação este ficaria com as coleções etnográficas recolhidas (que a meu ver deveriam ser doadas por nós ao Museu da Universidade), teria direito a uma cópia do filme a ser tomado (dando o Dep. os filmes necessários para filmagem cientificamente *integral* dos monumentos etnográficos, danças, facturas de objetos, usos e costumes dos índios) e publicação em primeira mão dos estudos realizados pelo Plínio.

No caso de sério, você falaria com a Oneida Alvarenga,[19, 20] sobre a possibilidade de adquirir nova máquina de gravação de

---

17 O "Estado Novo" fora instituído a 10 de novembro de 1937. Eu não compareci mais à prefeitura, mas Fábio Prado lá continuou por algum tempo, a pedido de Cardoso de Melo Neto, nomeado interventor, por Getúlio Vargas, com o qual confabulava desde antes de 10 de novembro. Mário não se mudara ainda para o Rio, lá estava a passeio, mas não havíamos perdido ainda a esperança. Há, antes desta, duas cartas que se perderam. [N. A.]
18 Professor de Etnografia da Faculdade de Filosofia da Universidade de São Paulo. [N. A.]   19 Diretora da Discoteca do Departamento de Cultura. [N. A.]
20 MA grafava dessa maneira o nome de Oneyda Alvarenga, para desconforto da própria musicóloga, segundo ela mesma testemunhou no fim da vida.

discos, portátil, (disco ou fita sonora) pro que ela teria que gastar uns doze contos. Já tínhamos falado nisso e me parece importante. O Plínio, pelo projeto, teria que levar um ajudante. Este se inteiraria do manejo da máquina que parece facílimo. Antes de comprar a máquina por telegrama (a expedição só parte em fins de maio) Oneida ou alguém da Discoteca viria ao Rio ver uma maquininha desse preço, movida por um homem só, que a carrega como máquina fotográfica, e que o Roquette-Pinto possui.[21]

Não me ofereço pra fazer isso sozinho porque estou inutilizado, sofrendo muito. Não me aguento mais e provavelmente estouro por aí, vou pra Teresópolis, pras Paineiras, pra Paquetá ou pro diabo, em busca de algum sono reparador, não sei.

Mas você não imagina como estou ruinzinho mesmo. *Ciao* com abraço

MÁRIO

* * *

29 de março de 1938

Mário

Recebi sua carta e providenciei.

O Plínio acha não pode aceitar o convite porque tudo não passa de um sonho... Em cinco meses, a comissão pretende explorar etnográfica, geográfica etc. mente cerca de 20 mil quilômetros de Araguaia e Tocantins! Foi isso que ele explicou ao

---

[21] Pioneiro nos estudos antropológicos no Brasil, o médico-legista, professor, antropólogo, etnólogo, ensaísta e contista Edgar Roquette-Pinto (1884-1954) dirigiu o Museu Nacional entre 1915 e 1936, além de ter sido eleito para a Academia Brasileira de Letras em 1927.

Oto Leonardos. Numa aventura incerta dessas, ele não poderia envolver nem o nome da Universidade nem o do Departamento.

Aí está a questão em poucas palavras. Se, entretanto, outros aspectos existem da coisa, aqui estou para afastar e aplainar dificuldades.

Junto envio meu livro.[22] Vão mais dois exemplares, um para o Rodrigo Melo Franco e o outro para o Capanema. Nesse Governo estéril este tem sido o único ministro criador de alguma coisa. Por isso mesmo a política parece não gostar muito dele...

Se você precisar de mais exemplares é só avisar-me ou ao Sérgio. Ah! esquecia-me. Vão mais dois exemplares para o José Lins do Rego e o outro para o José Olympio, a quem você entregará também o do Zé Lins.

Diga ao José Olympio que o estou esperando e para ele avisar-me quando vem, pois tenho urgência de combinar com ele o caso da edição das obras do Maneco Lopes.[23]

Espero que você melhore logo e possa aí pensar na gente bebendo um bom vinho daqueles de deixar até a alma tradicional...

Dá cá um abraço ao

PAULO

---

22 *Contra o vandalismo e o extermínio.* [N. A.]   **23** Desde 1918 até sua morte, o entomologista Manuel Lopes de Oliveira Filho (1872-1938) colaborou semanalmente no jornal *O Estado de S. Paulo*, mantendo a coluna "Assuntos agrícolas" sob a rubrica "O. F.". Licenciou-se de suas funções junto à Seção de Entomologia e Parasitologia Agrícola do Instituto Biológico de São Paulo (criado em 1927), ao ser nomeado chefe da Subdivisão de Parques, Jardins e Cemitérios, vinculada à Divisão de Obras do Departamento de Obras e Serviços Municipais durante a administração Fábio Prado. Em reconhecimento a seu empenho na construção do que mais tarde viria a ser o parque Ibirapuera, o prefeito, já em março de 1938, batizou com o apelido daquele profissional — Manequinho Lopes — o viveiro que Oliveira Filho construiu e que, conservando a mesma designação, ainda hoje ali se localiza.

* * *

Rio de Janeiro, domingo, 3 de abril de 1938

Paulo Duarte

Recebi seus livros e já estou fazendo a distribuição.[24] Quanto a este lápis, só escrevo a lápis no hotel e hoje é domingo, são treze horas, só agora estou levantando e não foi farra. Me deixei ficar sonolenciando na cama, sentindo que tinha uma carta por lhe escrever, e é esta.

Antes de mais nada quero lhe causar o prazer da notícia que estou passando bem melhor, graças aos médicos e a este Rio de férias. Não estou fazendo nada, a não ser as caceteações que tive com essas viagens etnográficas bestas do Lévi-Strauss e do Oto Leonardos. Estou perfeitamente de acordo em que não se faça nada nesta última.[25] Se mandei perguntar foi porque o Oto me garantira que o plínio lhe garantira a ele ir, caso o D. de C. o mandasse. Ora por puro respeito da admiração que tenho pelo Plínio, não podia deixar de fazer qualquer ação. Mas os próprios argumentos do Plínio, por pura intuição certamente, eu atravessara na conversa do Leonardo. Já com Lévi-Strauss, agora é tarde para voltar atrás. Chega amanhã aqui e conversarei com ele e o atirarei nas costas de você e do Sérgio.[26] Se arranjem que preciso sossego. Preciso sossego. Olha, Paulo, no geral tenho muito pudor de fazer parada das minhas fraquezas,

---

24 *Contra o vandalismo e o extermínio.* [N. A.] **25** Eu respondera à carta anterior, como se vê atrás. [N. A.] **26** Lévi-Strauss fora subvencionado pela prefeitura, em 1937, para uma longa estadia entre os índios brasileiros, período que serviu de base à sua obra monumental. Mas ele não chegou em abril, como anuncia Mário, mas pouco antes da guerra em agosto. Eu já me achara preso em São Paulo, para ser depois exilado. No fim de 1939, fui encontrá-lo mobilizado, em Paris. [N. A.]

e por isso disfarçava o total esgotamento nervoso e intelectual em que me achava estes últimos tempos, coisa que vem desde esse vulcão de inquietações que foi o Congresso da Língua Nacional Cantada[27] que me chupou os restos de prazer da vida. Disfarçava. Ninguém sabia que desde dezembro, a bem dizer, eu não sabia o que era mais um sono profundo. Dormir três horas numa noite era uma troia para mim. Escrever, mesmo agora, analise a escritura desta carta de pleno descanso e ainda você verá surgirem um *Plínio* e uma *Troia* com *p* e *t* minúsculos. Por duas vezes falei ao dr. Fábio[28] em descansar mas ele retrucou que era hora da Vasp abrir voo e perguntou se eu já tinha sarado da *úlcera* no estômago e queria almoçar com ele. Então usei do Capanema[29] pra este descanso quase-descanso. Mas vamos ao que importa.

Uma vez, recentemente, aí na sua casa, na frente do Sérgio e não me lembro quais mais, você num gesto certamente falso porque você é muito mais inteligente do que isso, retrucou a qualquer frase minha de desgosto pela diretoria do D. C., retrucou que vocês não me tinham feito favor nenhum me oferecendo esse cargo; eu é que fizera favor a vocês aceitando-o.

Foi boa safadeza de você, porque fiquei numa vergonha danada, quis disfarçar, falei umas coisas muito bestas e mudou-se de conversa.

Ora eu sei, sabia e sempre sube, que se não foi favor pedido, sempre nessas coisas há favor. Favor que eu devo. É também certíssimo que eu fiz um enorme favor pra vocês. Mas favor por favor, essas coisas não se medem por peso e medida, e na verdade estamos todos quites: a satisfação de minhas vaidades, o prazer de mandarzinho, o prestígio até de um lado, e

---

27 Realizado em meados de 1937. [N. A.]   28 Fábio Prado. [N. A.]
29 Gustavo Capanema, ministro da Educação do Estado Novo, amigo de Mário. [N. A.]

do meu o sacrifício de mim, sobretudo da minha liberdade e da minha felicidade pessoal. Que não sacrifiquei toda a minha liberdade pessoal, aos poucos retomada, você sabe tão bem como eu com aquela conjuntura de chantagens em que você me ajudou com a sua vasta energia.[30]

Pois eu tenho sofrido e sofrido imensamente, Paulo, com a diretoria do D. C. Esse sofrimento (você pode certamente imaginar a formidável vida interior de um sujeito como eu) por várias vezes arrebentou numa espécie de anedota bem ridícula que foram os meus vários pedidos de demissão ou ameaças disso. Na aparência vulgar de que não me pareceram sair nem um mais sério Sérgio, nem um mais pensante Nicanor, nem muito menos o epidérmico Rubens, na aparência esses pedidos pareceriam pretensão minha, fingimentos e fitas. Mas essa aparência se convertia na realidade numa inquietação muito constante, num sofrimento difícil de suportar, numa verdadeira tragédia interior que ninguém suporia.

Vou fazer 45 anos. Sacrifiquei por completo três anos de minha vida começada tarde, dirigindo o D. C. Digo *por completo* porque não consegui fazer a única coisa que, em minha consciência, justificaria o sacrifício: não consegui impor e normalizar o D. C. na vida paulistana. Sim, é certo que pra uns seis ou oito, não mais, paulistas, o D. C. é uma necessidade pra São Paulo e talvez pro Brasil. Não é certo que fizemos várias coisas muito importantes ou bem bonitas. Mas a única coisa que em minha consciência justificaria minha direção era ter justificado o D. C. e isso não consegui. Que bem me importa argumentar que o tempo era pouco, que as dificuldades eram muitas, que o meio era de nível baixo demais. Essas coisas explicam, mas não provam. Porque essas razões nós as conhecíamos de antemão e foi contra elas e apesar delas que nos lançamos na

---

30 Ver nota 4 do capítulo 5, "Paixão de Mário de Andrade", pp. 203-4. [N. A.]

aventura do D. C. Foi com a, não finalidade, mas necessidade de vencer e matar essas razões que fizemos o I. C. E.[31] e o D. C. falhou nesse ponto, e logicamente quem falhou fui eu. Necessariamente. Falhei até contra você, deixe que eu lhe diga esta queixa, tanto no caso da Rádio-Escola a que me opus, as razões que dei diante do seu anteprojeto, como no caso do Turismo.[32] E, meu Deus! Contra os outros falhei inumeráveis vezes... Falhei contra o Rubens no caso do Moreno, falhei no caso do Paulo Magalhães (falha azeda porque foi por amizade), falhei no Carnaval de 1936,[33] falhei no caso do Parque Infantil do Bom Retiro, falhei... meu Deus! não vale a pena enumerar todos os casos grandes em que falhei. Por que falhei? É engraçado dizer e bastante trágico: falhei porque sou um fraco, que não sei fazer prevalecer as minhas razões, quando elas não são ouvidas, não cedendo pela força, brigando, estourando. Ditaduras... Não sei se é sarcástico orgulho ou irrespirável, bolorento espírito democrático: acredito na possibilidade de razão dos outros contra as minhas razões; estúpida feminilidade, cedo, me calo, aceito. E falho.

Tenho mais que refletido, Paulo, tenho me esqueletizado em meu ser psicológico. Não me sinto propriamente triste com estas coisas, me sinto especialmente deserto. É uma vagueza, uma vacuidade monótona. Lá no fundo do deserto, uma miragem. Estou formalmente decidido a não dirigir mais o D. C. Ficar definitivamente no Rio (o que seria ideal) não posso. As razões contra são mais fortes que o meu violento desejo de me carioquizar. Há sobretudo uma voz de sangue, meu pai que

---

31 Instituto de Cultura de São Paulo, a ser fundado. [N. A.] **32** Mário foi contra o incentivo ao Turismo e contra a Rádio-Escola que eu teimava em estruturar de acordo com o ato 1146. [N. A.] **33** Mário de Andrade incentivou o patrocínio da prefeitura no carnaval de 1937, que redundou numa despesa quatro vezes mais do que a prevista, devido à leviandade do chefe da seção de Divertimentos Públicos, encarregado de organizar os festejos. [N. A.]

foi operário, e depois de subido, continuando numa cotidianização operária de ser, fazendo sempre atos que eram como pedras, objetivamente fazendo. O que existe de aristocrático em mim, principalmente este safado gozo de viver e a atração de todos os vícios, sei que não me dá paz — e essa parte é obrigada a ceder diante da voz de meu pai. Não fico no Rio, não; volto pra São Paulo e vou serenamente e humilde retomar meu cargo de chefe de Divisão, onde serei bem mais fecundo e poderei trabalhar também um bocado pra mim, meus livros.

No desgosto em que vivo, a visão estúpida da minha divisão periclitando sem chefes nem técnicos, e o remorso de me ver um diretor muito besta e fraco: isso estou desta vez decidido a não aguentar mais. Eu sei: vai haver um escandalinho, diretor relaxado, diz-que-diz-que dos funcionários da prefeitura e possivelmente dos jornais. Sei mesmo que deixo o dr. Fábio e você numa espécie de atrapalhação, desculpem. Vocês não poderão me recusar o direito que tenho, como todos têm, de voltar ao meu tamanho legítimo e respirar um pouco de ar mais verdadeiro.

Um abraço de

MÁRIO

Finalmente, reentrado das férias a que tinha direito, Mário de Andrade, já expulso do Departamento pela sua demissão de diretor, pediu demissão do lugar efetivo de chefe da Divisão de Expansão Cultural, que o sr. Prestes Maia, que substituíra Fábio Prado, nomeado pelo sr. Adhemar de Barros, recebeu com grande alegria. Declarou esse prefeito que poderia ter nomeado para o lugar de diretor de Departamento "o nosso amigo comum" Carlos Pinto Alves.[34] Não o fizera porque este,

---

34 Ver nota 40 do capítulo 5, p. 233.

como Mário, se meteria a querer fazer coisas e isso não convinha à administração. De fato, quem examinar os orçamentos da prefeitura que se seguiram pensará que o Departamento era carinhosamente assistido pela administração municipal, dadas as verbas que neles constavam. Essas verbas porém eram remanejadas durante o ano e para o Departamento ficava o estritamente necessário a pagar o funcionalismo; os lugares que se vagavam eram extintos e despesas estritamente imprescindíveis a que não se fechasse. O sr. Prestes Maia nunca foi um prefeito, mas um diretor de obras. O resto, para ele, não contava.

Demitido do Departamento de Cultura, Mário mudou-se para o Rio, exatamente no dia 27 de junho de 1938, como se vê da carta que enviou a minha irmã Maria Aparecida, e escrita ainda em papel do Departamento:

* * *

São Paulo, 27 de junho de 1938

D. Nini

Estou dando um balanço nas minhas "coisas" porque parto hoje pro Rio, em gozo de férias. Férias?... E achei estes dois exemplares da *Festa das Letras*. Desculpe a microscópica oferta às bibliotecas dos Parques, mas é o que tenho. O resto que eu tenho é um desapoderado entusiasmo pelos Parques e pelas crianças, pelo trabalho da Senhora. Mas isso eu quero levar comigo, porque é das poucas coisas que ainda me prendem a São Paulo. Não é ingratidão minha por São Paulo, acredite, é apenas, nem sei o que é!... é um grande vazio, uma consciência atordoada, uma apenas como que vontade de ser criança pra chorar. Como não posso chorar, nem devo, me veio este enorme vazio indiferente.

Com a maior gratidão

MÁRIO DE ANDRADE

Como se vê, ele não teve coragem de dizer que partia definitivamente; por isso seguia "em gozo de férias". Férias?... Já aqui começava a sua nostalgia a transformar-se na angústia que passou a viver até morrer.

Pouco antes de eu ter notícias diretas, Paulo Magalhães me trouxe a primeira que havia recebido de Mário:

* * *

Rio de Janeiro, 4 de agosto de 1938

Paulo,

Recebi sua nota curta, quando gosto é de receber carta. Também vou escrever só uma notinha, é domingo pé de cachimbo, está um dia lindíssimo, são onze horas da manhã, estou me levantando, já estão fazendo chá pra mim e duas maçãs raladas, depois deito de novo. Ontem foi dia de anos do Mignone e houve chopada com bastante alegria. Vou dormir. Pois é, venho lhe dizer e mais à digna esposa que quando vierem no Rio tem casa, comida, roupa lavada e engomada, e um grande coração cheio de amor para vos receber com 5a% talento e formosura. Não vê que esta máquina de escrever está pessimamente colocada, e estou com os dedos cheios de sonho. Foi por isso que duas linhas acima saiu aquele delicioso "5a%", que não cortei porque ficou muito misterioso e expressivo.

E meu assunto quase acabou. A mais só tenho a dizer que provavelmente só irei a São Paulo em outubro. Se puder dou um pulo antes, porque estou carecendo muito de ir buscar mais livros. Telegrafarei, e farei o possível pra passar aí um sábado e um domingo, pra ver se fazemos o batismo da cara afilhada. Está demorando muito e não gosto disso. Quero que a engraçada herdeira do meu amigo entre logo pro seio manso dos cristãos.

No mais, só estudo e escrever artigos. Pego tudo o que me oferecem. Estou devendo uma fortuna e não gosto de dever. E é mesmo só por hoje. Deus te abençoe, sou muito seu amigo, e todas as graças do céu que caiam sobre a minha querida comadre e seus rebentos. Lembrança pra dona Irene também. E este teu grande abraço do

MÁRIO

Como se vê, nesta carta a Paulo Magalhães, não havia nem tristeza nem pessimismo. Havia só falta de dinheiro...

Chegado ao Rio, Mário foi muito bem recebido pelos seus dois grandes amigos: Gustavo Capanema, ministro da Educação, e Rodrigo Melo Franco de Andrade, diretor do Serviço do Patrimônio Histórico e Artístico. Já possuía um emprego, como se vê nesta carta, mas não se conformara...

* * *

Distrito Federal, 19 de agosto de 1938
Rua de Santo Amaro, 5 — apto. 46 — Edifício Minas Gerais.

Paulo

Entre uma aula e outra, será que não vem me atrapalhar? lhe escrevo. A vida que estou levando é assim. Estudo, aulas, direção do Instituto de Artes. Uma pureza exterior incomparável. No princípio ainda foi bom: fazia três anos que eu não estudava por estudar, não especulava por filosofar, não lia um livro inteiro, só consultava. Me atirei com uma volúpia indizível ao estudo e à literatura. Mas a imaginação — essa doida — me fez ter a má ideia de fundir os dois cursos que faço, o de História da Arte e o de Filosofia de Arte, num só curso; o de uma, que chamaríamos Filosofia da Arte, através da sua História, ou melhor, por síntese, uma História filosófica da arte. O resultado é que estou fazendo um curso, quase uma matéria, uma disciplina nova. E isso me obriga a tal dose de estudos, comparações, pesquisas, premidos pelo tempo das aulas (4 por semana) que estou me fatigando bem, não sei se aguento.

Mas não é isso que me faz estar internamente feliz. Me percorre o dia e a noite uma vasta, profunda tristeza, uma inquietação, mais do que isso: um medo, que é a coisa mais desagradável deste mundo. Às vezes me vem também uma espécie de remorso de ter deixado o Departamento. Remorso derivado mais de um vício que de uma realidade exata. Pois o certo é que estava decidido a largar do Departamento e voltar pro meu cantinho. O primeiro passo dessa decisão você conhecia: o abandono da diretoria. Minha intenção era recomeçar jornalismo, alunos particulares, e assim que tivesse com que me sustentar, reassumir minha cátedra no Conservatório e sair da vida pública. Puro egoísmo sim, mas raciocinado, bem pesado, meu. Com estas lembranças o remorso acaba logo; mas não acaba a tristeza... física do remorso, e o reflexo social dos que me censuraram por largar São Paulo. É certo que não estou nada feliz, embora não me sinta desgraçado.

É assim que vivo, companheiro. Saudades tenho muito poucas, não sou homem de saudades. Também não sou homem de arrependimentos, que considero fraqueza. O dia que me convencer que fiz mal em vir pro Rio (se me convencer), volto pra São Paulo. Mas cada vez me convenço mais que fiz bem.

Não vejo os amigos. O próprio Nino,[35] que é o tipo do sujeito que a gente quer bem e o tipo do óleo canforado pra

[35] Nino Galo, meu companheiro do apartamento da avenida São João, que se tornou amigo íntimo de Mário de Andrade, embora a princípio não tivesse simpatizado com ele. Conta isso num artiguete de 1950, que enviou e não foi publicado em *O Estado de S. Paulo*, pela precariedade de suas relações com o diretor do jornal. Eis este artigo, na íntegra:

"Eu não gostava do Mário de Andrade. Achava mesmo descabida a profunda admiração que outros amigos lhe devotavam, pela sua cultura, que achavam imensa, e pelo seu talento que, diziam, era fora do comum.

"Apenas, considerava Mário de Andrade um sujeito que, entrincheirado atrás daqueles seus grossos óculos de muitas dioptrias, se divertia a soltar paradoxos, para impressionar seus ouvintes e a si próprio.

"Era com o espírito prevenido e com curiosidade analítica, que eu acompanhava os seus gestos e as suas palavras, toda vez que com ele me encontrava — e isso era muito frequente — nas ruidosas rodas da avenida São João, antes do Estado Novo, onde costumava pontificar, com aquele seu vozeirão de barítono fanhoso, a dizer coisas novas e diferentes.

"Achava postiços, nele, aqueles requintes de estética no falar, no escrever, no vestir, no comer, enfim, no viver.

"Parecia-me insincero, tanto no exibir umas meias muito caras, enxadrezadas de vermelho e azul, quando, todo cheio de unção, elevava aos lábios um bojudo copo de vinho francês, comprado ali no Lévi Kahn ou vindo do Terminus.

"Foi nesse clima de prevenção, prevenção consciente e objetiva, que, numa noite, há doze anos passados, eu me encontro com Mário de Andrade, no saguão do Theatro Municipal, onde, em comemoração de qualquer coisa, de feitura oficial, se representava, com Bidu Sayão, uma ópera de Verdi. Noite de gala, teatro cheio.

"Um teatro cheio, numa noite de gala, é sempre a mesma coisa, seja em São Paulo, Roma, Paris ou Nova York.

"Enquanto as senhoras, nos intervalos, ficam firmes nos seus lugares, expondo à inveja das amigas os lucros extraordinários dos maridos, transformados em brilhantes e esmeraldas — em todo o mundo há maridos e lucros extraordinários —, os homens vão encher os corredores de fumaça e imbecilidades.

"Foi num desses intervalos que dei com Mário muito bem-posto numa casaca magnificamente talhada, encostado numa parede de mármore, sozinho, a contemplar aquela massa de pinguins adultos que, em pequenos grupos, procuravam dar-se uns ares de homens bem-educados.

reanimar, não vejo desde muito. Quero ver se na semana próxima procuro ele.

"Ao ver-me, também metido numa casaca, dentro da qual, para entrar, eu tinha sacrificado o meu jantar, abriu sua boca enorme, de ponta a ponta, no mais completo e acolhedor dos seus sorrisos.

"Eu, que vinha com a alma deliciosamente embalada pela suavidade das melodias verdianas, fui ao seu encontro com o mais espontâneo: — Maravilhoso, Mário, v. não acha?

"— Horrível, meu caro, horrível, foi a resposta que feriu, como que fisicamente, a minha sensibilidade mediterrânea.

"Nesse momento, cheguei a odiar Mário de Andrade, esse monstro que, sem o menor respeito pela minha opinião, agredia-me inopinadamente com aquele desconcertante adjetivo.

"Procurei reagir, e sobre melodias e sobre Verdi, derramei impetuosamente tudo aquilo que diziam as velhas antologias, de curso forçado nas escolas secundárias italianas.

"Quando soou o sinal para entrarmos, Mário de Andrade, que me havia ouvido sem diminuir aquele imenso sorriso que lhe abria o crânio, concluiu: — Espera-me à saída, para irmos juntos tomar qualquer coisa.

"Ali, numa mesa dos fundos, quem falou sem parar foi Mário; e, ao sairmos, confesso, as minhas opiniões sobre música e melodias estavam profundamente abaladas, e Verdi reduzido às suas justas proporções. Os argumentos de Mário de Andrade eram de tal forma macios e convincentes, que hoje, passados tantos anos, eu me lembro daquela noite como de um marco no caminho de minha evolução.

"Foi daí, e da convivência diária com Mário de Andrade, meu superior hierárquico no Departamento de Cultura, que comecei a apreciar aquela *Colona* de pés enormes, do Portinari, que enfeitava o seu gabinete de trabalho, e a compreender melhor o sentido daquela *felicidade da vida* de que ele tanto falava.

"Ser feliz, para Mário de Andrade, era viver a sua vida rigidamente dentro de seus princípios filosóficos e revolucionários, que emanavam, todos, de um núcleo central de beleza pura.

"Tudo nele fugia à vulgaridade das coisas comuns, para se aninhar no seu mundo, que era dos eleitos e dos precursores da evolução espiritual da humanidade.

"Hoje, quando ouço uma ária que todo mundo assovia, melhor compreendo aquele *Horrível!* do Municipal, numa noite de gala, que certamente não foi um insulto ao grande Verdi, mas um grito de revolta contra tudo que é banal, por mais lindo que pareça.

"Foi a ânsia da perfeição, a luta contra o Vulgar e o Lugar-Comum, que fez Mário de Andrade o grande Mário de Andrade." [N. A.]

Hoje vou fazer uma safadeza: participar ao Chateaubriand minha fixação de residência aqui. Quem sabe ele me convida pra fazer a crítica de arte no *Jornal*, que está sem crítico...[36] Você já falou com o Julinho, a respeito de eu escrever uns dois artigos por mês pro *Estado*?[37] Desejava saber isso porque aqui não se é pontual como na prefeitura de São Paulo e ontem me disseram que só vou receber lá por 16 ou 17 do mês que vem! Isso pra quem está devendo os olhos da cara, é uma m.

E vocês? Desculpe eu falar tanto de mim e não contar coisas. Mas que época de vacas magras para todos nós, heim! Queria saber alguma coisa sobre você, mande contar entre duas pesquisas bibliográficas.[38]

Lembrança pra Juanita e este seu abraço do

MÁRIO

Respondi à carta anterior com a seguinte:

36 Àquela altura proprietário de *O Jornal*, órgão de imprensa carioca cuja direção fora assumida por ele em 1924, Francisco de Assis Chateaubriand Bandeira de Melo (1892-1968) já pavimentava a construção dos Diários Associados, gigantesco conglomerado das comunicações que futuramente abrangeria veículos de mídia impressa e radiofônica. **37** A sua colaboração fora aceita por Júlio de Mesquita Filho. [N. A.] **38** Depois de 10 de novembro de 1937, tendo perdido a minha cadeira de deputado à Assembleia Legislativa e o posto de chefe de gabinete do prefeito Fábio Prado, passei a viver exclusivamente da minha colaboração no *Estado*, que escrevia em casa e na prisão, pois durante os primeiros dez meses de 1938 passei-os quase inteiramente preso, já no Gabinete de Investigações, à rua Visconde do Rio Branco, esquina de Timbiras, já no então regimento de cavalaria, à rua Padre Manuel da Nóbrega, já no Hospital Militar do Exército, no Cambuci, já no Presídio Político, da rua do Paraíso, aqui, contra o texto da lei, sob grades e incomunicável. Como não pudesse escrever a não ser assuntos neutros, entreguei-me à pesquisa bibliográfica de livros raros sobre o Brasil, que o *Estado* publicava. Daí a referência de Mário de Andrade. [N. A.]

***

29 de agosto de 1938

Mário, amigo.

Recebi a sua carta e fiquei numa contentura doida. É que eu andava com saudades.
    É o que está acontecendo comigo: estudo, estudo, estudo. Você não tem assim uma impressão de que perdeu ou, melhor, casou uma filha única com um sujeito safado? É mais ou menos o que eu sinto depois que os tapuias desceram. Para me consolar, leitura nele... Este ele sou eu.
    Meu estado de espírito é um pouco diferente do seu. Como você, não me sinto desgraçado, mas vivo numa apreensão, cheio de pressentimentos por não sei o quê; uma hora quero, daí a pouco não quero mais, fico animado, torno a desanimar; como uma coisa com vontade, de repente largo porque não tenho mais vontade. Estou que nem mulher grávida.
    Enfim isso não impediu que eu falasse de você ao Julinho e ele manda dizer que não um ou dois, mas até quatro artigos por mês você pode mandar pois é até favor; o *Estado* quer melhorar a colaboração nacional e ele, Julinho, ia até falar comigo a respeito de você. Recebi também a sua aula que vai sair em rodapé.
    E quer saber de uma coisa, já não estou mais com vontade de escrever. Continue a mandar cartas e *gudbí*...

PAULO

***

Rio de Janeiro, 6 de outubro de 1938

Fiquei com preguiça de reler, aguente

Paulo,

Aqui vai um artigo pro *Estado*. Fiquei hesitante, sem saber se devia mandar diretamente ao Julinho, ao secretário do jornal, ou se me aproveitava ainda uma vez da sua amizade. Concluí pela amizade, antes de mais nada, por ser gostoso: aguenta firme, m'ermão! Mas mande me dizer, como farei na próxima remessa.

Amanhã principiam os exames de primeiro período e dia 15 ou 16 espero estar em S. Paulo para um descanso de semana. Vou aproveitar bem esse tempo, se não me engano. É que já estou bem *cansadamente* como lá dizia o jornaleiro da praça da Sé. Além do mais, tive uma gripe bastante grave que, por umas três semanas, atrapalhou a linha serena. Bonito hein, *linha serena* pra significar a cotidianidade de viver. Só que não sei se ninguém me entenderá, sem notas à margem, ah, ninguém me entende, sou um incompreendido, sou... o que sou eu? Não sou, somos, meu caro Mário Raul de Moraes Andrade, múltipla criatura, espécie grátis de centopeia dos sentimentos e dos pensamentos.

Comunico-lhe que no mês passado fiz uma poesia, sobre o Rio, de puro entusiasmo pélico (de pele). Não vale nada, mas tem pelo menos quatro versos e um neologismo que justificam tudo:

Há deusas,
Há Vênus, há Domitilas,
Fazendo guanabaradas
Por aí.

Que tal? Como é que ninguém ainda descobrira que a palavra *guanabarada* significa todas as espertezas pélicas (de pele) provocadas pelo contato da natureza facilitadora, é que não sei.

Queria contar umas coisas mais sérias mas neste ambiente de carta em que, não sei como me instalei, não é possível. Vou parar, vou escrever pra minha mãezinha que anda muito idílica, coitada! muito sofrendo com a minha falta. Eu noto aliás, Paulo, que nós dois exercemos, em nossas famílias, um papel muito importante e que não tem sido muito bem nem nada estudado até agora: o papel de *alegria da casa*. Esta *alegria* não consiste especialmente em ser a pessoa alegre, otimista, anedotista, da família, não. Consiste essencialmente na gente ser a... movimentação familiar, a pessoa que de repente tem vontade de comer um pato, por exemplo, ou de repente tem coragem de dizer sobre um parente qualquer uma verdade deslumbrante que toda a família precisava dizer, mas não tinha coragem dentro do convencionalismo familiar. Isso, custou mas achei, o *alegria da casa* é esse que traz pra o convencionalismo familiar a possibilidade de evasão; é o que decora e ao mesmo tempo esportiza a profunda, comovente, mas severa e bastante monótona humanidade familiar. Eu então, numa família onde ninguém ri, onde ninguém deseja, onde ninguém estoura pelos dourados caminhos do erro, eu sei, sem me supervalorizar, que estou mesmo fazendo uma bruta de uma falta em casa. A família anda agora naquela, sempre clara, sempre larga, mas tristonha luz do entardecer. Sinto pena. Não desejaria voltar pra S. Paulo, apesar, disso.

Farei todos os esforços pra ficar no Rio, se possível, definitivamente. Não é questão de ilusões, não, devidas a um primeiro contato fácil. Não creio que no Rio me melhorem nem piorem, ou que eu melhore ou piore no Rio. No momento, o que me fortalece na decisão é apenas um desejo, e os desejos são voláteis. Nada me garante, por enquanto, a permanência no Rio. A Universidade do Rio de Janeiro, criada por Pedro Ernesto, é a coisa mais construída na areia que já encontrei no meu turismo vital.[39] Vamos a ver janeiro o que decide por mim.

---

[39] Pedro Ernesto do Rego Baptista (1884-1942), então prefeito do Rio de Janeiro, instituiu a Universidade do Distrito Federal (UDF) em 1935. Extinta apenas quatro anos mais tarde, foi incorporada à Universidade do Brasil, que, por sua vez, daria lugar, em 1965, à atual Universidade Federal do Rio de Janeiro.

Bem, *ciao*. Uma lembrança carinhosa pra Juanita, e este seu muitíssimo abraçado abraço do

MÁRIO

Resposta à carta anterior:

* * *

Meu caro Mário:

Até que enfim me surgiu uma carta sua. Já me estava preparando mesmo para escrever-lhe reclamando a colaboração do *Estado* e notícias quando chegou tudo.

Muitíssimo grato pela referência e pelo título do seu primeiro trabalho para o nosso jornal.

Estou iniciando a publicação da *Bibliographia brasiliensis*, tendo saído já alguns artigos. Viu? ou o seu *noveau-richismo* carioca não permite mais a leitura dos jornais paulistas?

E a propósito disso mesmo (da bibliografia) tenho um favor a pedir, favor que será uma grande cacetada. Mas só você poderá tudo fazer com a necessária urgência e perfeição.

A Biblioteca Nacional possui um exemplar da edição holandesa do Barleus, edição de 1923. Algumas dessas gravuras, que não foram publicadas em nenhuma outra, são necessaríssimas para o meu trabalho. Queria pois que você, por intermédio do Departamento do Patrimônio Histórico, ou qualquer outro técnico, me mandasse fotografar, tamanho 25 × 18, no mínimo, as seguintes gravuras dessa obra: as seis gravuras que se acham entre as páginas 423 e 433. São nove as aí colocadas, mas não é necessário fotografá-las todas nem um texto holandês com esta epígrafe: *Nederlandsche tekst behoorende bij het Tableau*; nem a *Staten-eiland* (estes letreiros figuram apenas no índice das gravuras e não nelas); nem a *Fragment van de kust van Chile* (letreiro também no índice).

As gravuras pois a serem fotografadas são estas, cuja numeração está no mesmo índice.

59 — *BRASILIA qua parte paret/ BELGIS*.

60 — Sem letreiro; ao alto um festão de plantas e frutos do país; ao centro toda a extensão da gravura, um friso de animais: da esquerda, para a direita, queixadas, uma sucuri, ou jiboia, dois cavalos, duas emas etc.

61 — Sem letreiro. Uma cena de engenho nortista, um bivaque, casais deitados em redes, fogo etc.

62 — *MARITIMA/ BRASILIAE/ UNIVERSAE*

63 — Continuação das minúcias de uma grande gravura.

64 — *Overzichtskaart van het Ta-/ bleau* (Este letreiro só figura no índice da obra). É uma reunião dos detalhes anteriores. É o mapa completo de Marcgraf.

Aí está a prebenda. Aguente com ela e merecerá o título perpétuo de protetor deste seu amigo velho que é o

PAULO

* * *

Rio de Janeiro, 27 de outubro de 1938

Paulo

Fiquei desesperado com o seu telê.[40] Não conhecendo fotógrafos bons, como contei pra você, tinha pedido ao Rodrigo que mandasse fazer o serviço para mim. Estava justamente no

---

40 O telegrama, expedido por PD em 26 de outubro de 1938, está preservado no Fundo Mário de Andrade. Ver AMA-C-CPL2524, IEB-USP.

Sphan esse dia um fotógrafo diz que ótimo e prático no serviço de reproduções de interesse iconográfico.

    Conversamos e ficou a coisa quase ajustada, não tendo o Rodrigo feito a encomenda só porque queria consultar o outro fotógrafo do Sphan, por questão e possibilidade de maior barateza. Consulta que *faria no dia seguinte* (sic). Voo pra São Paulo etc. Voo pro Rio e no mesmo dia passo no Sphan. Nada encomendado! O tal de fotógrafo presente à conversa e que, pela primeira vez aparecera no Sphan, desaparecera sem deixar sinal — e o outro estava em serviço, fora da cidade. Devia chegar segunda passada. Pedi urgência. Rodrigo ficou telefonar pra ele pedindo aparecesse assim chegado Rio. O homem chegou, apareceu (terça), recebeu encomenda e disse que sim mas só princípios semana que vem pois tinha compromissos impossíveis abandonar. Rodrigo (quarta) me fonou pra contar mas eu (Conselho Universitário, encomendas S. N. Propaganda) só apareci em casa 20 horas pra jantar. Seu telê! Dei esta manhã (quinta) todas as providências, pedi urgência, falei mesmo fotógrafo que se tivesse outro, digno, desse o trabalho a outro. Isso por recado, pois não me foi possível encontrar fotógrafo pessoalmente. Hoje (são 13 horas), tenho Conselho Universitário (15 às 18 horas), jantar com Mme Lidy Chiafarelli e levá-la ao *Bakaus*, que não sei como se escreve. A que horas virei pra casa preparar as duas aulas que tenho amanhã de manhã!... meu Deus! mas acredite que nem um momento descuidei suas fotos como a outra encomenda que já foi feita. Irá assim que consiga. Acredite.

    Ciao com abraço

MÁRIO

Essas fotografias por mim solicitadas eram de alguns antigos mapas do Brasil, que existiam na Biblioteca Nacional, que se destinavam aos meus estudos bibliográficos e para satisfazer a um pedido que me fizera Afrânio Peixoto, encarregado por uma editora de Lisboa de fazer uma enciclopédia pela imagem do Brasil. Esse caso virou uma verdadeira anedota. Quando completei toda a documentação, enviei a Afrânio este telegrama: "Seguiram elementos. Abraços". Dois dias depois fui preso e levado à presença do delegado de Ordem Pública, Venâncio Aires. Este então, divertido, me contou que o telegrama fora pegado pela censura e Afrânio Peixoto, desde há dois dias, estava preso e recolhido, no Rio, à delegacia da rua da Relação. Lá prestara declarações, e a polícia carioca pedira a minha prisão, para verificar se coincidiam com as de Afrânio as declarações que iriam ser tomadas. Coincidiram perfeitamente com a tal *Enciclopédia pela imagem*. Eu, aqui, e Afrânio Peixoto, no Rio, só fomos soltos no dia seguinte, quando lá chegou o meu depoimento...

* * *

Rio de Janeiro, 15 de novembro de 1938

Paulo

Nesta data venho congratular-me com o prezado amigo pelo grande progresso que tem feito a nossa querida pátria nesses já excessivos anos de república, vou passando bem mas você deixou saudades.[41] Falta um cheirinho no ar e pra mim aquele

---

41 Dias antes eu fora ao Rio e ficara hospedado no seu apartamento à rua de Santo Amaro, esquina de Catete. Fora ali tratar com uma empresa importadora de máquinas de imprensa a compra de uma impressora com o intuito de fundar em São Paulo uma revista, de sociedade com Elias Chaves Neto. Tive que voltar depois e como Mário estivesse em São Paulo e corressem boatos alarmantes a meu respeito, hospedei-me no Hotel Itajubá.
 À noitinha, regressando de minhas andanças com a empresa importadora, cheio de calor, mal me esticara para um repouso antes do jantar, meu quarto foi invadido por quatro tiras, que me *convidaram* a acompanhá-los.

exemplo assombroso de um sujeito cheio de coisas por dentro e capaz de dormir à metralhadora alerta dos bondes e automóveis desta rua do Catete que mais parece do cateto que rilha

À porta do Hotel havia susto por um mundão de empregados e hóspedes. O dr. J. Pires do Rio, que ali residia e com quem eu mantinha relações cordiais, ficou apavorado, quando o cumprimentei, cercado por aqueles indivíduos. Fui conduzido à famigerada delegacia da rua da Relação, onde me deixaram na sala do escrivão à espera de que o *chefe* chegasse. Eram seis horas da tarde. Esperei até às duas da manhã! O que assisti naquela sala, na conversa daqueles funcionários mal-ajambrados, era de causar náuseas. Um deles, ali por volta da meia-noite, disse ao seu companheiro:

— Vou comer qualquer merda por aí, e se o chefe chegar diga a ele que estou c...ando...

Todos os diálogos neste diapasão. Finalmente por volta das duas chegou o *chefe*, um tipo gordo mal-encarado, um subdelegado Romano diretamente subordinado ao sr. Filinto Müller, chefe de polícia. Meia hora depois, um dos tiras veio me buscar para ter com o tal subdelegado, um perfeito cafajeste, em tudo, o qual me perguntou secamente o que viera fazer no Rio de Janeiro. Expliquei em minúcia o que fizera, citando o nome da firma onde passara o dia.

— Negócios ou não, o senhor tem que deixar imediatamente o Rio — disse o tipo. — E vou verificar se o que disse é verdade. Se não for, mandá-lo-ei buscar em São Paulo. Se for verdade, não saia mais de São Paulo, e seria melhor não sair nem de casa...

De manhã, dois tiras que se achavam embaixo à minha espera, me acompanharam até o aeroporto, onde tomei o avião das oito horas. Quarenta e oito horas depois, era expulso do Brasil...

Fui obrigado a tomar o primeiro vapor que saísse de Santos. Era um vapor alemão de classe única, chamado *Monte Pascoal*, que partiu à tarde. Me acompanharam até Santos dois ou três amigos, meus irmãos e meu Pai. Quando o vapor se afastava, o último vulto que pude reconhecer e me acenava com a mão era meu Pai. Nunca mais o veria. Falecia em 1943. E eu ficaria no exílio ainda por três anos. Quando o vapor atracou no Rio, recebi logo ordens de não desembarcar. Mas havia uma pessoa me esperando: Vivaldo Coaracy, amigo querido de todas as más horas. Com suas credenciais de jornalista e relações no Rio, ele conseguiu entrar a bordo e ficar comigo até o *Monte Pascoal* partir, duas horas depois. Não estranhei a ausência de Mário, pois certamente não conseguira licença para me esperar. Mas não fora isso, Mário partira para São Paulo, sem saber da minha deportação, como explica na carta a seguir, que me entregou em Lisboa Afonso Rodrigues Pereira, querido amigo, para cujo endereço, Mário, informado em minha casa, mandara a sua mensagem. [N. A.]

os dentes. Como vão as suas preocupações com a bibliografia holandesa? Que tal se aprendêssemos a língua flamenga? Outro dia enxerguei a rainha Guilhermina no cinema e continuei preferindo Nassau, como ela é gorda!

Sempre amigo

MÁRIO

* * *

Rio de Janeiro, 21 de novembro de 1938

Paulo

Não tenho o que dizer a você, fico sem o que dizer, sei é que estou num estado catastrófico. Inda por cima isto de não poder abraçar você na hora da partida. Mas você compreenderá minha razão porque faria o mesmo. Minha mãe faz oitenta anos no dia 24 e é mais que necessário que os filhos se congreguem em torno dela nesse dia. Fui obrigado a partir no primeiro avião de 23 por causa dos dispositivos a tomar para o nosso grande dia, que os meus ignoram o que são champanhas boas, vinhos caros e não têm, coitadinhos, a coragem feliz de gastar duzentos mil-réis numa cesta de flores. Eu que vim de outras bandas da vida tenho que providenciar tudo isso. O mais trágico pra mim é ter desse jeito uma imensa felicidade emoldurada numa tristeza intensa, você. Não se misturam, é curioso, nem se combatem: tristeza de um lado, felicidade de outro.

Venho, só lhe trazer meu coração de companheiro. Você use e abuse de mim, conte comigo em qualquer tempo, inteiramente grátis. Quando chegar a fase de cima, só estarei com você para o dia das grandes bebedeiras.

Me escreva logo para eu saber onde lhe mandar coisas. Um abraço muito querido em Juanita. E a você toda a minha melhor fidelidade.

MÁRIO

Minha resposta:

* * *

Monte Pascoal,[42] **3 de dezembro de 1938**

Meu querido Mário:

A sua carta foi uma delícia. Não que eu esteja de acordo com ela, mas porque o último contato espiritual que, em Lisboa, tive com o Brasil foi o de um amigo bestissimamente querido como você o é.

Só lamento que a sua imensa felicidade do dia 24 (da qual partilhei intensamente) fosse tão mal emoldurada pela tristeza que lhe causou a minha expulsão da nossa terra. Você me conhece tanto, meu caro Mário, para saber que essas coisas não me amolecem. A minha grande preocupação, e única também, mas grandona, foram minha querida mãe que ainda não se habituou com as shakespearianas tragédias da minha vida, a Juanita, os meus, enfim, para os quais, geometricamente, estou assim como você está para aquela gente toda da rua Lopes Chaves.

---

[42] Respondi à carta de Mário, ainda a bordo do *Monte Pascoal*, quando deixou Lisboa, com rumo a Hamburgo. É uma das poucas cartas a ele de que tirei cópia. [N. A.]

Embarcando para São Paulo, pelo avião de 23, nada mais fez do que o que devia fazer e, ficando preocupado comigo ao ponto de esmorecer o encanto da festa carinhosa de d. Maria Luiza, nada mais provou do que é mesmo aquele cretino que, em certas coisas, sempre julguei você fosse...

E não nos apoquentemos mais porque anda por aí muito próximo o *dia das grandes bebedeiras.*

Enquanto esperamos, por sua vez, receba o meu coração de companheiro.

PAULO

Um abraço ao Rodrigo.[43] Diga ao dr. José Mariano[44] que não providenciei o pedido dele, porque o Estado Novo não deu tempo...

A resposta a essa carta está desaparecida.[45] Mas no dia 21 de dezembro ele enviava a minha irmã a carta a seguir.

* * *

Rio de Janeiro, 21 de dezembro de 1938

Minha sempre lembrada d. Nini.

Recebi sua carta e as deliciosas fotografias.

---

[43] Rodrigo Melo Franco. [N. A.]   [44] José Mariano Filho, que me havia pedido documentação do barroco de São Paulo. [N. A.]   [45] Apesar disso, preserva-se, no Fundo Mário de Andrade, um cartão-postal de 17 de dezembro de 1938, remetido de Lübeck, na Alemanha, por PD a MA. Ver AMA-C--CP2527, IEB-USP.

Fiquei ciente de tudo e só lhe peço que me desculpe as caceteações. Quereria conversar consigo longamente mas nem tenho coragem de pedir notícias do Departamento. Seria inútil disfarçar com a imagem do Departamento as nossas preocupações mais graves. Ou mais intensas, é melhor dizer. No Paulo não penso muito, que se arrume! É homem, é forte, e tem o dom da aventura e da firmeza de agir. Mas a sua mãe, Lurdes. Ia acrescentar e eu...

E por certo não mentiria. Pouco depois do choque enorme que tive com a partida do Paulo, veio bater em nossa porta o aviso que meu irmão[46] partiria também. Até agora o pesadelo não se realizou mas continua pesadelo e acabou comigo. Estou numa dessas coisas feias de se ver, que a senhora nem imagina. Mas isso não vale a pena falar.

O Rio anda com delicadezas comigo. Até agora nada do calor chegar. Um dia de mormaço e três de chuvinha intermitente que adoça os ventos e traz vontade de praias. Mas que praias com tanta trabalheira! Estou no fim do curso e nisso não fui infeliz. Os alunos me apreciaram e gosto de ser gostado.

E estou imaginando na sua festa de Natal...

Sei que não lhe será difícil encontrar camelos[47] agora, mas se precisar de um monstro, me chame, que estou com vocação decidida para monstro. Já descrevi o monstro pra Maria da Glória e não torno a me repetir, prefiro luzes. Que venha uma faixa de luz branca preciosíssima e três outras menores, mais finas, uma verde, outra alaranjada e outra cinzenta. As três faixas coloridas farão uma trança em cruzados ao redor da faixa branca. Em cada cruzamento a estrela da manhã se repetirá como diamante sem par. E nessa escada maravilhosa

---

46 Carlos de Moraes Andrade. [N. A.]   47 Para a festa de Natal dos Parques Infantis. [N. A.]

vamos mandar d. Nini pelos ares visitar o mano Paulo que foi na Europa viajar.

Há-de trazer boas notícias, presentes para sua mãe com Juanita ao som de uma marchinha leve bem carioca no dizer. D. Nini virá sorrindo, o seu sorriso sempre bom.

E faremos a festa juntos, comeremos com presunto e tudo ficará azul, bom Natal! bom Natal pra sua mãe, bom Natal pra Juanita,[48] bom Natal pra Lurdes com Sérgio,[49] pra seus irmãos e cunhada, bom Natal pra d. Lenira,[50] bom Natal pros amigos possíveis do Departamento, bom Natal pra sua tia. E bom bonzíssimo Natal pra d. Nini, que guardo no maior carinho, na melhor recordação, feliz.

Nova carta minha:

* * *

Paris, 5 de fevereiro de 1939

Mário, velho:

Apesar de uma carta e dois cartões meus, depois que estou na Europa, ainda não recebi uma só linha sua.

É pois só a necessidade que me faz escrever. Precisava de você duas coisas. Duas cacetadas. Uma é a de me enviar com a possível urgência dois exemplares do trabalho de Sousa Leão sobre Franz Post. É para dar ao diretor do Louvre, que se tornou muito meu amigo, por causa da contribuição que lhe levei,

---

48 Juanita ficara e só ia encontrar-me às vésperas da guerra, em Buenos Aires. [N. A.]   **49** Sérgio Milliet. [N. A.]   **50** Lenyra Fraccaroli, diretora da Biblioteca Infantil do Departamento de Cultura. [N. A.]

fazendo cessar a *gaffe* que aquele museu vinha fazendo há muitos anos, expondo, como sendo paisagens africanas, alguns quadros daquele pintor, tipicamente brasileiras, isto é, pernambucanas. A troca das inúmeras gentilezas quero oferecer-lhe esse trabalho pelo qual o bibliotecário do Louvre está muito interessado. Posso pois contar com você para isso?

Agora, o outro. Acha-se também no Louvre um magnífico restaurador de pintura, o qual, em virtude de uma nova lei, só pode trabalhar clandestinamente. De fato, embora filho de pai e mãe franceses, nasceu no estrangeiro e não poderá obter carta do trabalho, ao passo que o chefe da restauração (que nem por nada quer perdê-lo) é filho de pai e mãe russos, mas nascido em França... Dada a sua situação precária nesse sentido, ele quer retirar-se da França, e Renè Huyghe, diretor do Departamento de Pintura, interessa-se por dar-lhe uma situação. Conversou comigo, sobre a possibilidade de ir para o Brasil. Evidentemente que nada lhe prometi a não ser escrever a você, para indagar dessa gente da Escola de Belas Artes se não está precisando de um técnico capaz. O homem, apesar de sua perícia comprovada, pelo fato de achar-se, há muito tempo, no Louvre, que não o quer abandonar, é modesto em suas aspirações e irá por qualquer coisa, desde que a sua situação no país não seja uma ameaça constante como a em que vive aqui. Disse-me o Huyghe, que ele tem as melhores recomendações, além do Louvre, dos museus de Provence, de Nancy, de Metz e muitos outros. Escreva-me pois sobre isso também.

Estou quase completamente isolado do Rio de Janeiro. Na parte intelectual então esta tem sido impermeável à minha curiosidade, desde que cheguei. Se caso sair alguma coisa interessante, faça mais um sacrificiozinho e me mande. Diga o mesmo ao Rodrigo em relação às publicações do Patrimônio Histórico. Apesar da situação apavorante da Europa, tenho aproveitado o mais possível, enfiando-me pelos meios intelectuais de Paris, que é aliás a única coisa interessante, atraente, maravilhosa que a França oferece. Nesses meios já me locomovo familiarmente e qualquer coisa que, por ventura, você ou os amigos daí queiram é só me escrever.

Vou ficar por aqui porque acho que, para o seu silêncio mesquinho, somítico até, isso é demais. Portanto, antes do ponto-final, o abraço muito apertado do

PAULO

Outra coisa: O Huyghe, que é um grande nome aqui, já esteve no Brasil e vai partir na primavera para uma temporada de conferências na Argentina, a convite do governo deste país. Seria interessantíssimo, de passagem, fazer uma conferência no Rio, onde já esteve e é muito conhecido. Veja se há possibilidade de ele ser convidado pelo Capanema, porque muito teríamos a ganhar com a coisa. Vou tentar o mesmo no nosso pobre São Paulo, como o Rio tão necessitado de aprender e ouvir.

* * *

São Paulo, 20 de janeiro de 1939[51]

Paulo

Afinal chegando em São Paulo, sube da sua direção em Paris, que eu, do Rio, mandava perguntar, mandava, ninguém respondia não. Vou escrever naquele papel (aquele é este), feito à mão e que custou caríssimo, e de que só me sirvo quando o

---

[51] Conforme se depreende da leitura da carta anterior, redigida por PD no início de fevereiro, esta missiva de MA ainda não chegara às mãos do destinatário em fins de janeiro.

coração vira besta. Ai nuvens de meu verão! estou com o peito ardente porque escrevo pro meu amigo Paulo Duarte que eu quero muito bem! Que fazedes? Entráveis para *L'Intransigeant*? Já pecasteis? Eu fiquei tão fatigado de pecar, eta Riô! que vim tomar gema de ovo recém-saído de algum posterior legorne de fazenda araraquarense. Vou para Araraquara nestes quatro dias, lá passo umas vinte a quarenta gemas, não escrevo, não leio, estudando as abêia nacioná e seus costume. Pesca um dourado não, que não é tempo. Depois monto num pangaré manso e penso em ti, pangaré bravo de corcovo. Mas no carnaval lá estarei no Rio prontinho pra pecar.

Conto coisas ou não conto? Conto. Não, não conto. Pois então fique sabendo que o Sérgio Milliet da Costa e Silva caiu no goto do Prefeito,[52] que já está compreendendo o baita de homem. E respeitando. O Sérgio resmunga sempre, está claro, mas você já viu o Sérgio que não fosse resmungando? Resmunga mas faz coisa, o que é divino. O Rubens,[53] diz que está bem doente, mas cheguei apenas e ainda não vi ele. É o diabo essa doença que não sara. O Rubens não é como eu que sei escolher doença pra sarar. Ele ainda está no período agrícola: cultiva. Eu já passei pro período industrial: vendo e se acaba a partida. Mas assim mesmo, agora, meio que estou agrícola também, não sei como foi, mas meu dezembro, teve dez dia 31, dez *reveillons*, dez porres: soma: colite alcoólica de primeiríssima, Érgo (latim): fazenda. E o Florence então![54] gordo, satisfeito, feliz de não fazer nada, mas vai, toma um ar tristinho,

---

52 Prestes Maia. [N. A.]   **53** Rubens Borba de Moraes. [N. A.]   **54** O jornalista e historiador Amador Bueno Machado Florence (1898?-1965?) — que também assinava Amador Florence Sobrinho, Amador Bueno Florence ou, simplesmente, Amador Florence — trabalhava no Arquivo da Prefeitura (o atual Arquivo Histórico Municipal) antes de ser nomeado chefe da Seção de Divertimentos Públicos, subordinada à Divisão de Educação e Recreio do Departamento de Cultura, durante a administração Fábio Prado.

aquela voz de carpideira e não tem a menor discrição de se afirmar o único sacrificado desta m. (com perdão da palavríssima). E a Universidade minha, companheiro! Você não imagina. Prefeito lá do Rio diz que não quer ela. O Capanema quer encampá-la, de ciúmes. Mas o Presidente afirma que no governo dele, não acabará universidade nenhuma, que tal! A coisa está pra se resolver numa semana, duas.[55] Enquanto isso procuro emprego. Quero deixar definitivamente o funcionalismo e preocupações públicas. Viver pra mim. Meu sonho, *mon rêve* é um empreguinho de oitocentos mil-réis na casa de um purtuga bem burro — Seu Mário tu és besta! — Discurpe, seu Sirva. Mas companheiro deste coração angustiado, Você sabe o que é isso de quando a gente fecha a porta do trabalho, fechar o pensamento também? Não pensar mais naquilo? Você sabe que sublime que é isso?... Pois vou fazer. Uma imensa vida minha, bem minha. Escrever um romance! Fazer um verso! dizer *eu te amo!*... E brincar pulado, sem relógio despertador!...

P. m.! eu quero brincar pulado, sem despertador!!! Agora dei pra cultivar ideal de orelhas, ideal sem orelhas não adianta, é demagogia! Senhores! as maiores criações nacionais, todas elas, derivam da iniciativa particular!

[55] No fim de 1938, o ministro da Educação do Estado Novo, Gustavo Capanema (1900-80), intervira na Universidade do Distrito Federal, alegando competir à União, e não aos municípios, o gerenciamento das instituições de ensino superior. Com base nesse princípio, exonerou o reitor Afonso Pena Júnior (1879-1968), substituindo-o por Alceu Amoroso Lima. Feroz detrator do ideário comunista, que setores conservadores (e mesmo reacionários) da sociedade brasileira da época vinculavam àquela universidade, o crítico católico desarticulou as bases da instituição edificada pelo educador Anísio Teixeira (1900-71). Ainda no início daquele ano, a UDF seria absorvida pela Universidade do Brasil, gerida pelo Governo Federal. Em carta remetida a Capanema em 23 de fevereiro de 1939, MA não deixaria de manifestar o seu descontentamento com tal situação. Para mais detalhes desse episódio, ver uma caudalosa nota de pesquisa redigida por Leandro Garcia Rodrigues em *Correspondência: Mário de Andrade & Alceu Amoroso Lima*, op. cit., pp. 177-8.

Addio, Paolo, Paoluccio mio! Me recomende respeitosamente ao dr. Armando[56] e com maior liberdade amiga ao Júlio Mesquita. E com muito afeto ao Armandinho.[57] Nunca mais o vi, tenho saudades... Me disseram que ele está ressentido comigo, mas o Paulo de Magalhães mesmo me afirmou que a família guardava silêncio e o queria, durante a enfermidade dele. Por isso é que fui discreto, respeitando o que imaginava ser um desejo de família.

É só. Aqui vai um abracíssimo fidelíssimo deste irrecorrível

MÁRIO

* * *

Rio de Janeiro, 1º de março de 1939

Paulo, incomparável Paulo.

A sua carta me entristeceu pois vi por ela que se acha perdida por esse mundo de Cristo a minha primeira resposta tão encrustada de primoroso amor. A máquina está falhando... Bem, recebi sua carta de reclamação, como deve, dei imediatas providências junto do Rodrigo[58] que no mesmo dia lhe mandou as publicações novas do Sphan,[59] e aqui lhe mando o *Post* pedido.[60] Custou um bocado achar, que o livro já se esgotou pelo que falaram na L. José Olympio que já não tinha mais exemplares. Achei estes na casa de música, o *Pinguim*! Por onde se vê que a música ainda é útil. Menos, parece, pra nova gente de

---

56 Armando de Sales Oliveira, também exilado em Paris. [N. A.]
57 Armando de Sales Oliveira Filho. [N. A.]   58 Rodrigo Melo Franco de Andrade. [N. A.]   59 Serviço do Patrimônio Histórico e Artístico Nacional. [N. A.]   60 Um livro com reproduções de Franz Post, recém-publicado no Rio. [N. A.]

São Paulo... Os nossos agrupamentos musicais estão no momento de rodar por água abaixo. Não vê que o dono da cidade tem uma mulher que é portuguesa cheia de gorduras físicas, intelectuais, e principalmente culturais. Essa senhora é especialmente sensível aos conselhos de um professor de canto que teve ou ainda tem, um tal maestro De Angelis, carcamano que aqui foi depositado por inércia, vindo no rabo de qualquer companhia italiana de operetas.[61] Imaginou no que ia ser, tomou o pulso fraquinho da terra e foi ser professor improvisado de canto e diversos instrumentos. Mas manteve sempre saudades da mais cômoda e festiva regência, de que conhece praticamente o bê-á-bá técnico, e absolutamente nada do estético. Expressão pra ele é dó-de-peito e berro. Esse sujeito-peido, mancomunado com um tal de Armando Belardi, que não sabe mal a técnica do violoncelo, tem bom som, mas nada entende de arte, nem se se escreve com agá ou traço de união, que imagina ser regente e diretor de coros, quando não passa de tamanco usado por pé sujo, expulso que já foi, por ladrão, do Centro Musical...[62] pois esses dois sujeitos-peidos

---

[61] O maestro italiano Arturo de Angelis (1879-1945), casado com a cantora lírica de origem russa Olga Simzis (1887-19??), regeu diferentes orquestras na Europa e na América do Sul antes de se fixar em São Paulo. Em junho de 1939, ajudaria a constituir a Orquestra Sinfônica do Theatro Municipal, amparada pela administração Prestes Maia e que, uma década mais tarde, daria origem à Orquestra Sinfônica Municipal, denominação ainda em vigor.
[62] Igualmente envolvido na constituição da referida Orquestra Sinfônica do Theatro Municipal, o violoncelista e maestro brasileiro Armando Belardi (1898-1989) já havia fundado e dirigido, na capital paulista, a Sociedade de Concertos Sinfônicos (1921-31), que contava com os mesmos integrantes do Centro Musical de São Paulo (1915-40), instituído pelo compositor e maestro italiano Savino De Benedictis (1883-1971). Nesse excerto, é provável que MA aludisse ao processo judicial de que a Sociedade fora alvo em 1929, movido por alguns de seus sócios e motivado por questões financeiras. Esse episódio contribuiu para a extinção da entidade, cujo salvamento foi tentado por Belardi no início de 1930, ao organizar um concerto sinfônico gratuito, com

principiaram churriando na orelha da outra que trio, quarteto, coral erudito são coisas que o povo não gosta nem fazem sucesso, que o bom era criar um coral pra óperas, uma escola de bailes pra óperas, e mais uma escola pra óperas, no Municipal, pra quando viessem companhias de óperas pra São Paulo, a cidade ter tudo isso, pra economizar importação de gente. Quando o dono da cidade escutou a palavra economizar, esqueceu o resto, esqueceu de tudo o que vai gastar com esses corpos novos e que desconfio será bastante mais que com os de agora. A coisa está assim, e já os jornais governistas noticiaram a destruição do existente e a construção desses corpos novos. Não sei se a coisa já se fez porque cada vez mais não escrevo pra gente do Departamento, pra não receber queixas e contar feiuras que me deixam macambúzio. Mas é uma nova obra ilustre do Rabecão,[63] que se estraçalha em meio, é pena.

Aqui no Rio a bagunça cultural não vai melhor. O Capa,[64] de ciúme, destruiu a nossa Universidade, e o decreto entrou *em vigor na data de sua publicação*. Apesar disso, sem existência jurídica, sem existência nenhuma, a Universidade ainda continua existindo por decisão do prefeito, já se abriram as inscrições pra esse novo ano letivo, e continuamos sendo pagos. Eu é que insisto na procura de um empreguinho sem projeção, onde a alma adormeça sem preocupações nem entusiasmos ilusórios. Achado isso, vou alugar uma casinha de vila, oh penetrar nos segredos dos habitantes de uma vila! e então

---

um corpo alternativo de músicos. Tal iniciativa foi severamente criticada por MA em dois artigos veiculados, em fevereiro e março daquele ano, no *Diário Nacional*. Ver Camila Carrascoza Bomfim, *A música orquestral, a metrópole e o mercado de trabalho: O declínio das orquestras profissionais subsidiadas por organismos públicos na Região Metropolitana de São Paulo de 2000 a 2016*. São Paulo: Universidade Estadual Paulista "Júlio de Mesquita Filho", 2017. Tese (Doutorado em Música). **63** Alcunha dada por Paulo Magalhães ao Departamento de Cultura. [N. A.] **64** Gustavo Capanema. [N. A.]

recomeçarei pacatamente as minhas literaturas. Aliás creio que vai nascer um romance. E nisto se está vivendo, eu adaptado ao Rio e ao calor. Estou magrinho, não tem dúvida, mas paciente como brasileiro. Durmo sem sonhos, isso nos raros momentos em que durmo. Conservo uns dois ou três amigos que gostam de comer bem, e mais o Portinari que está gênio dos quatro costados. É o deserto.

Me recomende aos bons e aceite o abraço curioso

MÁRIO

Várias cartas, entre fevereiro e dezembro de 1939, perderam-se. É um hiato lamentável provocado pelos acontecimentos. Transformara-me em judeu errante. A guerra estava às portas. A insolência de Hitler, invadindo e mutilando países da Europa Central, provocava revolta e medo. O acordo de Munique encorajava ainda mais o ditador alemão, até que a sua aliança com a Rússia e a brutal invasão da Polônia acenderam a conflagração.

Na companhia de Júlio de Mesquita Filho, partimos de Paris para Antuérpia, onde tomamos navio com destino a Nova York. Armando de Sales Oliveira e outros exilados já aí se achavam. Em Nova York tive a missão de vir, clandestinamente e de nome trocado, ao Brasil, a fim de trazer documentos e revelações importantes ao ministro da Guerra, general Eurico Dutra, sobre o intuito nazista de invadir o Brasil, cujo ditador se demonstrava cabalmente nazista. Consegui localizar o general Dutra em sua própria residência, no Leme. O ministro da Guerra ouviu-me pelo espaço de várias horas, até alta madrugada tendo eu insinuado mesmo a necessidade de ele depor Getúlio Vargas. O general Dutra não me prendeu, mas pediu um relatório do que lhe revelara e aconselhou-me a retomar o vapor, pois ele próprio não tinha meios de garantir a minha liberdade. Em Santos entretanto fui preso por dois agentes do sr. Filinto Müller que, de outra fonte, soubera da minha passagem pelo Rio, embora o general Dutra, com alta dignidade, não tivesse dado qualquer informação a quem quer que fosse. Devia ser reenviado ao Rio de Janeiro. Por sugestão e com informações de um policial colocado a bordo, quando o vapor atracara, consegui armar um conflito entre a polícia marítima e os beleguins do Rio de Janeiro. Pude retomar o vapor em que viera, *Delmundo*, já fora da barra, graças à comovente solidariedade dos estivadores santistas, que me cercaram para garantir o meu embarque e arranjaram uma lancha que, na companhia de alguns deles, me reconduziu ao *Delmundo*, já alcançando a barra de Santos. Desembarquei em Buenos Aires, onde Armando de Sales Oliveira e Júlio de Mesquita me esperavam. Tudo isso, com todas as minúcias, está narrado em meu livro *Prisão, exílio, luta...*, publicado em 1946.[65] Nesse intervalo de meses, Mário enviou várias cartas para Paris e Nova York, que se extraviaram. Só em dezembro de 1939, reatamos a nossa correspondência, quando, em Buenos Aires, já durante a guerra, lhe enviei a carta que segue. Oito meses sem notícias dele.

* * *

Buenos Aires, 2 de dezembro de 1939

Meu querido Mário:

Então, nunca mais o assaltou um daqueles desejos de escrever *ao meu amigo Paulo*? Puxa! durou pouco o entusiasmo, para não dizer outra coisa. Apesar dessa ingratidão, apesar do absoluto

---

[65] Ver Paulo Duarte, "Cartas ao ministro da Guerra". In: *Prisão, exílio, luta...* Rio de Janeiro: Livraria Editora Zelio Valverde, 1946, pp. 121-82.

silêncio e minha última carta de Nova York, aqui estou novamente para matar as saudades que hoje *me viéro atormentá...*

Não sei se você ainda mora no edifício Minas Gerais, rua Santo Amaro, se não me engano, 4, Rio de Janeiro. Por isso, envio esta por outra via e, com certeza, vai chegar atrasada.

E eu precisava que ela chegasse depressa, pois queria que você me enviasse, *com urgência*, uma opinião sua sobre a pintura em S. Paulo, principalmente a moderna, sem todavia, não esquecer qualquer coisa da precaríssima pintura antiga daí, falando em vivos e mortos (uns e outros são por assim dizer mortos...). Não é nem para publicar nem para fazer uso que acarrete a responsabilidade. É para um trabalho do qual, em breve, você terá notícia em carta posterior. Envie-me entretanto esses dados, com urgência. Se o seu ponto de vista estiver já exteriorizado em algum artigo ou livro, envie-o que é a mesma coisa. Creio que fui claro no pedido. Corresponda essa clareza com a diligência em atendê-lo.

Outra coisa que queria de você é a de me enviar de vez em quando alguma coisa boa, mas só boa, que se publique aí. Não quero ficar atrasado com a vida mental do Brasil. Não preciso dar a medida enorme do meu agradecimento. Escreva, escreva, escreva.

Um beijo a você. Beijo as mãos de sua Mãezinha.

PAULO

* * *

Rio de Janeiro, 17 de dezembro de 1939

Meu querido Paulo

Acabo de receber hoje mesmo a sua carta que dona Nini me mandou. Não é nada disso e deixa de besteira, companheiro.

Tenho muito me lembrado de você, tenho muito falado de você com o Sérgio,[66] o Paulo de Magalhães e comentado até o que está se passando. E se não escrevo é por questão de delicadeza. Sem nunca pressupor alguma desistência de amizade de você, imaginei por boas razões que você, aí no seu retiro de Buenos Aires, não queria correspondência, por alguma razão justa. Pelo menos foi o que inferi de várias coisas que sucederam, como o não recebimento de nenhuma carta sua desde a sua saída de Paris (a de Nova York se perdeu), ter perguntado a seu irmão como lhe escrever e ele ter respondido que ignorava sua direção,[67] ter demonstrado ao Sérgio o desejo de saber sua direção para mandar com carta um novo exemplar dos meus *Namoros com a medicina*, pois que você não acusara recebimento do primeiro e ele ter desconversado. Então imaginei que por alguma razão justa você preferia evitar correspondência no momento, e me calei, me limitando a saber sempre de você, quando encontrava algum dos seus.

Eu te odeio, isso é incontestável. Mas te odeio teoricamente, quando imagino na minha existência. Então te odeio por você ter me excitado a vaidade com essa f da p. de diretoria do Departamento de Cultura. Mas gosto muito de você, sou seu amigo de coração. E não me esqueço que num simples primeiro encontro, irmanado por ideais comuns, folclore e culinária, quando nos despedimos um do outro éramos velhos amigos. Depois essa amizade se remoçou e criou forças novas no convívio e percebi todos os seus incomparáveis dons, o *amicus certus in re incerta*, o homem gostoso, o espírito confortável, o corajoso diante da vida, o falsário do bom humor

---

66 Sérgio Milliet. [N. A.]   **67** Era verdade. Minha família, só de Buenos Aires teve notícias minhas, pois eu havia anunciado de Nova York uma viagem ao México, embora o escândalo de Santos tivesse transpirado como transpira uma notícia em tempo de opressão. Pormenores sobre o caso encontram-se no livro *Prisão, exílio, luta...* [N. A.]

em qualquer tempo. E o inalterável diante dos bons. O bom aqui sou eu, tenha paciência. E poderão se passar os meses e os anos sem que nos vejamos, não tenho a menor inquietação da sua amizade. De repente, se nos encontramos, encontro o Paulo integral e meu amigo. Basta de sentimento.

Mas, a não ser sentimento, vejo que não tenho nada a lhe contar, senão coisas tristes. Estou literalmente desesperado, não aguento mais esta vida do Rio, e ou acabo comigo ou não sei. Pra disfarçar as mágoas, vivo bêbado. Tomo porres colossais, dois três por semana. Os outros dias, me trato. O último médico que me examinou, poucos dias faz, me garantiu que tenho todas as vísceras esculhambadas pelo álcool e estou condenado à morte. Morte, melhor que a vida, quem não te ama! Diante da condenação, tomei um porre tão fabuloso que, além de pela segunda vez perder completo acordo de mim, não saber o que faço, ainda fiquei dois dias de cama, imóvel, sem poder me mover por causa dos rins inchados, tratado por uma pequena deliciosa que me ama, que não amo, e a que distraio regiamente com algumas migalhas de amor. Ou coisa parecida com amor, que são atos e palavras. Que sublime inferno de existência este meu, não te comove um pouco? Bom, às vezes sinto que a única salvação é voltar pra S. Paulo de uma vez. Lá eu tenho de perto a imagem de minha mãe, que de longe não é suficientemente forte pra vencer meus desesperos. Antes os aumenta, pela própria ausência dela que não posso suportar. Complexo de Édipo, que estupidez! Muito eu tenho analisado em mim o meu amor por minha Mãe, que coisa admirável, que você está em boas condições de compreender. Amor que foi se acrescentando com os anos, nada de ciúmes, jamais tive ciúmes dela, jamais me amolei dela amar meu pai, amor que não existiu conscientemente em criança nem na força egoística do rapaz, amor que só com a força do homem foi se condensando em verdadeiro amor, claro, nutrido de uma camaradagem absurda, sem o menor disfarce, sem a menor estupidez de discrição. "Mamãe, estou com doença feia." Coisas, assim, em que ela, sem a menor censura, tratava logo de me ajudar e proteger o resto da família contra mim. Amor de poucos beijos, de poucos abraços. O beijo, o abraço quando nascia entre nós, era uma ternura perfeita, possível em qualquer lugar, um prolongamento físico de uma confidência, de uma inquietação. Passados os tempos do protocolo infantil, jamais a beijei ou abracei na hora do bom-dia ou do boa-noite, como currículo da vida familiar, jamais. Às vezes o beijo aparecia nesses momentos também, mas raro, e sempre como uma verdade sentida. Ora você bem imagina a falta que me faz essa companheira de quarenta e quatro anos de vida comum, a pena que me faz levantar de uma cama doente pra lhe escrever que estou passando muito bem de saúde, ou depois de alguma desilusão ou saudade maior lhe confessar que esta minha vida de Rio é uma delícia. A mentira me sai sem sequer o sabor de um heroísmo, porque mais me desagrada nela a traição pra com uma mulher enérgica, que aguenta sofrer. Mas por outro lado, não tenho coragem pra lhe acrescentar mais o sofrimento de agora, com o Carlos[68] reconstruindo penosamente o escritório desmantelado pelos bestas que ele alimentava lá dentro e eu longe.

Atualmente estou como Consultor Técnico do Instituto Nacional do Livro. Quem dirige este é o meu augusto amigo Augusto Meyer, um admirável espírito literário sem a menor energia prática, sem a menor autoridade, sem a menor visão técnica. Meu destino no Instituto é fazer os projetos da Enciclopédia Brasileira e do Dicionário da Língua Nacional, e ficar como auxiliar dessas duas empreitadas quando começarem. Acabei nesta semana que passou o anteprojeto da Enciclopédia,

---

[68] Seu irmão Carlos de Moraes Andrade. [N. A.]

que agora vai naturalmente dormir pelas gavetas ministeriais o sono da bem-aventurança.[69, 70] Se não for o dos séculos. Minha vida de funcionário é relativamente amável, pois nem preciso ir à repartição e trabalho em casa. Aliás estou trabalhando em casa, porque estou mentalmente fatigadíssimo, num bem completo esgotamento intelectual, arriado de fobias. Basta que lhe diga que atualmente não posso andar na rua sozinho, é tamanho o mal-estar, tais as sensações de que vou me esbandalhar nas pessoas que vêm em sentido contrário, que, se não tenho algum amigo que me acompanhe, só posso andar de automóvel! Minha obsessão é voltar definitivamente pra São Paulo, pra minha casa, mas como? Se aqui, o que ganho mal dá pra uma vida muito meticulosamente econômica, se voltar pra São Paulo, a bem dizer tenho que recomeçar a vida, pois ficarei apenas com os quatrocentos ou quinhentos mil-réis mensais que me rende o *Estado*. Porque voltar pra prefeitura, indesejável como sou, seria falta de vergonha, não volto. Ainda faz pouco, sube por um amigo que o diretor do Departamento afirmara ter certeza que houvera grossa bandalheira no Departamento só que fora tão bem-feita que não se podia provar! Outra vez, reuniu alguns amigos nossos pra afirmar que se falava muito mal do Departamento aqui no Rio, insinuando que isso partia de mim. Você bem pode imaginar como estas coisas me abatem, tanto mais que na minha natural altivez intelectual, justamente sempre fiz ponto de honra de elogiar prefeito, o diretor, o Departamento pros alvissareiros que vinham me contar coisas ou solidarizar comigo. Mas agora não posso mais: Nesta semana que entra será passado a máquina o meu anteprojeto, irei pessoalmente entregar uma cópia dele ao

---

69 E ficou mesmo dormindo para sempre, como tudo quanto se refira à Cultura. [N. A.]   70 Ver Mário de Andrade, *A enciclopédia brasileira*. Ed. e estudo de Flávia Camargo Toni. São Paulo: Giordano; Edusp; Loyola, 1993.

Capanema e lhe dizer que parto por dois meses em descanso. Ou ele fecha os olhos e me deixa descansar ou me demito e parto da mesma forma. E o destino que vá à p-q-o-p.

Mando aqui o que posso do que você me pediu sobre pintura. Se precisar de mais alguma coisa mande perguntar. Não está completado aí o Almeida Júnior. Quem lhe poderá mandar melhores informações que eu sobre pintura paulista é o Sérgio[71] que tem numerosos artigos sobre. Vai mais um exemplar dos *Namoros com a medicina*. É o último que possuo, e só por isso não mando outro ao Julinho,[72] que cada vez estimo mais pela generosidade com que me aceitou no *Estado*. E é só. Não sei se isto é carta, se é monumento, mas não me fatigou. Antes me sinto um pouco-desafogado. Uma lembrança cariciosa pra Juanita, recordações aos amigos encontráveis, e este abraço seu do amigo verdadeiro.

MÁRIO

Não releio por preguiça, se arranje

* * *

Rio de Janeiro, 17 de dezembro de 1939[73]

Minha boa amiga d. Nini. Muito obrigado pela sua carta confortadora. Realmente ainda não sei bem o que faça, meu espírito balança indeciso e talvez mesmo até esta indecisão aumente a amargura atual. Se eu tomasse uma decisão mesmo desesperada, pelo menos ficava de espírito mais sossegado. Mas aqui guardo

---

71 Sérgio Milliet. [N. A.]   **72** Júlio de Mesquita Filho. [N. A.]   **73** Como se vê, esta carta a minha irmã é bem diferente da anterior escrita no mesmo dia. Esta não é desabafo. Aqui a alma se recata, embora não consiga disfarçar de todo a amargura que o consumia. [N. A.]

a sua advertência e de qualquer forma que me decida, é certo que espernearei o mais possível para conservar o meu posto.

O Paulo mandou me pedir o que tenho escrito sobre pintura paulista. Aqui vai tudo e mais um livro que lhe peço a gentileza de mandar a ele com os recortes. Falta um recorte apenas, o do meu artigo "Esta família paulista" publicado no *Estado* de 2 de julho deste ano. Mas o Sérgio lhe arranjará facilmente esse artigo que a Senhora ajuntará aos demais.

Vem o Natal, mais um ano se morre e a espera de alguma coisa continua. Mas sempre é Natal, são férias para as almas e devemos nos alegrar. Desejo a Senhora, a sua Mãe e seu Pai e irmãos, todos, uma grande alegria e melhores pazes para 1940.

Com o mais afetuoso abraço deste seu muito amigo

MÁRIO DE ANDRADE

Minha resposta à sua última carta:

* * *

Buenos Aires, 31 de dezembro de 1939

Meu querido Mário:

Ota! gostosura de carta! Qual nada, eu não querer correspondência! Não vê! E está pensando que o Departamento de Cultura fez mal só a você? Nem pode imaginar o meu desespero de enrabichado que vê a pequena entregando-se a outro! Enrabichado e sem-vergonha, porque quer fazer tudo pra tomá-la dele outra vez. E desta vez guardar melhor... Mas isso foi bom. Pelo menos serviu pra você lembrar aquele primeiro encontro de culinária e folclore depois do que, quando nos despedimos, éramos velhos amigos. E me lembrei muitíssimo dele, quando li hoje o seu livro.[74] Encontrei nele velhos conhecidos: aquele material que lhe dei, uma porção ali aproveitadinho que nem de propósito! E por sinal me lembrei de mais uma porção de coisas que você não aproveitou, não sei se por falta na minha coleção ou por você ter perdido. Sabe como foi que eu ajuntei aquilo? Foi assim. O Amadeu,[75] aquele bom do Amadeu, uma vez combinou comigo reunir uma colheita a maior possível de coisinhas folclóricas de S. Paulo. Mandámos fazer uma circular impressa (de que tenho ainda o modelo) e enviamos a todos os agentes de *O Estado*. Chegou uma porrada de correspondência, que eu ia catalogando mais ou menos, em duas cópias, uma pra mim outra pro Amadeu. Foi a minha que dei a você. Tudo isso hoje me passou pela lembrança na delícia que o seu livro me deu. E pra que não se perca, aqui vão umas lembrancinhas que me vieram vindo durante a leitura. Estrume de vaca queimado *pra limpá o ar, em tempo de bexiga*, é da Franca também. Em pequeno, vi muitas vezes fazer isso. Pra asma, a melhor coisa é o doente, na beira d'água, cuspir na boca de um cágado e atirá-lo à corrente. A água leva o bicho e a doença. Da Franca também, onde o caboclo emprega muito uma fricção de urina, pinga e fumo pra curar reumatismo. À coleção de adivinhas, acrescente esta: *Que é que é, aponta no carcanhá, acerta no nariz?* Resposta: V. sabe. Adivinha com pega: *Qualé o bicho que tem quatro mão e um rabo comprido?* — Macaco. — Levanta o rabo e toma tabaco; essas duas são da siá Venturosa, da Franca. Cabocla legítima. Uma variante de uma quadrinha citada: — *No cume daquela serra* — *eu plantei uma roseira,* — *quanto mais o cume cresce,* — *tanto mais o cume cheira*. A outra quadrinha do *Amarrei num lindo troço* — *uma fitinha amarela* etc., fui eu quem deu, colhi-a de um caboclo, desses sabidos, em Campinas; mas você tem razão, traz todos os sintomas eruditos. Outra maliciosa: *Quando*

---

74 *Namoros com a medicina*. [N. A.]   75 Amadeu Amaral. [N. A.]

saí de casa — *truxe verso pra noite inteira,* — *inda num mixí no saco,* — *Tô tirando da argibera.* Eis aqui um dito caipira, empregado quando se vai ajustar contas com alguém: *Agora ocê vai vê por onde a cutia dá o assuvio.* Outra sátira muito conhecida: *Cavalo pangaré,* — *gente de Taubaté,* — *Muié que mija em pé,* — *libera nóis dominé.* Uma historieta: *Há bichos de Deus e bichos do diabo. O cachorro, por exemplo, é bicho de Deus e o gato é do diabo.* Porque, um dia, Nosso Sinhô pediu um copo d'água pro gato e o gato mijou no copo e trouxe; Nosso Sinhô então pediu pro cachorro, que areiou o copo bem areiadinho e trouxe uma água limpinha pra Nosso Sinhô! Uma expressão deliciosa (é de Capivarí): *contente como porco de madrugada, despois da festa...* Hora em que se comeu muito, há muita dor de barriga e daí o lucro do porco. No campo escatologico então há um mundão de ditos, estorietas, quadrinhas, que poderia alinhar como colaboração, mas esse gênero me repugna, embora exista abundantíssimo no folclore universal. Há tanta coisa bonita de lirismo, de precisão, de espírito, de beleza, na literatura e na música do povo que a gente pode botar de lado a sujeira. E a Maria Caxuxa? Ficaria muito bem ao lado da *Maria atravessou um regato.* Quando alguém está muito mal de finanças, diz o caboclo da Franca que está passando a virado de cachorro. Cachorro, em caçada, quando tem fome, abre as pernas, lambe o pinto e bebe água. Isto é virado de cachorro, segundo ouvi na Franca e o Manequinho[76] me confirmou como sendo conhecido também em Sorocaba. Para curar impotência, esfregar o membro num sabugo. Talvez esta lhe sirva... Outro dito: *Quem brinca com criança, amanhece mijado.* À página 108, citando Sébillot, você lembra que é frequente no folclore universal a urina dos seres sobrenaturais estar ligada à hidrogenia.

É Furon ou Capitan, num dos seus tratados de Pré-História, que analisam um desenho, se não me engano do Magdalense,

---

[76] Manequinho Lopes. [ver nota 23, p. 252.] [N. A.]

encontrado numa caverna, representando um feiticeiro urinando. Magia provocadora da chuva, segundo a conclusão a que chegou o autor. Se a minúcia o interessa, poderei procurar e enviar depois indicações exatas.

Voltemos à sua carta.

Eu sabia que você não aguentava o Rio. É uma delícia o Rio, mas, nós paulistas, só podemos ser turistas ali. Uma semana, quinze dias, depois, calcanhar pra trás! Definitivo ali, só o cafajeste, o malandro, o gigolô, o empregado público (tomando este termo no seu verdadeiro sentido brasileiro), o vagabundo ou então o diplomata que é uma síntese disso tudo. Nós, com uma vida grandona por dentro e outra muito pequena pra fora: nós que gostamos de ler um livro e ler de verdade; que não damos pra perder um dia inteiro atrás de uma pequena (elas se quiserem que venham atrás de nós!), nós não aguentamos aquilo, não. Um inglês meu amigo, quando foi da primeira vez no Brasil, passou inicialmente três meses no Rio. Só conseguiu aprender duas palavras brasileiras: amanhã e tapeação. É isso mesmo, terra do amanhã e da tapeação, incompatível com o nosso temperamento do já, do pão, pão, queijo, queijo.

O seu patrão, dará a licença, lindo. Se você aí pode fazer o que tem a fazer em casa, porque não fazê-lo lá em S. Paulo? É a mesma coisa. Na hora de entregar o serviço, vamos passear no Rio de Janeiro. Você me fala nos porres que tem tomado, mas não especifica se de vinho bom. Em caso positivo, prossiga, que os seus males não virão dele. Ao contrário, vinho bom e a locução muito sua conhecida — remate de males — são sinônimos. Agora, se você anda bebendo porcaria, então, meu velho, é preciso tratar-se, não pelo desgaste consequente de álcool vagabundo, mas pelo sintoma de decadência que tal coisa revela. Volte pra S. Paulo, volva ao seu borralho da rua Lopes Chaves, com a velhinha muito querida e muito amada, que nunca devera ter sido deixada, e manda o resto pro curral da avó. E deixe que os corvos que avoam sobre o nosso departamento grasnem à vontade. No momento oportuno, removeremos a carniça e você verá que eles também desaparecem.

Muito obrigado pelos elementos que me enviou atendendo ao pedido feito. Era para terminar uma novela do livro *As estórias que a vida me contou*, em que é ressuscitado um pedaço do nosso velho apartamento da avenida S. João e vocês todos aparecem. A conversa descambou para pintura, pois havia uns pintores presentes e, evidentemente, você e o Sérgio precisavam falar. Mas como poderia eu — humilde Esopo — armar a prosopopeia sem conhecer exatamente aquilo que poderia sair da boca de vocês dois?... Aí está a razão do pedido.

Juanita manda um grande abraço.

A você um beijo do

PAULO

Mande o seu endereço para poder enviar as cartas diretamente. Diagonal Norte 651 — 7º — Dep. 127.

Nova carta a minha irmã:

* * *

Rio de Janeiro, 7 de maio de 1940[77]

Minha querida dona Nini

---

[77] Eu já estava em Paris, desde o começo do ano. Havia respondido com muita energia a sua carta de dezembro e umas três mais, sem respostas. Enquanto escrevia a minha irmã que por sua vez lhe escreveu também! Esta é a resposta. [N. A.]

Recebi sua carta antes do jantar. Precisava jantar e jantei. Agora lhe escrevo como primeiro ato de uma noite que, espero, continue assim feliz.

A verdade é que penso frequentemente no Paulo e tenho desejos de escrever pra ele, sou muito escrevinhão e se tratando do Paulo, está claro, o prazer ainda é maior. Mas não sei mais o endereço dele e nem sequer sei ao certo em que terra ele para. As últimas notícias que tive dele o davam como partido do sul para a Europa como correspondente de guerra de jornais argentinos, é verdade? Pouco tempo depois principiei recebendo o *Le Temps* hebdomadário e logo percebi nisso dedo ou melhor dedão do Paulo. Lhe peço pois que me mande o atual endereço dele e imediatamente escreverei ao... *nossos cuidados.*

O que ele me pede não me custa fazer, e farei, mas tenho absoluta certeza de que não adiantará um milímetro o problema a resolver. O homem, aqui, não tem a menor espécie de prestígio de espécie alguma. Até mesmo dentro da entidade de que ele é chefe, muita gente manda e desmanda à vontade. E ele engolindo as amarguras, grudadinho no posto. Isto, aliás, não impede as altas qualidades que ele tem e reconheço. Mas a situação é como lhe digo. Enfim falarei já, esta semana mesmo.

A Sra. me pede notícias minhas e me pergunta se ainda alimento o meu desejo furioso de voltar pra S. Paulo... Cada vez mais furioso, é o que posso lhe dizer. Recentemente inda inventei um golpe que, bem-sucedido, me faria voltar pra minha terra, a serviço do meu próprio cargo daqui. Mas o golpe falhou. Estava também decidido a voltar de qualquer jeito, perdendo emprego e tudo, indo recomeçar a vida com os 500$ ou 600$000 mensais que o *Estado* me rendia. E a tremenda falcatrua[78] fez com que o *Estado* não tivesse mais nenhuma felicidade pra mim e o abandonei. Agora estou mesmo

---

78 A ocupação do *Estado* pela ditadura. [Ver nota 81 do capítulo 2, p. 84.] [N. A.]

condenado a ficar banzando mais mesmo por aqui. Mas o que será que Deus espera de mim nestas plagas ardentes?! Isso é que me pergunto e não sei responder. Talvez Ele espere que eu me perca de todo pra então, com um piparote, me salvar. Ou talvez pra decisoriamente me empurrar com o calcanhar do seu augusto pé esquerdo nas profundas dos infernos. Dizem que os infernos inda são piores, mas imagino que só o poderão ser por acrescentamento. Em vez de calorão, mil calorões. Em vez de pasmaceira, mil pasmaceiras. Em vez de milhão e meio de cariocas, dez mil milhões deles. Arre que inferno mais infernal há de ser esse!...

E todos os seus como vão passando? Da última vez que estive em S. Paulo me mostrei muito pouco. Tive medo de prejudicar meu irmão, que, felizmente, parece mesmo que abandonou de todo a política. Não foi incomodado e pelas minhas convicções (como é que se escreve "convicção", é assim mesmo?), ou melhor pela minha falta de convicções atual, me soou isso como um enorme bem.

Mas chega de conversa. Peço-lhe que transmita a sua Mãe minhas melhores recordações, e para a Sra. com Lourdes[79] o abraço mais amigo do

MÁRIO

Outra carta a minha irmã, Aparecida Duarte, respondendo ao pedido de elementos para organizar a festa de S. João dos Parques Infantis.

* * *

---

[79] Minha outra irmã. [N. A.]

Rio de Janeiro, 1º de junho de 1940

D. Nini

Recebi sua carta ontem de noite. Creio que muito pouco posso lhe ajudar, assim como estou aqui longe dos meus livros e sem grande parte dos meus fichários. Só lhe posso indicar nomes de livros que não consultei neste momento, e não me lembro assim de memória o que dizem sobre o S. João. E ainda por cima como o meu secretário, isto é, o Zé Bento, creio que está ainda de férias, em Santos, será difícil talvez a Sra. encontrar certos livros nas bibliotecas públicas paulistas.

Martins de Oliveira, no livro *Marujada*, fala do S. João, na pg. 60 e s. e na pg. 67 e ss.

Santos Maia, in *O banditismo no Nordeste*, tem creio que um cap. inteiro sobre a festa de S. João, p. 13 e ss.

O *Melo Morais Filho* em *Festas e tradições populares do Brasil* tem dois capítulos p. 101 e ss. e p. 185 e ss. Mas a Sra. me disse que o Melo Morais lhe ajudou pouco. Foi nesse livro?

Vieira Fazenda, não sei em qual dos 5 volumes das *Antiqualhas e Memórias do Rio de Janeiro* (a minha indicação bibliográfica está falha), na pg. 250 também se refere ao S. João.

Pereira da Costa, in *Folclore pernambucano*, pg. 178 e ss.

Gustavo Barroso, in *O sertão e o mundo* não sei que página.

Ia me esquecendo de falar que o *Melo Morais Filho* ainda se refere ao S. João in *História e costumes*, pg. 213, e nos *Quadros e crônicas*, que escreveu com Sílvio Romero, p., 53. Mas o M. Morais se repete muito de livro pra livro.

Edmundo Krug, in *Rev. do Inst. Histórico e Geográfico, de São Paulo*, p. 179 tem superstições joaninas.

Leôncio Correia, na *Ilustração Brasileira* de agosto, 1929, descreve costumes do S. João.

E mais não sei aqui, desculpe. A verdade é que nunca me preocupei muito de fichar o assunto das festas de junho, porque não só elas me interessavam pouco pros meus estudos como porque são facilmente acháveis em muitos livros. E agora fico assim com esta cara de palerma pra lhe ajudar tão pouco.

Vou escrever ao Paulo, uma carta de azar, chegará?... Me recomende a todos os seus e o abraço meu mais afetuoso para a Sra. com Lourdes.

MÁRIO

O silêncio dele foi de apenas seis meses, pois me escreveu três ou quatro cartas dolorosas que se perderam, fora outras tantas extraviadas, consequências da catástrofe que se abateu sobre a França e me obrigou a abandonar o Museu do Homem, no mesmo dia da chegada dos alemães, refugiar-me, primeiro em Tours, depois em Bordeaux, onde assisti à capitulação do Governo, a fuga de De Gaulle para a Inglaterra e a minha em direção a Portugal. Atravessamos a pé, Juanita e eu, Octavio Mangabeira, sua mulher, d. Ester e sua filha Edila, a fronteira da França, de Hendaye a Irun, com a Espanha, onde fomos intimados a sair no espaço de 48 horas. Fomos para Portugal, onde recebi e escrevi ainda algumas cartas para o Mário. Cinco meses depois, seguimos Juanita e eu para os Estados Unidos num pequenino barco pesqueiro, chegando a Nova York, vinte e cinco dias depois (viagem normalmente feita em cinco dias), no dia de Natal de 1940. Mas, nos Estados Unidos, só em maio me chegaria a primeira carta de Mário, que é esta:

* * *

São Paulo, 9 de abril de 1941

Paulo

Na verdade corremos parelhas na indignidade do esquecimento mútuo, se é que não na adversidade e suas consequências. Andei sofrendo por demais e me esqueci completamente de você, me esqueci de toda a gente, só interessado em digerir meu bolo cotidiano de desgraça. Desgraça que era mais ou menos como ovo-de-colombo, bastou que numa noite de porre imenso eu batesse com o punho na mesa do bar e me falasse pra mim mesmo: "Vou-me embora pra São Paulo, morar na minha casa". E eis que zás, num átimo e de supetão minha desgraça diminuiu de seus sete décimos — que os outros três décimos são a dor humana, universal eterna pelos outros homens, coisa sem cura nem ovo-possível.

E aqui estou, faz mês e meio, menos brilhante, cultivando doencinhas e gravuras, tomando diariamente a bênção de minha mãe e dos meus autores protetores, com menos dinheiro no bolso mas com felicidade própria, forte e modesta, que me parece justa, digna das minhas muitas lutas e trabalhos, e de aguentar com esta paciência surda as deficiências com que Deus acalcanhou meu ser e as maiores com que castiga a nossa terra.

Não sei, Paulo, se terá alguma coisa de indigno de eu estadear diante de você uma paisagem de felicidade que você não pode se dar por enquanto. Mas não é por nenhum egoísmo que fiz isso. Foi pra lhe dar uma justificação do meu esquecimento e o prazer que você sempre terá, eu sei, por saber de um amigo que conseguiu enfim se amelhorar no seu interior. Estou calmo. E agora quando bebo, bebo pelo prazer de beber. Duas enormes conquistas para este seu amigo convulso cujas tempestades você ignora pelos três quartos.

E você? E Juanita? Sei de coisas que me contam por aqui. O esquecimento não era assim tão grande que eu não perguntasse constante por você e deixasse de visitar sua Mãe e as Moças de vez em quando. Por toda a semana que vem, aliás, irei novamente lá, levar a minha sinusite nova de visita à nefrite da Lurdes. Estou vendo que a folha acaba e iniciarei folha nova. Isso às vezes me irrita, este meu encompridamento das cartas. Tanto mais que não tenho muita esperança que você se espiche por igual, contando a sua vida daí e suas reações diante desse arquivelhíssimo Tio Sam.

Daqui não sei escolher o que lhe conte. Ah! sei. São Miguel e Embu[80] concluídas e uma delícia. Descobriu-se a torre primitiva, ou pelo menos anterior, de Embu, foi possível refazer a carinha gostosíssima dela e o azul e branco do conjunto é maravilha ao sol. O caso de S. Miguel é que se complicou deliciosamente. Se descobriu que toda a ala da esquerda da igreja era moderna, e dantes tudo estava ao ar-livre com um tapamento apenas de madeira colorida verde-mar que vai quase até o teto. É originalíssimo e uma delícia. Vou ver se arranjo umas fotos pra mandar.

Este ano parece que enfrentaremos a capela de Sto. Antônio e Bertioga. Eu aqui arranjei pra ficar encostado no Serviço do Patrimônio, o que fez com que ainda não abandonasse de vez meu cargo na prefeitura. Nem sei bem pra quê pois a ela não tenho a mínima intenção de voltar, arre!

E estão me chamando pra janta, paro aqui. Mande ordens e perguntas. Um grande grande abraço amigo pra você com Juanita.

MÁRIO

---

[80] A Igrejinha de S. Miguel e o convento de Embu, cuja integridade ambos defendemos de unhas e dentes. [N. A.]

* * *

Nova York, 13 de maio de 1941

Meu querido Mário:

Mas você é a miss Cinismo! Como é que corremos parelhas na indignidade do esquecimento? Duas cartas, cartonas deste tamanho ficaram sem resposta, ou melhor, só foram respondidas mais de um ano depois com esse fogo de encontro: *na verdade corremos parelhas na indignidade do esquecimento mútuo*. Sofrendo, você s'esqueceu de mim, mas sofrendo eu não s'esqueci. Tanto assim que escrevi, escrevi e, depois, vendo a inutilidade de estar lambendo selo, dei de reclamar a todos. Em todo caso, excelentes sintomas chegam-me agora de que criou juízo: esta carta e o ovo de Colombo que você quebrou na mesa do bar, sob a inspiração do porre...

As notícias que você me deu de S. Miguel e Embu me foram um banho de gostosura que me adoça até agora. Não deixe perder o Sto. Antônio lá de S. Roque. E o convento de Itanhaém? Não se fará qualquer coisa? E a Bertioga? Mande contar essas coisas todas. O Rodrigo continua trabalhando com o mesmo entusiasmo? Por que ele não continua a me mandar as publicações lá dele? E você não publicou mais nada?

Um dia destes estivemos fazendo uma bruta conspiração contra você. Conversei longamente com um sujeito que o conhece, um sr. Barbour que aí esteve se me não engano com o Toscanini. Ele está animado e eu vivo esgravatando a ideia de um convite para você vir até cá ver umas coisas que precisa ver aqui na casa deste ótimo criação que é o Tio Sam.

Nós vamos atravessando esta primavera mais ou menos quase fria, numa casa de campo ao lado de Nova York. Vou à cidade duas ou três vezes por semana e gasto o resto do tempo lendo, escrevendo e cuidando de uma horta e de um jardim que eu mesmo fiz. E por falar em ler, você não me poderá mandar de vez em quando algum livro que valha a pena, aí publicado? Se não fosse o Miguel Osório que, do Rio, se lembra com um ou outro volume, eu estaria completamente isolado das coisas do Brasil. Basta dizer que nem a *Revista do Arquivo* me é mais enviada... Isso faz muita falta porque tenho necessidade de ler alguma coisa na nossa língua. Passei por Portugal alguns meses, mas aquilo é uma lástima. Do que é capaz, uma ditadura! Que pobreza de espírito e que decadência intelectual, meu Deus! É bem o pai da nossa terra. Essas doencinhas feias que no Brasil moço ainda é achaque sem lesão, no Portugal velho é doença crônica, bronquite de catarreira que desanima a gente por pensar no nosso futuro se não sacudirmos essa morrinha dos navegadores que, no Brasil, virou bandeirante... É o Albuquerque lá e o Barroso aí; é o Gama lá e o Caxias aí. É o Mousinho lá, o Fernão Dias aí, assim por diante. Assim mesmo, depois que perderam a colônia geográfica, fazem questão de nos considerar colônia intelectual. Para calcular como aquilo está, basta dizer que o Orico fez um enorme sucesso. É verdade que o Orico é da Academia Brasileira...[81] Vamos mudar de conversa.

Aqui, nos Estados Unidos é outra coisa: é um caso típico de psicanálise. O norte-americano considera-se o povo maior do mundo. Traz isso no consciente. Mas no subconsciente sente, sem saber, a necessidade que tem de melhoria e começa a comprar civilizações estrangeiras. Tudo que lhe passa ao alcance da mão vai para o papo. É um cientista, é um quadro, é um artista, desde que leu no jornal que vale a pena, bota dinheiro

---

[81] O professor, diplomata, poeta, contista, romancista, biógrafo e ensaísta Osvaldo Orico (1900-81) fora eleito, em 1937, para a Academia Brasileira de Letras e dirigira a Seção Cultural do Pavilhão Brasileiro na Exposição do Mundo Português, em 1940.

em cima, seja lá o que for. O diabo é que o rádio, o automóvel, o ar-condicionado, a gente compra com dinheiro o que lhes não falta, mas civilização só com pátina e com séculos, não há outra moeda para adquiri-la. Mas, de qualquer forma, estão fazendo patrimônio e uma base esplêndida para o futuro. Vale a pena vir ver esta curiosa experiência sociológica.

Vamos ver se agora, respirando os pátrios ares, você ficará mais cônscio dos deveres e escreverá com a assiduidade que me é devida. Não tenha muitas esperanças, mas, apesar de tudo, o meu insuportável otimismo não o quer ainda julgar um caso completamente perdido.

Beijo as mãos de sua Mãe. Juanita manda um abraço dos grandões e eu, veja lá o que lhe poderia enviar o

PAULO

P. Duarte — c/o M. Robinson —
60, Wall Street — New-York City

* * *

São Paulo, 5 de junho de 1941[82]

Paulo, meu Paulo,

Ai, quanto sofrimento vós me dais! ainda agorinha mesmo, almoçando com a Lurdes e o Sérgio, disse a este que você se queixava de não receber a *Revista do Arquivo*, nem nossos *piccoli* presentinhos, eles cairão-lhe os braços (estou lendo documentos do séc. XVII, daí certas escrituras minhas, não se amole, e cairão-se-me os meus também). Amanhã vou no *River*

---

82 De permeio, uma carta partida. [N. A.]

Plate de Janeiro, falarei com o Rodrigo também a respeito das publicações do Serviço do Patrimônio, conseguirei talvez o 3º n. da *Revista* que eu mesmo mandarei registrada, com graves desfalques pra esta minha bolsa que paga qualquer mau vinho portuga a vários lotes de dezenas de mirréis, com estas guerras. Falar em guerras, ontem mudou o Governo aqui, você já deve saber, o novo bode expurganteório é o touro Ferdinando basta, besta, bista, bosta, busta, bate que bitte, priliquifife! chorei, que esta é d'amargar. Depois me sorri, imagine que falaram, já sabe, quem falou, oh Hércules Florence, descobridor da fotografia do boateiro e mais o Magalhães da idêntica alameda, pois falaram que o Fábio, não contente com seus distúrbios de saúde, outros quase que desejo mores distúrbios, que em última análise são pura mutilação, mas um relâmpago de bom-senso ou de Divina Providência o salvou. Mas como isto é terra pequena, seu ianquinho de m.! Falam, refalam e murmurejam, intrigas, intriguinhas e intriguassos,[83] tudo com seriedade alvar. Eu, feliz neste meu pouso pra todo o sempre, no entanto está custando me acomodar, virei Nova Floresta de escândalos, escandalinhos e escandalões, me irrito, discordo de tudo, numa elasticidade aprendida no rio capital, qual bolantim, toda a gente estupefata. E ainda não principiei a trabalhar pra mim, como desejo, em pleno aconchego dos livros. A vida não dá tempo, de dia trabalheira infernal, leituras pesadíssimas de tradução de documentos em tinta apagada e aqueles garranchos, com lente de aumento e uma fadiga tão mãe, que depois só mesmo viver neste acabandinho dos últimos uísques respeitáveis que ainda demoram no Empório Sírio. Acham que estou bebendo por demais, porém enquanto eu não me achar, nesta cidadinha, como pegar o ritmo antigo,

---

[83] Aqui é possível se ler o sentido de "intrigaças", com o sufixo de aumento *-aça*; ou a acepção de "grande" do adjetivo tupi *-guaçu*. [N. E.]

manhãs de acordar cedo, ora já se viu! Isso foi num tempo antediluviano em que se falava na existência dum Departamento de Cultura que teve a estupidez de ser cultural nesta Loanda. Mas esta carta está muito brilhante, você não acha?

Pois é. Agora vou fazer um esforço pra justificar mais humanamente minha existência pobre. Esforço tamanho e já principiado que recusei nada mais nada menos que três conferências, das quais duas me rendiam não muito poucos bagarotes afinal e me proporcionavam mais uma viagem ao Rio da minha leviandade e da minha saudade. Recusei. Agora, neste junho, vou fazer uma operaçãozinha na boca, depois vou de férias pra uma fazenda e, inda não sei bem o que farei, se continuo um romance, ou termino o 1º vol. da *Pancada do Ganzá*. Mas vou ser sério, te juro. E se eu fosse também pros States!... Convite tenho e mais cômodo que o do Sérgio. Tem aí uma instituição que quer me encomendar um livro sobre formas musicais ibero-americanas, pagando uma viagem minha por toda a América Espanhola. Palavra que quase chorei, Paulo. Imagine esse convite me chegando dez anos atrás!... que sublime... Mas agora não me sinto com coragem mais pra tamanha empreitada. Empreitada, aliás, que graças à minha honestidade, me obrigaria a abandonar todos os meus projetos de estudos e literaturas... não é possível mais, não tenho nem idade, nem saúde pra tanto e devo morrer em 1949, mais ou menos.[84] Você então irá no meu enterro, já principiada a nova era do mundo. Mas isso não impede que eu dê um pulo de uns dois meses nos States. Minha intenção é recusar o convite, mas hoje o Sérgio esteve me falando na possibilidade de, saindo este prefeito, ele arranjar licença com a futura incógnita. Ir com ele e Lurdes me tentaria decerto e vamos a ver o que será. Já bavardei uma página inteira e agora tenho outras coisas a fazer. Devo receber hoje

---

84 Não chegou até lá: faleceu em 1945. [N. A.]

os primeiros exemplares do meu opúsculo *Música do Brasil*, em que um dos dois estudos tem algum folquilorinho que talvez possa deleitar você.[85] Lhe mandarei, mais uma estupefaciente conferência sobre a Música nos Estados Unidos, que você mostrará muito ufano aos seus amigos ianques, provando que o Brasil também descobriu os Estados Unidos, só de pique.[86]

E é só. Anteontem estive na casa do Paulo Magalhães, e contemplei comprido o retrato de Juanita feito pelo Figueira. Juanita não gosta muito dele, mas é bom sim, de uma nobreza de linhas puras tão bem conseguidamente simples, que faz gosto ver. E faz saudade. Me deu uma dessas agudas de vocês dois com lombo de porco e um borgonha, que até parou a respiração. De repente reparei que se não respirasse logo, ia morrer. E como ainda é cedo e um não sei que me ronca nas narinas que o lombo de porco está chegando, resolvi esperar a volta do borgonha, Paulo, seu mano...

Com muitos abraços pra vocês dois, deste

MÁRIO

Fábio Prado esteve gravissimamente enfermo, tendo mesmo se submetido à extirpação de um rim. Fábio, depois da intervenção cirúrgica, sofreu uma crise cardíaca, sendo por alguns minutos dado por morto. Só voltou à vida com uma violenta

---

[85] Ver Mário de Andrade, *Música do Brasil*. Curitiba: Guaíra, 1941. Congrega os seguintes trabalhos, ambos datados de 1939: "Evolução social da música brasileira", reunido em *Aspectos da música brasileira* (1965), e "Danças dramáticas iberobrasileiras", coligido no primeiro volume de *Danças dramáticas do Brasil* (1959).   [86] Ver Mário de Andrade, *A expressão musical dos Estados Unidos*. Rio de Janeiro: [Leuzinger], [1940]. O folheto veicula a conferência proferida por MA em 12 de dezembro de 1940, no auditório da Associação Brasileira de Imprensa, no Rio de Janeiro. Texto acrescido, por Oneyda Alvarenga, à segunda edição de *Música, doce música* (1963).

massagem de coração, medida heroica praticada pelo dr. Martins Costa. Fábio, muito mais tarde, me contou um pormenor interessante da sua morte, durante cerca de dez minutos. Quando voltava a si, começou ainda semiconsciente a ouvir umas pancadas surdas muito longe, que começaram por um ruído como batidas em um tambor, para ir aumentando como se fossem marteladas numa parede oca, até um momento em que, readquirindo a consciência, ele mesmo verificou serem batidas do próprio coração. Dessa moléstia nunca mais Fábio se restabeleceu, pois a septicemia, com que iniciou, lhe deixou fundos focos de infecção inclusive no fígado, sem contar o abalo cardíaco crônico que não mais o abandonou, seguindo-se nos anos seguintes a dois graves enfartos, até o terceiro e último que o matou a 3 de março de 1963.

Com Fábio Prado perdi também um amigo, que só podia comparar-se com Amadeu Amaral, Júlio Ferreira de Mesquita e Mário de Andrade. O nosso convívio, desde o meu regresso do exílio de 1932-3, foi quase diário. Todas as recepções aos Americanistas, pelo Congresso de 1954, aos escritores de cuja sociedade fui presidente durante vários anos, de cientistas ilustres e grandes artistas cuja vinda ao Brasil patrocinei, foram realizadas em sua esplêndida mansão da rua Iguatemi e à sua custa. O prêmio Fábio-Renata Prado, por ele instituído, era entregue em sua casa, numa festa espiritual, a que jamais S. Paulo assistiu. Aliás, graças ao apoio total de Fábio Prado é que eu pude instituir na prefeitura, o Departamento de Cultura. Quando ele morreu, Renata Prado, companheira de quase cinquenta anos, prosseguiu a tradição de assistência espiritual iniciada por seu marido. Doou ela ao Governo do Estado o solar da rua Iguatemi, depois de uma tentativa desesperada que fiz, para a fundação ali do Museu da Cidade de S. Paulo, que só falhou devido a uma atitude incrível da Arquidiocese de S. Paulo que faltou com a sua própria palavra, negando-se, depois de haver aprovado por todos os seus órgãos autorizados, o empréstimo em comodato do acervo do chamado Museu da Cúria, praticamente abandonado e, pior do que isso, à mercê de alguns inconscientes da própria Arquidiocese, que chegaram a vender mais de cem peças preciosas, raras, catalogadas, do notável acervo, com infração das próprias leis canônicas. Mas isto é outra história que contarei, em minúcia, noutra oportunidade.[87]

Fábio e Mário tornaram-se grandes amigos, depois que eu os aproximei, ao estruturar-se o Departamento de Cultura. Nunca vi homem mais acessível às boas ideias, que ele aprovava e incentivava, completamente despido de qualquer vaidade e complexos bobos. Vale a pena contar aqui a inteira liberdade de ação que ele me deu na prefeitura, onde com ele permaneci enquanto permaneceu no posto de prefeito, o maior prefeito de S. Paulo. — Depois dele, só podia comparar-se com ele o brigadeiro Faria Lima. Mas este, que se notabilizou por notáveis obras na cidade, inteiramente transformada pelo seu dinamismo e pelo gosto do problema material urbano, nunca foi um prefeito, mas um notabilíssimo diretor de obras, porque para ser-se prefeito de uma grande cidade é necessário que todos os setores que obrigam uma verdadeira administração sejam encarados.[88] O brigadeiro Faria Lima jamais deu a menor atenção à parte cultural imprescindível em

---

[87] Até a morte do marido, ocorrida em 1963, Renata Crespi Prado (1897-1981) viveu com ele no solar neoclássico construído entre 1942 e 1945, na antiga rua Iguatemi (a atual avenida Brigadeiro Faria Lima). Em 1968, o imóvel foi doado pela viúva à Fundação Padre Anchieta, que, por sua vez, cedeu-o em comodato à Secretaria da Cultura do Estado de São Paulo. Desde 1972, abriga o Museu da Casa Brasileira, cuja exposição "A Casa e a Cidade: Coleção Crespi-Prado", inaugurada em 2012, reúne fotografias, móveis e objetos que revelam hábitos do casal que ali residiu por dezoito anos.   [88] Note-se que PD reserva ao militar e político José Vicente de Faria Lima (1909-69), prefeito da capital paulista entre 1965 e 1969, o mesmo epíteto que invocara para qualificar o engenheiro Francisco Prestes Maia ("diretor de obras"), cuja segunda administração (1961-5) é imediatamente anterior à do brigadeiro. Ver pp. 232 e 258.

qualquer cidade, principalmente sendo uma cidade como S. Paulo. Aí está a prova: as suas tentativas culturais são ridículas, diante das grandes obras materiais que realizou. O Departamento de Cultura jovem abandonado. Mesmo para uma simples conversa sobre qualquer iniciativa ou conservação de um serviço cultural, ninguém, nem mesmo um funcionário conseguia ser recebido por ele. Os secretários de Educação e Cultura que teve eram em geral homens não só medíocres mas impermeáveis a qualquer ideia de cultura. Uma pena, porque, depois de Fábio Prado, jamais tivera S. Paulo um prefeito com tanta capacidade de trabalho e de realizações, que se limitaram, em Faria Lima, a realizações exclusivamente materiais.

Voltemos ao assunto. Quando convidado por Armando de Sales Oliveira, em 1934, para o posto de prefeito, a primeira coisa que fez Fábio Prado foi chamar-me, recém-chegado do exílio, consequência de minha participação em 1932. Disse-me que só aceitaria o convite se eu fosse seu colaborador. Mas não queria um simples chefe de Gabinete, queria uma pessoa com quem pudesse repartir o trabalho e as responsabilidades. Que eu estudasse a organização municipal e inventasse um posto que me desse a necessária autoridade. "A parte financeira e de administração, esta eu entendo bem", explicou. "Mas eu quero fazer obra cultural também e esta fica a seu cargo", disse-me ele. Foi quando lhe expus a ideia de um Departamento capaz de realizar esta parte do seu programa, que eu também achava imprescindível a um prefeito. Foi assim que nasceram os parques infantis cientificamente estruturados e tantas outras iniciativas que o colocaram em primeiro lugar dentre todos os prefeitos que São Paulo teve até hoje. Algumas das suas obras mais notáveis que não chegaram a realizar-se, só o sr. Faria Lima levou a cabo como o metrô, a avenida Vinte e Três de Maio, que se chamaria avenida Anhangabaú em lugar de Itororó etc. O metrô deveria ficar pronto em 1942, se não fosse a estreiteza do prefeito Prestes Maia, que abandonou as negociações para a sua construção imediata, o mesmo com essa grande avenida pelo vale do Anhangabaú. Da mesma forma a retificação do Tietê estaria feita desde 1939, se não houvesse o golpe fascista de 10 de novembro de 1937.

Mas fechemos estes longos parênteses e prossigamos na companhia de Mário de Andrade. Dessa liberdade de ação a minha possibilidade de trabalhar com Fábio Prado. Muitos patifes fizeram intrigas e até telefonemas anônimos para me separar dele, mas jamais ele se envenenou com essas perfídias. Ao contrário, a cada arremesso, principalmente dos politiqueiros e dos corruptos que rondavam a prefeitura, ele fazia questão de reforçar a minha autoridade a seu lado. Nunca vi em minha vida homem mais acessível às boas ideias, repito, completamente destituído de vaidadezinhas e complexos bobos. Nunca Fábio Prado teve candidato para um cargo na prefeitura. Todos os altos funcionários para o Departamento de Cultura foram escolhidos por mim: Mário de Andrade, Sérgio Milliet, Rubens Borba de Moraes, Paulo Magalhães, Nicanor Miranda e mesmo o aproveitamento de antigos funcionários, como Nuto Santana e alguns mais. Morto Fábio Prado, desaparecia um dos meus últimos amigos verdadeiros. Eu ainda não sabia bem disso. Descobri-o posteriormente...

* * *

14 de junho de 1941

Mário, velho Mário:

Que pinga ruim foi aquela que você andou bebendo antes de me escrever! O que vale é que estou muito acostumado com a algaravia dos escrevinhadores do século XVI para interpretá-la bem, mesmo quando reproduzida, estilo e forma, por mão de pinguço barato. E, por falar nisso, pelas suas cartas vejo que você está abusando da supradita tal d. Branquinha. Ou é por algum desgosto íntimo tão íntimo que a gente só tem coragem de confessar a um que pode estar ausente e, por isso, se consola da falta de desabafo bebendo ou é porque uma mudança grande na vida da gente provocada por causas que não faltam aí nesse paleozoico mental, acadelou completamente com a vontade, a inteligência e a vergonha (que palavrinha besta!) do de cujos. De toda maneira, me sinto com a autoridade e a obrigação de chamar a sua atenção. Porque só eu poderia ser aquele amigo ausente a quem você poderia contar tudo, tudo, na certeza de que para mim as burradas — burradinhas ou burradonas — humanas são as coisas mais naturais do mundo e, por isso mesmo, só eu tenho bastante capital no banco, pra poder emitir um cheque de tolerância e conforto ao amigo que sujou a roupa da alma. Por isso também, antes mesmo de saber do que se trata, digo a você: olhe bem para mim, velho burro, que tenho uma palavrinha pra te dar pra você. Palavrinha ou palavrão, será talvez melhor. Deixe de fazer asneira, porque não adianta nada, uísque é como amigo: alegra a gente, consola a gente, mas acaba traindo... E antes de acompanhar o seu enterro tenho uma porção de projetos para fazermos juntos. E se tivermos que ser mesmo assassinados, que não seja pela cachaça, porque isso até deprime a cova. Na próxima carta, em vez de beber até lá, abra pra mim essa alma velha e garanto que ela será compreendida tal qual pito velho quando vê fumo novo.

    Essa coisa de vir pro States está de acordo com a minha última delicada missiva. O Barbour segue agora pra'í. E ele está doido para trazer você. Venha que temos um quê de coisas pra viver juntos. Eu sigo depois de amanhã para uma viagem de dois meses, lá no oeste, longe de dois mil quilômetros, a Universidade de Wyoming que me convidou pra fazer um curso de língua brasileira. Um curso intensivo puxado a três horas de aula por dia. Pagam bem e prometem ainda mais. Vou alegre e contente. O diabo é que tenho de desenterrar o Camões. Você sabe que eu sou o único brasileiro vivo que já leu o *Lusíadas* inteirinho? O outro único, morto, é o Rui Barbosa, mas este morreu por isso mesmo. Eu escapei. E achei ruim como hálito de cachorro, de manhã cedo, depois de festa na roça. Sem juízo, contei isso, uma vez em Paris, ao Julinho. Nossa Senhora! Eu morri assassinado e ele morreu de ódio. Pois agora, faz parte do programa interpretar os tais de *Lusíadas* e um livro brasileiro que eu escolhesse. Escolhi o *Brás Cubas*, do Machado. Em torno disso tenho que ir explicando as regrinhas de sintaxe. Vou ver se dou um jeito de mandar o Camões c. no mato e botar no lugar o Gonçalves Dias. Sempre é bem mais ameno do que o tal dos mondrongos assinalados. Que é que você acha?

Essa conferência da música nos Estados Unidos seria interessantíssima fazê-la publicar aqui. Mande que eu tento. Não será difícil e você receberá uns dólares, porque essas coisas aqui se pagam e bem. Dê um jeito de vir pra móde repetirmos, aqui dentro de um trigésimo andar qualquer, o nosso lombo de porco com Borgonha. Os dois existem, mas ninguém conhece ainda o segredo da combinação. Juanita continua temperando bem, e o meu fígado ainda vai permitindo galhardamente uma boa garrafa de vez em sempre. Nesse ponto, aliás, o fígado é muito mais camarada do que a algibeira.

Poderá escrever pra o mesmo endereço, que a carta voará até Wyoming. Um apertadinho abraço de nós dois.

PAULO

14-6-41 Bote na próxima carta o raio do número da sua casa

* * *

São Paulo, 26 de junho de 1941

Paulo,

Aqui lhe vão coisas minhas. O artigo avulso saiu em *Clima*, revista de novos, um pouco pesada pra "novos" mas realmente de interesse.[89] Não a mando inteira porque quero que tudo vá por avião e os cobres estão rareadíssimos. Não ando nada desleixado como vida produtiva, mas faz mais de três meses que não escrevo um só artigo pra jornal, o que me diminui a féria aos ordenados do empreguinho — e com isso bom desequilíbrio financeiro. Mas então deverá sempre ser contado como o menor dos desequilíbrios!...

Vou bem. Depois de uma semicrise, espécie de urticária provocada pela dificuldade de readaptação paulistana, já estou com todos os sintomas de normalização vital. É certo que ainda bebo muito e fumo demais, porém mesmo isso quero ver se uma ginasticazinha da vontade conseguirá diminuir.

Lhe escrevo hoje num dia bonito pra nós dois. É que vou principiar hoje uns estudos e pesquisas sobre o nosso bom pintor colonial, frei Jesuíno do Monte Carmelo. Pretendo escrever sobre ele uma monografia — se o assunto der pra tanto — ou pelo menos um artigo sobre tudo quanto se sabe a respeito dele.[90]

---

89 Trata-se do artigo "Elegia de abril", veiculado no primeiro número da revista *Clima*, em maio de 1941. Fundada por jovens estudantes da Universidade de São Paulo, nela colaboraram intelectuais hoje célebres, como Antonio Candido de Mello e Souza (1918-2017), Décio de Almeida Prado (1917-2000) e Paulo Emílio Salles Gomes (1916-77), bem como Gilda de Mello e Souza (1919--2005), que então assinava Gilda Rocha. O texto foi coligido por MA no volume *Aspectos da literatura brasileira* (1943), do qual PD acusa recebimento em carta de 21 de julho de 1943 (ver p. 418).   **90** A matéria obtida deu para um grosso volume que foi editado pelo Serviço do Patrimônio Histórico e Artístico. Republicado depois em suas obras completas, vol. XVI, editora Martins. [N. A.]

Aqui no Serviço do Patrimônio regional, estivemos concertando, ontem, mandar a você uma série de fotografias sobre o Embu e S. Miguel restauradas. Você vai gostar. O Saia[91] partiu ontem mesmo pra Bertioga fazer projeto orçamentário definitivo da restauração do S. João-S. Tiago, que o Ministério da Guerra se propõe fazer.[92] A mudança de interventor é que vai dificultar de novo a compra do sítio de Sto. Antônio...[93]

Eu, nestes meses, andei traduzindo documentos antigos do Colégio dos Jesuítas do Pará, para o Serviço Central. Mas nas manhãs que são minhas, achei jeito de preparar, pra entrar no prelo, um *Poesias escolhidas* e um rosário de crônicas para um

---

91 A contratação do arquiteto Luís Saia (1911-75) pelo Sphan fora sugerida, em abril de 1937, a Rodrigo Mello Franco de Andrade por MA, a quem o jovem viria substituir na Chefia do 4º Distrito do órgão, cargo que exerceu por quarenta anos. Colaborou regularmente com o Departamento de Cultura enquanto MA o dirigiu, havendo frequentado as aulas do curso de Etnografia e Folclore promovido por Dina Dreyfus, em 1936. Entre janeiro de 1938 e o mesmo mês do ano seguinte, integrou o quadro de servidores contratados da prefeitura, na qualidade de pesquisador social do Departamento. No exercício desse posto, chefiou a Missão de Pesquisas Folclóricas, que, entre fevereiro e julho de 1938, atravessou Pernambuco, Paraíba, Ceará, Piauí, Maranhão e Pará, recolhendo um número expressivo de gravações, partituras e objetos que foram indexados por Oneyda Alvarenga, coleção atualmente preservada no Centro Cultural São Paulo.   92 Trata-se do pequeno forte da Bertioga, testemunha da maravilhosa aventura de Hans Staden, hoje museu sob a guarda de Lucia Falkenberg. A sua restauração fora solicitada por mim ao general Eurico Dutra, então ministro da Guerra, na visita clandestina que lhe fiz, em 1939, quando vim dos Estados Unidos, trazer provas das intenções da Alemanha nazista contra o Brasil. Ao fim da nossa entrevista eu pedi que se salvasse aquela relíquia histórica, pois, com o forte de Cabedelo, eram os únicos monumentos militares do século XVI existentes no Brasil. O ministro cumpriu a promessa feita nas curiosas circunstâncias de uma visita clandestina ao Brasil. O episódio [é] narrado com minúcias no livro *Prisão, exílio, luta...* [N. A.]
93 Adhemar de Barros fora substituído na interventoria de São Paulo por Fernando Costa. O sítio de Santo Antônio, em São Roque, foi depois adquirido por Mário de Andrade, conforme se verá em uma de suas cartas. [N. A.]

Crítica literária. Quero ver se esses dois livros saem ainda este ano. Não vou indo bem?

Mas, seu mano, se o Rio me inutilizava, foi duro me reacostumar a esta gorda e monótona bestice paulistana. Andei leviano, estourando a cada passo, discutindo, dizendo besteira, quase briguei com amigos velhos. Mas quando eu via diante de mim aqueles homens bem-pensantes e sensatos até a boçalidade, me dava um desespero tamanho que você nem imagina. E *Clima* é isso — a tradição desta sublime burrice lenta e grave dos Paulistas, de que tiro, afinal das contas, uma certa vaidade divertida. Grandeza e mal a S. Paulo.

Mas quando leio certas passagens do regionalismo organizado em sistema de inteligências de um Gilberto Freyre, que o leva até à desonestidade do espírito, me dou graças-a-Deus desta nossa maciça sensatez, ai! No fundo dá pena. Imagine um homem da altura e responsabilidade de G. Freyre escrevendo um artigo sobre pintura, como expressão da vida tradicional e caracterização regional, que várias vezes generaliza pro Brasil, pra cima do Brasil, o que diz do Nordeste, e esquece, e não quis citar Debret, Rugendas entre os estrangeiros, e Almeida Júnior entre os nacionais! É uma desonestidade que chega ao absurdo.

Bom, cheguei no fim da folha e estão chamando pra almoçar. Como vai de Camões (fisionomizado)?[94] Lembranças pra Juanita linda e abrace este seu amigo

MÁRIO

* * *

---

[94] Pesquisas sobre Camões que eu fazia na Biblioteca de Nova York, para uma série de conferências a serem realizadas nas Universidades de Wyoming e de Burlington, Vermont. [N. A.]

Laramie, 7 de julho de 1941

Meu querido Mário

É você quem me está devendo uma carta, mas como quem ama não tem vergonha, não resisti à tentação de escrever pra você, após a partida do Sérgio Buarque de Holanda, que passou aqui quatro dias conosco. Dias que me avivaram a lembrança dos nossos serões, dos nossos borgonhas e dos nossos tutus. É verdade que o borgonha não compareceu aqui neste sertão norte-americano, mas o feijãozinho nós o tivemos, na véspera antes mesmo de o Sérgio ir-se embora, quando Juanita quase nos matou com uma comidinha bem nossa. A comida estava boa, mas era demais. Ficamos empanzinados que nem cachorrinho novo quando tem leite à vontade... O Sérgio, meio parecido com o Couto[95] naquelas piadas dele e, por isso e outras, muito afinado conosco. Ah! mas ainda não t'expliquei a história deste meu sertão *yankee*. A coisa foi assim. Um dia um americano da nossa marca me telefonou. O Rubens me tinha apresentado a ele por procuração. Foi assim que conheci o Berrien.[96] Encontramo-nos pela primeira vez assim como rei antigo que vai conhecer a noiva, já casado. Vimo-nos e amamo-nos, e ele me convidou para vir ensinar português com ele na Universidade de Wyoming, situado em Laramie, em plenos

---

95 Adriano Couto de Barros (1891-19??), e não seu irmão, o escritor Antônio Carlos Couto de Barros (1896-1966).   **96** O professor William Berrien (1902-66) à época dirigia a seção de Humanidades da Fundação Rockfeller. Especialista em América Latina, lecionou espanhol e português em diferentes universidades americanas antes de ser contratado pela Universidade Harvard em 1944, quando passou a integrar o Departamento de Línguas e Literaturas Românicas, responsabilizando-se pelo ensino daqueles dois idiomas. Coordenou, com Rubens Borba de Moraes, o *Manual bibliográfico de estudos brasileiros* (Rio de Janeiro: Gráfica Editora Souza, 1949), que inclui colaboração de MA. Ver carta de 18 de outubro de 1942, p. 395.

Montes Rochosos. Três dias de viagem, um estirão louco até vencer os quase quatro mil quilômetros que separam Nova York dos meus amores e das minhas lutas, da pátria dos "cow-boys". Foi assim que me vi um dia nesta cidadezinha de 9 mil habitantes amabilíssimos, cheia de árvores todinhas plantadas, porque isso aqui é um campo largo como a França, e uma universidade encantadora, cujos edifícios foram feitos de acordo com a ideia de um arquiteto francês e com granito dos ditos Rochosos.

Foi escolhida para este curso de verão organizado pelo Berrien justamente porque aqui não existe verão, como o Sérgio viu, nós vimos e vocês verão. Assim, você, se não emburreceu muito depois que eu daí vim, já deve ter deduzido que o curso do Berrien é nômade, completamente cigano. E é mesmo; um ano realiza aqui, outro ano mais para adiante. Por isso que, no fim de agosto, levantaremos acampamento. Entretanto, apesar dessa natureza tão antissedentária, o Berrien organizou uma coisa assim como o *Atlantic* ou o *Normandie* que indo e vindo (antigamente) de uma banda pra outra do oceano, conseguiam carregar a França dentro de si. O Berrien carrega o Brasil com ele. De fato, da sua estadia aí, comprou uma porrada de livros escolhidos e deixou outros encomendados que estão chegando. Perdeu o amor a uns 5 mil dólares valorizados e trocou por muitas dezenas vagabundas de contos de réis que distribuiu pelas livrarias do Rio e de S. Paulo. Essa livralhada toda é desencaixotada e reencaixotada conforme os cursos de brasileiro (errei quando falei em português) começam ou terminam. Tudo isso porém poderá ser poesia quando de fato o Berrien é um verdadeiro poeta da nossa marca. Mas não foi porque caiu no goto do americano. A prova é a quase centena de alunos aos quais estamos desbravando a mata onde viceja essa nossa última flor do Lácio que anda não querendo mais saber nem da avó nem da mãe dela que a pariu... Pois os nossos alunos nem só estudam como loucos, como ainda não saem da biblioteca brasileira à cata de livros nossos. E pra provar o espírito de sacrifício deles, basta dizer que até *Macunaíma* tem sido procurado (temos dois exemplares deste clássico). Estes acontecimentos só não têm despertado o entusiasmo do Berrien porque neste campo já atingiu o superlativo absolutérrimo.

Pois bem, foi no meio desse auge, que o Berrien recebeu enviados daí uns recortes de jornal do Rio e de S. Paulo. É verdade que se trata do *Correio Paulistano* e um outro dirigido por um Santos, do Rio, de tradições picaretais notórias e conhecidas. Era a exploração de um incidente que seria apenas um episódio engraçado se o Brasil estivesse cheio como pretende de homens de espírito. Vou contar. Chegando a S. Paulo, um repórter qualquer procurou o Berrien para pedir impressões sobre literatura brasileira. O velho Berrien principiara conversa, quando o plumitivo, como diria a besta do Taunay, lhe perguntou acerca de Rui Barbosa. Respondeu o outro que preferia colocar Rui num plano diferente, pois a influência deste se fez sentir muito mais dentro do âmbito sociológico, político, internacional e jurídico do que literário, embora não desconhecesse a autoridade clássica e linguística do grande civilista. Citou até a sua célebre polêmica filológica e os poucos trabalhos literários da imensa obra de Rui, como *Cartas de Inglaterra*. No dia seguinte, o dileto discípulo do Chateau publicava que o Berrien afirmara não apreciar Rui Barbosa como escritor por ser "enfático" e "massudo". A primeira coisa que o Berrien fez foi procurar um dicionário para ver o que era "enfático" e "massudo", palavras que nunca vira. O incidente ficou aí cercado de pilhérias alegres sem, evidentemente, nada alterar aqueles que, na realidade, têm alguma cabeça no Brasil e alguma coisa dentro dela. Mas o *Correio* explorou e, com ele, algumas outras bagaxas semelhantes. Agora chegam recortes do Rio cheios de insultos e injúrias a um homem que realiza nos Estados Unidos uma obra bem diferente daquela pela qual trabalha, em geral, a maioria dos brasileiros, que outra coisa não tem feito que dar no estrangeiro a mais lamentável, uma cada vez mais lamentável ideia do que seja a nossa pobre terra.

Veja você como são as coisas. Tudo quanto se publica aqui, de fonte brasileira, é propaganda apenas e exclusiva, de homens que, se por alguma coisa se podem destacar é pela sua imoralidade ou pelos prejuízos que dão à nacionalidade.

Pela primeira vez surge uma obra de verdadeira aproximação, porque se trata de aproximação espiritual, obra essa para a qual o Brasil não despendeu um tostão, feita por um homem que amou gratuitamente o Brasil, e justamente este homem que é coberto de baldões e apodos. O pior é que esse artigo passou, evidentemente, pela censura, e os miseraveizinhos entenderam que dessa maneira defenderiam a memória e a obra de Rui Barbosa. Memória e obra que eles não cansam de achincalhar renegando os ensinamentos e a doutrina daquele que sonhava um Brasil civil e livre, hoje escravizado, acaudilhado, bestamente militarizado por aqueles que, na hora da patriotada indispensável à existência dos medíocres, ajudam ainda mais a escravizar e a achincalhar... E é de notar que o Brasil aqui descrito e apregoado pelo Berrien é bem diferente daquele que, de verdade, existe, porque esse vive contando aos Estados Unidos a existência apenas das flores, esquecido completamente da lesmaria que por elas viscoejam...

Alonguei-me de propósito no incidente. Porque quero que você espalhe a coisa entre todos os nossos amigos de S. Paulo e do Rio e promovam mesmo uma reação que poderá ser feita com a descrição apenas da obra do Berrien. Escrevi já ao Rio, o Sérgio viu aqui pessoalmente tudo, mas seria bom que você conversasse com o Manuel Bandeira, com o Rodrigo e até com o Capanema, porque seria uma iniquidade, uma coisa clamorosa que, ao menos os homens de espírito do Brasil, deixassem passar assim uma miséria destas. Espero que a sua resposta me diga qualquer coisa nesse sentido. Feito? Então, toque.

Agora um pedido muito importante pra mim: Seria possível você me cavar por aí uma *História da literatura brasileira* do Zé Veríssimo? Deus lhe pague,

E m'escreva.

Beijos do

PAULO

Endereço até 20 de agosto.
Liberal Arts Hall, Room 220
University of Wyoming
Laramie (Wyoming)

* * *

Laramie, 17 de agosto de 1941

Meu querido Mário:

Sua carta com aqueles clamores contra a desonestidade mental do Gilberto Freyre chegou aqui justamente quando eu passava pela mesma crise de revolta contra o mesmíssimo brilhante literato. Imagine que o Berrien, com os livros daí trazidos, fez chegar até aqui uns trinta exemplares de *O mundo que o português criou*, conferências que eu ainda não conhecia.[97] Aprovei-

---

[97] Em 1937, o intelectual Gilberto de Mello Freyre (1900-87) foi convidado a proferir uma série de conferências na Grã-Bretanha e em Portugal — cujas leituras públicas foram feitas por terceiros, já que o autor se viu obrigado a cancelar essas viagens. O texto das conferências foi compilado por ele em Gilberto Freyre, *O mundo que o português criou: Aspectos das relações sociais do Brasil com Portugal e as colônias portuguesas* (Rio de Janeiro: José Olympio, 1940).

tamos pois a quantidade para distribuir aos alunos e com eles ler a obra. Um bom exercício de português, porque o autor escreve bem brasileiro e o assunto brasileiro também era. A revolta que a leitura provocou constituiu é verdade um excelente exercício porque analisei enérgica mas serenamente a obra com os meus alunos.

São conferências realizadas em Portugal. E o "sociólogo", como cientista que deve ser, em vez de analisar problemas sociais para chegar a determinada conclusão de acordo com as suas pesquisas e observações desses problemas, escolheu primeiro uma conclusão: agradar Portugal — e tratou depois de adaptar os seus estudos a fim de que pudessem chegar à conclusão. O resultado é que o sociólogo nordestino mais uma vez deixou completamente de ser sociólogo para continuar a ser o que sempre foi: um excelente literato, com atraente estilo, muita imaginação, a esborrachar-se todas as vezes em que pretenda sair fora da literatura.

A coisa preliminar do prefácio é que declara à página 37 (Edição José Olympio — mau amigo —, Coleção Documentos Brasileiros) que emprega a palavra *cultura* no sentido antropológico. Entretanto, esta expressão ora é empregada nesse como no sentido literário, mais lato; e às vezes emprega uma quando deverá ser a outra. Depois, todas as vezes em que fala em *civilização cristã* é à católica que se dirige, quando o protestantismo é tão cristão como o catolicismo. Além disso, um literato pode falar em civilização cristã, mas um sociólogo, não. Existe uma doutrina ou religiões, não uma civilização cristã, tanto que não há incompatibilidade nenhuma na existência dessa doutrina com qualquer civilização, ou melhor, ela existe, hoje, muito bem, em todas as civilizações. Mas, é outra preocupação completamente anticientífica que se observa no livro, essa de agradar não à doutrina mas ao clero. Até em pormenores sem importância, como se vê à página 34, essa preocupação surge com grave escândalo cultural. Pois aí, ele cita como "personalidades soberanas, excepcionais" pela sua coragem moral e inteligência *Newman, Psichari e Chesterton*, com relação à religião, esquecendo-se do mais importante, do mais genial, do mais corajoso de todos que foi Lutero. Mas é que os três primeiros caíram do protestantismo para a igreja católica ao passo que o itinerário do segundo foi o contrário...

Mais adiante, ei-lo que, para provar a força de assimilação do Brasil, apresenta como documento os fatos de haver observado no Rio Grande e Santa Catarina homens louros comendo com "gestos nortistas", comendo molho de pimenta e bebendo pinga e deliciando-se com uma boa feijoada; por ter observado ainda a chinela baiana nos pés de mulher ruiva, o tamanco (que só se usa no Rio de Janeiro) usado por operários de fábrica filhos e netos de alemães e o palito de dentes na boca de descendentes de europeus e a goiabada comida com queijo por todos eles!

Mas será que esse sociólogo ignora a capacidade de adaptação e de imitação do bicho humano? Lembro-me de que, nos dois meses que passei pela Alemanha, cheguei a comer arenque, coisa que sempre detestei, bebi cerveja com *"steinhegel"* (é assim que se escreve?) e fui além, comi gulosamente carne temperada com açúcar, coisa que jamais tolerei. Nem por isso a Alemanha me absorveu. Por esse raciocínio temos que admitir a assimilação de quase todos os paulistas pelos italianos de S. Paulo por gostarem muitíssimo de macarronada, de pizza e de vinho *Chianti*...

Gilberto Freyre, entretanto, declara que até o andar da gente de Blumenau não é alemão, mas brasileiro. Evidentemente, em Blumenau não há só alemão, e ele confundiu com este algum barriga-verde de quatrocentos anos...

Sem esquecer que não é com observações apressadas numa viagem apressada que a gente pode fazer sociologia. Em 1938, quando saí do Brasil, fiz a travessia num vapor alemão. Viajava na segunda classe mais de uma centena de brasileiros do Rio Grande e de Santa Catarina que iam para a Alemanha, chamados a trabalhar nas obras nazistas. Todos rapazes entre vinte e vinte e cinco anos, brasileiros natos: nem um só deles falava o português! Verifiquei isso pessoalmente, um por um, e mandei a coisa num artigo a *O Estado*, que o publicou. A adaptação se faz, faz-se a completa assimilação do estrangeiro em qualquer terra, mas para isso é preciso a coincidência de certos fatores, um deles é que esses estrangeiros não estejam nucleados, outra que não sejam trabalhados pela propaganda virulenta de doutrinas nativistas, e outra ainda que, no caso desses nucleamentos, os governos tomem severas providências no sentido de evitar a infiltração tendenciosa e de torná-los brasileiros por meio da escola, de uma assistência cuidadosa etc. Mas o nosso Gilberto Freyre tudo resolve, tudo resolve facilmente com uma simples citação de Durkheim: *"a pressão do social sobre o individual"*. Não se lembrou de que essa observação do grande sociólogo precisava, no nosso caso, ser colocada nem só no espaço como também no tempo. O social age decisivamente sobre o individual, quando esse social está sozinho e não tenha pra atrapalhá-lo outro social que, embora distante, possa ser mais forte do que o social perto. É o caso do nazismo: o social brasileiro é completamente esmagado pela influência do social nazista que chega até Santa Catarina, por meio das organizações nazistas disciplinadíssimas, com a mesma intensidade com que age na Alemanha e sobrepujando-se à atividadinha do nosso pobre social brasileiro cheio de maleitas caudilhistas, depauperado pelo amarelão da ignorância. No tempo de Durkheim, o social só podia influir de perto, hoje, ele age de longe contra o social ambiente, e a facilidade com que age, temos visto várias vezes durante esta guerra, onde minorias estrangeiras permitiram a destruição de países com profunda personalidade nacional.

Entretanto, atirando, num largo gesto espanhol, o manto durkheimiano aos ombros, o impagável sociólogo termina essa parte, não deduzindo, relacionando, concluindo, mas profetizando! É à página 36, quando diz que por causa dos gestos nortistas, da pimenta, da pinga, da feijoada, da chinela baiana, do palito, de Durkheim, o alemão "se tornará" brasileiro; "se integrará" na tradição luso-brasileira; o italiano também, e o polonês, o húngaro, o judeu, o japonês, o austríaco, o russo, o espanhol, o sírio "se integrarão". Todos os verbos no futuro, tempo de profecia, como se o sociólogo pudesse viver dentro da pele do profeta ou vice-versa...

Mais adiante, na página 38, falando de enriquecimento da nossa tradição pelo contato com as culturas trazidas de fora, refere-se apenas ao enriquecimento por meio do homem que vem lá de fora. Colocou-se de novo fora do tempo, porque hoje esse enriquecimento pode-se fazer também e faz-se com grande intensidade por meio do livro (e já começa a fazer-se por meio do rádio). Uma prova é a influência francesa no Brasil, onde a imigração francesa é diminuta e todos nós temos uma formação intelectual mais ou menos francesa. Mas não é só isso, no seu afã de agradar a Portugal, diz que esse enriquecimento, todavia, se fará sem que a língua deixe de ser portuguesa. "Esta que se enriqueça de germanismos e de italianismos como já se enriqueceu de indianismos, de africanismos, galicismos." E continua textualmente: "Mas continuando na sua estrutura e nas suas condições de desenvolvimento, a língua portuguesa, a língua de todo o Brasil". Isto é simplesmente anticientífico, pois está dentro de todas as tradições linguísticas a sua diversificação para outra desde que haja mudança de clima, de condições geográficas, sociológicas etc. etc. Por isso mesmo é que existem as línguas latinas que, por esse processo, saíram do latim. A língua brasileira inda não é, mas será coisa fatal, como fatal foi a portuguesa em relação ao galego e ao latim. A influência dos estrangeiros do Brasil na língua não se circunscreve a fenômenos léxicos ou mesmo semânticos, mas a modificações profundas de estrutura, queira ou não queira o ilustre sociólogo pernambucano. E a sua transformação assim é o advento de outra língua, filha da língua portuguesa, como esta é filha do latim, este de qualquer coisa ariana, termo mais ou menos impreciso aplicado seja lá em que sentido for.

Nessa *introdução do autor* não faltou nem a nota do agradinho, indigno de um intelectual honesto, como aquela da página 40 quando cita Getúlio Vargas incrementando ou declarando que a imigração portuguesa é a que melhor interessa o Brasil. Em primeiro lugar uma coisa não tem nada com a outra. De fato não há quem não concorde, em tese, com isso, por isso mesmo isso tem sido declarado publicamente por todos os governos do Brasil, desde o Império à República. Mas o sr. Gilberto precisava atribuir tão grande coisa à Bagunça, porque é da Bagunça e não dos defuntos regimes que lhe vêm os proveitos atuais que lhe permitem ir dizer bobagens na Europa e na América do Norte.

Para metodizar a discussão que fiz com os meus alunos, esclareci bem preliminarmente o sentido de certas palavras que vivem muito confundidas em bocas de sociólogos de primeira classe e, com maior razão, na daqueles que só sabem fazer literatura. Assim são as palavras: nação, raça, povo, civilização, religião, cultura, progresso. De fato a pouca ciência que aprendi me ensinou que existe uma nação norte-americana, mas não existe uma raça norte-americana; que existem raças amarelas ou existiu uma raça braquicéfala, embora existam muitas nações e povos de amarelos; que existe um povo judeu ou se quiserem uma religião judaica, mas jamais uma raça judaica; que existe uma civilização latina ou greco-latina, mas não uma raça latina; que existem religiões cristãs e não uma civilização cristã. E o melhor conceito de civilização que encontrei é aquele pelo qual civilização é o cada vez maior afastamento da animalidade; e cultura a soma dos conhecimentos e atividades de um grupo humano. Finalmente, progresso, como consequência, viria a ser toda melhoria material promovida pela Ciência, pela Técnica e pela Arte. É possível que estas, como todas as definições, sejam falhas, incompletas, mas na sua generalidade são rigorosamente científicas, melhores portanto do que as teorias de Gilberto Freyre, baseadas, nestas conferências, no seu desejo de ser gentil para com Portugal, de não desagradar ao clero que hoje, no Brasil, vai tomando aquelas mesmas atitudes que, em todos os tempos, só serviram para provocar violentas reações populares cujas consequências recaem muito mais sobre a religião católica do que sobre tantos dos seus desorientadores ou ambiciosos ministros.

Temos ainda alguma coisinha a espiolhar na primeira conferência feita por medida para ser lida em Portugal e lisonjear os portugueses.

Mas que obsessão de mestiçagem! Até parece sublimação! O colonizar negro, para Gilberto Freyre, foi um encanto de carinho, de amizade. Nunca houve degradado no Brasil; o escravo tinha uma vida maravilhosa, vivia com o patrão, comia com o patrão, dormia com o patrão, ou com a patroa. Aquela profunda observação de Southey está completamente errada porque o que vale é o fato de os portugueses terem sido verdadeiros anjos de candura, sem estarem amarrados pela cintura. E o Brasil por isso se formou exclusivamente da mistura de preto e branco, é um vasto acampamento de mulatos bons, inteligentes, perfeitos, inigualáveis. E para melhor demonstrar a sua tese cita triunfante o fato de a mestiçagem ser comum só às sociedades da América, da Ásia e da África onde predominou a colonização portuguesa! E Cuba? E Porto Rico? onde a espanholada esparramou mulatos por todos os cantos? E as colônias da Ásia e África, onde existem franceses, ingleses, holandeses de pele escura e de olho mongólico? Mas isso, para o conferencista, não existe porque senão a portuguesada que estava na conferência não ficava contente... Por isso essa *cultura transnacional de origem portuguesa* se vai revelando em expressões as mais diversas, que ele chama de vigor híbrido. E acrescenta: "O interesse moderno da literatura, da arte e da sociologia brasileiras pelo negro, pelo afro-brasileiro, pelo mulato parece participar dessa vontade vaga de integração de parte considerável da nossa cultura nacional naquele todo transnacional, penetrado das mesmas influências africanas".

Mas o interesse literário pelo negro não é no Brasil, nem no Norte, é apenas no Nordeste. Mais uma vez o sr. Gilberto Freyre universaliza as coisas do Nordeste. E a sociologia só agora começa a ser estudada com base científica, dela não se podendo separar pois o negro, como se não pode esquecê-lo se formos estudar o folclore e a música do Brasil. Nos Estados Unidos toda gente estuda o folclore e a música negros, mas ninguém quer ser negro ou descendente de negro.

Há pouco aludi àquela referência da língua portuguesa, da página 39, onde ela tinha que ficar íntegra na sua *"estrutura"*, admitindo-se apenas neologismos léxicos de outros idiomas. Agora, à página 64, é o sr. Gilberto Freyre quem vai contra o sr. Gilberto Freyre quando confessa que a língua se transforma, pois a "conservação no Brasil de uma *língua portuguesa hirta, pura* nos custaria uma expressão deformada e até falsa de nossa vida". Mas, tal qual o sr. Getúlio Vargas, para colocar-se mais ou menos de acordo consigo mesmo, o conferencista atira-se contra a *gíria arrevesada e arcaísmos peculiares* ao Brasil. A gíria é uma onda que vem, vai e volta renovada. Mas a cada refluxo fica sempre alguma coisa que adquire caráter permanente, enriquecendo e transformando a língua até estruturalmente. E o arcaísmo português, muito usado no Brasil, pode ser arcaísmo português, mas não é arcaísmo brasileiro.

Em tudo se nota o espírito cheio de prevenções, de *parti pris* e sectário do romancista nordestino. As suas citações só se referem a gente do peito, mesmo que vá de encontro à verdade, como, por exemplo, à página 66, onde citando os escritores brasileiros mais lidos em Portugal dá uma listinha com Manuel Bandeira, José Lins do Rego, Jorge Amado e Jorge de Lima, quando se o primeiro é muitíssimo pouco lido lá bem como o último, o Jorge Amado não o é absolutamente lido, porque os seus livros estão proibidos de ser vendidos em Portugal e o Zé Lins é até pouco conhecido. O escritor moderno verdadeiramente lido em Portugal e colônias, muitíssimo lido, é Erico Verissimo, mas este não é da panelinha e por isso não pode ser citado.

Esse mesmo espírito acanhado se vê à página 86 e seguintes. Não é possível falar no Brasil em pesquisa sociológica sem citar os trabalhos iniciais do Departamento de Cultura. Mas os trabalhos do Departamento de Cultura é que permitiram demonstrar-se que muito da sociologia do sr. Gilberto Freyre estava construído na areia. Daí a sua birra e até ojeriza pelos pesquisadores paulistas, principalmente o Sérgio. Mas os trabalhos de S. Paulo não podiam deixar de ser citados. E entre citar o Departamento, coisa que chamaria muito a atenção, porque era uma organização, preferiu, de mistura a muitos outros, citar apenas os indivíduos, assim mesmo desparelhadamente, como se vê em relação ao Rudolfer, ao Sérgio, a você, ao Rubens, ao Baldus, esparramando-se por uma chusma da qual faz parte como sociólogo até o Agamenon Magalhães (!), isso à referida página 86, e o Strauss e o Lowrie, à página 91.

Tudo isso, só para provar que nós somos duas coisas: negro e português... Não seria muito mais honesto quando, sem negar o negro nem o índio, salientasse o nosso amor pelas tradições portuguesas, que nos são tão caras como nos é Portugal? Mas isso, sem espírito de bajulação ou de subserviência. Respeitamos Portugal, amamo-lo e amá-lo-emos sempre, não como patrão, amá-lo-emos de todo o coração como filho ao pai, mas como filho maior, vacinado e eleitor, se algum dia o povo brasileiro criar vergonha, quanto a esta última parte.

Para provar o poder de persistência do espírito português, cita o fato da "arquitetura religiosa ter-se conservado no Brasil quase sem alteração". Não se deu o mesmo com a mesma arquitetura espanhola? A mesma alegação sobre a pintura portuguesa da época, que reproduz animais e pássaros do Brasil, esquecendo-se que igual fenômeno aconteceu com a holandesa. Atribui as cores vivas dos vestidos das baianas à influência das mulheres de Viana. É porque o nosso sociólogo nunca foi a Dakar, onde as negras são iguaizinhas às baianas não só nisso, mas nas rodilhas, nas rodas dos vestidos e na habilidade de equilibrar baldes e até frutas grandes na cabeça. Para negar aos holandeses o que fizeram no Norte, afirma que "foi sem dúvida o açúcar que tornou possível, que favoreceu, que estimulou a atividade intelectual". Por que o ouro do Sul não fez a mesma coisa? Porque o ouro seguia para a metrópole que nunca para cá enviou sábios como Piso, Margraf, artistas como o Post, nem um gerente civilizado como Nassau. Enfim, seu Mário, quer saber de uma coisa? Que sociólogo esse nosso excelente literato? E aqui termina a minha resposta ao seu desabafo.

Há três dias seguiu para o correio comum um presente pra você. É o seguinte: aqui vieram umas dezenas do seu folheto sobre a música norte-americana.[98] Distribuí aos alunos, lemos em aula, analisamos a coisa. Foi tal o interesse que despertou que me lembrei de pedir a cada um fizesse, como prova escrita, uma crítica ao trabalho. Salientei bem que fizessem uma coisa absolutamente franca sem se preocupar ao mostrar claramente os defeitos que encontrassem na obrinha. Fizeram. Corrigi o essencial em relação às faltas de português, passando

---

98 Ver nota 86, p. 309.

por cima de tudo quanto fosse detalhe gramatical. E não toquei, está visto, no espírito. Agora vai tudo de presente pra você. Em troca, se possível, você mandará a cada um (são 28) um folheto com dedicatória. Disse-lhes que ia pedir isso a você, sem garantir. Assim mesmo, a turma ficou alvoroçada e foi tratando de pôr na própria prova o endereço de cada um. O que há mesmo de positivo é que estão curiosíssimos por conhecer você e ficaram todos seus amigos. Os próprios que mais acharam defeitos na conferência apressam-se logo em mostrar também as qualidades. Escreva-me dando as impressões.

E aqui vou parar porque também estão me chamando pra jantar.

Um beijo do

PAULO

Escreva, já, pra Nova York, para onde vou dentro de seis dias. E a minha carta sobre o caso *Berrien*? Estou esperando a resposta, pois, por ela, você viu o interesse que o assunto me merecia.

* * *

Nova York, 3 de outubro de 1941

Meu querido Mario:

Desta vez sou eu quem está atrasado na correspondência. E até na acentuação como se pôde ver no princípio desta. Mas eis-me a cumprir o dever precípuo, como diria o tonto do Taunay.

Um dia destes falei muito de você, no Museu de Arte Moderna. Não sei si já sabe que estou fazendo uns trabalhos lá. E fui encontrar dois ótimos espanhóis, um dos iniciadores do cinema surrealista na França, o Luis Buñuel, e um autor musical, o Gustavo Duran. Este conhece quase de cor tudo quanto tem podido apanhar publicado por você e ficou interessadíssimo quando soube que nós se dava... Emprestei-lhe aqueles últimos folhetos que me enviou, interessou-se pelo Departamento, pela *Revista do Arquivo*, por aqueles nossos sonhos congelados e, ainda ontem, me mostrou um programa descritivo de discos do Museu, no qual faz um estudo breve da música brasileira e meteu o seu nominho uma porção de vezes. Se publicar alguma coisa nova relativa à música, mande-me mais de um exemplar para dar um a ele.

E por falar nisso, recebeu as provas dos alunos de Laramie? Que tal? E a minha carta que aí deve ter chegado depois de cruzar com a sua em qualquer canto do Atlântico?

Mande notícias e livros. Na impossibilidade de satisfazer a ambas as coisas, mande notícias.

Estou novamente e penso que em definitivo em Nova York. Pode mandar a correspondência para o Museu de Arte Moderna, ao cuidado de Luis Buñuel — Museum of Modern Art, 11 West, 53 Street, New York City. E se precisar alguma coisa de lá, publicações etc., é pedir, por boca ou por carta.

PAULO

* * *

São Paulo, 10 de outubro de 1941[99]

Paulo

vou principiar lhe escrevendo uma carta, não sei se acabo hoje. Andei doente e inda por cima excessivamente afobado e só por

---

[99] Duas ou três cartas perdidas entre esta e a precedente. [N. A.]

isso deixei de escrever o mês passado. Recebi as análises dos seus alunos sobre a minha conferência, uma delícia que, se não fosse o perigo de incorrer em vaidade e megalomania, comentava em artigo. Mas ando com verdadeiro pavor de ser apenas "vaidoso" porque é o que me dá mais nojo nesta numerosa gente artística daqui. Se lhe contasse tudo... Basta um detalhe: quando estive no Rio morando, logo me chocou e bastante me preocupou em seguida a reserva pra comigo de muita gente que sempre me tratava com excessivo entusiasmo e redundante amizade. Agora que já me sabem definitivo em S. Paulo outra vez, outra vez muitos voltam a me tratar como dantes. E principiaram as confissões. Uns temiam que eu tomasse o lugar deles, palavra, até, parece, o M. A., pelo que me disse a própria mulher dele![100] Outros se assombraram porque não viam razão pro Capanema me dar tanta importância! E um que, amigo dos mais íntimos, se queimou porque eu dei minha conferência primeiro ao Capanema e não a ele! E muitos, a roda musical, que diz ter se afastado porque Mignone e Liddy Chiaffarelli e o pianista Teráu e o diretor da Escola Nacional de Música demonstravam me querer mais bem que a eles! E um dos maiores poetas do Brasil, o M., que tentou enfraquecer a amizade profunda entre mim e o Portinari, e foi se retirando deste porque me pediu pra lhe prefaciar o catálogo da exposição!... Quanta fragilidade peidorreira, meu Deus!

Por falar em Capanema... Dá última vez que ele esteve aqui, hospedado em palácio e tudo o mais, não tive coragem de ir visitá-lo. Nem bem chegou no Rio, me escreveu se queixando do

---

[100] Conforme se depreende da leitura de carta remetida por MA a Sérgio Milliet em 23 de abril de 1940 (ver p. 504), as iniciais "M. A." possivelmente aludem ao poeta e ensaísta Augusto Meyer (1902-70), um dos fundadores, em 1937, do Instituto Nacional do Livro, no Rio de Janeiro, entidade que ele dirigiu por cerca de trinta anos e para a qual MA prestou serviços como consultor técnico (ver carta a PD de 17 de dezembro de 1939, p. 287).

meu procedimento de-fato incrível e eu, não podendo me salvar, tomei o partido de dizer francamente que não pudera vencer minha repugnância etc. Ora eis que ele volta a S. Paulo de repente e fica no Esplanada. Não sei se você conhece o caso, deve conhecer. Uma bajulação indecente fez nomearem aqui o dr. Getúlio Vargas doutor *honoris causa* da Faculdade de Direito. Vai, os rapazes se revoltaram, fizeram passeata de protesto, a coisa ficou bem preta, suspenderam estudantes, fecharam a faculdade, o diabo. Vai tudo pro Rio, interventor, diretor etc. Volta tudo do Rio. No dia seguinte, estoura a notícia: Capanema tinha chegado manhãzinha. Bom, agora eu iria visitá-lo. Fui, numa hora em que positivamente ele não estaria no hotel, cartãozinho preparado na algibeira com umas bonitas palavras. De fato não estava, mas o secretário preparadíssimo: — O ministro já perguntou por você e disse pra você vir às oito jantar com ele. Não estou me justificando pra você, gosto do Capa, sirvo no Ministério, não há ou há justificação possível, sei que não gosto da minha situação, que a detesto e pronto. Mas preferia, como sensibilidade, não me encontrar com ele aqui. Não voltei às vinte, cheguei depois das vinte e uma, jantado. Agora vai chegando o divertido. Nem bem fui chegando, estudantada assim no salão, o secretário, um deles, disse pra eu subir que o Capa estava me esperando. Fiquei roxo de vergonha, palavra. Subo. Muita gente esperando na sala de distribuição do andar. Nem bem o secretário me viu, entrou no apartamento e veio falando pra eu entrar. Entro e encontro o Capanema só, escrevendo. — Boa noite, Capanema, como vai? — Ele se ergueu, me abraçou se rindo, mas com ar meio estratosférico. E principiou, este princípio é absolutamente textual: "Você sabe, Mário! um Ministro não se desloca pra vir acabar com uma mazorca de estudantes"... E me explicou a coisa, que nada mais é que um ministro se deslocando pra acabar com uma mazorca de estudante. Na véspera, à tardinha, o Getúlio o mandara chamar. Que a coisa tocara fundo o presidente, ele sofrera de fato com a repulsa da estudantada e queria pôr uma pedra no sucedido. "Você vai a S. Paulo e acaba com isso. Reabra a Faculdade, suspenda todos os castigos. Quando você pode ir?" Puxei o relógio e disse! Agora, às dez. Mas, imagine, Mário! Quando sentei no trem e este partiu, de repente eu disse: Mas o quê que eu vou fazer em São Paulo (ah! eu, Mário, me esqueci entre as frases do Getúlio, que este dissera ainda ao Capanema pra recusar o título oferecido), o quê que eu vou fazer em São Paulo, pois não posso fazer nada que o presidente mandou!". Mas tudo se resolvera assim, meu Paulo, com a maior vergonha por que já passou a intelectualidade paulista. Chegara, reunira o Conselho Universitário e dissera que, como pelos Estatutos, ele Capanema não podia, nem o Getúlio, abrir a faculdade, eles que a abrissem. Aceitaram! E que o diretor tirasse as suspensões. Então o nosso coió-sem-sorte se mostrou maguadinho, que ficava sem autoridadinha etc. "Então tive uma ideia: Pois bem, pra salvar a sua autoridade o sr. mantém as suspensões, mas estas não terão efeito positivo e não serão computadas as faltas dos suspensos." Aceitaram! Aí ele falou que o Getúlio recusava o título. Ficaram muito tristinhos que era uma vergonha pra eles, pra Universidade, pra Faculdade, que só o prof. Leme[101] e o representante da estudantada tinham sido votos contra. "Bom! então fazemos uma coisa! eu escrevo, em nome do presidente, uma carta ao Conselho... porque os Srs. precisam reconhecer a situação! os Srs. ficam magoados? mas o presidente também está magoado!... escrevo a carta aos Srs. agradecendo a honra mas declinando dela para que não se ajunte a ela recordação do incidente, uma carta delicada, honrosa até (o 'até' é meu... sou um diabo de romancista! está custando não acrescentar algum detalhe meu) para a Universidade

---

[101] Ernesto Leme. [N. A.]

e os senhores reiteram o convite... Mas isso, como não podem fazer sem nova votação, teremos de novo os votos contra..."[102] Eu não posso aparecer lá na reunião. Depois, Mário, o presidente fica quieto, não diz que aceita nem não aceita, não marca data pra posse do título e não fica muito ofensivo, você não acha?" (Eu mudo). "Até quero que você ouça a carta que estou escrevendo." E leu. Eu não estava em brasas, não. O Capanema eu trato por "você". E a carta era isso mesmo. — Que você acha? Discordei de uma palavra e a coisa ficou no ar, insolúvel. Eu não estava percebendo ainda muito bem o que o Capanema estava desejando de mim. Foi jantar, quis que eu fosse à mesa, me pôs à direita dele, embora houvesse gente muito melhor (melhor, alto lá! mais grande) jantando. De vez em quando me falava segredinhos a respeito da tal palavra. É que ele pusera "Não desejando o Sr. Presidente que se ligue à homenagem qualquer recordação do *incidente*..." Discordei de "incidente" achando que para a autoridade de um presidente de Nação não ficava bem reconhecer o incidente com tamanha palavra e que, como a posição do Getúlio era rica de superioridade, não prestando demasiada atenção aos rapazes ele não podia nem devia dizer "incidente", bastava botar "qualquer recordação menos grata", ficava mais leve e mais altivo. E aí principiou a dúvida: "incidente", "menos grata", "menos feliz!". De repente ele inventava uma troca-troca e me segredava: Eu literariamente firme no "menos grata", aliás, tendo antes argumentado que o, isto é, um presidente de nação nem devia se referir ao caso. Mas até aí não pode chegar a sutileza aliás fina do meu ministro, ele recusou, não podendo perceber que, deixando a frase no ar, inda ficava mais soberanamente

---

[102] Como se vê desta carta interessantíssima, o Conselho Universitário da Universidade de São Paulo não mudou, continua o mesmo ou pior do que era... [N. A.]

presidencial. E equilibrístico! E não comeu nada, o Capanema. Então estourei com razão contra o Esplanada (e a comida estava feíssima!) e caí na asneira de dizer que ali perto mesmo havia um Freddy[103] excelente — Quem? — O Freddy. — Aham. Bom, depois foi aquela estudantada em torno, já tudo, me pareceu, com uma vontade louca de aderir. Havia o bobo do grupo, havia os agradinhos do Capanema, as promessinhas altivas, todas essas profundas mesquinharias humanas, de lado a lado, medo com medo, receio contra receio, e essa fadiga das situações tensas que só vence quem possui têmpera mesmo. O pior é que às vezes até esta têmpera se confunde com burrice... Quando ia me levantar (dando sinais de impaciência já estava desde muito, era fácil, a coisa não era comigo), o Capanema se levantou primeiro e disse aos estudantes: — Vocês agora me esperem um pouco, preciso falar com vocês ainda. Primeiro preciso dizer umas palavras com o Mário de Andrade. Não precisava nada! Foi subindo no elevador e me dizendo: "Assim: Todos juntos, não posso fazer nada. Quero chamar por faculdade". Ou precisava sim! Ainda discutimos por causa do "incidente", eu assombrado com a ninharia, quase disposto a ceder, danado de ter feito a observação. De repente estourei. Olha, Capanema, ponha "incidente" mesmo, se quiser. Até estou achando graça, sou eu que estou defendendo o presidente e... franqueza, sou muito seu amigo mas você conhece o que eu sou, Capanema! — Ele sorriu. No fundo com razão. Mas eu estava sim defendendo o presidente. O caso gratuitamente, literariamente me apaixonava resolver o sutil das palavras com que um presidente nacional se conduziria em sua grandeza. E havia mais: tava mesmo com vontade de esculhambar o Conselho Universitário e todos estes filhos da puta sem-vergonhas e frouxos, tava mesmo. Me despedi. E o Capa: — Olhe, amanhã eu vou

---

[103] Restaurante Freddy. [N. A.]

almoçar com você no Freddy, telefone ao meio-dia para o meu secretário Masson e ele dirá a hora que você deve vir. Era inevitável mas foi gostosíssimo. Almoço em importantíssimo *tête-à-tête* que provavelmente fez muitos daqueles esses que estavam lá peidarem de inveja. E aí, almoço cordial, Capanema mais cansado, sube que a carta ainda não fora redigida! por causa do "menos grata" ou "incidente"!!! Aí fui suspeitando da coisa, certas perguntas repetidas a que eu fingira responder diretamente se tornaram mais conscientes em mim; as coisas eram duas coisas: por um lado o Capanema não queria fracassar, estava ainda com um bruto pavor de fracassar (aliás justo: pela noção que existe por aí do paulista e não se justifica mais) e queria a minha adesão à ideia de que a Universidade de São Paulo não seria esculhambada moralmente. Então falei: ah, Capanema! sejamos francos! não é possível o que você deseja fazer. Que é ofensa, é ofensa. Que é rebaixamento tudo o que você está fazendo é rebaixamento, mas o quê que você veio fazer? foi isso mesmo. Por favor, não se iluda mais! Dizer que fica honroso pra Universidade de S. Paulo, isso eu não posso!

— Mas ao menos que fique o mais delicado possível!...

— Pois é isso que nós estamos nos esforçando desde ontem pra fazer.

— Então você acha que "incidente" não fica bom?

— Acho! e não é pra minorar a vergonha desses frouxos que a merecem! é pra ressalvar a grandeza do Presidente, de um presidente qualquer!

Aí ele ficou mudo e melancólico. Eu fiquei mudo e melancólico. E ele acabou ainda inventando uma redação nova que eu, exausto e já inteiramente desinteressado pelo caso, achei boa...

Também pra que valia!... Valeu o "chateaubriand" que estava magnífico, depois tomei um porre, a sós, não pensando. Talvez houvesse lá nos horizontes do outro lado uma vontade de chorar. Mas que não era minha, não era mais minha.

E pelo que andam dizendo até os estudantes parece que deram em droga...

Vou parar, não posso mais.

E a carta ficou parada até hoje, segunda, 13. Agora preciso mandar, com o livro. Peça sempre o que quiser. Desculpe a demora deste, foi involuntária, desorganização, não tomei nota na hora e depois me esqueci. Felicidade pra Juanita com você.

Bom, esta carta é só pra uso particular, por enquanto. Acabo de receber sua carta nova que não tem assunto respondível. Ciacom abraço.

MÁRIO

* * *

Nova York, 12 de janeiro de 1942

Meu querido Mário:

Desta vez, sou eu quem está em falta com você. Aqui tenho a sua carta de 10 de outubro ainda por responder. E por sinal uma carta interessantíssima! E fiquei sossegado quanto ao destino das provas dos alunos. Mas o que não se esclareceu é se você enviou a eles ou não o folheto sobre a música dos Estados Unidos que lhes prometi como prêmio... É bem possível que esse pormenorzinho importante tenha sido esquecido... Aquilo que me contou dos amigos do Rio não me espantou, só estou admirado de se terem manifestado tão tarde...

Na sua carta, você diz que ia mandá-la com o livro. Não recebi o livro. Cadê ele?

Estou definitivamente no Museu de Arte Moderna, trabalho agradável, companheiros bons. Bem pago. E as cartas, continue a mandá-las para aquele mesmo nome e endereço da outra. Possivelmente queira alguma coisa daqui, não faça cerimônia. Escrevi uma carta ao Rubens que você precisa ler e agir no mesmo sentido. Não tenho certeza de ter dito a ele que podia ser mostrada ao grupo. Em todo caso, reclame a leitura com ele. Sabe que nunca mais recebi nem publicações nem revista do Departamento do Patrimônio ou, como vocês dizem, Sphan? não admira porque o mesmo está acontecendo desde dez meses em relação à revista e publicações do Departamento de Cultura! É o cúmulo, não? Quem está alcançando novo êxito aqui é o Portinari que acaba de fazer quatro afrescos na Biblioteca do Congresso, de Washington. Foram inaugurados agora e, segundo me contou um amigo de lá, ficou pintor da moda e está fazendo o que o Medina fez aí: o retrato de todo mundo e bem pago. Por sinal esse amigo me contou uma piada magnífica dele. Um jornalista novo-rico encomendou-lhe o retrato da esposa. O Portinari trabalhou e depois de acabado, enviou a conta. O sujeito achou muito caro e mandou devolver o retrato. Vai daí o Portinari mandou pra ela um cheque dizendo que era o preço por que ele costumava pagar os modelos de primeira classe... Eu o encontrei aqui casualmente. Se me conheceu fez como coisa que não e eu fiquei firme. Mas a mulher dele me olhou muito...

Já vai muito longe o tempo em que fiz o Fábio pagar 20 contos por aquele retrato que foi parar no Departamento... Depois, se até este não está mudado?...

O inverno vai tão bravo aqui como, segundo me consta, o calor aí. Neve todos os dias e dias de sol também. Mas estes são mais frios ainda. Um sol gelado e sem-vergonha.

Seu folheto publicado naquela coleçãozinha do Sérgio vai ser comentado pela rádio. Creio que está ficando muito importante demais...

O Berrien falou-me num convite que ia ser feito a você para vir dar um passeio. Será que, nesse tempo de guerra, caipira sai de casa?

Recomende-me aos amigos e, principalmente, à sua Mãe. E o mais apertadíssimo abraço do
PAULO

Meu endereço é 155 East, 52 Street, New York City. Mas o melhor é aquele nome que você aí tem com o endereço.

* * *

São Paulo, dia de São Paulo [25 de janeiro] em 1942

Paulo, meu Paulo,

lhe respondo já porque não tenho *money* pra mandar carta por avião. Quando esta chegará nos seus olhos?

Essa coisa de envio de livros já estou ficando desesperado. Não chegam embora tudo vá registrado, você reclama já não sei mais do que se trata, com esta minha memória danada... Vamos por partes. Respondida a estes três quesitos:

I — Você, nesta carta, reclama um livro que eu dizia ter lhe mandado em carta de outubro. Mande dizer que livro é pra eu mandar outro. Já não sei mais.

II — Minhas *Poesias* saídas meado dezembro já lhe mandei. Recebeu?

III — De fato me esqueci por completo do compromisso de enviar *A música nos Estados Unidos* aos rapazes que fizeram as críticas sobre. Ainda estará em tempo? será que eles não se dispersaram, já saídos da Universidade? Aliás nem sei se ainda poderei conseguir exemplares suficientes pra mandar aquilo a todos, mas se você quiser que mande mesmo, mande me dizer um nome e endereço a quem eu possa mandar tudo num pacote só, e esse um se incumba da distribuição. De outro jeito é impossível, ficará muito caro o registro.

Não sei o que faço mais com o Sphan e o envio de coisas pra você. Aliás a *Revista do Sphan* só publicou três números até agora, não se esqueça o quarto número eu mesmo enviarei registrado a você. Sai nele um documento importantíssimo que descobrimos aqui no Carmo de Santos, uma carta do padre Jesuíno do Monte Carmelo, o pintor do teto dos Carmos paulistano e ituano.

No momento estou escrevendo uma monografia sobre o padre Jesuíno. É uma figura interessantíssima como homem e como artista. Estou completamente apaixonado. Mas o trabalho que já foi enorme ainda vai ser imenso, tantas pesquisas ainda tenho a fazer. Mas me sinto com coragem pra.

É mesmo: os norte-americanos, nesses seus namoros interessados com o Brasil, acharam de namorar comigo também. Já é o quarto ou terceiro convite este de agora de participar do congresso Afro-Americano que vai haver no Haiti e depois viajar com tudo pago, até avião, pelos States. Mas não vou não, Paulo, estou decidido a não ir. Não vou por milietas de razões. Antes de mais nada não tenho vontade de ir, e isto basta.

Mas você é um amigo insatisfatório sem que isso seja culpa de você. Eu estava precisando de você, não porque sinta, tenha dificuldades pra viver, não é nada disso nem há nada. Eu precisava de um amigo pra eu falar, pra ele tomar conta de mim, me dominar pelo espírito mais forte. Sinto que você seria esse amigo mas você está longe. Você é insatisfatório até nisso de estar longe! Depois, mesmo que estivesse aqui, você tem excesso de saúde mental, você tem sua vida tamanhamente complexa, você não é lento e evidentemente não pode pajear ninguém. Tenho assim meio a impressão de que estou me suicidando aos poucos e vou me acabar um pouco antes do tempo, pois desejava viver até os 55 anos.[104] Aliás, ando mais corretamente desde o 1º de janeiro, menos em estado de crise moral, não dando escândalos de arrebentar com toda a gente nem me embebedando por aí! Mas criei uma fama... Isso me entristece porque deriva em grande parte da incompreensão e dos exageros dos próprios amigos. É absurdo: tantos anos de convivência e ainda não perceberam que, apesar da aparência de técnica vital que me dou, na verdade eu sou o único "poeta" do grupo, o verdadeiro irresponsável. Vocês são todos umas bestas impiedosas.

Portinari já está aqui, é outro!... Quero dizer: é outra besta. Portinari, só vendo como ele me quer bem, no mesmo dia que chegou no Rio, já me telefonou e ficamos um quarto de hora de prosa. Não gostei da sua... sugestão dele estar ficando o Medina do retratilismo grã-fino. Nem por similaridade essa comparação está certa. Porque Portinari *sabe o que está fazendo*, não se ilude nem se perde. E a verdade mais humana é que não se enriquece. Isso é de uma pureza admirável nele. Ganha rios de dinheiro, gasta mares de dinheiro. E a grande água deste mar, com os outros. Eu sinto a incompreensão entre você e o Portinari. E ainda aqui o bonito fica da parte dele, você é lúcido! Ele não: ele não gosta de você, mas não gosta apaixonadamente. Você é gato, ele é camundongo. A sua lucidez impediu você de ser grandioso quando ele fingiu não ver, não conhecer você, ele o célebre, você se chegar dar um abraço nele, se rir por dentro. Meia hora depois, com o cinismo das grandes paixões, ele afirmava, até pra indiferentes, que o maior homem do século era você. E um quarto de hora depois, se brigasse com você, juraria pela honra da própria mãe que você era o maior canalha do século, estuprador e assassino.

---

104 Morreu com 51 anos, no dia 25 de fevereiro de 1945. [N. A.]

Que carta amarga... Hoje estou adoentado, está fazendo um frio úmido, me sinto muito infeliz, inquietíssimo, cheio de pressentimentos. Por que será que fico assim, se tudo vai bem!

Vou ver se procuro o Rubens pra ler a carta de que você fala. Hoje ele deve estar ocupadíssimo e bem satisfeito... Inauguraram a casca da Biblioteca que já ficou pronta. E falam que em dois meses o edifício estará funcionando... O Rubens me garantiu que nem neste um ano!

Você pergunta se não quero livros daí, não quero. Só se for por acaso (sem procurar) você achar algum livro que estude técnica, futuro, processos, história da poesia popular. Tomei o encargo puramente aventureiro de fazer na Faculdade Livre de Sociologia e Política, no ano que vem, um curso que intitulei História da Poesia Popular Brasileira. É uma aventura doida, lhe mando o programa junto. Tudo a pesquisar! Terei este ano todo pra pesquisar é verdade, mas outra verdade é que o tempo não dá, as ocupações são por demais. Mas escuita só o programa:

I
Os Elementos Técnicos

1 — A Estrutura Estrófica
    a) — O Dístico
    b) — A Quadrinha
    c) — Outras formas estróficas

2 — A Medição Silábica
    a) — O Pé ou verso
    b) — A Redondilha Maior
    c) — Outras Medidas

3 — A Interdependência entre Poesia e Canto
(Aliás este n. 3 creio que botarei em 1º lugar. Não existe poesia popular, existe é poesia cantada) (A constituição da estrofe vai antes da silábica porque a estrofe vem da ideia, da ideação, da necessidade de comunicação, ao passo que a silábica é elemento rítmico fixado posteriormente).

II
As Constâncias Psicorraciais

1 — Tendências Psicoformais
    a) — Assunto e Tema
    b) — Improviso e Tradição
    c) — O Paralelismo
    d) — Glosa e Variante

2 — A Quadrinha
    a) — O Lirismo
    b) — O Amor
    c) — Outros assuntos líricos

3 — O Romance
    a) — Romances-velhos de Portugal
    b) — Romances de Animais
    c) — A Temática Nacional

4 — Formas intermediárias entre Assunto e Tema
    a) — A Moda Caipira e outras canções rurais
    b) — O Desafio. Individualismo folclórico
    c) — Cancioneiro Popular Urbano

III
As Constâncias Sociais

1 — Religião e Religiosidade
   a) — Cristianismo
   b) — Candomblé e variantes
   c) — O Catimbó
   d) — Dioscurismo

2 — A Quadrinha e o Romance
   a) — Manifestações Histórico-Políticas
   b) — Os Contatos Raciais
   c) — Os Contatos Internacionais
   d) — Luta de Classe

3 — Outras Sobrevivências
   a) — As Danças Dramáticas
   b) — O Princípio de "Morte e Ressurreição"
   c) — O Problema Totêmico
   d) — Os Tabus
   e) — O Sequestro da Dona Ausente

Pretendo aliás escrever todo o curso, pra publicá-lo depois. O trabalho vai ser tão imenso que desejo que fique, ao menos como esboço que outros afirmem e completem depois. Assim como está concebido, creio que é inteiramente original, embora as partes estejam tratadas, episodicamente, ocasionalmente em livros. Provérbios frases-feitas, parlendas entram também, está claro. Mande dizer o que acha.

   Você faz uma trapalhada de endereços!... Manda um na carta e manda escrever pra outro, fico inquieto, me irrito.

   Bom, não tome muito esta carta ao pé da letra nem converse sobre mim com ninguém, não vale a pena. E a próxima carta irá cheia de confiança na vida, se Deus quiser. Hoje estou adoentado. Um abraço pra Juanita e outro completamente seu do

MÁRIO

Vou contar o meu caso com Portinari com a máxima objetividade. Sou obrigado a isso ante a referência de Mário, na carta acima. Ainda na prefeitura, um dia me procurou Oswald de Andrade, para dizer que Portinari, então conhecido apenas de um pequeno grupo, estava querendo mudar-se de Belo Horizonte, onde morava, para São Paulo. Mas Portinari estava na miséria, não tinha dinheiro nem para a viagem. E Oswald declarou que só eu, na prefeitura, poderia arranjar a vida dele, começando por pagar-lhe a viagem. Consegui que Fábio Prado me autorizasse oferecer essa viagem pelo Departamento de Cultura. Portinari veio e foi à prefeitura agradecer. Apresentei-o ao Fábio. Daí a dias Oswald me procura de novo, para arranjar uns dez contos de réis, para que o Portinari pudesse montar uma pequena casa em São Paulo. Fui, de novo, à presença de Fábio Prado, contei o caso e sugeri que o Fábio encomendasse um retrato seu, pagando por ele os dez contos pedidos. Com aquela compreensão que os homens ricos não têm, Fábio aceitou a sugestão e Portinari fez um pequeno retrato que se acha hoje na Câmara Municipal, mas nada tem dos futuros retratos de Portinari.

É um retrato às pressas e mal-acabado. Foi a mulher de Portinari quem, depois de feito o retrato, procurou Fábio em sua casa para receber os dez contos. Fábio Prado então, por um sentimento de delicadeza, perguntou-lhe quanto devia pelo trabalho. Dezoito contos, foi a resposta. Fábio pagou, sem nada dizer, mas me contou o caso, perguntando se eu não havia combinado dez contos. Sim, tratava-se de proteger um artista na miséria e ele nada mais fizera do que estender um pouco essa proteção a um artista de valor. Foi quando Fábio lançou um daqueles comentários irônicos, muito dele: eu gosto de ver um homem honesto que seja pobre, porque ser honesto, sendo rico, é a coisa mais fácil do mundo. Eu, por exemplo, sou honesto até sem querer...

Portinari me procurou depois. Contei ao Mário e a Oswald de Andrade o caso e estávamos todos de acordo. Mas Portinari não se referiu ao caso e queria fazer o retrato de Juanita. Disse-lhe que deixasse para mais tarde, porque não queria que parecesse pagamento aos pequenos favores que lhe fizera. E Portinari tornou-se um grande amigo meu. Fez nome, mudou-se mais tarde para o Rio, quando eu já estava no exílio. Um dia, em Nova York, recebi um telegrama de Miguel Osório de Almeida, amizade esplêndida que eu fizera em Paris, anos antes. Miguel ficou tão chegado a mim que, durante o exílio, ia passar as suas férias, sempre empregadas em estudos, onde eu estivesse: Paris, Lisboa, Nova York. Nesse telegrama, Miguel anunciava a sua chegada e pedia para arranjar um pequeno apartamento, e fui esperar Miguel num cais de Nova York, onde aportaria o vapor que o trazia. Em frente e ao nível do cais, um grande salão de subsolo, cheio de colunas, onde ficavam os que ali esperavam que o vapor atracasse. Ao fundo do salão eu divisei Portinari, que ali fora esperar alguém. Ele também me viu e eu fiz um gesto de cumprimento. Mas Portinari escondeu-se atrás de uma coluna. Pensei que não me tivesse visto e me desloquei de modo a avistá-lo de novo. Ele repetiu as manobras, desviou-se para ficar por detrás da coluna. Repeti a minha manobra e ele repetiu a sua, fazendo-me ver que queria mesmo evitar-me. Não o procurei e à chegada do vapor nos perdemos na multidão. Miguel Osório, uma vez desembaraçada a bagagem, saiu comigo. E a coisa ficou aí. Três dias depois, encontrei William Berrien, da Rockfeller Foundation, no Museu de Arte Moderna, onde eu trabalhava. E Berrien fora buscar-me para visitar com ele Candido Portinari, que estava em Nova York. Contei a Berrien a impossibilidade de acompanhá-lo e narrei o incidente do cais. Berrien energicamente negou que Portinari me fizesse isso, pois conhecia o meu passado com Portinari. Mas, ante a minha insistência, disse que iria esclarecer o mal-entendido. Dias depois, Berrien esteve de novo comigo. E a sua primeira frase, mesmo antes de nos cumprimentarmos, foi esta: "Sabe, antes de mais nada, Portinari é mesmo um safado", expressões textuais de Berrien. Tocara no assunto com Portinari e este lhe respondera que "ele se achava nos Estados Unidos, numa missão paga pelo governo brasileiro, de modo que ele não poderia ter contato com um inimigo de Getúlio Vargas". Berrien, com aquela franqueza muito norte-americana, lembrou então a "minha amizade" por Portinari quando ele não era ainda um artista muito célebre. E Portinari dera uma longa explicação justificativa, e a coisa ficou por aí.

Este caso a ele me referira Mário de Andrade numa das cartas que ele agora me respondia.

* * *

Nova York, 7 de março de 1942

Meu querido Mário:

Eu acho uma vergonha essa coisa de você mandar uma carta pelo correio comum e ainda por cima dizer que fez a burrada porque não tinha dinheiro pra enviar por avião! Puxa! Em todo caso chegou exatamente um mês e dez dias depois de datada, e aqui estou pra respondê-la.

Ontem a NBC deve ter enviado a você uma cópia da minha crônica sobre o seu livro. Pela carta ao Rubens você já sabe que estou fazendo uma palestra semanal sobre livros brasileiros. Realizei umas oito e a última foi sobre o seu livro. Imagine que só agora vejo, pela sua carta, que você ainda ignorava a existência dessa coisa. Não faz mal. As minhas crônicas não são uma crítica literária. Não sou crítico, nem gosto da especialidade e, além do mais, me falta aqui material de consulta para fazer trabalhos conscienciosos. A seção é um pretexto para receber o que se publica no Brasil, sem precisar incomodar muito os amigos. Leio o livro e digo depois pelo microfone se gostei ou não. Só isso e mais nada. Não tem pretensão nenhuma aquilo que faço, mas assim mesmo se você ouvir alguma mande dizer o que pensa, principalmente sobre os defeitos. Pra gente se corrigir. Recebi cerca de cinquenta volumes da Guaíra, de Pongetti, Civilização Brasileira e outras, respostas às circulares na NBC. Tive uma impressão horrível do que se publica no Brasil. Quem aí está, ambientado, não pode sentir a diferença bem, pois se adaptou aos poucos, mas eu que passei uma porção de meses — quase três anos — sem, praticamente, ler nada do Brasil, fiquei desolado. Já era ruim a produção, mas agora é simplesmente lastimável. Como é que há casas editoras capazes de publicar certas porcarias? Será que há leitor para tais livros? Ou são os autores que pagam as edições? Neste caso o que falta são editores conscienciosos e de vergonha. A maioria deles está abaixo de qualquer crítica. Num país em que houvesse realmente gente alfabetizada esses bestalhões de há muito falidos e boicotados, ou melhor, vacacotados pelos escritores. Agora, porém, vejo que todos são quase a mesma coisa... Fiquei triste.

 Estou escrevendo esta carta no museu, de modo que não posso ver na sua carta de outubro qual o livro que você disse ter mandado para reenviar o nome, conforme o seu pedido. Fica pra outra vez.

Fiquei muito triste ao saber que você não quer vir passar uns tempos aqui. Não posso explicar essa atitude idiota. Eu não acredito nesse namoro infantil dos americanos porque o que é infantil é sincero e nesse se faltar uma coisa só, essa coisa é a sinceridade. A orientação dessa campanha de aproximação é aproximação de governos e não de povos. Sejam quais forem os governos, são considerados amigos. Se o povo estiver contra o governo, o povo é considerado inimigo. A verdade é que não há aqui o mínimo interesse por nós, tirante aquele que possa dar a nossa posição de depósito de matéria-prima e de comprador de coisas. Somos ignorados e nossa língua é coisa que vale menos do que um dialeto de índio do Alasca. Uma imensidade de livros tem saído aqui sobre o Brasil. 99 por cento uma porcaria. E pelo menos 99 por cento para nos achincalhar. E o pior é que há aí uma tendência imbecil de imitar os Estados Unidos. Poderíamos imitá-los numa porção de coisas que realmente possuem de interessante, mas o que procuramos imitar é no que têm de verdadeiramente cretino. A nossa orientação cultural não pôde ser medida pela daqui porque, tomando essa expressão no seu sentido intelectual, nós temos muito mais cultura do que os norte-americanos. A deles é mais extensa, a nossa mais intensa. Ricos, estão cheios de universidades. Mas um universitário aqui sabe menos do que um terceiranista de ginásio aí. Nós somos mais profundos e eles mais superficiais. Mas ramos há em que são inexcedíveis: máquinas, cirurgia, otorrinolaringologia. As organizações de agricultura são inigualáveis. Isso, sim, podemos vir aprender aqui. O resto, podemos ensinar.

 E você devia vir agora. Principalmente, quando acha que está precisando de mim pra filar assistência moral. Aqui quase que podia pajear você, apesar da trabalheira que dá este museu dos nossos e dos pecados do Buñuel...

 Achei uma graça louca na sua fama de porrista. E isso porque também já passei pelo aperto. Durante mais de vinte anos, fui menino comportado. Fiz benefícios, dei dinheiro a amigos e parentes necessitados, até pras obras da catedral contribuí, porque foi no tempo em que eu era ainda mais idiota do que sou hoje. Nunca ninguém "lembrará" de dizer coisas bonitas da gente. Um dia amarrei um daqueles que fazem a felicidade por um ano. Passei pela praça Antônio Prado e me viram. Pois foi uma fama, menino, que durou mais de dez anos... Agora, você. Não faça caso. No dia em que você fizer uma imoralidade e ganhar mil contos, aquilo que hoje é pifão vira originalidade. E quem falar mal de você é um safado. E por falar em safado, como vai o Portinari? Ele não gosta de mim, apaixonadamente, mas por que que apaixonadamente não gosta de mim? Até me lembro daquele sujeito que disse que um homem perdoa mais facilmente uma bofetada do que um benefício. Eu não esbofeteei o Portinari quando ele bancou o cretino comigo aqui, mas aí, quando eu era gente, fiz alguns benefícios a ele. Portanto, ele tem razão e não posso me queixar. Nem me queixo.

Se encontrar alguma coisa de história da poesia popular mandarei. Li com atenção o seu programa pra a Escolinha e sobre a História da Poesia Popular Brasileira. Achei uma tolice nele. É o título II — As Constâncias Psicorraciais. Isso deve ser: "As Constâncias Psicoétnicas". É muito perigoso a gente falar em raça. Não falo sobre o ponto de vista político atual, não. É sob o ponto de vista antropológico ou etnológico, como queira. Cientificamente não é possível a gente dizer o que seja raça. O mesmo no título III, n. 2, letra b, onde você deve corrigir "Os Contactos Raciais", por "Contactos Étnicos". Agora tinha vontade que você me explicasse um pouco essa última parte do número 3 final: o problema totêmico e os tabus. Isso abrange apenas a influência africana ou influências ancestrais europeias? Não entendi bem. Talvez porque não esteja claro ou porque eu ando mesmo muito burro nestes últimos dias. Creio que foi um champanhe americano que me ofereceram.

Não há trapalhada nenhuma nos meus endereços. Moro em 155 East, 52 Street. Mas as cartas é melhor mandar como tem feito ultimamente. É mais seguro. E fico aqui esperando a outra carta com mais confiança na vida e neste seu teu

PAULO

Um grande abraço pra sua Mãe. Gostei muito da poesia Mãe, que não conhecia.

* * *

São Paulo, 20 de março de 1942

Paulo,

puxa! que carta violenta esta última! Também está lhe dando o ânimo esculhambativo do tempo? Não concordo com a sua opinião sobre os States, em grande parte. Não concordo com a sua opinião tão pouco psicológica e tão pouco sociológica sobre a literatura brasileira atual. Só concordo com as suas censuras quanto à terminologia que usei nos títulos do meu futuro curso. Modificarei: você tem razão. Isto, se fizer o curso...
 Realmente o programa dele é um bocado vaidoso. No momento psicológico em que eu estava, esta vaidade me era necessária pra eu... regenerar. Mas é tão assombrosa a soma de trabalho que ele exige, que agora meus braços caem no chão, me sinto desencorajado imensamente. Só um desdobramento útil na fichagem das quadrinhas, exigiria a feitura de umas 20 mil fichas pelo menos! Que-dê tempo só pra isso? E ainda não pude principiar os estudos de tanto trabalho necessário que tenho dia por dia. E já estamos em fim de março! Ara!

Você me pergunta, sobre o capítulo "O problema totêmico e os Tabus". Está claro que não ficarei apenas no totemismo negro mas irei às sobrevivências ancestrais de outras... "etnias". Apenas o "problema" não é esse. O que desejo pesquisar aí e negar (se caso concluir como está me parecendo por enquanto) é esse totemismo à beça que desabou sobre a sociologia brasileira. É absurdo, não sei se você reparou; mas aqui uma quadrinha, uma dança, nada pode se referir a uma pulga ou marreco que logo o comentador não afirme que trata-se de manifestação totêmica. O mais ridículo, pelo que sinto, é que só quando se trata de animal é que é totemismo. Duas mil quadras podem falar em cravo, rosa, cana-verde, pinheiro, ninguém se lembra de totem! Quero ver se consigo trazer alguma clareza ao assunto, separando o que seja realmente manifestação totêmica do que o não seja. Pra acabar com este assunto do curso: você uma vez se queixou de eu não ter me utilizado da coleção de quadrinhas que você me dera: pois então reconheça que tudo tem seu tempo. Vou fazer delas a base das pesquisas e do curso. Aliás, é uma coisa engraçada: como traduzir o que em francês se chamaria "Fonds Paulo Duarte — Amadeu Amaral"? Em português se presta a riso "Fundos Paulo Duarte". Talvez o melhor seria "Coleção", mas ainda não sei.

Aqui, vidinha desagradável de sobressaltinhos sem sofrimento. Ao menos por enquanto. Descobrem coisas e maquinações do Eixo, que os jornais publicam aberrantemente, fazendo uma bruta guerra de nervos. Se fica fatigado. E bateu uma vontade falsa de dizer "verdades", nos mais fortes. E com isso uma compreensão falsa do que está sendo a guerra, não sob o ponto-de-vista da estratégia, mas quanto à realidade humana. Há de fato um hiper-quinta-colunismo nos que se pretendem "realistas", e apenas estão sendo também vítimas dos nervos. Fica tão "democrático" Churchill anunciar que perderam Singapura! E copiam o Churchill... perdendo tudo! São uns pândegos.

O que não existe é Vontade. "*Razza dannatta!*", como no Rigoletto. "*Dannata*" creio que tem um *t* só, não lembro.

Mas ando vivendo muito e bem melhorzinho de minhas crises morais Andrade. Trabalho muito, me divirto muito. Vou fazer dia 10 próximo uma conferência sobre "O Movimento Modernista", na Casa do Estudante, Rio, salão do Itamaraty! Aliás pretexto pra dizer umas coisas meio brabinhas que desejo dizer. Vai ser editada em opúsculo, que não me esquecerei de mandar pra você, está claro. Será talvez a minha coisa mais discutível e mesmo errada. O que importa é o pretexto para o que quero dizer. *Ciao*, Juanita com Paulo, vos abraço.

MÁRIO

* * *

São Paulo, 28 de abril de 1942

Paulo querido velho,

Não fui besta nada não, botando seu nome por de fora das sobrecartas, não sabia que era segredo.[105] Enfim, vá lá, fico sabendo que é segredo. O que eu não compreendo bem é por que as cartas de você não vêm visadas pela censura d'aí e como chegam. Pois até cartas de institutos oficiais norte-americanos chegam censuradas! Bom, mais esta vida foi feita mesmo pra gente não compreender. Basta ser inteligente (sou inteligente, não há mais dúvida) pra não entender.

Não estou gostando deste início de carta. Parece que estou feliz, desligado das coisas, é mentira. Ando cada vez mais

---

105 Precaução contra uma estúpida censura brasileira, como vai descrita num capítulo anterior. [N. A.]

desarvorado, numa angústia bastante curiosa de analisar, porque chega suficientemente até a consciência pra eu saber que é angústia, mas age longínquo, só tenho como que os ecos soluçantes dela. Se diria que tenho uma angústia formidável lá no eu profundo, mas nas partes mais profundas e impenetráveis, lá no inconsciente, uma angústia prodigiosa.

O resultado é um estado interrogativo, muito árido, que chega a doer de tão árido. Uma incapacidade brutal de me interessar pelas coisas, um perfeito estado de espera, de insuficiência e de infecundidade momentânea. O romance, abandonei, não era possível mesmo escrever, não me interessava nada. Os estudos verdadeiramente sistematizados, preparatório de curso, ainda nem iniciei e é quase certo que não principie eles mais. É impossível. Não tenho isenção de ânimo nem pra coisas de ficção nem pra coisas de caráter universitário. Nem artigos consigo quase escrever, e quando escrevo, mais premido por interesses financeiros, questão de equilibrar o orçamento mensal, sai cada moxinifada incongruente e insuspeitável que nem sei!

Agora mesmo saiu daqui o Segall, que vai fazer uma exposição no Rio, a convite do Ministério da Educação. Veio me convidar pra fazer o estudo inicial do catálogo. Aceitei. Só coisas assim ainda podem me interessar, coisas em contato mais imediato com a vida de agora. O Segall anda fazendo uns quadros sobre Imigrantes, sobre Guerra, e talvez isso me apaixone e eu possa me sair com algumas eloquências feridas.

Amanhã parto pro Rio, onde vou fazer uma conferência sobre o Movimento Modernista. Como vai ser publicada pela Casa do Estudante do Brasil, a que cedi os direitos da publicação, assim que sair lhe mando. É um caso bem típico do meu estado de espírito de agora. Fazem vinte anos justos da Semana de Arte Moderna, e era lógico que eu devia fazer uma espécie de processo do Modernismo, historiá-lo, analisá-lo e criticá-lo. Saiu coisa inteiramente diversa, uma mistura maluca de recordações pessoais e maneiras críticas de ver que tornaram a conferência de um forte caráter polêmico. E no final botei uma confissão bastante cruel do que julgo que faltou à minha obra e à minha atitude vital. Por dentro, ah, quanto eu me sinto justificado de mim pelas muitas fatalidades que me perseguiram a vida e a enfraqueceram, mas o certo é que a Vida não tem nada com isso. E é diante desta vida que errei. Creio que há coisas comoventes no que eu digo.

E finalmente há possibilidade de eu aceitar uma encomenda que talvez venha a me apaixonar: um Guia de São Paulo, pra Livraria José Olympio. Também sempre no mesmo sentido... Imagine que eu fizesse um *Guia polêmico da cidade de São Paulo*!... Não seria uma maravilha de título? Mas isso creio que o José Olympio não aceitaria, ele quer é ganhar dinheiro... Mas São Paulo não tem igreja antiga pra gente estar perdendo tempo em contemplações. São Paulo só tem mesmo é vida, é a luta, é a grandeza dos safados, é o sofrimento dos oprimidos, é a mistura de gente, é o universalismo contemporâneo, é a biografia do Matarazzo. Pra um guia de caráter polêmico, doloroso, angustiado, fruto da guerra, dessa guerra que me arrasa, não tem nada como São Paulo, neste pequenino Brasil que eu conheço... Talvez eu pudesse viver semelhante livro... Mas não sei nada ainda. Fiquei de propor um plano, faz isso uns quinze dias, nem pensei! É verdade que estava preocupado com a conferência e só consigo trabalhar muito pouco por dia. Ou por outra, trabalho muitas horas mas no fim de muitas horas estou completamente esgotado e vejo que não saiu quase nada.

Então vou no Franciscano e tomo um litro de chope. Desculpe falar em lúpulo pra você mestre da uva, mas que hei de fazer! Não só tudo o mais está proibitivo no preço, até o uísque, como com os três anos e pico de Rio, o calor me acostumou com o lúpulo. Até nisso o calor carioca me desmoralizou!

Pois vou no Franciscano e converso com os amigos que aparecem. Conversas que agora assumem às vezes transes agudos, meu Deus que mocidades incertas! Não sabem o que fazer, não querem saber o que fazer, aceitam com um cinismo dolorosíssimo se reconhecerem uns desmorais, dizem que estão à espera... Já não compreendo mais os moços, que me cercam, sem energia até pra se fazerem de filhos da puta! Antes um R. C., que ao menos tomou completamente a cor de filho da puta, é um definido e um definitivo. E então me irrito, machuco, falo coisas duríssimas, ofendo e vem uma atmosfera de ressentimento, de amarguras, de insatisfação das mesmas amizades... No meio de tudo isso o Sérgio[106] é um oásis, uma calma, uma "espécie" de superioridade, uma pesquisa lenta e séria da Verdade... Mas o oásis não satisfaz da mesma forma, e é estranho como a serenidade numa época destas assume todas as aparências detestáveis de um quinta-colunismo. Eu sei que o Sérgio sofre também e sofre muito. O suicídio do Zweig o fez sofrer muito, pelas suas consequências morais, pelos seus problemas espirituais. Mas também o sofrimento do Sérgio naquela aparência calma do homem, também não me satisfaz. E se tenho um banho de simplicidade cada vez que me encontro com ele isso está longe de me equilibrar. De resto nossos encontros são raros, ele tem trabalho por demais e raríssimo aparece no Franciscano.

Quanto à política local brasileira, você sabe que não entendo de política pra lhe dizer alguma coisa de minha observação. Cada vez que encontro o Paulo Magalhães (o Florence desapareceu da minha vida) fico atarantado com a boataria inócua. Dias depois me encontro com ele, não sucedeu nada do que ele garantiu que ia suceder no dia seguinte, mas ele com a maior força de convicção imaginável já está com nova boataria

---

106 Sérgio Milliet. [N. A.]

que vai acontecer no dia seguinte. Estive no Rio uns dias, fazendo umas pesquisas que precisava: pois no Rio inda é mais pior. Me deu de repente um spleen tamanho que tive que voltar no suflagrante, senão estourava.

E é só, me'irmão. Estão chamando pra almoçar. Lembranças pra Juanita e guarde este abraço fraterno do sempre

MÁRIO

* * *

Nova York, 22 de maio de 1942

Meu querido e velho Mário:

Você não precisa me dizer uma palavra só do que vai por dentro para que eu o compreenda. Qual de nós não tem nestes momentos essa angústia funda? Numa fundura tão grande que a gente não alcança nem com a mão nem com o pensamento. E ela fica a roer até se cansar. Descansa um pouquinho e começa a roer outra vez. Esta minha me acompanha desde que saí de Santos àquela tarde em que deixei vocês no porto. Andou pela Alemanha comigo, foi pra França, seguiu para Buenos Aires, voltou pra França, passou com a onda de fugitivos para a Espanha e Portugal e agora, aqui está firme nos Estados Unidos. Mas eu afogo ela num copo de vinho velho. Um copo só, mas vinho bom, que é mesmo uma das poucas coisas que ainda reconciliam a gente com a vida. Isso tudo por causa dessa época maldita em que vivemos. Que coisa incrível. Creio que só os bichos bravos na floresta, uns com medo de serem comidos e procurando comer os outros, vivem mais sossegados neste mundo de agora! Mas afinal de contas assim não será melhor pra gente ver a vida? Eu acho antipaticíssima aquela era de esplendor entre 1880 e 1910. Uma coisa besta, chorada por esses velhos gamenhos e saudosistas que outra memória não têm senão pra gandaia e pra aquelas mulheres sem *bidet* da Exposição de Paris do fim do século. Prefiro hoje. Transição, inquietude, ânsia, luta, sobretudo porque é um instante em que os homens não podem disfarçar a própria miséria. Eles têm que aparecer nus, dentes de fora, garras de fora, e rabo de fora... E a gente os estuda tomando nota de tudo e não só das besteiras que dizem, como fazia o Alcântara Antônio, mas de tudo, tudinho pra contar pro futuro como é que eles eram. Foi assim que eu achei jeito de fazer um pneumotórax na minha angústia e empurrá-la achatada para o fundo das costas. Faça o mesmo que eu...

Foi reagindo assim que consegui escrever três livros e meio aqui no exílio. E continuo a escrever e a encher caderninhos de notas. Agora, por exemplo, estou vivendo um destes instantes de envergonhar a gente por pertencer à mesma família humana. Está aqui uma turma de safadinhos, da qual faz parte o Orígenes Lessa, cuja verdadeira missão é botar pedras no caminho dos exilados. A pedido deles, em nome da ditadura, o Mangabeira foi dispensado no *Reader's Digest*, onde trabalhava como tradutor;[107] a pedido deles, fui dispensado também de um bico que me dava 50 dólares por mês e, a pedido deles, possivelmente serei dispensado do Museu. Porque o norte-americano é de uma indiferença incrível quando se trata de defender um número do *Reader's Digest* ou de não desagradar o papai. Um refugiado judeu, notável escritor alemão, escreveu uma carta em que contava a opinião de uma pretinha sua criada: Dizia esta que refugiado aqui passa ainda pior do que negro... É quase verdade. A crença de que a ditadura é aliada faz que os inimigos da ditadura sejam também considerados

---

[107] Ver comentário de PD à carta escrita por MA em 15 de junho de 1942, p. 365.

inimigos. Na previsão de que qualquer coisa possa acontecer comigo já escrevi para Londres oferecendo os meus serviços na rádio de lá, pois a mentalidade inglesa é diferente e eles não acreditam muito em amor de totalitários. Contei isso a você só para mostrar como a sua inquietação tem que forçosamente ser muito pequenininha em comparação com a minha. Verso e verdade... Quem sabe se isso serve pra te consolar um pouco.

A estas horas já com certeza se realizou a sua conferência sobre o movimento moderno. Isso me fez lembrar outro fato que preciso contar. Está aqui refugiado também o André Breton. Como você sabe é o chefe de todo o movimento surrealista da França. Pois aqui, neste momento terrível, o Breton vai deitar o quinto ou sexto manifesto surrealista, fazendo o processo do movimento desde o início, através destas agitações universais todas. O Breton, quase na miséria (é locutor de rádio e ganha 120 dólares por mês, com mulher e uma filha), está firme, fazendo manifestos e procurando fazer a revista também, o *Minotauro*, que deixou de existir com a queda da França. Pois a você é que cabe fazer o mesmo relativamente ao movimento "modernista" do Brasil. É tempo ainda da gente corrigir-se com a vida. A justificação por dentro não justifica. Porque o por dentro acaba com o corpo da gente. E a única maneira de adaptar esse por dentro ao de fora é agindo, é objetivando a subjetividade.

O guia de S. Paulo é uma coisa magnífica. O José Olympio não o publicará, mas o Martins não o publica? Se ninguém publicar, faça-o comercial pra ganhar dinheiro e atrás dele faça o outro para quando houver tempo melhor. Em vez do litro de chope do franciscano, creio que o melhor seria uma garrafinha de bordeaux velho. Você me dirá que está muito caro. Eu sei. (A quem o dizes!) Uma garrafa desse vinho aqui custa três dólares e eu bebo. Aperto daqui e dali, mas o rabicho não deixo. Só ele permitirá a gente vencer esta materialidade acachapante de Nova York. Além do mais, o chope ainda expõe você a estar desperdiçando ideias com essa mocimerda que você próprio observou não ter energia nem pra ser filho da puta, nem pra acompanhar os patriarcas nacionais do filhodaputismo. Além do mais essa energia interior que nos dá um copo (dois copos no máximo) de um vinho bom evita também a gente ser sereno. Pois você tem toda razão, serenidade, agora, é quinta-colunismo. Só pode ser sereno um homem cujo egoísmo se cristalizou e faz desse egoísmo a sua profissão espiritual.

Bom, não foi só pra dizer besteiras que estou escrevendo esta carta. Tenho uma cacetada também. Antes isso do que facada...

É pro Museu de Arte Moderna. Preciso que você me faça aí uma caçada de informações urgentes. Os elementos disso seriam o Fernando de Azevedo, a Secretaria da Educação e outras secretarias acessíveis, o que for, mas preciso das informações com urgência.

Preciso saber quantos aparelhos de cinema *falado* existem em São Paulo, em escolas, faculdades e instituições culturais ou científicas. Esses aparelhos são de 16 mms, ou de 35 mms? Esses aparelhos são adaptáveis também à passagem de películas mudas ou não? Talvez o Departamento de Cultura seria capaz de fazer mais facilmente, em caráter particular pra você, essa pesquisa. Mas tenho grande necessidade dela, pois dela dependem umas coisas que estou ajeitando aqui, que talvez evitem ter que sair dos Estados Unidos se os braços ditatoriais me alcançarem. (Não diga nada destes contratempos lá em casa. Não é preciso dizer o motivo.) Essas mesmas informações preciso obter do Rio de Janeiro. Você tem bastantes elementos lá para isso. Mande-me o mais depressa possível. Dentro de quinze dias, enviarei um telegrama com resposta paga, para que você me remeta os dados quando obtidos, também por telegrama. Mas se o telegrama não for, mande a informação por correio aéreo, endereço de sempre.

E por hoje é só isso, m'ermão.

Um punhado de abraços. Beijo as mãos de sua Mãe e a você também.

PAULO

* * *

São Paulo, 15 de junho de 1942

Meu Paulo,

São meia-noite e trinta, chego em casa e encontro a sua aérea. Respondo imediatamente por causa do que você me pede nela. Você me dá quinze dias pra eu conseguir uma lista completa dos aparelhos de cinematografia falada, possibilidade de adaptação a cinema mudo etc. etc.[108] É positivamente impossível conseguir o que você deseja nesse espaço de tempo. Será que de repente você se dispôs a ignorar completamente o brasileiro e o Brasil! Não me telegrafe com resposta paga, não perca dinheiro nem tempo. Especialmente o dinheiro. Vou fazer o impossível pra conseguir o mais que possa. Só passo mais o dia de amanhã aqui em São Paulo, pois devo partir pro Rio, onde passarei uma semana fazendo pesquisas em arquivos. E agora não posso mais adiar a viagem, pois a passagem foi requisitada e se perder ela tenho que cair com os fantasmas do meu bolso, puros fantasmas no momento, isto é inexistentes. (Imagine que a verba do Sphan ainda não foi posta à disposição e estamos sem receber!) Aproveitarei a semana carioca pra pedir alguma coisa ao Drummond, mas quase na certeza de não conseguir coisíssima nenhuma. Então em quinze

---

108 Pedido do Museum of Modern Art. [N. A.]

dias isso é mito da sua cabeça de arquipoeta. Mas vou me servir exclusivamente da entidade do Museum of Modern Art: quem sabe se isso despertará algum senso vago de responsabilidade nesta gente. Amanhã, vou, se não conseguir congregar que é mais difícil, pelo menos telefonar a alguns amigos e botar o meu Zé Bento secretário à disposição deles. Quanto ao Dep. de Cult. até é bobagem você falar nisso, arre, você deu pra burro nessa idade! Bom: dentro de vinte dias, se conseguir alguma coisa mais numerosa e valiosa, lhe telegrafarei "Segue carta" (aérea), contando e enumerando o que suber. Se for pouca coisa, mandarei a aérea da mesma maneira, mas sem telegrama de alvíssaras.

Mas estou agitadíssimo, sua carta me deixou em pleno estado de choque. Isso da missão do Orígenes estar atrapalhando você, você sabe bem direito se ele, pessoalmente, o Orígenes, está metido nisso? Fiquei horrorizado, palavra, e as dificuldades de você ainda me escangalharam muito mais. A safadeza humana, isso a gente ainda supera, está acostumado e sabe que é assim mesmo. Mas o sofrimento e as dificuldades dos que a gente quer bem, contra isso, pelo menos pra mim, não é possível consolação. Estou em puro estado de desespero, Paulo, e sem que isso esteja auxiliado por álcool nenhum. Se as coisas se acalmarem, mande me contar depressa, pra eu não ficar assim, de supetão parando a mão no trabalho, me perguntando sem utilidade "O Paulo como estará"!

Você, afinal eu não tive razão de lhe mandar contar meus sofrimentos nem minhas queixas. Outro dia, estávamos almoçando muito bem, de repente, a minha velhinha que sempre fala de você, principiou chorando, não podia comer mais. O que é, o que não é! Ela hesitava contar, com vergonha, não sei que sentimento de humildade a tomou: mas não podia mais comer lembrando os que estavam com fome na guerra da Europa. Eu também não devia esperdiçar você com meus casinhos pessoais de insolubilidade, afinal das contas ainda (ainda!) eu tenho almoço diário e não me incomodo com ele, sei que vem. Deve ser o egoísmo que transforma assim os indivíduos e os deixa sem sensibilidade capaz de os fazer esquecidos de si mesmos, desculpe.

Aqui tudo vai num ramerrão de sustos e torcidas. Você já deve ter sabido do desastre de automóvel do Getúlio. É realmente impossível pra um como eu, sem importância, saber qualquer coisa de positivo. O que há de positivo é que a coisa foi muitíssimo mais grave do que as notícias permitidas aos jornais. O resto, vivemos na baba gosmosa da boataria. Coisas incríveis, coisas impossíveis, em que só transparecem os desejos, as aspirações, homem, creio que de uma imensa maioria. Mas essa maioria, nem pensa em fazer nada. Vai pra casa, vai pro servicinho, se irrita com o racionamento da gasolina ou comenta se o Brasil entra ou não entra na guerra. Mas assim, meio sem mais nem menos, com o mesmo ar e a mesma ausência de angústia com que discute o último jogo Palestra/S. Paulo.

Paulo, você não imagina: na última semana tive ocasião de por duas vezes assistir a conferências na Faculdade de Direito. Minha surpresa, meu horror foram tamanhos, que cheguei a perder o sono! Repeti lá a conferência do Rio e consegui impor respeito não sei como. Você receberá a conferência assim que impressa, você verá que me servi do movimento modernista pra dizer certas coisas muito humanas, muito sofridas. O sucesso foi enorme, é certo, o pessoal ficou brutalmente comovido. Mas dois dias depois, o Guilherme de Almeida, pelas bodas de prata do seu primeiro livro, obtinha sucesso três vezes maior, fazendo uma falação tão boçal, mas tão, que chegou a dizer, no final apoteótico que, oh sim, valia a pena ser poeta, porque os poetas têm como condecoração dentro do peito um coração pulsando!!! Mas isso é nada diante da indignidade da inteligência com que ao evocar pensativamente (como atitude oratória) 1916, ele exclamou: A guerra... (reticências) e continuou: A guerra *"battait son plein"*, como dizem os cronistas das estações mundanas (sic)! De maneira que a guerra de 14 se resumia pra essa pobre inteligência vendida ao prazer do mundo, a uma frase de cronistas mundanos, parece incrível.

Mas o que me horroriza, não é o Guilherme de Almeida que é uma fatalidade e também, meu Deus! uma vítima: o que me horroriza é a mentalidade desses estudantes de Direito. Nem interessa comentar o lado romântico, a superstição presa a mitos, a angelitude dessa gente depauperada moral e intelectualmente, o que me horroriza, Paulo, é a nenhuma noção do que seja a inteligência humana, a dignidade da inteligência humana. Esses desgraçados estão completamente desmoralizados no mais absurdo verbalismo, falar, falar, se inebriar com palavras, com as belezas (horrorosas) das frases sonoras, dos lugares-comuns tanto verbais, como, o que é mil vezes pior, intelectuais. Nas duas reuniões falaram, falaram, esporrando na volúpia das palavras, sem dizer coisíssima nenhuma. E como falam bem, que imoralidade! Que vozes sonoras, belíssimas, que dicções, que é impossível a gente se criar a felicidade de não ouvir. Uma coisa brutalmente indecente, via Pedro Calmon, o estupefaciente.

Sim, há uma turminha que reage, que quer reagir, mas é totalmente não só abafada, mas desperdiçada pela maioria imensa. Essa maioria que adora Pedro Calmon, que decora passagens dos discursos do diretor da Faculdade de Direito da Universidade do Rio de Janeiro, e vive dizendo isso altas vozes... "pelas arcadas". Não chega a ser apenas uma lástima, tenho a impressão alucinada de um crime enorme, de uma nacionalidade aviltada por sessenta anos de chefes cachorros, de um éden de todas as podridões. Deve ser exagero meu. Há uma mentalidade notável, em rapazes e moças da Faculdade de Filosofia, mas também esta é desastrosa no momento, porque é uma mentalidade de tempo de paz, humanística, contemplativa, também o seu pouco cínica, incapaz de se interessar por um discurso de Hitler sem o converter pra um plano ideológico de todas as passividades. Ao menos os rapazes da Faculdade de Direito, quando a cachorrada da Universidade de São Paulo teve a sem-vergonhice insuperável de... aceitar o GêGê doutor honoris causa da Faculdade, saiu pra rua, protestou, fez um bonito.[109] Bonito? Esses coitados nem reparam na ignomínia de dar um diploma honorífico de Direito, de Justiça a um ditador: o gesto bonito que fizeram nasceu pura e exclusivamente de uma consciência errada de classe e de... local! O que repudiaram foi o Getúlio "antipaulista" (como se isto tivesse a menor espécie de interesse!), doutor das "arcadas", deste mito amaldiçoado. Upa! decerto você me irritou por demais. Vou parar que até às três horas quero ver se ponho um bocado por diante um prefácio difícil que o Segall me pediu pra exposição dele no Rio, promovida pelo Ministério da Educação. Tenho de entregar isso até o fim do mês e como é que é! Estou lento, ando sem pensamento, incapaz duma frase verdadeira.

A não ser esta de ficar agora numa torcida ingrata por você. Ingrata, meu Deus! porque incapaz.

Um carinho pra Juanita e este seu abraço do

MÁRIO

Foi uma informação malévola de um brasileiro meio avacalhado de Nova York que me levou a fazer uma grande injustiça a Orígenes Lessa. Éramos amigos, no Brasil, um dia apareceu nos Estados Unidos uma comissão do Departamento de Imprensa e Propaganda da ditadura. E foi com desagradável surpresa que

---

109 Getúlio Vargas. Ver carta de 10 de outubro de 1941, p. 334.

vi o nome do Orígenes Lessa nesse grupo chefiado por um tal Barata, tendo como subchefe ou coisa que o valha um jornalista carioca chamado Raymundo Magalhães. Uma das primeiras coisas que fez essa comissão foi ir ao *Reader's Digest*, onde Octavio Mangabeira ganhava a sua vida de exilado com traduções para a edição brasileira daquela revista, pedir em nome do ditador a demissão do bravo exilado, com a alegação de que a revista poderia ser proibida no Brasil, caso Mangabeira lá permanecesse. A seguir foram à National Broadcasting onde eu trabalhava e ao Museu de Arte Moderna onde também trabalhava, pleitear a mesma coisa. Mangabeira foi demitido imediatamente, mas os diretores da revista fecharam os olhos com a intervenção de Hélio Lobo, se não me engano ministro do Brasil no Canadá e um homem de bem, o qual passaria a receber em seu nome os cheques de Mangabeira que pôde prosseguir no trabalho. Na NBC porém a coisa mudou: fui despedido mesmo, mas a direção da empresa não aceitou a indicação de um membro da tal comissão brasileira para me substituir. Simplesmente extinguiu o cargo. No Museu de Arte Moderna o emissário do DIP foi dar com um dos principais curadores do Museu, Phillip Goodwin, meu amigo, para o qual eu havia traduzido um livro sobre a arquitetura moderna brasileira *Brasil Builds*. Goodwin recebeu esse emissário e depois de ele explicar que a minha presença no Museu poderia modificar até a posição do Brasil na guerra, cuja entrada era esperada, referiu-se ao nome do presidente Roosevelt. E Goodwin respondeu que "o Museum of Modern Art não era propriedade nem do mister Roosevelt nem de mister Vargas". E encerrou a conversa. Logo depois fui informado por esse brasileiro, que vivia nos meios cinematográficos, aliás já falecido, que quem estaria orientando isso era Orígenes Lessa, amigo que então, como hoje, eu muito prezava até por motivos sentimentais. Foi graças ao pai de Orígenes Lessa, Vicente Themudo, pastor protestante, que eu tive pela primeira vez à minha disposição uma biblioteca, a de Vicente Themudo Lessa, à rua Visconde de Ouro Preto, que me deixava mesmo levar os livros que me interessavam para casa, abrindo um crédito de confiança que nunca ninguém abrira aos meus catorze anos. Fiquei abatidíssimo com a notícia e, ao escrever a Mário de Andrade, narrei o fato. Quando a carta de Mário chegou, já Mangabeira havia descoberto toda a trama: os autores da miséria eram os dois chefetes da missão, e quem fora portador do pedido de nossa demissão fora mesmo o sr. Magalhães Júnior. E, antes mesmo de chegar esta carta de Mário, já estava em caminho outra em que eu manifestava a minha alegria até por saber que Orígenes, pela sua probidade, estava sendo malvisto naquele grupo de malandros. Eu tinha comigo, na ocasião, várias pequenas comédias para traduzir e serem irradiadas em português. Tive que entregá-las e a tradução foi realmente feita por um dos membros daquela triste missão. Aliás anteriormente, outro picareta brasileiro havia aparecido na NBC, com recomendação do próprio Getúlio Vargas. E aquela empresa de rádio teve que aceitar umas cinco comédias de autoria do mesmo sujeito, cujos nomes eram: *Getúlio Vargas e Caxias*, *Getúlio Vargas e Rui Barbosa*, *Getúlio Vargas e Osório*, e outras de nome assim de Getúlio Vargas e um brasileiro notável. A direção da NBC me pediu ler e dar parecer. No meu parecer eu classifiquei a coisa como documentos de sórdida bajulação sem nenhum interesse brasileiro e sem nenhum valor literário. Documentei bem o meu parecer com citações das tais comédias e o levei pessoalmente ao diretor do Departamento de irradiações em língua espanhola e portuguesa. Dias depois, fui informado na própria NBC que haviam pago 50 dólares para cada comédia, a fim de não desagradar o ditador brasileiro, mas que as comédias jamais seriam traduzidas ou irradiadas. Aliás esse indivíduo eu já o conhecia, pois recebera uma carta de André Dreyfus para indagar a respeito dessa pessoa pois ele estava informado que o tipo andava visitando universidades norte-americanas dizendo-se professor de Biologia da Universidade de São Paulo. Não cito o nome desse cara, que fez carreira gloriosa e hoje ocupa um alto posto diplomático, porque o meu arquivo se acha por ainda durante alguns meses inacessível para mim e seria difícil eu procurar os documentos probatórios disso. Mas isso se fará na ocasião oportuna. A este fato que eu atribuí as ordens de Vargas para me demitir. Depois entretanto soubemos, Mangabeira e eu, que Getúlio nem sabia do fato, só mais tarde fora ele informado pelo Itamaraty. Aqui há outro pormenor. Era alto funcionário do Ministério do Exterior o depois embaixador Ribeiro Couto, meu velho e querido amigo. A notícia da nossa demissão foi parar às suas mãos e ele a levou ao ministro, que era Osvaldo Aranha, com quem eu cortara relações por motivos políticos. Ribeiro Couto comentou com o ministro solicitando que mandasse um desmentido aos piratas que se achavam em Nova York, pois Mangabeira e eu, embora exilados, não podíamos ficar à mercê de alguns pequenos aventureiros que até praticavam no exterior atos desmoralizantes como aquele. Ao que o então ministro do Exterior do Brasil respondeu: Não, deixe a coisa como está, pois são dois comunistas...

O fato porém era que Orígenes Lessa estava completamente alheio a tudo. Ele mesmo me procurou dias depois, ao saber de tudo. E, em pouco tempo, não pôde mais suportar a má companhia dos chefes da missão que, eles, sim, foram os autores da torpe perseguição. E, para mim, foi um alívio, porque não tive a desilusão que já tantos "amigos" me haviam causado. Foi assim que se tornou íntimo o meu convívio com Orígenes, durante toda a sua estadia em Nova York. E a nossa amizade estreitou-se ainda mais e para sempre.

* * *

Nova York, 27 de junho de 1942

Meu querido Mário:

Muito obrigado por sua carta. Eu nem fiquei mais burro depois de velho, nem ignoro a desorganização brasileira. É que contava com o seu prestígio pessoal para me arranjar aquelas informações em duas semanas. Mesmo porque, oficialmente, o Museu tudo tentou sem nada conseguir. Eu fico envergonhado de ser brasileiro quando pegado numa dessas queixas estrangeiras principalmente acompanhadas de quatro ou cinco cartas oficiais a entidades oficiais pedindo coisas e sem resposta oito meses depois... Daí o meu esforço de emendar a mão... Mas aguardarei pacientemente o produto do seu esforço.

Vou pormenorizar esse caso que você chama de "missão Orígenes". A missão é do DIP, chefiada primeiro pelo Assis Figueiredo, malandro também, e, agora, com a partida deste para o Rio, por um Júlio Barata. Faz parte um tal Magalhães Jr., um Pompeu e o Orígenes. Só isso já seria uma lástima para o Orígenes, aquele quieto e bravo prisioneiro numa trincheira de Vila Queimada. Pois bem, logo que chegou aqui, o Assis Figueiredo que até me deve muita atenção pessoal, foi na companhia e apoiado pelo Barata dizer aos americanos que o governo do Brasil se melindraria muito com a minha presença no corpo de tradutores do Coordenator, por ser esta uma repartição oficial. E o trabalho me foi tirado. Hoje, quem o estaria fazendo é o Orígenes! Não creio que este tivesse ou executasse a iniciativa da miséria, mas esta me pareceu não poder ter sido cometida sem o conhecimento dele. Agora está esclarecida a posição do Orígenes. Os trabalhos que me foram tirados, quem os está fazendo é Pompeu. Mas este eu não o conheço. O Barata eu o conheço muito, foi propagandista do Armando e este tem aqui uma carta dele pedindo trinta contos para atacar o ditador! Mas o Figueiredo e o Orígenes eu os conhecia muito bem e mantinha as melhores relações com eles. Tanto assim que, quando aqui aportaram, tive a ingenuidade de pensar que me procuravam. Aqui sim, cabe mesmo aquela sua expressão de que eu emburreci depois de velho... Logo depois, eles (Barata e Figueiredo) falaram que viriam ao Museu "dizer quem eu era". Não vieram ainda. Mas eu fiz fogo de encontro, contei tudo aos meus amigos do Museu. Entretanto não sei o que acontecerá, se houver um pedido oficial. Isso porque os americanos só dão importância a coisas oficiais. Pan-americanismo não é, para eles, aproximação de povos, mas de governos. O Rui Barbosa exilado aqui seria uma besta e o Magalhães, com qualquer missão oficial, um gênio... Basta dizer que o Mangabeira era o tradutor da edição brasileira do *Reader's Digest* e os tais cafajestes foram lá, e também em nome do governo do Brasil, exigiram a demissão dele sob pena de criarem dificuldades na entrada da revista no Brasil. Ora, se os diretores do *Reader's Digest* ameaçassem publicar apenas esse pedido, tenho certeza de que eles recuariam imediatamente acovardados, mas os primeiros é que se acovardaram e dispensaram o Mangabeira que vivia exclusivamente daquele trabalho... Esta é uma face de mentalidade norte-americana, que você não conhece. Estas coisas entretanto nem diminuem o nosso sentimento de solidariedade para com os Estados Unidos nem o nosso entusiasmo pela causa aliada. Tanto assim, que prevendo qualquer coisa que me pusesse aqui em apertos, já escrevi a um amigo em Londres que me ofereceu há tempos trabalho lá, na propaganda, perguntando as condições, para o caso de ter de aceitar. Ainda não recebi resposta, mas estou seguro de que será favorável. Assim, não perca o seu sono com preocupações tão amigas e afetuosas, porque sou homem de luta, gosto da luta e sei lutar.

E você fez muito bem em me contar também os seus sofrimentos e percalços. Se você não contar pra mim e pra sua mãe, pra quem vai contar? Por que eu sou a sua mãe número 2. Muita coisa a gente não conta pra mãe número 1 (eu não contei nada à minha dessas perseguições, mas contei a você) mas conta pra número 2. Eu sei que, afinal de contas, você tem e terá sempre o seu almoço diário, mas esse é o do corpo e é muito gostoso a gente estar seguro também de que pode ter quando quer e quando precise um almocinho de conforto de uma amizade sem restrições. E esta comida é muito mais difícil de cada um encontrar do que a outra, porque a caridade física toda a gente tem, o que é raro é a caridade espiritual.

O panorama que você me traça do Brasil eu o sabia pelo conhecimento dos fatos que aí se passam. Mas tudo eu acho natural e humano. Os militares não reagem porque são incultos, a massa porque é amorfa, sem educação e sem base, os ganhadores de dinheiro porque são filhos da puta, os políticos porque são safados. Os que não perdoo são os intelectuais. Porque o filhodaputismo destes é consciente, é miserável, é traidor. Por isso acho que o Guilherme, em vez de uma vítima, é um cúmplice. A atitude dos intelectuais brasileiros, a imprensa vendendo a sua dignidade a troco de um arranha-céu; a academia de letras do Brasil recebendo — em seu seio, da maneira mais escandalosa, aquele que mais fez para destruir a inteligência no Brasil, as universidades dando o título de doutor a um tirano e os representantes do pensamento livre babando boçalidades laudatórias àquele que aboliu todas as liberdades do pensamento em nossa terra; isso é que é assustador, principalmente num momento como este em que só sobreviverão aqueles que tiverem atitudes definidas. Enfim, que posso fazer? Tudo fiz da minha parte para dar o meu grãozinho e tudo farei ainda. Mas é só. Hoje estou completamente peado porque o país que me dá hospitalidade opõe imensas restrições a esta e acredita muito mais nos sentimentos democráticos do sr. Getúlio Vargas do que nos daqueles que foram por este expulsos pela razão de haverem defendido dentro do Brasil a mesma causa pela qual os Estados Unidos estão combatendo no Pacífico e no Atlântico, na América e na Ásia... Esperemos que o Deus dos crentes esclareça a inteligência abumbrada desses homens cegos, os mais cegos de todos, porque são os mesmos que não querem ver...

Dê por mim um beijo nessa tua mãezinha da rua Lopes Chaves que eu sei ser tão boa como outra que vive na rua Guarará.

Estou agora em 1 East, 93 Street. Mas as cartas mande-as sempre para o endereço que sabe. Escreva sempre.

A você tudo quanto você sabe do

PAULO

* * *

São Paulo, 7 de julho de 1942

Paulo,

recebi ontem uma carta de você que desta vez chegou aberta pela censura norte-americana. Fique sabendo. Aliás depois de a ter postado aí, você já deve ter recebido outra carta minha, por intermédio do meu secretário, lhe mandando as informações colhidas em São Paulo, sobre os aparelhos cinematográficos.[110] Como lhe contei, estive no Rio por cinco dias a serviço (por sinal que não consegui nada do que procurei) e lá deixei com um amigo que não só aceitou, mas o que é mais grave, me pediu para fazer pessoalmente a pesquisa sobre aparelhos

---

[110] Preserva-se, no Fundo Mário de Andrade, uma carta de MA a PD, datilografada e assinada por José Bento Faria Ferraz em 21 de julho de 1942, em que o remetente envia tais informações ao destinatário. Ver MA-C-CALª219, IEB-USP.

cinematográficos porque se interessava pessoalmente por isso, lá deixei a incumbência dele me mandar os informes colhidos. Depois tantas coisas sucederam e tantas coisas urgiram que ontem, recebendo sua carta, me lembrei com estupor que nada recebera do Rio. Fiquei desesperado. Qual o quê, são raros mesmos os que ainda aceitam a cotidianidade da vida com inteireza moral. Entre brasileiros pelo menos, sempre imagino que é a maior besteira aquele provérbio de que é nos perigos que se conhece os amigos. Não é não. Toda a gente fica tomada de compaixão, tudo vira aparecimento de "almas amigas" que sempre ajudam um bocadinho a gente. Bom, mas não vim aqui pra filosofar. Imaginei que mais imaginei, e escolhi o Guilherme[111] que sempre demonstra muita simpatia por você também, e me parece direito. Ontem mesmo mandei a ele uma expressa, pedindo me fizesse o inquérito o mais tardar numa semana, mandando a receita de como fizemos aqui pra conseguir a coisa. Se receber qualquer coisa lhe mandarei imediato por aérea.

Pelo correio comum lhe fiz postar hoje o meu "curioso" ensaio sobre o "Movimento Modernista" de que já lhe falei, creio. São setenta páginas apenas, mas que mesmo antes de publicadas já me causaram bastante desgosto. Me falaram que no Rio, o pessoal está assanhado pra atacar a coisa, primeiro pelo antipaulistismo tradicional e... natural dos brasileiros e em segundo-primeiro por causa do final. O final bole, está claro, com a própria mocidade e esta não está querendo se incomodar. Então já inventaram um mito novo: "O Mário foi muito injusto consigo mesmo" e ficam nisto. Me lamentam, dizem com ar de malinconia que eu estou atravessando uma crise terrível, que não é tanto assim etc., e ficam nisso. Mas o que o final implica quem disse de se ao menos pensar sobre! Ficam nisso e, meu Deus! mais uma vez fracassei nas minhas intenções.

---

[111] Guilherme Figueiredo. [N. A.]

O melhor é mesmo não escrever mais nem artigos, nem ensaios, nem conferências. Lhe garanto isto justo numa passagem de minha vida em que ironicamente não faço outra coisa! Isto é, artigos, não. Não estou mesmo escrevendo mais artigos, o último que fiz foi nos princípios do mês passado. É tal o antagonismo entre o que eu quero dizer e o que não me deixam dizer, que só mesmo calando a boca duma vez. Mas depois desse ensaio sobre o Modernismo que você vai receber, passei, por encomenda, um mês todinho escrevendo um desgraçado e sem vontade capítulo sobre Arte Inglesa, o qual mal acabei, deu lugar a outro ensaio difícil mas grato sobre o Lasar Segall, pra prefácio da grande exposição que ele vai fazer no Rio, em setembro, organizada pelo Ministério da Educação. Não custou escrever, até saiu assustadoramente fácil, neste momento em que ando escrevendo assustadoramente lento. Mas depois ficou muito penoso, com os pedidinhos de tirar isto, modificar aquilo, tudo coisinhas minúsculas que demonstravam uma alma de crochê meio sujinho. Como por exemplo tirar que ele caracterizava admiravelmente o tipo "do judeu sem dinheiro", que não, que podiam interpretar mal, que não fazia mal o que eu escrevera mas por causa dos outros etc. Foi isso apenas, nada de essencial, nenhuma ideia ou crítica fundamental discutida: tudo assim, um minuete de porqueirinhas. Palavra que das duas vezes que isso durou fiquei mas fiquei tão fatigado moral e fisicamente, que toda a gente perguntava o quê que eu tinha. Não consigo me acomodar com gente de miudeza, prefiro os grandes ruins duma vez.

Mas nem bem acabei o ensaio sobre o Segall e ia me meter no meu silenciozinho, me aparece nada mais nada menos o convite pra ser reintegrado no meu posto de catedrático de História da Música, no Conservatório. Não sei se você sabe, mas fui obrigado a me afastar quando a besta duvidosa do Cazuza deu interpretação errada ao decreto federal sobre acumulações.

Quando foi possível os meus companheiros de sacrificação recorreram e só este ano ganharam definitivamente, pela oposição feita pelos professores italianos do Conserva, que recorreram até quando não puderam mais. Agora, assim mesmo com decisão definitiva, os professores só puderam entrar com polícia no caso, um deles, que... você talvez conheça mais do que eu, o Gomes Cardim da prefeitura, foi nomeado interventor lá dentro, tomou posse com delegado à vista, deu posse em atos sucessivos aos companheiros de processo, e por ato n. 6, me chamou a mim que não era companheiro de processo nem exatamente de coisa nenhuma. Mas creio que por agora pelo menos a cadeira é uma salvação. Minha dificuldade grande não escrevendo artigos mais, era não poder equilibrar o orçamento. Agora equilibro, e substituo a impossibilidade de artigos, pelo martírio de lecionar no nível baixíssimo do Conserva. Ora não vê que se deu que estando em férias tudo quando surgiu o fenômeno da intervenção, afastamento da italianada e o mais, a reabertura das aulas, dia 11 próximo, vai ser arqui-plus-ultra-soleníssima e fui designado pra fazer a aula inaugural. E eis porque senão quando me vi na contingência de passar quatro dias relendo minha bibliografia bem fichada e secretariada inda melhor, pra uma aula escrita sobre "Atualidade de Chopin", de que provavelmente sairá um ensaio, escrito sem pureza nem de inspiração nem de intenções. Pretendo deformar o meu poucochinho o gênio pra dizer umas tantas coisas minhas. A vida é assim. Para que foram feitos os gênios senão para nos servir, a nós, útil e cotidiana humanidade?

E é só, senhor dom Paulo. O frio desta vez só igualou o de dezoito anos atrás, de acordo com os jornais: dois graus abaixo de zero. Frio de alma e corpo, com as notícias desagradáveis. Mas não há de ser nada. Já está correndo o quinto ano das nossas vacas magras, e como isso de vacas é como regime penitenciário que a gente andando bem direitinho ganha comutação de pena, estou certo que nossa disgra, este ano mesmo, vai ser mudada em liberdade condicional — o que no caso quer dizer felicidade condicional. Se é que a dita jamais deixou de ser condicional e no condicional tempo de verbo. *Ciao*. Não tenho visto sua gente, só conversado pelo fone, e sei que vão mais ou menos bem. Vou dar notícias de você. Mamãe lhe manda um abraço querido; eu este menos gratuito de irmão interessado e dois beijos para as mãos de Juanita.

    Não vou reler esta. As notas do Chopin estão todas arrumadas, são vinte e uma horas menos três, é só tempo principiar a escritura nova. Adeus.

MÁRIO

* * *

Burlington, 25 de julho de 1942

Meu querido Mário:

Aqui no norte dos Estados Unidos, quase Canadá, quente pra burro neste verão, a sua carta veio me encontrar. Ainda quando em Nova York, recebi a do Zé Bento, ao qual você agradecerá por mim. Quem é esse Guilherme do Rio, a que você se refere? O único que minha memória guarda com esse nome simplesmente é o nosso pobre dito de Almeida. Esse, entretanto, não se referiria a mim com simpatia...

    Vim aqui a Burlington fazer uma série de conferências na Universidade de Vermont. Falei em oito conferências sobre as linhas gerais da formação brasileira e dediquei metade de uma delas ao movimento de 1922. Que pena não ter vindo a sua conferência a tempo! Agora, estou de regresso para Nova York e lá esperarei o exemplar que me enviou. E por falar nisso, você recebeu uma palestrinha que fiz na Rádio sobre o seu *Poesias*? Enviei-o e você não acusou e eu esqueci completamente e só agora lembrei.

Estou achando você ainda muito inquieto. Acho normal esse estado de espírito num homem como você, inadaptável a certos momentos sociais ou políticos, espírito revolucionário, mas também eminentemente construtor, mas o que não posso compreender é tanta inteligência imprestável para ser usada quando a gente precisa reagir. Eu também me amofino muito ao ver como tudo quanto pensa ou pensa que pensa nesse Brasil está virando futriquinha. Ainda agora, por acaso, me caiu nas mãos uma entrevista do Sérgio ao Cavalheiro sobre o exame de consciência intelectual dele. Desconheci o Sérgio, que aliás de um certo tempo para cá me tem feito muito desconhecê-lo mesmo. Uma coisinha provinciana, vazia e no fim, falando de remodelação, dá à escolinha de sociologia uma importância muito maior do que à Universidade (na sua primeira fase) e não diz uma palavra sobre o Departamento, também na primeira fase, evidentemente. E por cima, elogia o Simonsen. Uma fala de renovação, publicada no instante da revolução social furando a peneira de todos os lados e citar como elemento renovador o reacionaríssimo Simonsen, o Simonsen Laval, o simuladíssimo Simonsen, o Simonsen Simonsen, enfim! Eu não sei, mas parece depois que a ditadura fechou o Brasil completamente a todo contato espiritual com o estrangeiro, depois que o Paulo Prado e gente como ele deixaram de ir à Europa ou ficaram impossibilitados de ir à Europa, o pessoal do pensamento deu pra trás! Às vezes eu penso se sou eu que tenho melhorado nestas longas viagens obrigadas, mas a bastante objetividade e sinceridade comigo mesmo mostra que a minha inteligência não dá pra uma melhora tão exagerada, ao ponto de me deixar longe desse jeito daqueles com os quais andava a par e às vezes precisava fazer muita força pra acompanhar.

Os livros que leio de gente do Brasil confirmam que ele é que está treslendo. Vejo um livro de antropologia, asneira, um de linguística, besteira elementar; sociologia, merda, tudo porcaria, porcariíssima pelo padrão das edições do DIP.[112] Basta dizer que o Gilberto Freyre, esse decantado sociólogo G. Freyre, não sabe nem o que é raça e fala em raça brasileira; um livro da Civilização de um M. Franco não sabe nem como nasceu a palavra *civilização* e nem conhece os dois sentidos da palavra *cultura*, o sociológico e o literário.

Só você e o Dreyfus me pareciam mais lúcidos, mas vocês dois andam muito agitados. Eu não sou vaidoso mas tenho a impressão que eu estou fazendo uma falta de mãe a ambos os dois. E vocês dois são causa de uma boa parte da minha ânsia de volta. Agora que você está com o orçamento mais ou menos equilibrado, em brios, faça força e tenha um pouco de paciência que os nossos sete anos de vacas magríssimas hão de passar.

E, mudando de assunto, eu queria que você ou o Rubens me organizassem uma boa bibliografia, a melhor possível, sobre história da literatura brasileira. Creio que vou dar um curso puxado na Columbia, a principal universidade de Nova York e uma das principais dos Estados Unidos. Essas conferências de agora vão ajudar muito, mas preciso duma bibliografia tanto quanto possível completa pra fazer a própria Universidade mandar vir. Imagine que só tenho aqui o Sílvio Romero, o Ronald, o José Veríssimo que está vindo mas ainda não chegou e aquele panorameco do Afrânio Peixoto. Mais nada. O resto eu cavo com reminiscência de leitura. Preciso mandar buscar pelo menos umas duas boas histórias da literatura portuguesa mas falta-me também a bibliografia a respeito. E por falar no Ronald, li atentamente aqui a historinha dele. Fiquei decepcionado. Tirando o último capítulo que parece ter sido escrito

---

[112] Departamento de Informações e Propaganda da Ditadura. [N. A.]

antes, separado como um pequeno estudo sobre o momento de então ou até então, o mais é uma porcaria. Basta dizer que nem o Vicente de Carvalho nem o Amadeu estão lá. E depois ele era um simulador de cultura. Botou no princípio uma parte antropológica sobre o homem americano, tudo errado. Vê-se que ele andou folheando às pressas uns autores cujo valor nem conhecia direito. Ele cita como notabilidade o Ameghino que, na antropologia, fez a maior rata do século dele confundindo osso de megatério com osso de uma possível raça de gigantes que teriam sido o primeiro *homo aluvialis*, do qual descenderam os atuais! Pretendeu provar a origem do primeiro homem como sendo aqui na América, continente sob o ponto de vista geológico mais recente do que os outros e onde nem catarrinos havia! Uma confusão horrorosa, só para imitar o Sílvio Romero que antes da literatura achou de mexer também com a antropologia americana, nesse tempo ainda mais do que hoje obscura.

O hominho era um medalhão dos modernos. Não sei qual é a sua opinião sobre ele, mas é como o Zé Molina Quartim dizia na Faculdade, esse diarreiou na ciência.

Não se esqueça dessa bibliografia, que me será de uma grande preciosura. O Berrien está aqui, meninão como sempre, às vezes bonzinho, às vezes bonzão. E vai pra aí logo levando notícias. Creio que dentro de vinte dias estará possivelmente no Brasil, passando primeiro por São Paulo, pois vai de avião, via Pacífico a Mato Grosso.

E pra finalizar aqui vão dois beijos amigos, um outro pra sua mãe, do

PAULO

* * *

São Paulo, 7 de agosto de 1942

Meu Paulo,

Gosto muito de escrever carta à mão... Recebi sim sua palestra radiofônica sobre as poesias. Se não acusei, desculpe, não foi questão de não gostar mas de esquecimento, gostei. E você sabe que agora na hora em português, aparece um fi-de-puta de nazista hiper-fi-de-puta, brasileiríssimo da gema, se chamando Mário de Andrade! Estou acabrunhado. O Guilherme de que lhe falei e cujas pesquisas já lhe mandei em carta Zé--bêntica anterior, é o de Figueiredo.[113] Rapaz inteligentíssimo, com o instinto do bom, do às direitas, com a tradição do Bem recebida em família. Creio que tem uma luta interior terrível porque tudo isso choca com um instinto aterrorizante também muito forte do sucesso, uma vaidade um bocado fácil. E estas tendências pelo tal de Bem tradicional, recebido do Pai e em que ele não acredita muito em ideias. A ideologia do Pai não lhe satisfaz a ele, e ele ainda não conseguiu distinguir entre o que é ideal errado e Bem verdadeiro. O Bem recebido é que lhe soa errado, ele desconfia desse Bem, e, vaidade ajudando, do Bem. Mas por tudo é ótimo rapaz. Está casado e quero um bem forte a ele e à mulher. Recebi sua carta ontem. Hoje foi impossível, amanhã é sábado e tenho jogo de futebol. Só na segunda irei ter com o Rubens[114] e combinarei a bibliografia que você pede.

E como assunto é só. Não vale a pena falar de política. As vezes, em que tenho lhe mandado notícias, sobre isso, além de imaginar que minhas notícias chegam tarde por causa dos seus tão infectos quanto fiéis amigos politiqueiros, tenho gordas

---

113 Como ele escrevera apenas Guilherme, não pude identificá-lo, ao ler a sua carta. E pedi esclarecimento. Aí está ele. [N. A.]   114 Rubens Borba de Moraes. [N. A.]

razões pra imaginar que são notícias deficientes e sem o contingente legítimo dos boatos. Política não é meu gênero, você sabe, e tenho horror a esta política nacional (a todas as que sejam nacionais) em que você se entende tão bem.[115]

Mas entendo que você entenda, da mesma forma com que estou convencido que você não entende, como entendo a literatura e as artes nacionais. Daí a desilusão falsa que elas lhe causam. Mas é que, da mesma forma como de política, eu tomo uma atitude filosófica, eminentemente internacional (no momento), você é estranho como você julga a *intelligentzia* brasileira dum ponto-de-vista europeu, francês, inglês, ianque que me parece absolutamente errôneo. Tanto mais que se a intensificação econômica-política entrasse na Coreia, a inteligência brasileira seria, tinha que ser compreendida *por si mesma* e estaríamos... todos célebres. A validade internacional duma Inteligência nacional não é causada absolutamente, nem sequer em maior porcentagem pelo que valem os seus gênios nem pelo seu alto nivelamento cultural. É por causa da importância financeira no mercado ou na burra mundial, é por causa da importância política e beligerante que certos países novos têm (e mesmo os velhos) importância intelectual universal.

Aí a estreiteza subserviente da crítica de você, quando se desilude da ciência e da arte brasileira. Você não as julga naquilo em que elas são "originais", isto é, peculiares. Este "peculiar" desagrada a você, porque você o sente enquanto ser do mundo, sem pesquisar o que ele tem de "primitivo" digamos. De fato, repare bem: quando você julga um conto, uma canção, um adorno, um costume de povos primitivos, você se esforça em compreendê-los como tais e consegue achar belos os documentos, sem os relacionar com a cavalhada de Fídias, a orquestra de Beethoven, nem o verde-Veronese. Mas esta mesma

---

[115] Talvez entendesse, mas só até 1933. [N. A.]

atitude relativa você não tem pra com o Brasil e não terá pra com a Argentina ou a Venezuela, que não são político-economicamente internacionalizadas, mas tem quanto à França, à Inglaterra, à Alemanha et caterva. Afinal das contas você já chegou a reconhecer que um André Gide, um Lawrence, um Mann não têm validade internacional nenhuma, *apesar* de serem conhecimentos internacionais. Eles, como os Brasileiros e os Turcos, são pra uso interno, nada mais. É mais que exemplificativo o caso do *Amante de Lady Chatterley* se tornar um escândalo da inteligência internacional, quando ele era apenas e exclusivamente um escândalo da inteligência inglesa. Em muitas literaturas particulares (nacionais), até na brasileira, há casos muito mais fortes que nunca preocuparam nem escandalizaram ninguém. Mas se tratava da Inglaterra e esta, sim, tem, tinha, um peso internacional formidável.

Essa a atitude de você, apesar do seu folclorismo. Digo mais: o seu mesmo folclorismo ainda é uma atitude europeio-franco--angloitálica, embora eu reconheça o seu amor. Pelo povo? Pelo documento folclórico? Pelo conhecimento? Pela verdade? Por tudo isso também, mas creio que muito menos por uma identidade. Identidade revolucionária, participante. O a que você não se ajeita é em perceber que a importância vasta de um romance do Emil Farhat, um conto do mineiro João Alphonsus, um do gaúcho Telmo Vergara têm uma importância nacional pra uso e definição *interna* tamanha como um conto do Mario Puccini pra Itália ou um romance de Mauriac pra França. Nada mais, nada menos. O nível é mais baixo? Mas até nisto eles são o Brasil e eu me identifico com eles enquanto vivo o Brasil. Eu discuto a sua atitude, eu acho que é ainda a mesma atitude de Nabuco, dizendo coisa parecida como todo o rio São Francisco não valer um metro de cais do Sena.

Você carece o quanto antes voltar pro Brasil, desculpe a indignidade egoísta deste reforçamento de sua saudades e desejos.

Já me falaram que você podia voltar ao Brasil contanto que abandonasse as suas atividades políticas brasileiras, é verdade?[116] Não posso, não devo pedir nada. Você tem razão enorme na sua última carta quando me acha muito irrequieto. Egoisticamente eu poderia dizer que estou vivendo uma vida pessoal de uma intensidade admirável, prodigiosa, não raro sublime. Porém isso não me satisfaz à minha moral de homem. Por dentro sou um descalabro, um sofrimento atroz, não consigo acomodar meus gestos com a consciência. Não aceito esta política, não aceito esta guerra, uma atitude de recusa, um ideal de Anarquia, um desequilíbrio humano detestável, irrespirável, ferocíssimo. Você não é Mãe, não, como diz na sua carta. Mas você é uma vitamina de presença imprescindível. Que eu careço de você é inegável. E tantos por aqui carecem desse prestígio recôndito e misterioso de você... Te abraço.

MÁRIO

Não releio, se aguente.

* * *

Nova York, 4 de setembro de 1942

Sabe de uma coisa engraçada, meu velho Mário? Eu também gosto muito mais de cartas a mão do que a máquina. Parece que

---

116 O que houve foi o seguinte: Morrera meu pai. Nino Galo encontrou-se com o ministro da Justiça de Vargas que fora meu amigo íntimo. Lembrou-lhe um gesto que só podia dignificá-lo: Agora que morrera meu pai, mais falta eu fazia à nossa família. Por que ele não interferia junto ao ditador para que eu pudesse regressar ao Brasil? O ministro, meu velho amigo, retrucou: "Ele não pode vir porque está escrevendo lá nos Estados Unidos artigos caluniando o presidente Vargas. Que fique por lá". Referia-se o ministro a minha colaboração em *The Nation*, na qual eu contava o que realmente era o "Estado Novo", de Vargas. [N. A.]

têm mais alma, parece que a caligrafia dá às palavras o sentimento que a gente tem quando está escrevendo. Mas eu abandonei definitivamente esse sistema gostoso de se comunicar, por causa da minha letra. No princípio é legível. Depois vai piorando, piorando, até ficar coisa difícil até para mim mesmo. De modo que, em vez de retribuir a sua manuscrita do mesmo jeito, aqui estou mecanografando esta como as outras.

Pois eu não sabia que você conhecia o Guilherme Figueiredo. De modo que não podia adivinhar quem seria aquele Guilherme de sua carta. Estou contente porque também gosto muito dele, como gosto muito do pai. E foi bom você ter falado nele porque ando há muitos meses querendo escrever ao Euclides e não sei para onde dirigir a carta. Faça-me agora o favor de pedir ao Guilherme um jeito de me comunicar com o pai, mas de maneira que ele receba a carta.

Apesar dos meus ineptos quanto fiéis amigos politiqueiros, não deixe de me mandar notícias políticas também, porque as suas é que me servem para tirar a média de certos entusiasmos infantis, certas informações tendenciosinhas que recebo de várias fontes, além do mais eu também tenho horror a essa politiquita nacional, muito mais do que você pensa e julga na sua carta. E quanto à própria literatura nacional não acredito que você possa julgá-la melhor do que eu como presume. A diferença é que, distante, vejo-a melhor. É verdade, eu preciso voltar pro Brasil. Necessidade tão grande quanto em relação a você aquela de sair um pouco do Brasil. Parece-me que era d. Olívia quem dizia que quando a gente começa a achar bonitas as vitrinas da casa Mappin é porque está precisando de uma viagem à Europa. Isso quase que é verdade profunda, porque a permanência contínua em nossa terra onde tudo faz questão de ficar cada vez mais pequenininho mingua a gente espiritualmente também. Essa mentalidade patriamada faz dos homens que querem ser políticos, politiqueiros, dos que pretendem ser literatos, literatelhos, dos sábios, sabichões, e aos críticos transformam-nos em verdadeiras bestas. E você, precisa ter cuidado para não ficar besta também. Por isso é que a desilusão que as letras nacionais me vêm causando não é falsa, não. No Brasil, eu nunca pude compreender como é que havia estrangeiro que pudesse detestar a manga, por exemplo. Pois eu também detesto a comida norte-americana e os norte-americanos não compreendem, mas na Europa os franceses compreendiam que eu não tolerasse aqueles aperitivos horríveis numa terra de vinho bom. E a Europa mesmo conflagrada ou arruinada sempre terá muita coisa a ensinar a essa América pobrinha de verdadeira espiritualidade. Nós ainda temos uma dose conservada desde a colonização latina que aqui não chegou. De modo que eu não espio o que há por aí debaixo de um ponto de vista francês ou europeu. Ao contrário, olhando mesmo sob o ponto de vista nacional é que tudo me desanima. Evidentemente eu não queria que os intelectuais do Brasil fossem como os franceses ou ingleses, mas queria pelo menos que não andassem mais abaixo do que deviam estar. Porque verifico uma decadência, decadência enorme. Aquela geração que deu o Sílvio Romero, por exemplo, além de mais sólida, era honesta. Hoje não é sólida nem honesta. Recebi, por exemplo, da Argentina, o último livro do Jorge Amado, a biografia do Carlos Prestes. O Jorge Amado estava me merecendo simpatia por achar-se mais ou menos exilado, quer dizer que teve hombridade pra preferir o exílio a ter de sujeitar-se à censura de um lourivalzinho qualquer. Pois bem, o livro é uma lástima! Antigamente a gente dizia que o militar é que era ignorante. Nada disso, tudo aí é ou está ficando analfabeto e faz cada vez mais esforço pra ficar mais analfabeto ainda. A maioria desses modernos de borra que vivem dizendo que escrevem brasileiro está mentindo. O escrever brasileiro é desculpa a cobrir a absoluta ignorância da língua portuguesa. Por exemplo, o

Gilberto Freyre e o próprio Jorge Amado, por que não tomam um professor de português para depois falarem brasileiro? Assim deixariam de confundir asneiras com brasileirismo. Antigamente, a literatura do Brasil estava bem acima de todas as outras latino-americanas. Hoje, não. A Argentina, o Peru, o México estão muito acima. É que no Brasil não sai livro hoje sem primeiro dizer que o ditador é um gênio e o assunto tem que ser sempre a mesma tese, o gênio do ditador e o fim da literatura, sempre o mesmo: dizer que o ditador é um gênio. Se com a Itália aconteceu isso e até com a Alemanha, por que não havia de acontecer o mesmo com o Brasil? Você pensa que a maioria é suficientemente burra pra preferir uma cadeirinha no Conservatório a um lugar no Departamento de Propaganda? Ainda agora vi o Egídio. Você o conhece. O pianista. Pois o Egídio vive miseravelmente, quase nu e com fome, sem um cêntimo e no entanto tive dele uma excelente impressão. Mas também é burro, não adula. Há cada salafrário aqui passando por gênio, tudo porque tem uma boa recomendação do Ministério do Exterior do Brasil ou do gabinete ditatorial. Pois se eu desse uma tacada, só por desaforo havia de fazer do Egídio uma sumidade. E é este peculiar da arte e da ciência brasileira que me desagrada, porque esse "peculiar" melhor se chamaria se chamasse falsificação. Não é o primitivismo que eu repilo, é o primitivismo safado. O Egídio é um primitivo honesto, gosto dele, o seu primo Lourival é um primitivo bosta, por que hei de cheirá-lo?

Há pouco tempo, quando estava fazendo aquelas crônicas na NBC, recebi quase duzentos volumes daí. Pois com exceção daquele volume seu, do *Espigão da samambaia* do L. Machado e da *Fazenda*, do Martins, este último mais fraquinho, nada mais prestava. Então aquele cabeça-chata dono da editora Guaíra é uma calamidade. Mas o sujeito tem uma editora, imprime as diarreias nacionais e, por isso, virou celebridade e se trata de jurisconsulto, filósofo, pensador etc. Com toda a sua crítica larga e livre, quererá você me convencer de que o Raimundo de Moraes seja um novelista? ou um folclorista? ou um etnógrafo? Quererá você que eu compare, por exemplo o Câmara Cascudo com o Cornélio Pires? Não, não consigo. Mas o engraçado e analfabeto Cornélio está consagrado como o melhor novelista do mundo e aquele pobre Raimundo, porque fez um discurso ou escreveu um livro falando bem do Getúlio, virou gênio... E o Cascudo, apesar das irremediáveis lacunas do autodidatismo e falta de cultura humanística de base, quase supre tudo com intuição, observação honesta e até talento. Esta é a estreiteza subserviente de minha crítica, seu velho reacionário fantasiado de esquerdista literário. Que me importa o nível social ou nacional ou cultural do trabalho se ele for honesto?! O que me desanima é a desonestidade mental, mais nada!

Quanto àquela coisa de falarem que eu poderia voltar pro Brasil, contanto que não fizesse política, tudo boataria, mesmo porque eles não teriam coragem de me propor qualquer restrição de atitudes. Imagine eu sujeitar-me a isto: Pode voltar, mas capado... Vão capar o curral da avó!...

Não quero terminar esta sem uma cacetada: Preciso com toda urgência de uma história da Literatura Portuguesa (não brasileira), a melhor e a mais moderna que exista, se possível, e também algum estudo que pegue a literatura portuguesa de 1870, até agora. Estou encarregado de um estudo bem pago para uma obra retrospectiva da literatura portuguesa daquela época até hoje, mas não tenho nenhum material. Você veria essa coisa e se comunicaria com o pessoal lá de casa que já está encarregado das despesas e da remessa? Mas isso com urgência. Converse com o meu irmão Benedicto sobre os cobres que já remeti especialmente para isso. O trabalho vai ser muito bem pago, de modo que não faz mal uma despesinha meio grande. Na falta de uma síntese, talvez alguns volumes do Fidelino Figueiredo supririam.

Um beijo pra sua mãe e outro pra você.

PAULO

* * *

São Paulo, 15 de setembro de 1942

Paulo

Tô morto de vergonha. Ontem fui na Biblioteca Municipal, capengando, pra ver aí se o Rubens já tinha organizado a bibliografia de história da literatura nacional que você nos pedira. Deixara a ele, por combinação, essa parte inicial de desbravamento, porque com os fichários da Biblioteca ficava mais fácil. Mas o pobre também anda em petição de miséria intelectual e deu pra enfeitar a sala do sr. diretor, na Biblioteca. Mande dizer a ele que soube por alguém argentino que a sala está uma lindeza, que ele estoura de baiacu. Mas ficou de fazer. E eu em seguida acrescentarei o que suber com minhas fichas que no geral só se referem a revistas.

Chegando em casa recebi sua carta nova. Hoje mesmo meu secretário comprará uma tal História creio que de um Fonseca e mais o curso do Fidelino na Universidade do Rio. Diz ele que conhece vagamente, viu uma vez, um livro de portuga, sobre a literatura portuga deste século. Se achar comprará também. As compras ficam por minha conta, o envio apenas deixarei pra seus gastos, pra repartir. Desculpe repartir mas é que vivo sempre malabaritando financeiramente. E no fim do mês passado fui no Rio aliás por necessidade e os cariocas me gastaram 1:300$000 em seis dias. A culpa deve ser minha. O que há de mais clássico sobre literatura portuguesa é o Mendes Remédios, mas é inachável e custa uma fortuna. Deve haver nas bibliotecas daí. Outra coisa importante é a História da Literatura Portuguesa Ilustrada, dirigida pelo Albino Forjaz de Sampaio, ed. Aillaud Bertrand, também inachável, volumes de vários quilos por causa do papel brilhante. Mas também deve haver por aí.

    Hoje não escrevo mais. Continuo discordando de você a respeito da nossa literatura. Não tenho dúvida que você na rádio só recebesse porcaria,[117] conheço as editoras brasileiras desleixadas e o desleixo dos nossos escritores, com exceção do Jorge de Lima. Mas é impossível discutir isso, discutiremos notoriamente quando você voltar. Quanto à política, suas cartas vêm sem cortes mas censuradas. Creio que a censura aqui já começou, pois já começou entre Rio e São Paulo. E eu estou doente. Não sei se fígado, se rins, até falaram em apendicite. Sei que passo a maior parte do tempo deitado, num desânimo infinito. Está muito desagradável. Lembrança pra Juanita. Mamãe manda dizer que pede sempre a Deus por você.

    E este abraço do

MÁRIO

* * *

Nova York, 1º de outubro de 1942

Meu querido Mário

Pois recebi aquela cartinha pesteada que você escreveu, às pressas, no dia 15 de setembro.

    De qualquer maneira muito obrigado pelos esforços e sacrifícios feitos no sentido de me armar cavalheiro da história da

---

[117] Eu fazia crítica de livros brasileiros na NBC. [N. A.]

literatura de Portugal e do Brasil. Não concordo, porém, com essa coisa de estar comprando coisas encomendadas por mim, quando posso perfeitamente deixar de exigir de você esse sacrifício financeiro. Sei muito bem que o coração faz isso alegre, mas não ignoro que você não anda folgado e, sem nenhuma privação, eu posso fazer face a essas despesinhas extraordinárias. E depois, de repente, eu posso precisar de alguma coisa e fico aqui indeciso, acabo não pedindo nada, nem ferramenta essencial pro ganha-pão, porque começa a me corroer o remorso de estar exigindo de você coisas que, em absoluto, você não estará em condições de fazer.

Espero que agradeça também ao Zé Bento que tem sido maternal com os meus caprichos forçados. Diga a ele que procurarei pelo menos amortizar a dívida em tempo oportuno no Brasil ou aqui se ele precisar de qualquer coisa dos States.

Fiquei ontem todo assanhado com uma carta do Dreyfus na qual comunica a possibilidade de vir passar uns meses em Nova York. Imagine só o alvoroço, é um pedaço de vocês que me vem fazer companhia nesse retiro feroz e duro. Respondi a ele por este mesmo correio, dando informações sobre a vida aqui e tudo quanto necessário à orientação dele pra tomar uma decisão rápida. Se ele vier logo seria um excelente portador pra me trazer os livros de que tanto necessito e tão difícil é de conseguir.

Creio que você já deve ter estado com o Berrien que daqui partiu com intenção de fazer uma volta pelo Brasil, passando pela Bahia, Pernambuco etc. A estas horas deverá estar outra vez em São Paulo e Rio e aqui volverá para meados de dezembro. É outro portador bom para os meus livros.

E, agora retribuindo o seu completo laconismo, encerro torcendo para que aí só chegue o meu relativo laconismo.

Saudades à sua mãe. Pra você m'ermão tudo.

PAULO

***

São Paulo, 18 de outubro de 1942

Paulo

Agora estou passando bem outra vez e, por mais assombroso que seja, me curei com álcool. Ontem, escrevendo a uma amiga, quando fui qualificar o que me sucedeu em setembro e riscou esse mês todinho da minha vida, quando ia escrever "doença", hesitei, e acabei escrevendo "queda do ser". E botei a culpa nessa guerra que está me derrotando. Não é incerteza na vitória, tenho a certeza que o nosso lado venceremos, é mesmo o estado irracional de guerra que vai me sugando e vêm essas continuadas "quedas do ser" em que vivo agora.

E erguimentos também... Quando não tive mais dores e vi que o primeiro de outubro estava chegando, imaginei: Deixa estar que em outubro vou trabalhar muito. Pois não é que no primeiro de outubro de manhã sentei nesta escrivaninha e principiei produzindo feito fúria! Estou vivendo uns dias sublimes de fecundidade criadora. Escrevi um ensaio sobre a situação do Folclore no Brasil, pra servir de introdução à seção folclórica do *Handbook of Brazilian Studies*.[118] Ainda tenho que trabalhar nele até o fim do mês decerto, mas ficou bem regularzinho. E não é que me pus escrevendo uma ópera! Pois é, m'ermão. Se chama *Café* e a ideia em mim já vem de longe. É que o teatro cantado sempre existiu e com dignidade humana. Se chamou tragédia grega, se chamou Chegança e Bumba-meu-boi, teatro Nô etc. e tal. Até que um dia perdendo

---

[118] Ver nota 96, p. 319. Publicado com o título "Folclore" no *Manual bibliográfico de estudos brasileiros*, MA projetava incluir o estudo "O folclore no Brasil" no volume 13 de suas *Obras completas*. Ver Mário de Andrade, *Aspectos do folclore brasileiro*, op. cit., pp. 23-80.

validade social, também careceu mudar de nome e se chamou "ópera", Tosca e Manon. Como tornar à dignidade e eficiência humana do teatro cantado em referência ao nosso tempo? Então parti da força coletivizadora do coro e imaginei um melodrama exclusivamente coral, onde, em vez de personagens solistas, os personagens são massas corais. E então, obedecendo ao princípio (utilitarista agora) de que a depreciação de um valor econômico fundamental traz a insatisfação pública que se revolta e muda o regime político, esbocei o meu *Café*. No primeiro ato, duas cenas, os colonos discutem violento com os donos e comissários da Companhia Cafeeira S.A. pelo não pagamento e acabam se despedindo; e na segunda cena, no armazém de café do porto os estivadores sem que fazer são violentamente hostilizados pelas suas mulheres que irrompem no armazém, reclamando pão. O segundo ato é quase apenas um bailado coral, primeiro o "Êxodo" trágico dos colonos pela estrada e depois a "Câmara dos Deputados", um ballet cômico que ficou mesmo muito engraçado. E o terceiro ato é a revolução e sua vitória. O planejamento dessa concepção, na opinião de todos, ficou ótimo, mas também trabalhei que não foi vida. Mas foi sublime, vinha tudo fácil, minha cabeça fagulhava de invenções felizes. Escrevi tudo, determinei tudo, até cores das roupas, até jeito do pano levantar e descer em cada cena. Agora estou escrevendo os textos que no princípio foi difícil de acertar pra não ficar ridículo. Errei, voltei pra trás, encenei muitas vezes. Afinal acabei adotando assim um processo meio metafórico, meio circunlóquio de dizer as coisas, porque a frase realista ficava insuportável. Agora penso que a coisa está indo. Me inspirei muito nos hinos dos bardos celtas, por vezes é imitação franca, em alguns trechos do primeiro ato e da primeira cena do segundo. Agora estou no ballet da "Câmara" em que até um deputado, sobre segundo plano coral, faz um discurso em embolada sobre a ferrugem das panelas de cozinha. Ah, queria que você visse tudo, mas é comprido por demais pra copiar.

O Berrien[119] está aqui e desta vez me descreveu uma ida minha pra aí que é negócio de mãe com filho. Mas recusei, Paulo. Afinal esse negócio todo, tanto convite, me obrigou a decidir mesmo que o que eu não quero é viajar. A verdade é que eu não gosto de viajar por terra estranha e nunca senti como agora que me reconheci não viajante aquela frase que escrevi sem lhe pensar bem no sentido, digo mais, impensadamente, na última das notas de viagem pelo Amazonas, no dia que cheguei aqui em casa. Descrevi a chegada e terminei me dirigindo à criada: "Fecha a porta, Bastiana, fecha a porta! atira a chave na rua!". Eu sei que seria tão bom estar aí no apartamento de vocês, bem fechados, atirada a chave na rua, Juanita, você, eu conversandinho. E o Drey-fux[120] pra gente brincar de insulto. O Berrien me cantou mas foi com a mais linda das serenatas, tocou no fraco, só me descrevendo visões dessas. Agora estou muito triste de recusar mas eu sei que devo recusar. Seriam meses de martírio pra mim, aquela angústia miúda que me toma em viagem e não para um segundo. É questão de temperamento, Paulo, questão de jeito de ser. Está claro que não tenho nem angústia e só perfeita facilidade do ser quando vou no Rio ou na fazenda dos primos, porém a verdade mesmo verdadeira é que, mesmo nessas viagens, o único momento maravilhoso é quando chego em casa, Bastiana fecha a porta e atira a chave na rua. Não posso mudar mesmo e chego até a não compreender os outros. Quando o Dreyfus me agarrou na rua pra contar iluminado que ia nos States fazer farolagem, ver vocês etc., primeiro tive um despeito danado de não ir, depois tive ciúme de você com Juanita, depois dei os parabéns a ele,

---

[119] William Berrien, da Rockfeller Foundation. [N. A.]   [120] André Dreyfus, com quem discutíamos que não era mundo... [N. A.]

depois... depois olhei ele e vi na minha frente uma espécie de monstro que eu não compreendo, com boca na barriga e olhos nos dedos dos pés. Então, era de noite, vim pra casa e dormi quente. Meu sonho às vezes escapava de mim. Ver Nova York, Las Palmas, os quadros do Greco, o Polo Norte que eu não sei se fica nos subúrbios de Nova York. Mas tudo era sonho escapulido de mim. A angústia me batia outra vez e eu abria olhos enormes no escuro bom do quarto. O escuro me embalava e eu entredormia outra vez.

    Mande contar direitinho a sua vida pra este Coração Perdido.

MÁRIO

* * *

São Paulo, 9 de novembro de 1942

Paulo

Boto esta carta na máquina, nem sei se acabo hoje, mas sou da pontualidade. Recebi sua carta ontem e já estava inquieto com a falta de resposta de você, me preparando pra escrever sem resposta mesmo. Ainda não recebi nem aviso nem nada de que chegou o tal de américano bem-intencionado que quer conhecer o Brasil. Meu Deus, como está difícil lidar com homem bem-intencionado que vai escrevinhar coisas sobre o Brasil. Bom, somos uma terra de imenso futuro.

    Achei graça na cafeteira e café, não sei se o Berrien levou a cafeteira.[121] Quando encontrar com ele, dê saudades minhas.

---

121 Cafeteira brasileira, com coador dentro, que minha Mãe mandou pelo Berrien. [N. A.]

É o americano que mais deixa saudades aqui, um camaradão pra lá de simpático.

O seu comentário sobre a cena-ballet da Câmara dos Deputados, na minha ópera, é o diabo.[122] Sei perfeitamente que não é a... vaidade profissional que leva você à sua opinião. Mas aí, creio que nós dois dissentimos um bocado quanto à concepção política de vida. Não é exatamente que eu não creia numa câmara de deputados capaz de muita coisa, mas a minha invenção deriva talvez de uma raiva, deriva sim, mas se fortifica em concepções de um mundo futuro, que não terá mais exatamente o que é uma câmara de deputados. Você poderá mesmo ter razões teóricas, mas eu, não é que me estribe em razões práticas para o caso, seria infantil, me estribar em intenções pragmáticas. Eu quis foi vaiar, e disto derivou a farsa.[123]

O meu problema, por enquanto é outro. Ficou, além de farsa amarga, muito divertido por demais, e ando temendo este efeito descaminhar de prazer gozado, sobre o público. A cena está numa ordem muito lógica, entre o êxodo lamentoso e tragiquíssimo (saiu tragiquíssimo) dos colonos, e a guerra do terceiro ato. O ballet da câmara termina exatamente com os pruridos desta guerra que vai mudar tudo. Mas ando muito hesitante. Ou prejudicar essa lógica de concatenação dinâmica do assunto, botando a Câmara como abertura e o Êxodo como

---

122 No Fundo Mário de Andrade, encontra-se uma carta redigida à máquina e datada de 27 de novembro de 1942 em que PD tece considerações sobre a ópera *Café* e sugere mudança no texto, relativamente à forma como ali está retratada a Câmara dos Deputados. Ver AMA-C-CPL2544, IEB-USP.
123 Na minha carta de resposta à dele, de 18 de outubro de 1942, eu lembrava a inconveniência de achincalhar a Câmara dos Deputados, como ele fazia na sua ópera *Café*, quando nos achávamos numa ditadura e a grande esperança para mudar era a restauração do Parlamento. Hoje, já não pensaria assim, porque o Parlamento em muitos países, acanalhando-se cada vez mais, se torna voluntariamente, por medo ou safadeza apenas, parte integrante das piores ditaduras. [N. A.]

finalização do segundo ato, ou substituir o ballet da Câmara por outra qualquer invenção. Você está vendo que não estou supersticioso de conservação do Ballet. Se me vier alguma ideia aproveitável, tentarei a substituição.

 Mas essa ópera tem me dado muitos desgostos, muitas desilusões, muitas inquietações, você nem imagina. Está tudo terminado, concepção geral, marcação momento por momento de toda a colaboração musical e movimento cênico e os textos. Estes é que principalmente me amargam. A não ser o longo poema do êxodo que está mesmo uma lindeza pro meu coração, o resto me desagrada francamente. Mas o poema do êxodo ficou chiquezinho mesmo. É bonito os emigrantes fazendo uma evocação (sem nomear) da terra paulista e da cidade de São Paulo, "A cidade terrível — Dona das sete doenças traiçoeiras do frio". Depois mostro como a cidade faz o emigrante que chegou serra-acima, passar pelas sete provas da promissão. E quando o emigrante vence as provas, a cidade o toma pela mão e o leva para os chãos mais felizes da terra, "Onde tudo é carícia no seio dos morros mansos — Onde o calor é ouro no dia coroado por noites de prata". Tá bonito mesmo, companheiro. Familiar como dicção, mas de uma elevação danada. Mas o fato é que traíram a cidade e suas terras e então vai surgir o Homem Zangado, o Justiçador moreno, "amassando os gigantes da mina e peidando para os anões subterrâneos".

 Ó, grandes e vendidos!

O urro da tempestade acorda no seio escuso do horizonte.[124]
De cada planta o cafezal distila o veneno verde do ódio,
Em cada mão comichona a volúpia da morte.

---

124 Ao publicar *Café*, MA substituiu "escuso" por "alarmado". [N. E.]

Então acabo descrevendo o Homem Zangado:

O Herói vingador já nasceu do enxurro das cidades,
Ele é todo encarnado, tem mil punhos, o olhar implacável,
Todo ele comichona impaciente no desejo voluptuoso da morte.
Neste momento ele já está vestindo a armadura de ouro e prata
O seu chapéu de aba larga é levantado na frente.
Ele tem uma estrela de verdade bem na testa,
Ele tem um corisco no sapato,
E um coração humano no lugar do coração.

Que acha destes versos? Me parecem dos melhores que já escrevi em vida minha. Mas tudo o resto é uma merda. Estão me chamando pra almoçar. Depois tenho exames no Conserva, que afinal acabou o inquérito policial lá dentro, e todos os professores italianos e filhos de italianos foram mandados julgar pelo Tribunal de Segurança. Sucedeu isto ontem e fiquei numa amargura danada. Não morro de amores por essa gente, sofri foi em mim, gente da minha classe assim denunciados, os jornais tratando eles por "a matilha", desviadores de dinheiro, o diabo. Me senti sujado em mim e foi um dia feio, nem pude trabalhar direito, acabei largando tudo, indo no cinema besta, pra ver se o mocinho casando com a mocinha me distraía o espírito. Sucedeu que a mocinha morre no fim, por causa de um bombardeio, fiquei fulo, fui no restaurante e tomei uma garrafa todinha de vinho chileno. Eu agora sou do Chile, quê que hei de fazer!

São 17 horas e estou chegando de fora. E carecendo da máquina pra trabalhar. De maneira que termino rápido esta carta. Não sei mais o que lhe diga, voltei chateado, exames péssimos dos meus alunos, o Conserva com ar desprezível de gentinha se divertindo com a desgraça ou estupidez alheia, gozando o escândalo. Isso toda a gente vinha se chegandinho com ar de quem não quer e "Você viu!" pra principiar. Também dei cada retrocesso que muitos ficaram tontos. A vida é baixa sim e o que tem de mais insultuoso para a natureza humana é justamente isso de até com a baixeza a gente se acostumar. Mas vem lá um momento em que a gente põe reparo, por algum fato mais forte, na baixeza da vida e então a náusea vem, arre que estou com "engulhos" como diria um luso.

Tenho trabalhado muito e produtivamente, seu Paulo. Andei doente, uma minha-tua-muito-nossa sinusite[125] que acabei vencendo. Mas apesar de meio mês perdido ou quase por causa das dores, escrevo contos, termino complicações de ensaios e crônicas e estou com três livros de republicações no prelo. Vamos a ver se no ano que vem faço alguma coisa que preste, a vontade é muita.

E é só por hoje. A sua descrição do inglês de Juanita ficou pra sempre, é uma obra-prima. Dê um grande beijo por mim nas mãos dela. E este também grande abraço é de você. Vou qualquer dia destes lá na casa de você, dar um abraço em sua Mãe e desejar a ela que em 43 se realize o seu maior desejo. Tão imensamente nosso também. Você sabe.

MÁRIO

* * *

São Paulo, 14 de março de 1943

Paulo, desta vez demorei pra responder e francamente ainda estou respondendo sem vontade. Digamos sem vontade "de corpo", porque você não tem me saído da lembrança, está claro. É o diabo, nem vale a pena contar. Doenças, não creio que graves, mas esquivas, misteriosas, dores de cabeça horríveis,

---

[125] Durante anos a sinusite nos torturou a ambos. [N. A.]

fígado, desequilíbrio do vago-simpático, ora que nome! ou alguma alergia que até agora não foi possível adivinhar qual seja. Resultado, a bem dizer desde janeiro vivo de cama e principalmente sem trabalhar um isto. A modos que me sinto exausto, não de viver, mas do mundo, digamos serenamente, sem demagogia. Há em mim, vinda de não sei que fontes subterrâneas que não descubro, uma recusa. Uma recusa geral. Mas é certo que estou melhor. Quis retomar um trabalhinho lerdo na semana passada, mas voltaram umas dores-de-cabeça... virtuais! que às vezes não são nada virtuais e passeiam o dia todo aí por isso que chamam cabeça, numas pontadas fortíssimas. Bem, parece que existe um princípio de arteriosclerose também, é natural. E com isso, cinco médicos já e vários contos de réis. Fugi pra fazenda, não valeu de nada. Mas estou lhe escrevendo e é certo que me sinto vagamente melhor.

O caso do Orígenes, pode sossegar, eu não participara a ninguém o que você me dizia nas suas cartas, sobre ele especialmente. Creio mesmo que disse a você minha estranheza de o ver a ele praticando uma indignidade tão aberta.

Passemos pro Rubens. Francamente não sei. Não vejo ele faz meses. Na verdade tenho vivido perfeitamente isolado, por causa do meu estado. Abandonei por completo o Franciscano,[126] onde ainda alguns me procuravam. Bom, mas o Sérgio está aí e lhe contará melhor esta vida incrível e inexistente de São Paulo.[127] O que alimenta a gente ainda é o estudo e o trabalho, mas isso desde janeiro nem posso fazer!

Saiu mais um livro meu, ensaios de crítica literária quase todos já seus conhecidos.[128] Vou fazer um prodigioso ato de amor e mandar ele por avião a você. Em todo caso se ficar em

---

126 Bar Franciscano. [N. A.] **127** Sérgio Milliet passou vários dias em Nova York. [N. A.] **128** Ver Mário de Andrade, *Aspectos da literatura brasileira*, op. cit.

mais de 50 mil-réis, não mando: o amor para antes por causa dos malabarismos econômicos que sou obrigado a fazer. Não estou mais escrevendo artigos, não sei se lhe contei por causa de não poder mais sofrear a revolta do meu pensamento. É verdade que a reintegração no Conservatório substituiu o déficit que isso me dava, mas o melancólico é recusar os convites gordos pra escrever artigos "de ciência" vindos das forças superiores, às vezes chega a ser de amargar. Em todo caso ainda vou me arrastando integrozinho, no silêncio completo. Mas que saudade, que *longing* da lama não dá a gente não ganhar 300 mil-réis por hora e meia de datilografia... Meu Anjo da Guarda que tem sangue de Almeida e é turrão, murmura suave: — "É melhor você não ir escrevendo". Mas meu Diabo da Guarda que é céptico, acende o cigarro e garante: — "Não ganhar os trezentos é besteira". Felizmente eu não sei nem ler nem escrever pela ortografia nova e pra entrar num grupo escolar com esta idade e careca, franqueza!... Acho que vou continuar analfabeto.

Lembrança pro Sérgio se ainda estiver aí. Um beijo querido nas mãos de Juanita e o abraço pra você mais fiel. Lembranças pro Berrien também. Do

MÁRIO

* * *

Nova York, 25 de março de 1943

Meu querido Mário:

Chegou com dez dias de viagem a sua carta do dia 14. E, com método muito diferente do seu, aqui estou para respondê-la, menos de 24 horas depois da chegada. E estava estranhando — estranhando e sentido com o seu silêncio. Não importa que a lembrança da gente esteja na cabeça do amigo, é preciso que saia dessa cabeça, embora cheia de dores virtuais, para a do outro cheio de saudades que não são virtuais nem nada, são saudades no duro. Esses distúrbios, que tanto o têm acabrunhado, desequilíbrio de vagos antipáticos, alergias, palavras cômodas pra disfarçar a burrice médica, nada mais são do que consequência de duas coisas: a sua doença moral e consequência dos consolos que, no Franciscano, andou buscando pra essa inquietude do espírito, para essa revolta da inteligência condenada a viver numa terra burra, para essa ânsia de evasão que de tanto latejar se vira numa ânsia até de recusa, como você afirma na última carta. Olhe, Mário, nós costumamos, até instintivamente, a olhar só para cima. É preciso, porém, olhar para baixo também, principalmente quando a gente anda de caguira. Foi principalmente isso que alguns anos de exílio me andaram ensinando. E eu muito antes já gostava de olhar para baixo, tanto assim que o meu orgulho espinhento vive arrepiado muito mais quando estou por baixo do que quando por cima. No tempo em que era deputado e tinha um pouco de voz na política, muita vez levei desaforo pra casa, só pra que não se pensasse que eu estava importante. Pois bem, agora melhorei ainda mais nesse ponto e aprendi principalmente a ser sereno. Eu perdoo hoje cada pecado que antigamente só a chicote. Ora, você ainda não conseguiu uma safra de paciência e resistência serena assim. É verdade que também não sofreu o tratamento heroico que me aplicaram, mas, como disse não sei quem, a inteligência é a faculdade do homem anteceder-se à experiência, apelo para a sua, espiar um pouco pra mim, e anteceder-se também a essa experiência que espero nunca o atingirá. Às vezes, olho pra frente, pra cima, pros lados e tudo está escuro.

Me dá uma saudade louca da minha Mãe, das minhas irmãs, depois de você, lá de casa, dos meus pobres livros abandonados, da minha inteligência torturada, martelada pela necessidade de ganhar a vida num ambiente material, estéril, árido. E, em vez de tomar um porre ou de chorar, bebo um vinho bom, vou escrever e até fazer versos. Sim, é verdade, desde há dois anos, depois de um adormecimento de mais de três, um dia me deu vontade de fazer versos outra vez. Fiz um poema da primavera na França, fiz um Deus brasileiro, aqui e entremeada uma porção de coisinhas que acrescentei àquele Pó de Mico, coletânea em que meti uma porção de poesias velhas escolhidas de uma torrente de passadismo rimado que botei fora não por ser passadismo, mas por achar ruim. Mostrei aqui ao Sérgio e ele gostou, achando porém que eu deveria me libertar da rima. Não sei, mas eu acho a rima tão gostosa. Creio que o essencial é que não seja forçada, a gente, por exemplo, ter de buscar e armar uma frase que não vem ao caso, mas exija a palavra "grandes" para poder rimar com os "Andes" do primeiro verso. Quando, por exemplo, eu digo:

Primavera, bom dia,
Vens atrasada, pouco importa,
Não é menor minha alegria,
Vendo-te entrar de novo a minha porta,
Já quando o meu outono principia,

eu sinto que a rima não prejudicou o pensamento e que se pode continuar. Que acha você? Mas voltemos à vaca fria. Quando a saudade ou o desânimo vêm me beliscar eu é que os belisco. Dou um urro tão grande que eles fogem para não voltar mais pelo menos esse dia. Isso de urro é outro remédio que aprendi em Paris e quem me ensinou foi um leão velho do jardim zoológico. Já botei o episódio num livro, mas vou repeti-lo a você. Imagine que num desses dias de aporrinhação, que os franceses chamam *caffard*, eu fui ao jardim zoológico. Era tarde, o sol ia sumindo por detrás do parque de Vincennes. Eu vi o leão. Lá os leões não estão em jaula, mas num grande espaço com árvores, leoas e circundado de um fosso muito fundo e alto. Pois o velho leão estava com tanto *spleen* que não deu confiança a uma lambida da leoa e veio para a beira do fosso. Olhou lá para dentro muito meditativo. Percebi que o leão ia suicidar. Ia até fazer com ele o que estou fazendo com você: berrar-lhe que deixasse de ser besta e continuasse leão, quando ele levantou a cabeça, olhou para cima e soltou um urro deste tamanho! Percebi que sua fisionomia leonina e a majestade real voltaram a transparecer-lhe no focinho. O leão voltou às leoas, já de bom humor e a vida continuou normalizada. Muito normalizada até... Percebi que o remédio tinha sido o urro e quis urrar também. Mas havia muita gente por perto. Saí louco pra urrar. No metrô não pude também pela mesma causa de ter muita gente. Fui seguindo. Mudei de metrô e passei pra um que atravessa diretamente o Quartier Latin, com destino a Auteuil onde eu morava. Esse, como de costume, se foi esvaziando, até, que, quase no fim, inspecionei o carro e não vi mais ninguém. Foi a hora. Soltei um urro capaz de assustar até o leão caffarento. Nem bem acabara, levanta-se de um banco um corcunda que eu não pudera ver por causa do espaldar que lhe ocultava a pequena estatura deformada. O homem dirige-se pra mim um pouco sobressaltado e eu enfiadíssimo e me pergunta ansioso: — *Vous êtes malade, monsieur?* E eu, maquinalmente, sem saber o que dizia: *Oui, je suis le lion malade.* O corcunda arregalou os olhos, nisto o metrô parou numa estação, o hominho sem me dar as costas, foi saindo depressa e quando o trem andou de novo, agora, eu sozinho outra vez, me sentia completamente aliviado. Urrei outra vez, mais outra e foi aquela beleza. Nunca mais o meu tédio conseguiu sobreviver ao primeiro urro. Não cobro nada pela receita, pois não a registrei nem pretendo tirar "copyright" dela. Aproveita-a, pois.

Agora, voltemos à sua carta. O Orígenes está para partir. Procurou-me várias vezes e, agora, estou convencido que a coisa foi mesmo uma solene *gaffe* minha. A mulher dele, que é muita viva, me tirou as dúvidas quando conversou comigo. Não me tendo procurado logo que chegou, foi ele perdendo o jeito de fazê-lo e a coisa foi piorando sempre até o dia da explicação. Enquanto isso, eu com razão ia aumentando a minha má impressão e o mau juízo sobre ele. Fiquei contente com o final, pois para mim é muito mais agradável emendar para melhorar uma ideia sobre outro homem do que ter de piorá-la, como em geral é o que acontece.

Do Rubens continuo a não receber nada. Estou esperando com muita ânsia o seu último livro, mas pode mandar pelo correio comum, leva dois meses mas em geral chega. Creio que é melhor arriscar do que gastar um mês de trabalho para enviar por avião. E quanto aos artigos, creio que, na normalidade anormal da vida brasileira, quem tem razão é o Diabo da Guarda. O Anjo está me parecendo mais besta do que um touro que passou por um grande desgosto.

Não dei suas lembranças ao Sérgio porque já havia partido, quando chegou a carta. Juanita manda um beijo. E outro do

PAULO

Sua última, ou melhor, penúltima carta é de novembro! Quatro meses sem escrever! Arre!

* * *

São Paulo, 9 de abril de 1943

Meu Paulo, não zanga, não. Você me pega fumando, mas é que resolvi fazer uma experiência de dois dias. Ora faz três semanas que abandonei absolutamente o fumo e não é que faz cinco dias voltaram dores-de-cabeça e das mais terríveis que já tenho sofrido em vida minha! Então não é intoxicação, não é fumo, não é fadiga intelectual, há de ser outra coisa e esses médicos que se brinquem! Voltei ao fumo só pra ver o que sucede, por mais dois dias. Sua carta quase que é só de passar pito, xingar meu chope, xingar meus exageros vitais, xingar eu. Todos nós temos mais ou menos essa mania de achar que é a nossa maneira de viver que fará a felicidade alheia. Eu também adoro os vinhos franceses e as champanhas que você ainda consegue beber e por certo a situação financeira de você não tem nada de rósea, eu sei. Mas a coisa é muito outra e não vem de dinheiro nem de nada exatamente que seja exterior. Nem agora, seu médico, venha botar a culpa das minhas doenças, nisto ou naquilo. Cheguei a ficar tão humilde com o sofrimento que abandonei por completo álcool, fumo, extravagâncias de qualquer burguesia, faz pra umas quatro semanas. Não adiantou nada. Mas a velhice chegou. Chegou um ano antes do tempo, pra meu gosto, pois que eu só pretendia cuidar um bocado de mim depois do dia 9 de outubro deste ano, em que faço as cinquenta ilusões. Engraçado: hoje estão fazendo justo três meses que a saúde me largou, pois foi a 10 de janeiro que me bateu a primeira dor-de-cabeça que me paralisou na cama, horas. Hoje aliás estou passando um diazinho bem-disposto e por isto é que estou lhe escrevendo. Olha, Paulo, se nestes meses eu nem sempre lhe responder como costumo, não acredite em qualquer esquecimento meu, ponha a culpa no meu estado, que por vezes me deixa semanas inteiras sem sequer uma aspiração de natureza nenhuma.

O Sérgio chegou, chegou[129] no ponto de calda da minha aversão psicológica pelos norte-americanos. Está agora aqui o

---

[129] Sérgio chegou no dia da morte de meu pai. Estranhou tanta gente no portão, os automóveis na rua, entrou e o enterro estava quase saindo, sem a minha presença. [N. A.]

Sprague Smith, músico, frautista duma figa, bailarina de boa-vizinhança que é da gente morrer de simpatia. Pois já achou jeito, mora no Rio, de me escrever uma carta de camaradagem e gratidão pela maneira com que tratei a mulher dele de passagem por aqui, mas uma carta tão simpática que principiei tremendo de raiva, foi me dando um ódio de tal maneira, que meu corpo tremia, tremia, precisei pôr as duas mãos na boca pra morder. Passei um dia de cama por causa disso. Esse é o tal que faz dois anos, discutiu comigo que em Colour-Line-Land existe liberdade e o exercício verdadeiro da democracia. Quem chegou também foi o Julinho Mesquita, uma chegada bem magra pra meu gosto. Teria umas cem pessoas na estação, se tanto. E em vários, vários, uma preocupação que devia ter muitos tiras assustando a gente, que naquela hora todos os nossos nomes estavam fichadinhos, tudo em ar de brinca-brinca muito sentido, no fim muito pusilânime. Ainda não fui visitar o Júlio porque esta semana ainda uma novidade de intestinos, chegada ninguém não sabe como, nem o exame soube! me prendeu na cama e no outro lugar. Só hoje sinto que realmente a coisa foi finalmente atalhada e estou aproveitando a esteada pra escrever. O Júlio está forte, corado, aquela mesma coisa. Chega a assustar como ele voltou parecido consigo mesmo no físico. Esperemos que tenha mudado bastante no espírito, e não venha pregando ideias da pré-história. Será mais útil pra ele e pra todo o mundo. Lhe mandei mesmo meu livro pelo correio comum, a postagem aviatória me assombrou, não tive coragem. E é só, m'ermão. Nada mais lhe quero dizer deste país em que Deus habitou quando esteve na terra e em que tudo ficou beato e no mundo do céu pra todo e sempre. Nem quero lhe falar de seu pai, pois você bem sabe a minha solidariedade total com os seus sofrimentos. Ainda não visitei sua mãe nem irmãs, por causa da minha condição. Talvez elas estejam um pouco assustadas com a minha ausência, mas espero amanhã ou depois explicar tudo pra que elas me perdoem. É só poder sair com alguma liberdade. Atualmente até as aulas do Conservatório deixei de dar. E paro aqui. Querer enxergar um riso nos olhos de mamãe, é falar que recebi carta de você ou vou lhe escrever. E agora ela acaba de desejar que Deus abençoe você. Ao que ajunto, pra você com Juanita, o meu abraço mais verdadeiro e fiel.

MÁRIO

* * *

São Paulo, 23 de abril de 1943

Paulo querido,

Sei que já lhe respondi à última carta, mas fui, parece, um impertinente, não tocando nada no assunto de poesia em que você me falou. Parece que não gostei dos seus versos sobre a primavera,[130] nem concordo com você a respeito do emprego da rima. Ora não se dá nem uma coisa nem outra exatamente. E se não lhe escrevi sobre o assunto foi porque me esqueci dele. O nosso prezado Sérgio, a respeito de poesia, emperrou na sua própria personalidade, engasgou em Sérgio Milliet. Não que não consiga apreciar poesia alheia diversa da que ele faz, porém, mocito, adquiriu uns tantos de preceitos e ficou neles. Entre esses preceitos o da falsidade da rima e da metrificação. Ora não existe falsidade propriamente. Existe, sim, uma conceituação mais firme de poesia atualmente, não devido a progressos da Poesia, pois em arte não tem progresso, mas devido aos progressos da psicologia. Derivou disso, de

---

[130] O "Poema da Primavera". Foi publicado em *Anhembi*. [N. A.]

uma poesia mais exatamente lirismo que obra-de-arte, (o que é apenas um dos departamentos da Poesia, o mais isento de pensamento lógico) uma real e total impossibilidade de rima e metrificação para um determinado gênero (mais processo que gênero) em que a Poesia se manifesta. Mas há outros gêneros de poesia, meu Deus! passados e presentes, em que rima e metrificação são nuns justificáveis, e noutros imprescindíveis. Haja vista o caso de soneto, uma das formas de poesia intimista, mais perfeitas e de espírito mais irreconciliável, criador de uma espécie de obra-de-arte que é das mais perfeitas de poesia e da manifestação literária.

Esse é o meu pensamento. Agora: o gracioso exemplo que você deu, não tem, a meu ver, nenhum defeito por ser rimado e metrificado. Porém, a muitos de nós, e a mim, por gracioso que seja, causa um mal-estar danado, porque... meu Deus! porque é passadista! Não que seja passado, que é a coisa mais certa desse mundo, mas porque é exatamente passadista. Não é a forma nem os processos que são defeituosos, mas é defeituoso o seu pensamento poético, diante dos progressos da psicologia contemporânea. Você ainda é temático, quando a poesia tem uma liberdade de "assunto" que livra a gente do tema demasiadamente circunscrito pelo pensamento lógico. Mas sobre isto é impossível eu me estender. Se chegarem aí os meus *Aspectos*, faz mais de um mês mandados, você terá a paciência de engolir a exposição que faço sobre, no "Castro Alves". Sobretudo a antítese primavera e outono, é supinamente "parnasiana", do segundo parnasianismo está claro. Mas a verdade é que todo o Parnasianismo é um dos piores períodos para a Poesia, um dos mais desprovidos de poesia da história do homem.

Neste momento em que lhe escrevo, 16 horas desta Sexta-Feira Santa, estou aqui cheio de universitários mineiros que vieram ver minhas coisas. Cada um está pra seu lado, mexendo em livro, lendo meus contos inéditos, mexendo na minha coleção de desenhos. São gente que veio pras Olimpíadas Universitárias e ando com a casa cheia de moços, dia e noite. Ah, meu Paulo, como isso disfarça por momentos a velhice chegando, mas como deixa vazios e inquetação depois que eles se vão... Quanto a doenças, encontrei um malevo de médico e amigo pernambucano às direitas, que enfim esclareceu as coisas como eu gosto. Você está com uma hepatite brava, tem uma artério-esclerose bem declarada e teve, está passando, uma intoxicação muito grave devido a excesso de trabalho e outros excessos. E cá cheguei, nisto sem melancolia nenhuma, à fase das tubagens e das injeções pra asfaltar as artérias endurecidas. Estou naquele verso de Carlos Drummond: numa "sensação fina e grossa". Não deixa de ser divertido. E chega que pegou uma discussão entre os rapazes que está me chamando. Lhe mando o melhor abraço pra você com Juanita.

MÁRIO

* * *

Nova York, 3 de maio de 1943

Meu querido Mário

Sua carta chegou há muitos dias. Demorei em responder por uma porção de motivos. Primeiro andei solto pelo mundo sem governo nem ideia. A morte de meu pai me deixou largado que nem lixo em rua de oposicionista. Foi um vazio doloroso que continua perdurando até hoje, embora como febre intermitente. Quando me dou conta da morte dele me dá uma coisa que não posso explicar, mas que você compreende. Tenho reagido sempre, mas o fato mesmo de reagir é causado por essas crises. Larguei de escrever, por uns dias. Larguei de ler para ficar só, ficar pensando, pensando besteira, coisas de nenhuma utilidade e por isso mesmo mais doidas do que qualquer outro pensamento.

Depois tive que fazer uma viagem para o Museu, estive em Washington durante quase duas semanas. A viagem em vez de me distrair me aborreceu mais ainda. A minha vida aqui cansa mais do que conviver com o Eurico de Góes.[131]

E por cima de tudo, a sua carta de doente! A velhice que chegou adiantada, a falta de vinho aí e tantas outras desgraças que caíram sobre a sua cabeça! *I am very sorry!* como dizem os norte-americanos. O pior é que não está só. Quanto a mim, a velhice ainda não deu sinal só no ânimo. No mais, fez questão de manifestar-se e não só uma vez!

No que não vejo razão é para deixar de escrever. Que diabo, um dia a gente não está disposto, mas chega o outro e o remorso vem, e a pena ou a máquina começam a trabalhar. Porque eu considero até uma falta de caráter deixar um amigo abandonado. Já a vida abandona a gente tanto...

Estou esperando ansiosamente o livro que veio pelo correio comum. Custa a chegar, mas em geral, chega. Fez muito bem em não o ter mandado pelo aéreo. Acho que escrevi mesmo nesse sentido.

Creio que a estas horas já deve ter ido ver Mamãe. Mande me dizer em que condições a encontrou, se se abateu muito ou está resistindo com a fortaleza de sempre. Suas cartas são corajosas e firmes, mas são cartas feitas para mim, e desejo ter uma ideia exata do moral que anda lá por casa. O golpe foi muito duro e inesperado.

Deus pague à sua mãe o carinho que sempre demonstra por mim. Diga a ela que retribuo da mesma maneira. Já a pus no lugar que ocupava meu pai nas afeições vivas. É pouco, mas o melhor que posso dar.

---

[131] Ver nota 47 do capítulo 2, p. 65.

O Armando[132] partiu daqui e antes me havia pedido para que você escrevesse de vez em quando uma carta ao Armandinho. Não sei se mandei o recado em carta anterior ou se esqueci, em todo caso aqui vai ele ou sua repetição.

Estava eu neste pedaço da carta quando o Buñuel me entra pela sala com a outra que me fez interromper esta para lê-la.[133] Agora vai também a resposta imediata. É verdade que eu tinha falado em versos na minha última carta, mas nem me lembrei mais, de modo que não tinha feito nenhum juízo sobre o não haver tocado no assunto. Foi bom o esquecimento porque pôs você desassossegado obrigando-o a escrever mais esta.

Outro ponto curioso. A certa altura desta última carta, você lembra: "O gracioso exemplo que você deu não tem, a meu ver, nenhum defeito por ser rimado ou metrificado". O engraçado é que não me lembro qual foi esse "gracioso exemplo" que dei, de modo que não pude entender bem o seu pensamento; quer me mandar um pormenor?

De qualquer maneira o grosso das observações está ótimo e aproveitável, porque francos, à nossa maneira, à maneira que mais gosto.

Esta sua carta, apesar de escrita na sexta-feira santa, está muito melhor do que a primeira. Puxa! que merda de carta aquela! cheia de macacoas. Esta fala em velhice, mas uma velhice sem desespero, mais moça portanto. Em resumo, de tudo quanto a necrópsia feita pelo pernambucano encontrou, o que mais importa é essa artério-esclerose que a gente precisa tratar bem, tapear com habilidade para poder continuar. O mais, é bobagem. Fígado cala a boca com quaisquer duas semanas de regime, intoxicação, embora brava, de mistura com o Franciscano ou outros quejandos, também vai-se embora à toa. Enfim a

---

132 Armando de Sales Oliveira. [N. A.] **133** Por precaução as cartas para mim eram endereçadas a Luis Buñuel. [N. A.]

notícia é boa. Esses miúdos aguentarão ainda os bons vinhos que você precisa beber. É só abandonar os maus. Estes não fazem falta, apesar de opinião porrística mais ou menos em contrário.

Um beijo para sua mãe e o meu velho abraço para você.

PAULO

* * *

São Paulo, 8 de maio de 1943

Paulo, lhe escrevo porque a sua imagem não me sai da lembrança, "preciso escrever ao Paulo", "vou escrever ao Paulo", dia e noite. Não creio que precise me desculpar de demoras em lhe escrever. Enquanto não voltar a uma saúde de qualquer forma normal e o disser a você, é preciso que você me perdoe as falhas. É natural que v. queira saber como estou passando, mas se melhor, se pior, francamente não sei. Na aparência vou passando muito mal, a dor-de-cabeça é contínua, as dores de fígado variam assombrosamente. Mas os exames de laboratório são todos bons. Emagreci doze quilos e mesmo com fortificantes e superalimentação não há meios de voltar ao equilíbrio antigo. Agora chegam as férias e vou passar vinte dias na fazenda de meu tio, vamos a ver. O pior é a melancolia de viver, um desânimo que não permite quaisquer vontades, tudo o que faço é mecanicamente. Atualmente só tenho um desejo: ir pra cama. E na cama passo os domingos e toda e qualquer parte da noite e até do dia em que posso não fazer nada. O que faço é apenas a obrigação material: trabalhar pra ganhar dinheiro. Bom, mas não se amole, estou longe de morrer por causa disto e até o fim do ano hei de estar certamente bom.

Não sei se v. já recebeu meu livro, que angústia dá desejar que v. o receba e não saber onde ele para ainda. Agora saiu mais outro livreco, *O Baile das quatro artes*, também de ensaios, lhe mandarei por estes dias. A vida aqui continua besta, apenas escandalizada estes últimos dias com a mudança de diretor da Faculdade de Filosofia, saindo o Fernando de Azevedo e subindo o Dreyfus. As informações que tenho são horríveis contra o Dreyfus, que anda agora de braços dados com o Jorge Americano. Talvez seja desagradável lhe dizer isto, porque sei o quanto v. gosta do Dreyfus e por isto me fico por aqui sem mais informações. Na verdade, por mim, mesmo, não sei de nada que possa garantir. Tudo são informações de outros.

Talvez algum dia aí, ou nunca, você receba qualquer pedido de socorro de um rapaz-aviador, que dirá se chamar Fernando Moraes Rocha, ou apenas Fernando Rocha, e invocará meu nome como credencial do que pedir. Você fará por ele o que não faria por mim. É meu primo e afilhado e quero bem ele como a filho. Estudava Direito, meteu-se na aviação, ganhou uma bolsa, saiu bem de todas as provas duríssimas e partiu daqui faz uma semana para os States com destino ignorado e passaporte EE.UU. — Inglaterra. Não é provável que ele precise de nada e ainda menos que chegue até Nova York, mas lhe dei endereço de você, pra que não sofra demais se a vida o pegar em qualquer surpresa. Que Deus o acompanhe.

Agora peguei um rodapé musical na *Folha da Manhã*, que com esta história de remédios, injeções, exames e médicos ando meio atrapalhado e o que tinha não dava mais. Mas é rodapé de livre assunto (musical), sem obrigação e até proibição de fazer crítica profissional. Deus te livre! Não pretendo mais me meter na crítica, os compromissos são demais e lá se vai a liberdade a não ser que v. queira brigar com todo o mundo. Aliás o Sérgio escreveu um artigo, combatendo duas palavras da minha terminologia estética, "técnica pessoal" e "artesanato", que ele acha que eu não podia empregar no sentido que lhes dei e *conceituei*. Imagine só que encontrei as duas expressões nos livros dele, empregadas justo no "meu" sentido! Vou responder. Mas não se assuste, tudo ficará de dissonância intelectual, no campo das ideias. Aliás já respondi, só que o artigo tem de esperar porque devo temperar meu rodapé, variando coisas mais difíceis ao leitor e coisas mais fáceis.

Mas é tudo crochê, meu Paulo. Ainda ontem fiquei indignado comigo. Comigo e com os amigos. Fazia vários meses que não podia dar o meu livro a muito bom camarada daqui, muito hábil como inteligência, cordial, prestimoso, útil a muitos, só por causa da dedicatória! Não só pensava, mas outros pensavam também que eu tinha "sérios compromissos" pra pôr uma dedicatória que agradasse ao outro! Bolas! peguei no livro ontem e botei muito assinado "com a admiração amiga do" etc. Sei aliás que a pessoa ficou radiante com a dedicatória. Pois é isso mesmo, como a gente não pode tomar grandes atitudes vitais, vive se merdizando em coisinhas, fiquei indignado comigo e com todos e pus a dedicatória. Que é verdadeira aliás, porque ele fez muitas coisas admiráveis, e mesmo é excelente contista. Bolas! que ao menos a vida seja um pouco amável pra suplantar esta guerra de nervos, não acha também?

E chega. Que esta chegue logo aí nos seus braços, como eu chegaria, ah! quando a gente se encontrar vai ser tão bom...

Abraços

MÁRIO

* * *

Nova York, 21 de julho de 1943

Meu querido Mário:

Nunca recebi uma carta sua tão gostosa como esta do dia 8 de maio. Gostosa não porque fosse alegre ou engraçada, mas só porque era muito íntima, muito sua e muito minha. Em todo caso, no meio daquelas dores de cabeça contínuas, variadas, as de fígado avariado, uma coisa é positiva: o bom resultado dos exames de laboratório. O laboratório é muito mais franco e decisivo do que a fisiologia, e o prenúncio dos vinte dias na fazenda é mais do que promissor. Para mim entretanto a coisa não passa de uma doença muito simples, mas que vai ser preciso muita paciência para extinguir-se: franciscanite crônica. Tempo, dieta, regime serão os melhores medicamentos contra as macacoas da cerveja ou desse hediondo whisky que não posso tolerar de jeito algum. Ele o pai e mãe dessa melancolia e desse desânimo que tiram a vontade de viver.

Tranquilize-se que recebi o livro e estou lendo. Já vou pra lá da metade. Já li o Tristão de Ataíde, a Poesia em 1930, o Luís Aranha e as duas primeiras partes do Machado de Assis. Pra mim o livro é ótimo, o último estudo lido é magnífico. Não gostei muito do Luís Aranha e isso porque não consigo achar nada neste poeta. Acho-o besta e desequilibrado. Poesia preparatoriana, mas de preparatoriano que passou todo o tempo cabulando as aulas e passou o exame por decreto ou com muito pistolão. Estou ansioso pra chegar no Castro Alves, no Sargento de Milícias (creio que este é o mesmo prefácio da edição da Livraria Martins que conheço e é pra lá de ótimo), na Volta do Condor ao Ateneu e na Elegia de Abril. Sobre ele escreverei outra carta.

E o *Baile das quatro artes*? preciso dele também.

Que é que há sobre o Dreyfus? Ele sempre teve amizade íntima com esse desinfeliz Jorge Americano, de modo que não é novidade a nomeação, mas não sei o que se passa para uma opinião tão grande contra ele. Aos meus amigos eu abro sempre crédito ilimitado, até prova em contrário, e tinha muita vontade de saber objetivamente o que se passa. Só você poderá me informar com segurança. Mande, pois, notícias.

Essa história do livro que você dedicou às pressas quase me matou de tanta graça. Ora que a humanidade se fomente se a dedicatória for sincera ou não foi, fez a felicidade dele e não prejudicou a de ninguém, por isso danem-se as bestas.

Agora, a novidade grande. Estou escrevendo pra você justinho na véspera de seguir para a Europa outra vez. Vou a Portugal e Espanha por três meses, numa missão do Museu de Arte Moderna. Vou buscar quadros, documentos sobre as fontes de arquitetura latino-americana, quase exclusivamente o barroco portanto e uma seleção de fitas de cinema europeias que hoje só existem naqueles dois países, único pedacinho acessível da Europa. Três ou quatro meses de férias e depois novamente esta abracadabrante Nova York da minha detestação e desespero. O meu endereço pra onde você deverá responder esta carta é: ao cuidado do Armando d'Aguiar, avenida Magalhães Lima, n. 1, Lisboa. Escreverei, escreverei.

Só uma coisa me desespera nesta viagem: imagine que nunca me separei dos meus manuscritos. Tenho quatro ou cinco volumes de livros originais, uma porção de notas, e mais de vinte cadernos com observações que sempre me acompanharam por esses trilhos incertos e inseguros que tenho perlustrado de cinco anos pra cá. E agora tenho que me separar deles por prazo indeterminado pela dificuldade de passarem-se papéis, mesmo inofensivos, nestes tempos de censuras de várias nacionalidades. É verdade que ficam com amigo seguro, mas quem é completamente seguro pra guardar filho da gente? Em todo caso, continuo a tomar notas e a pensar que um dia o destino me dará uma chacrinha cheia de árvores e muito longe dos homens, para passar para livros a péssima impressão que o convívio íntimo com eles me deu deles.

Bem, preciso acabar porque o papel disponível está acabando. Não fale na viagem lá em casa, enquanto não receber notícias da chegada a Lisboa. Um grande e carinhoso abraço. E um beijo pra sua mãe.

PAULO

* * *

São Paulo, 14 de outubro de 1943[134]

Meu querido Paulo

Esta carta vai sendo ditada ao meu secretário: Imagine por aí a quantas ando. O fato é que no momento as minhas doenças se complicaram e estou condenado a viver imóvel jogado numa cama. Mas é mais complicação que gravidade, pelo menos por enquanto. Mas não sei onde isto irá parar, embora não me sinta pessimista no momento.

No dia 9 fiz os meus cinquenta anos, com alguma melancolia. Eu creio que a data não teria muita importância para o meu espírito, se não fosse a virulência com que ela me foi imposta pelo excessivo carinho dos amigos. Ora, graças a Deus, que ainda existe o afeto e ainda existem amigos neste mundo! Mas desta vez o afeto e os amigos tiveram o dom de supervalorizar um acontecimento que sem eles eu creio que passaria por mim sem grande intensidade. Certamente a esquina dos quarenta anos foi muito mais dramática e violenta. Apesar de imóvel no domingo seguinte ao meu aniversário, alguns amigos romperam a minha solidão meia forçada pela doença, e estiveram aqui. Entre esses amigos tive a graça de contar as suas duas irmãs, e lhe juro que essa prova de afeição me comoveu enormemente. Senti você aqui também e ao mesmo tempo senti falta de você.

---

134 Mandada para Lisboa, onde me achava. [N. A.]

Imagino, meio irritado, quando esta carta chegar às suas mãos. Quase que desde o começo da guerra perdi contacto com os meus amigos de Portugal. Sei que as minhas cartas não chegaram até eles, e nem livros mandados até por intermédio do Ministério do Exterior. Vamos a ver se esta carta chega, e ao menos leva a você a velha e sempre atenta afeição deste seu amigo. Aliás, não sei mais o que lhe dizer a não ser isto. A vida que estou levando este ano, principalmente por causa destas dores de cabeça que não me abandonam, tem sido a mais inútil e infecunda da minha vida desde que me lembro de ser gente. Imagino que numa possível biografia minha, o biógrafo teria que botar: "o ano de 1943 não existiu". Outro dia me caiu nas mãos um caderno em que eu mantinha o ano passado uma espécie de diário de trabalho de tudo quanto eu realizava dia por dia. Levei-o até os primeiros dias deste ano, até que, as primeiras dores de cabeça, que interceptaram a minha vida ativa desde 9 de janeiro, me fizeram abandonar o diário. Fiquei raivosamente abatido: na data de 9 de janeiro eu enumerava a tarefa que deveria realizar durante este ano. Nada foi feito, absolutamente nada. É isto: o ano de 1943 não existiu para mim. Ou existiu de uma forma que não fazia parte nem dos meus projetos, nem dos meus ideais, nem das minhas tendências: a presença da inexistência. Talvez mesmo estejam nos obstáculos de cura as frequentes impaciências raivosas e os ainda mais frequentes desânimos a que sou atirado por essa presença da inexistência. A um sujeito como eu, isso é terrível, acredite, que não sei que seja a tal de paciência evangélica, bolas! Bom mas esta carta está tristonha de mais! Ainda deve ser efeito da violência com que os amigos me puseram pela frente o fantasma dos cinquenta anos. Mas é que dona Nini me trouxe o seu endereço e, apesar da melancolia falsa, não quero deixar de lhe escrever imediatamente. Na verdade já estou me sentindo fisicamente um bocado melhor e já sei olhar o céu da minha janela com vontade de estar lá fora. Aliás, céu nublado, céu das chuvas de outubro, bruscas, violentas e passageiras, rima deste tempo que vivemos. Quanto ao mais não tenho o que contar.

Lembranças carinhosas a Juanita e guarde este abraço fiel do

MÁRIO

* * *

Madri, 25 de dezembro de 1943

Meu querido Mário:

Pois eu tinha saído de manhãzinha. O Museu do Prado, durante o inverno, está aberto até a uma e meia da tarde. Depois não há mais luz porque é um dos museus de pior luz que tenho encontrado. Assim, aproveitando a minha estádia em Madri, não perdi tempo. Durante três semanas lá fui todos os dias, quatro horas cada dia. Aprendi-o de cor. Uma maravilha. Era meu velho conhecido, já lá estivera pela primavera de 1933. Mas o Prado exige pelo menos uma semana cada ano dedicada só a ele. Pois lá estava eu, na sala de Greco, quando a Juanita, que vai sempre mais tarde encontrar-se comigo, entrou com um envelope vindo de Portugal. Era a correspondência que o Armando de Aguiar, com a pontualidade de credor, me envia de Lisboa. Nele, a sua carta. Fiz questão de lê-la lá mesmo. Recordo-me que, uma vez em Paris, li uma carta sua no Louvre. Predestinação. Eu acho que nem você sabe o gosto que tenho em ler uma carta sua. Parece carta lá de casa. Nem que seja ditada ao secretário, é a mesma coisa. Não me lembrei dos seus cinquenta anos. Quando lia esta notícia, pus-me a espiar o *Batismo de Cristo*. A figura de São João, comprido, espichado, começou a parecer com você, e me deu uma saudade de estar bebendo um daqueles nossos velhos "Romanée", que deixam a boca da gente tradicional como aquele dia no apartamento, e me deu também uma tristeza, uma daquelas vontades tão de nós dois de chamar Mamãe, que até deixei de ler a carta e de ver o São João Batista compridão à minha frente. Depois continuei e vi que você anda doente (no mesmo envelope do Armando, chegava uma carta de Nini contando haver estado em sua casa: Achamos o Mário meio abatido, mas muito bem, são palavras dela).

Você estava meio irritado ao escrever-me por imaginar quando ela chegaria à minha mão. Ou melhor, quando não chegaria... Pois, sendo de 14 de outubro, chegou no dia 20 de dezembro. Dois meses e seis dias não são muito para os tempos que correm. O essencial é chegar, e creio que as suas cartas são daquelas que menos têm extraviado. Aliás a razão é muito simples: é porque você escreve. Por uma coincidência notável, todas as vezes em que não me escrevem eu não recebo as cartas, apesar daquela lenga-lenga, sempre a mesma, do tenho escrito mas as cartas se extraviaram. As suas chegam.

Se o 43 não existiu para você, vamos fazer que o 44 seja produtivo. Para mim ele existiu e foi muito movimentado e triste. Perdi meu pai, as saudades apertaram e voltei à Europa. Nem que seja para ver tristezas, vale a pena a gente voltar à Europa. Aqui é o laboratório onde está o caldo de cultura do grande fermento universal. Muita enxurrada vai correr ainda por baixo e por cima das pontes. Mas ainda é daqui que sairá o ar espiritual que a América tem de respirar. Somos novos demais para ter civilização por conta própria. Novos e bestas, porque pensamos quase sempre o contrário. Isso tudo me atraía e me fez arrostar a viagem com boa cara. E, depois da morte de meu Pai, eu precisava de uma coisa forte para distrair. Nova York é idiota demais para se aguentar durante crises espirituais. E vim. Que pena não ter você comigo. Não é por causa do Museu do Prado. Não é por causa de mim também. Eu também vou envelhecendo e isso aporrinha um pouco. Antigamente não era preciso fazer esforço para ficar moço. Agora, é preciso uma força para não ser surpreendido por uma ruga espiritual e para não se abater quando se repara nos cabelos que se embranquecem, a cara que vai ganhando ondulações e curvas que não tinha, o diabo! Creio que gasto pelo menos algumas horas para combater o envelhecimento espiritual já que o físico não há mesmo remédio. Só tenho medo de entregar os pontos, um dia, apesar da opinião de Léo Vaz, segundo o qual quando a gente os entrega até dá graças a Deus, arrependido de não o haver feito há mais tempo. Mas você me faz falta também. Não posso nem ver um quadro ou uma estátua, ou uma gravura ou uma fachada (eu vim aqui quase só para ver fachadas), nem beber um vinho sem pensar em você: já porque podia estar vendo ou bebendo comigo, já porque pode estar aí doente sem poder bebê-lo, mas como não pode ser, consolo-me escrevendo. Faça o mesmo. Não pare a correspondência. Escreva para o mesmo endereço de Portugal, porque quando a carta lá chegar já estou de volta.

   Se eu fosse para o Brasil levava umas gravuras do Museu do Prado. Mas não vou, de modo que é inútil. O diabo desse museu consola a gente pertencer a essa desmoralizada e imoral família humana. O que vale é que eu já não pertenço a ela.

   Vou parar porque me sinto muito idiota hoje. Um beijo a sua Mãe. E este imenso abraço de afeto do

PAULO

* * *

24 de abril de 1944

Querido Mário

Estava eu no Museu do Prado, em Madri, quando Juanita que lá fora encontrar-me, levou a correspondência recém-chegada e, com ela, uma sua carta, a última. Coisa curiosa, exatamente pensava em você e na alegria de podermos ali estar juntos. Respondi essa carta imediatamente diante de um quadro do Goya e contava o episódio. Mas não sei se chegou, porque, desde então, nunca mais me veio uma palavra sua. Reclamei sobre isto em carta para casa. Agora, por esta que será entregue em mãos, pelo professor Raymond Warnier, delegado cultural da França Livre, no Brasil. O professor Warnier está ligado aos meus amigos Henri Laugier, que dirige todos os serviços de Educação em Alger, e Henri Bonnet, antigo presidente da Coop. Intellectuelle. E não é preciso dizer mais para que você aí o receba, converse bem com ele a fim de que tenha logo uma ideia do nosso ambiente, não só no que se refere a São Paulo mas ainda ao Rio.

Ele leva mais cartas, inclusive ao Fernando Azevedo, ao Almeida Prado, ao Julinho, ao Sérgio, ao Dreyfus e outros. Creio que vai bem recomendado pois. Entrego-o ao seu carinho.

Um beijo à sua Mãe e a você o afeto da velha amizade do

PAULO

* * *

São Paulo, 2 de junho de 1944[135]

Meu Paulo, Esta lhe escrevo com meia malinconia. Fomos bem-sucedidos na primeira carta que nós escrevemos entre Portugal e Brasil, mas já principiaram as perdas, não há dúvida. Lhe respondi assim que a sua chegou, todo fagueiro, com a *réussite*, mas ou você não recebeu ou a sua resposta se perdeu. Até agora nada. Por isso torno a lhe escrever. Faz uns poucos de dias que você não me sai da cabeça. Não é pressentimento

---

[135] Algumas cartas se perderam entre outubro de 1943 e abril de 1944. [N. A.]

de qualquer coisa não, é só lembrança de você, lembrança aguda e do gênero aparece-desaparece, várias vezes por dia. Aliás mesmo que fosse pressentimento eu não me incomodava mais, sou o homem dos cem pressentimentos por dia, que jamais acontecem. Felizmente, porque senão, eu havia de ser o mais doloroso dos coitados, com todos os meus amigos e parentes mortos ou feridos em desastres. Bom, mas pro pensamento sossegar resolvi lhe escrever, pra que você saiba que vivemos. Tinha intenção de telefonar primeiro pra sua família, sabendo se tem recebido cartas de você, mas são vinte-e-duas horas neste momento, estou voltando do cinema, recebi uma carta desagradável de Buenos Aires e, somando tudo isso, o pensamento em você voltou e resolvi lhe escrever agora já, no sufragante. Vamos bem, isto é, quer dizer, você sabe. Eu, por mim, muito irritado, muito fatigado da vida particular, que é do que deve-se falar, imagino. Desde janeiro que estou trabalhando muito, mas muito mesmo, e no entanto até agora não fiz nada de meu de verdade, do que desejava mesmo fazer. As solicitações são tantas e de tal ordem, pedidos, pedidos, pedidos de artigos, entrevistas, o diabo, visitas, visitas, mil visitas de estrangeiros que nos visitam (*) virou (*),[136] que a vida pessoal se esperdiça em mil nadas bestas. É inacreditável, mas trabalhando umas dez horas diárias, de exclusivamente meu, só pude fazer até agora uma segunda versão de um conto, que eu creio que está bem engraçadinho. Só. O estudo sobre o padre Jesuíno do Monte Carmelo, adiantei um pouco, mas isso é trabalho profissional, e assim mesmo parei ele faz mais de dois meses, por outras coisas urgentes e não minhas, como um capítulo sobre Artes Plásticas, pra um livro sobre o Brasil que vai

---

[136] Como se vê, a censura de guerra do Brasil esmerava-se em cortar palavras ou frasinhas que nada tinham a ver com a guerra. Pequenos melindres patrioteiros de patriotas primários. Ou melhor, puro espírito de porco... [N. A.]

sair na universidade de Ohio, dirigido por um tal prof. Hili, conhece? e agora uma apuração apressada da minha Introdução para as *Danças dramáticas*, pra um número dedicado ao Brasil, do *Boletim Interamericano de Música*, de Montevidéu. E agora ainda tenho uma encomenda urgente, do Martins, duma escolha de poemas e introdução, para as *Poesias escolhidas de Álvares de Azevedo*, a minha paixão romântica, creio que você sabe. Mas não creio que possa fazer coisa que preste, estou sem gosto, irritado e o diabo. Creio que ainda não lhe contei: o Martins vai editar as minhas *Obras completas*, cujo plano, por enquanto, dá dezoito volumes. O primeiro sai neste mês, a quinta edição da *História da música*, vol. VIII, ou IX, e logo depois o *Amar, verbo intransitivo*, todo refeitinho e com um capítulo novo. Sai diminuidíssimo, aliás, pois cortei tudo quanto era monólogo meu, deixando a ação sozinha. Os que viram acham que ficou muito melhor. Quero ver se tiro este ano ainda o 1º vol. que apelidei *Obra imatura*, nome meio circunscisfláutico, mas que o livro merece. Vai ser o único mixordioso, contendo primeiras poesias, primeiros contos e a *Escrava*. Está claro que obras completas não quer significar tudo quanto já publiquei mas o que, embora ruim, ainda posso sustentar por motivos públicos. Mas esse primeiro volume eu queria que saísse com uma Introdução às obras completas, contando a minha experiência artística como foi, mas sinto os braços preguiçosos, não sei se sai. Se não sai, o livro não sai também, sem ela. Tirarei outro primeiro. O Rubens no Rio, vamundando faz dois meses pelas repartições, sem conseguir tomar posse de bibliotecário do Ministério da Justiça. O Sérgio é o único que conserva a calma, pelo menos na aparência e na impassibilidade do que escreve. Oneida escrevendo um livro pro México. Por aqui, grandes brigas de aparência literária sobre um sr. Otto Maria Carpeaux, que não sei se você conhece. Muita inquietação, um mundo (*)[137] agitado. Agora você me conte a (*), que o papel acabou. Até agosto, quero ver se termino todas as encomendas, e daí vou bancar a minha independência ou morte. Viro neurastênico, não fico mais em exposição diante de estrangeiros de passagem, mando tudo naquela parte, não atendo telefone, não faço a barba que está branca, vou ler que estou desaprendendo, e vou escrever o meu padre Jesuíno que deve estar pronto pra dezembro, último prazo que me dei. *Ciao* pra vocês dois, com o abraço mais fiel do

MÁRIO

* * *

São Paulo, 5 de agosto de 1944

Paulo

agora até já perdi o número das cartas que tenho lhe escrito sem receber acusação de recebimento, se quatro ou três. Mas eu creio que você se não recebe, não pode imaginar mais qualquer esquecimento ou indiferença da minha parte. Aliás, não sei se o mundo avança, mas estas cartas de agora, em que a gente não pode mais se abrir inteiramente nem nas vistas para o mundo nem nas confissões interiores, com vergonha de ser lido pelos outros, faz com que as cartas estejam se tornando

---

[137] Os espaços assinalados por asteriscos foram cortados pela censura brasileira, durante a guerra. Que haveria nas palavras cortadas que pudesse ameaçar a segurança nacional?... Tão estúpidos esses cortes que comecei a receber uns avisos da censura norte-americana, nas cartas enviadas para Nova York, com este aviso: "A censura militar dos Estados Unidos nada tem a ver com os cortes feitos nesta carta". Sempre aquele primarismo das autoridades brasileiras quando dispõem de autoridade coercitiva para agir contra a liberdade e o bom senso... [N. A.]

cada vez mais insatisfatórias. Sobretudo pra um sujeito como eu que gosta de se derramar.

    Mas a última carta que lhe mandei foi pouco antes de chegar aqui o enviado cultural francês com a sua carta de apresentação. Estive com o homem num cocktail que ele ofereceu e que gorou bastante. Pouca gente, uma atrapalhada cronológica, uns já saíam, outros estavam chegando, e o homem, que você me recomendou muito, sem fazer o menor esforço pra se aproximar de ninguém, mais que os esforços da nímia gentileza. Pelo contrário passou todo o tempo, além do borboleteamento natural de dono da festa, conversando com pessoas que positivamente nada tinham de "culturais", a não ser que eu ignore a *intelligentzia* de minha cidade. E depois já foi-se embora pro Rio. Me deixou assim uma impressão meio de desilusão, meio sobretudo de expectativa, sem poder dizer nada pra ele, a não ser a ele como à generalidade dos franceses em corpo físico, falta aquela simpatia irradiante do espanhol, do português, por exemplo, ou envolvente do inglês. Não gosto, não simpatizo com os franceses fisicamente, os franceses machos, está claro, que quanto à mulher, *"j'y prendrais un plaisir extrème"*. No entanto, não é afastamento da França não. Ainda ontem vendo um filme regular sobre França Livre e os combates franceses na África, por várias vezes senti os olhos umedecidos de pura conivência, uma adesão interior que chega a me irritar um bocado mas que não posso vencer. Sei que não é o passado, a educação "em francês" que me fiz, é qualquer coisa de mais profundo e de mais deslumbrado. No entanto eu sei que não amo a França mais que outros países. Sei que amo muito, mas de amor todo carnal e espiritual, é Portugal, isso não tem dúvida, é o país que eu mais amo. Se existe gradação no amor (existe) vem depois a Catalunha como identidade humana, e sujeição espiritual, Florença, a minha Florença, que estes dias está com a guerra alheia por de cima e por debaixo.

Não consigo nem pensar nisso, de tanto que me horroriza o desgaste de Florença. Quando o mundo ficava entusiasmado com o salvamento de Roma, eu tive apenas meio prazer, e falei alto: Eu temo é por Florença. E estou sofrendo muito por ela. Depois de Belém do Pará (puro amor carnal, aliás) a cidade que mais amo é Florença. São Paulo... Não, São Paulo é outra coisa, não é amor exatamente, é identificação absoluta, sou eu. E eu não me amo. Mas me persigo. Bonita palavra "perseguir" em tudo o que a sua etimologia sugere e confessa. Eu per-sigo São Paulo. Não gosto pessoalmente de francês. Mas a França, o que é que a França tem? Às vezes quero detestá-la. É certo que a derrota da França me irritou duma maneira meia desesperada. Fui injusto, fui cruel, falei palavras duras. Mas hoje eu sei: era menos raiva e desprendimento que uma desesperada desilusão. Eu não persigo a França, é certo, mas a França me persegue.

E como vai o meu "Portugal pequenino"? E você dentro dele, ah! cartas livres... E quando você chegar aqui, não será mais tempo de contar senão rapidamente as coisas que observou e os casos por que passou. Será outro tempo, e preocupações mais imediatas tomarão nossas conversas... Eu vivo melhor, Paulo, desde o dia 1 deste, depois dum bruto esforço pra me libertar das instâncias que me faziam viver de fora pra dentro, principiei de novo vivendo de dentro pra fora. Não conte pra ninguém, mas estou em vésperas de possivelmente (ainda não é garantido) dar um golpe bonito. Compro umas terrinhas, seus 12 alqueires, por aqui perto, que acontece ter dentro uma residência e capela do séc. XVII, que já estão tombados e o Serviço está restaurando agora, não conte a ninguém. Na escritura de compra doarei o pedaço de terra em que está a preciosidade ao Estado. E pretendo ir viver lá e morrer lá. Lá ou cá, isso de morte pouco importa, mas quero ser sepultado aqui na minha cidade...

Quando eu morrer quero ficar,
Não contem aos meus inimigos,
Sepultado em minha cidade.
    Saudade
Meus pés enterrem na rua Aurora,
No Paissandu ponham meu sexo,
Na Lopes Chaves a cabeça
    Esqueçam.
No Pátio do Colégio afundem
O meu coração paulistano:
Um coração vivo e um defunto
    Bem juntos.
Escondam no Correio o ouvido
direito, o esquerdo nos Telégrafos,
Quero saber a vida alheia,
    Sereia.
Meu nariz deixem nos rosais,
A língua no Alto do Ipiranga
Para cantar a liberdade!
    Saudade...
Os olhos lá no Jaraguá
Assistirão ao que há-de vir;
O joelho na Universidade.
    Saudade...
As mãos atirem por aí,
Que desvivam como viveram;
As tripas atirem pro Diabo,
Que o espírito será de Deus
    Adeus.

E com este poema da nova *Lira paulistana* que ando fazendo, lhe mando o meu abraço mais verdadeiro, pra você com Juanita linda. Este

MÁRIO

* * *

São Paulo, 30 de setembro de 1944[138]

Paulo querido

Pois saiba que agora resolvi, burocraticamente, lhe escrever no mínimo uma carta por mês. Se não chegarem por qualquer motivo insuspeitável, você já sabe que cumprir o decidido, em mim, não é virtude, é vício. De maneira que: todo dia 30 vai ser aquela fidelidade; pingo uma carta suceda o que suceder, chova canivete, como lá dizia o sr. meu Pai. Mas como tenho escrito carta estes últimos dias, foi estranho! Fazia mais de ano que eu prometera aos meus amigos mineiros, e tenho ótimos, ir visitar eles em Belo Horizonte. Mas foi aquela história de doença, depois excesso de ocupações imediatas, afinal pude ir e lá passei quinze dias, os primeiros deste mês. É Belo Horizonte, ruas muitíssimo bonitas, clima delicioso, aspeto geral e clima acolhedores como o quê. Bem, e agora tem o conjunto arquitetônico em torno do largo de Pampulha que você

---

[138] Esta carta seguiu para Madri e foi devolvida, por não me achar mais e foi-me entregue, em São Paulo, por d. Maria Luiza, mãe do Mário, no dia mesmo da minha chegada, em 18 de outubro de 1945. Depois de abraçar minha mãe e minhas irmãs, fui correndo ver aquela querida amiga inconsolável e a outra também querida velhinha d. Ana Francisca, a madrinha de Mário, naquela casa, para mim cheia de recordações, da rua Lopes Chaves. Mário não estava mais lá e não voltaria nunca mais!... [N. A.]

já deve saber, Iate Clube, Sala de Baile, Cassino, a igreja quase terminada, e em andamento o Grande Hotel. Tudo da arquitetura mais moderna do mundo, e que já tornou célebre Pampulha e Belo Horizonte por toda a parte. Ainda recentemente uma revista inglesa de arquitetura publicou um número dedicado à arquitetura moderna brasileira considerada uma das mais adiantadas e belas, bem reussidas do mundo (*).[139] Eu já falei, faz bons anos, que considero a inteligência mineira a mais completa e harmoniosa do Brasil, acho sim. Encontrei lá um grupo de novos extraordinário, você não imagina. Tive que cortar um doze danado, tantas perguntas, e tantas preocupações graves e nobres, eu me fazendo participante de tudo, e... foi assim como se eu tivesse me esquecido de mim, inteiramente entregue ao estudo e ajuda daqueles espíritos graves e torturados pelo mundo. Sim, foi maravilhoso, não tem dúvida, uma vida densa e intensa da manhã à noite, ou melhor, madrugada, por quinze dias, (*)[140] só oásis da casa da Henriqueta Lisboa onde eu descansava daquela ventania de problemas, almas e dúvidas. Surgira mais que nunca dentro de mim essa força de participação, essa dádiva de compreensão e auxílio, o Professor enfim, que não sou mais que isso, profundamente; e a bem dizer deixei de existir. Bem, chego em S. Paulo, e aí é que foi duro: quem disse poder retomar o cotidiano! As preocupações com aquela gentinha, a necessidade de lhes dizer certas coisas mais duras a respeito deles mesmos, de dar coragem para eles se retemperarem em maior firmeza, quem

---

139 Longo trecho cortado pela censura. O que poderia Mário escrever que pudesse prejudicar os interesses do Brasil? [N. A.] **140** Os espaços assinalados por asteriscos foram cortados pela censura brasileira, durante a guerra. Toda carta atravessada de pequeninas faixas verticais; azuis e amarelas, produto químico destinado a verificar se não havia texto invisível. Isto da censura de guerra norte-americana. E mais o aviso: "A censura norte-americana não é autora das mutilações por que passou esta". [N. A.]

disse trabalhar! As lembranças me tomavam, e as saudades também, duma vida que fora mais perfeita, e tudo o que eu escrevia era uma porcaria fabulosa. Ler, o espírito não conseguia se prender em coisas nenhuma, e o pior é que eu insistia em trabalhar, me arrepelava e passei uma semana e meia no inferno. Então estourei. Principiei escrevendo cartas de oito e dez páginas de letrinha, pros mais importantes, e o resto do tempo não fazia nada, ia na cidade, tomava café, conversava, visitava livrarias. Só agora já estou mais normalizado e na segunda-feira creio que posso retomar o trabalho com mais produtividade. Ah, segunda-feira não! Tenho uma notícia daquelas pra lhe dar, sente, senão você cai de costas. Vou comprar o sítio de Santo Antônio, do bandeirante capitão Fernão Pais de Barros, com a capela e tudo. Segunda-feira vou lá pra resolver detalhes da compra. Compro, doo uma parte com capela e casa-grande ao Brasil, que entrará na posse da doação [depois] da minha morte. Em compensação o Sphan me nomeia conservador de tudo (já está tombado, você sabe), aliás já está restaurando, e constrói em troca da doação um pombal pra mim. Pombal por ser só o absolutamente necessário, mas vai ser do modernismo, no alto fronteiro, e por enquanto weekendíssimo apenas. Mas pretendo acabar a vida lá, se Deus quiser. E você terá recanto pra quando quiser ou pra sempre, junto deste seu amigo certo. O preço é escandalosamente barato, 38 contos, tenho quinze, o resto empresto, ou talvez arranje, pois o Martins está disposto a comprar o meu Rugendas, que só vendo por 15 contos.[141] O papel está

---

141 O caso da capela de Santo Antônio tem uma historinha. Andava secularmente perdida dentro do mato, em mãos de caboclos que nem mais olhavam para as ruínas. Um dia, quando presidente do Estado, Washington Luís teve notícia dele. Chegou lá com muita dificuldade, a estrada estava intransitável. Viu a miséria daquilo tudo, tirou dois tocheiros caídos ao lado do altar, duas figuras de negros que entregou ao Museu do Ipiranga, onde se

acabando. Fique aí contente com Juanita, e me abracem festivos. Mamãe naquela doçura por você. *Ciao.*

MÁRIO

* * *

São Paulo, 15 de fevereiro de 1945[142]

Paulo, às vezes eu fico um bocado melancólico pensando em você. Faz dois meses, quase três que não lhe escrevo. Ingratidão não foi, foi desleixo. Pensar nisso tenho pensado mil vezes, meu Deus! você não sai da minha presença, isso será

encontram ainda. Depois disso, abandono de novo. Eu soubera da sua existência pelo próprio Washington Luís, mas até ali por volta de 1935 ou 1936 não tivera ocasião de lá ir. Foi quando comecei a fazer excursões em busca de capelas abandonadas, caminhos velhos da penetração e casas do século XVI, XVII e XVIII. Lembrei-me do sítio de Santo Antônio e, um dia, na companhia de Antônio Baptista Pereira, Campos Aguirre e Juanita, partimos decididos a descobrir a capelinha e a fazenda de Fernão Pais de Barros (não Fernão Dias Pais de Barros, como um funcionário do Patrimônio Histórico Federal já a ele se referiu pela televisão). Tivemos que fazer a pé grande parte do caminho. Lá chegamos, havia um espanhol acaboclado que era o atual dono. Na mesma hora perguntei-lhe se queria vender o sítio. Respondeu afirmativo e eu lhe pedi que não vendesse a mais ninguém. Levei lá, posteriormente, primeiro d. José Gaspar Afonseca e Silva, bispo auxiliar e, depois, Mário de Andrade que, como eu, se encantou por aquela relíquia. Quando se criou o Serviço do Patrimônio Histórico e Artístico, exigimos do Rodrigo Melo Franco a restauração da casa de moradia, também do século XVII, e da capela, em mísero estado. E então, Mário e eu fizemos o voto de adquiri-la. O primeiro que pudesse o faria. Agora, ele me comunicava a coisa. Esta é a história verdadeira do sítio de Santo Antônio, depois da sua primeira descoberta por Washington Luís. [N. A.]
142 Duas cartas minhas se perderam antes desta, a última, escrita nove dias antes de sua morte. [N. A.]

uma das grandezas da minha psicologia: jamais estar sozinho, imaginando sempre um amigo comigo. Ultimamente você foi suplantado nessa imagem do amigo presente. Mas de repente me sucedeu essa coisa desastrosa no sentimento que foi ter um afilhadinho na FAB, em pleno ar da Europa. Você conhece a minha hipersensibilidade doentia: imagine o que isso tem sido em minha vida. O desarranjo exterior, essa espécie de desânimo que só espera notícias, isso ainda não faria muito mal, o pior é assim o ar de estrépito da minha psicologia assombrada. Fiz questão de não contar isso a ninguém, não resisto, mas que fique com você. É positivamente como eu falei, um ar de estrépito, uma coisa nebulosa, insolúvel mas estrepitosa, que me convulsiona, se o próprio avião dele passasse a dois metros de mim. Tem momentos em que me toma um tamanho medo, pavor mesmo da morte... não sei como diga, porque se está longe de ser medo da *minha* morte, nem penso em mim, também não é medo da morte dele. Eu tenho apenas um medo vago, mas nitidíssimo de que alguma coisa vá morrer. Talvez seja apenas a subconsciência supersticiosa que impede de fixar nítido que seja da morte dele. Está claro que tenho um medo horrível que ele morra, mas não é esse o MEDO que me toma por momentos, momentos pequenos mas que me destroçam por dias inteiros. E com isso estou vivendo uma vida miserável, em que tudo sai ruim. E principiou me brotando essa coisa que você decerto não esperava ouvir: a ingratidão de você. Por que você não me escreve? Ultimamente então, muitas vezes tenho imaginado que você criou um complexo do abandonado, e só escreve a quem escreve a você, só responde cartas. Sei que você tem razão com muita gente que tem outro temperamento que eu, mas comigo não é possível mais você imaginar que não lhe escrevo por abandono da sua companhia, esquecimento, mais o que fazer, ingratidão, o que seja! Faz não sei quanto tempo que não tenho uma linha sua.[143] De vez em quando a Nini me telefona: que você manda perguntar por cartas minhas. Principiei ficando ressentido e agora o ressentido sou eu, seu Paulo. Porque por certo eu estou mais necessitado de você do que você de mim. Não tenho lhe escrito mesmo. Lhe escrevi várias cartas que jamais receberam resposta, mas não conto resposta com você, pela incerteza de cartas idas pra Europa. Aliás a sua chegada aí nos States me sossegou extraordinariamente, e não nego que principiei-me vivendo nesta crise, com mais egoísmo por mim que por você. Na última ou na penúltima carta, nem lembro exatamente, lhe contava que já comprara ou ia comprar o sítio de Santo Antônio, aquele um, se lembra? que pertenceu a Fernão Pais de Barros, e tem capela e casa-grande, do século XVII. Pois é meu e vou doar ao Governo. A doação dificultou porque eu queria deixar com obrigação daquilo se transformaria num retiro de artistas, e essas doações dirigidas são dificilmente aceitas e exigem consentimento e decisão do presidente. Os advogados do Serviço do Patrimônio estão estudando o caso, parece que o melhor partido é eu doar só a parte central do sítio (são 14 alqueires) ao Serv. do Patrimônio e fazer do resto uma fundação pra retiro de artistas. Vamos a ver como se resolve o caso. Capela e casa-grande estão sendo restauradas pelo Serviço. Vão ficar quase irreconhecíveis a você, repostas como foram no séc. XVII. Basta lhe dizer que na casa foi reposto o alpendre central e a capela tem alpendre, e a fachada é todinha colorida! Rosa, amarelo e verdes, achados incrustados na madeira. Do alpendre se acharam até paus de sustentação do

---

143 Mário morreu no dia 25 de fevereiro de 1945. Recebi a carta acima cinco dias depois de sua morte. Impossível imaginar a minha impressão. Era sua voz que me falava do além-vida. Ressoava dentro de mim como aquelas pancadas que Fábio Prado ouvia, ao regressar da escuridão silenciosa da morte. O meu coração batia também surdamente, dolorosamente. Sem remédio. [N. A.]

telhado, que estavam jogados por aí. Quando você voltar, teremos um regabofe de prazer lá.

E venha logo, Deus queira. E não lhe falei no Congresso dos escritores, que foi uma belíssima manifestação da inteligência nacional. É só o que posso lhe dizer, o tamanho da carta se acabou. Me escreva, Paulo. Não venha ralhando que não adianta. Prefiro que você diga que está com muito dó de mim, é gostoso e ando pra frente. E Juanita como vai? Um carinho perfeitíssimo pra ela, este seu abraço verdadeiro do

MÁRIO

7.
Cartas a Sérgio Milliet

Às cartas atrás transcritas, achei bom acrescentar algumas que Mário de Andrade enviou a Sérgio Milliet. São também de alto interesse para um estudo mais aprofundado do grande escritor que morreu vítima do seu amor à cultura deste país tão inculto que chega, ainda hoje, a desconhecer e até a renegar os seus maiores valores espirituais.

Quem hoje se lembra de Armando de Sales Oliveira, que fez o Brasil viver o seu último intervalo lúcido, de 1933 a 1937? Quem se lembra de Rui Barbosa, para ser citado sem ser lido como um escritor prolixo e massudo, quando se trata de uma figura que deveria ser estudada e reverenciada por todos os brasileiros alfabetizados, o qual em vida foi chicoteado pela incompreensão e expulso da vida pública todas as vezes em que, por idealismo, tentou nela aprofundar-se? E Mário de Andrade, o grande renovador, cuja memória com frequência se procura poluir ou comprometer, para a tentativa boba de enaltecer alguns ídolos que não podem ser comparados com esse genuíno intelectual de São Paulo e do Brasil, que a política de vistas curtas não hesitou em sacrificar e assassinar com a indiferença da maldade e da cegueira mental?

Vale a pena pois contribuir para que alguns moços de hoje, nos quais se firma a derradeira esperança de recuperação mental do Brasil, possam conhecer melhor e aproveitar as suas lições, as estupendas lições que emanam de sua obra literária e de sua correspondência ainda dispersa na qual vai toda a história da intelectualidade brasileira.

Foi com esse espírito que se estruturou este livro, que é muito menos do seu autor do que do próprio Mário de Andrade, esse grande universitário que nunca fez um curso universitário.

Aí seguem, pois, alguns documentos que poderão muito servir aos jovens que ainda lutam neste país de velhotes espirituais que são justamente o contrário daqueles que, como Mário de Andrade, tombam esmagados na luta, para que continue vivendo mais intenso o seu espírito atormentado gloriosamente atormentado. Aqueles continuam vivos de corpo, mas completamente mortos, definitivamente mortos de espírito, embora ativos na tarefa minúscula de impor à coletividade um lema negativo pelo qual cada brasileiro deverá tomar como exemplo e lição: "Penso, logo não existo"...

Descartes ficaria espantado. Nós, não...

* * *

1923, março ou abril

S. Paulo 18

Sérgio amigo:

Esta vai rápida, para que não perca a mala de amanhã. Dentro de alguns dias escreverei com mais descanso, dando notícias mais descansadas.

Pretendia fazer com que uma carta minha chegasse a Paris quase contigo, mas foi impossível. Por último ainda estive um bom tempo de cama, com mais uma doença. E está nos olhos. Mas estou bom, graças a Deus!

Por aqui: efervescência. Também, como tu, nada tenho escrito de artístico. Faço uma conferência literária para a Kirial.[1] Mas isso não é arte. É conferência.

Última grande novidade: adesão de Amadeu Amaral ao movimento nosso.[2]

Surpresa e dor nos arraiais passadistas. A polícia literária da folha-da-noite está enfurecida... e dolorida.[3]

Guilherme,[4] noivo, desapareceu da existência paulistana. Rubens[5] neurastênico.

Caligaris[6] queixava-se de, por estar sem emprego, e não ter dinheiro no bolso, não ter almoçado nem jantado. Que fez o Aranha?[7] leva-o a um restaurante e oferece-lhe um... aperitivo! Esta é autêntica.

Taci[8] está fazendo poemas cada vez mais malucos e esquisitos. Ele mesmo está horrorizado com a própria evolução.

Eu estou quase passadista. Vou trabalhar num poema metrificado. Só para divertir.

Ainda não li o poema que mandaste. Não tenho saído.[9]

Obrigado pelo Péguy. Ando terrivelmente *miquiado*. Quando o dinheiro sobrar, aproveitar-me-ei de tua amizade.

Um grande abraço

MÁRIO

---

1 Vila Kirial, residência de J. Freitas Vale, que realizava frequentemente reuniões de intelectuais. [N. A.] 2 Não foi adesão, foi compreensão. Amadeu publicou no *Estado*, no momento em que os modernistas eram mais xingados, uma crônica sobre *Pauliceia desvairada*, reconhecendo valor e inteligência no primeiro livro modernista publicado no Brasil. [N. A.] 3 *Folha da Noite* era um dos jornais que mais atacavam os modernos. [N. A.] 4 Guilherme de Almeida. [N. A.] 5 Rubens Borba de Moraes. [N. A.] 6 Poeta grego que viveu em São Paulo, tendo participado da "Semana". [N. A.] 7 José Mariano de Camargo Aranha. [N. A.] 8 Tácito de Almeida. [N. A.] 9 Esta carta e outras são posteriores à "Semana". Mário ainda não escrevia em "brasileiro". [N. A.]

* * *

Sérgio querido

Estou quase a empregar para contigo o refrão de Bilac "Não veio. Não virá mais". Vivemos numa espera cotidiana. Tu, Oswaldo,[10] Tarsila,[11] todos em vésperas de vir. As vésperas se prolongam, como cantochão freirático, e ninguém vem. "Não vieram? Não virão mais." Há uns vinte dias recebi duas cartas tuas. Numa o conto "Futebol". Mas temia que minha resposta cruzasse o destinatário em mar livre. Já agora resolvi escrever esta ainda. Nada ponho nela de importante, para que, em caso de desencontro, não se percam as *importâncias*. Tive ideia de te devolver o conto, com as pequenas observações que, sobre estilo, ele me merece. Fa-lo-ei aqui quando cá estiveres, se o quiseres. Tudo vai bem. Continua no português. Há indícios no que escreves que a falta de traquejo de vez em quando te dificulta a dicção. Nada mais natural. E nem posso propriamente afirmar que isso provenha de falta de uso cotidiano do português. A cada passo, quando escrevo, sinto a dificuldade de me expressar. Tudo depende da maneira com que escreves o francês. Se é com facilidade e rapidez, é porque falta... (A criada bate. Entre. Carta registrada. Teu "Oeil de Boeuf" traduzido. Que coincidência. Vou lê-lo com toda a necessária severidade. O que não impede carinho e admiração), o traquejo de manejar o português. Mas se mesmo em francês sentes dificuldade de expressão literária, então essa dificuldade é mais íntima, de vontade de expressão da *raiva criadora* que, mesmo raiva, se contém e critica — standart de classicismo, creio eu. (Se hesito entre falta de prática e de necessidade interior de

---

[10] Oswald de Andrade. [N. A.] [11] Tarsila do Amaral. [N. A.]

perfeição, ou naturalidade, é porque tua frase portuguesa já é larga, bem jogada e expressiva.)[12]

Agora, adeus, vou a um concerto sinfônico. Escrevo, entre outras coisas *Fräulein* romance. Já está gordo. Acabarei breve... a primeira redação.

MÁRIO

* * *

Pauliceia, 30 de maio de 1923

Querido Sérgio

Recebi ontem o Péguy que me mandaste. Muito obrigado. Deixo para mais tarde a opinião sobre o livro.

Por aqui: novidade de grande interesse, nenhuma. Ronald[13] partiu ontem para o México. Na carta de despedida ainda me disse que nossos nomes "ressoarão nas paredes esculpidas dos palácios astecas". Ronald no México. Tu e Osvaldo[14] em Paris. Aqui: os amigos continuam a ronda dos *cabarets* e dos *rendez-vous*. Estou vendo que vou me afeiçoar também a essa vida brejeira. Senão: fico só. Em parte levado pela educação religiosa que tive (e cuja parte superior e espiritual conservo), em parte pela minha índole própria, jamais pude compreender esse gosto de *faire l'amour* em companhia de amigos. Talvez os meus amigos sejam mais modernos que eu. É isso. Mesmo na *sacanagem* (tu compreendes?) utilizam-se da... simultaneidade. "*Mais moi je suis si romantique!...*"

---

12 Sérgio Milliet ainda não se expressava bem em Português. [N. A.]
13 Ronald de Carvalho. [N. A.]   14 Oswald de Andrade. [N. A.]

Que fazes? falo de arte. Manda-me alguns versos teus. Leste o *Grand Écart* de Cocteau? Meu correspondente está a mangar (tu compreendes?) comigo. Ainda não recebi o livro. Compensação: recebi os poemas de Yvan Goll,[15] com as gentilíssimas dedicatórias. Foi dia de festa para mim. Li *Paris Brennt* dum trago. E o delicioso *Nouvel Orphée*. Sabes já dá grande admiração que tenho por Goll. *Paris Brennt* é qualquer coisa de *étonnant*. Que rapidez segura. Cada linha caía-me na sensação como uma pedra fria, aparelhada. E aos poucos a arquitetura nítida, duma sobriedade primitiva. E daquela máquina sem *fissures*, inteiriça, *je sentais* (eu sentia) sempre que cada pedra guardara no seio a, durante séculos, refletida fecundidade requeimante do Sol. *Pourtant: je n'ai aucune intention de faire de la litterature!* Mas começo a falar por imagens... É que Goll tem qualquer coisa de profundamente humano (*je ne dis pas patriotique*) de inocência íntima — *tu sais? cette clarté etonnée des yeux des enfants...* que, acredito, lhe vem da parte alêm de sua formação. Mas foi do convívio latino que lhe veio esse senso da medida, do convívio francês essa ironia as mais das vezes apenas entremostrada. Por isso: nada sentimental.

Os poemas chegaram-me justamente após ter eu escrito uma crônica para a *Revista do Brasil*, em que dizia este anseio de universalidade que anima os modernistas de quase todo o mundo. Falar nisso: você já reparou a falta absoluta de humanidade que há em João Cocteau? Não cesso de o admirar. Creio mesmo que é uma das maiores *inteligências* da França modernista. Não é certamente um dos maiores corações. *Je divague...*

Que te direi de cá? Brigas continuam inflexíveis. Mas só dum lado. Nós não brigamos. Rimos. Rimos? Sim. Mas...

---

[15] Ivan Goll, casado com Claire Goll, escritora, que fora casada com Rilke. [N. A.]

...je vais... je vais... en ressentant comme um goût de larmes dans la bouche.

Não propriamente de lágrimas. Gosto de cabo de guarda-chuva. Nojo. Des... gosto. Trocadilhos!...

A *Folha da Noite* terrível contra o Menotti. Do Rio recebi duas formidáveis descomponendas. Numa o sujeito pensou que meu estilo era o estilo que usei para caçoar de Martins Fontes na última *KLAXON*! Imagina a esperteza crítica do tipo. Noutra o anônimo, furioso por causa dum artigo meu, chamou-me duma porção de "cretinos", "cabotinos", a lenga-lenga (*tu compreends?*) habitual e terminava dizendo-me pederasta! Já sabia da reputação. Não me surpreendeu. Será a celebridade que se aproxima? Eis-me elevado à turva e apetitosa dúvida que *doira* a reputação de Rimbaud, Verlaine, Shakespeare, Miguel Anjo, Da Vinci... No entanto não tenho absolutamente vontade de recomeçar falcatruas de meninice colegial. Mas qual! Mário, é preciso que principies com os Camaradas a ronda noturna de *cabarets* e *rendez-vous*. Talvez me acostumarei.

Um abraço amigo do

MÁRIO

* * *

São Paulo, 6 de junho de 1923

Querido Sérgio

Esta vai imediatamente após o teu "Volto em julho" que nos deixou estuporados. Depois do espanto inicial uma formidável alegria. Alegria de amigos. Embora de longe e sem muita coragem de o dizer eu tinha essa impressão de que Paris literária e a canzoada de Constantinopla eram muito parecidas.

O Myself de Whitman exasperado até o ridículo. Se queres encontrar meio onde os moços se dedicam *por alguma coisa*, além das próprias vaidades, vem para cá. A luta é talvez mais áspera ainda, pois nos falta o que os franceses têm de sobra: público universal; mas é uma luta por ideias, por uma necessidade... Por uma ilusão? Que importa! é ser iludido, ser infantil. Criança e Poeta. Foi mesmo por isso que pus no meu Carnaval "Poeta-Palhaço, louco, Juiz, criancinha". Somos nós. Vão com esta 200 francos. Compra o que quiseres. Prefiro um só livro. É tudo quanto posso mandar. Estou miquiado. As alunas fogem. Não sei, Sérgio, em que condição estás. Se por acaso precisares desse dinheiro para teu próprio bem-estar, usa dele à tua vontade e sem reserva. É oferta, ridícula pela pequenez, mas de todo sincera, amiga, sem o mínimo laivo de ofensa. Pagarás aqui e quando puderes.

Grande alegria pela tradução de *Oeil de Boeuf*.[16] Estou às tuas ordens para qualquer informação. Já várias vezes pensara em traduzir poemas teus. Duas reservas me impediram até agora: O francês língua universal e minha mania de não traduzir sem *criar*. Esta mania deixa-me reservado para com os amigos. Vou tentar traduzir qualquer coisa tua. Mas sem obrigação nenhuma tua.

Vou breve para a fazenda descansar. Quero ver se dou fim a uma obra que tenho em vista. Muito longo dizer o que é. Verás. Ivan Goll de *Paris Brennt* é um bicho. Pergunta-lhe se uma tradução do poema para o português é coisa que ele me permite. Manda-me a direção dele. Quero agradecer-lhe o presente.

Um forte abraço do

MÁRIO

---

16 Livro de Sérgio Milliet. [N. A.]

"E apesar disso havia um halo no seu chapéu de palha"

Ivan Goll

Mais um!!!
Por duas ou três vezes já Goll me *plagiou*. Também!!! Que fazer?

* * *

Caro Sérgio

Consigo por acaso arranjar mais estes 250 francos. Faze deles o que quiseres. Mas prefiro um livro só. E se os outros francos ainda não foram gastos, soma as duas quantias para uma só compra, se possível. Assim também como a minha oferta da última carta continua de pé. Camaradas.
Recebi teu delicioso poema. Mas *Klaxon* sairá? Desânimo. E este desejo invejoso de ser motorista, garçom, milionário, boi, tudo, menos artista.

MÁRIO

* * *

Pauliceia, 19 de julho

Querido Sérgio

Depois dum mês de férias retomo a vida paulistana. Mais gordo e mais disposto. Sim. Talvez mesmo uma nova reserva dessas forças de ilusão que me permitem dizer de novo: Vou trabalhar. Escreverei. Estudarei... tu sabes.

Apesar disso não trouxe da fazenda novos olhos. Encontro tudo na mesma. Campanha contra nós que continua inexorável. Amigos sem vontade de continuar a tarefa pesadíssima. S. Paulo de cinza. Em todo caso Couto[17] disse: É preciso pensar num novo número de *KLAXON*. Respondi: É preciso. Por enquanto estamos nisso. É já uma esperança e um passo. "É preciso" traz virtualmente a ordem do ser interior. Essência de realidade. Ou realização. *KLAXON* sairá.

Ouvi Pirandello É espantoso. Genial. *Seis personagens* está para o teatro *"tranche de vie"* como Dom Quixote está para os romances da cavalaria. Dentro disso e afora isso um milhão de problemas. Será possível maior sarcasmo, blague e dor? Onde mais século 20 que nessa peça?

E li *Grand Écart*. Inteiro. Duma só vez. Gostei. Divertidíssimo. Mas é livro ruim. Cocteau perde-se. Aquela essência lírica do Potomack onde está? Sei que quis fazer outra coisa. Intenção louvável. Mas fazer outra coisa não significa abandonar o que é poema como dizia Gourmont, que está em toda a obra de arte literária. Em *Grand Écart* falta o poema, livro fagulhante de verve como tudo de Cocteau. Mas não interessa em suas personagens. O que diverte é o espírito de Cocteau. Não viveu ou reviveu coisa nenhuma. É a conversação de Cocteau que nos agrada. O protagonista é azul-claro. Sempre azul-claro. Pálido. Cocteau dá-lhe um sofrimento e engenha-se por nos mostrar esse sofrimento. Mas à força de querer ser sutil foi vazio. Além disso enredo muitas vezes vaudevillesco. Com um pouco de música de Mussager e grande can-can final de Offenbach. Toda gente sairia satisfeita do Teatro. E no gênero de *Grand Écart*, Max Jacob e Salmon têm coisas muito superiores, oh, muito. Até *Bob e Bobette en ménage*. E é livro de muito êxito. Será lindíssimo. E com razão. Será esquecido. Com razão.

---

[17] Antônio Carlos Couto de Barros. [N. A.]

Mas não é livro francês. Quando muito parisiense. *Os Condenados*: 5000 metros acima. Sinto-me cada vez mais satisfeito com o Brasil. E "Le coq et le perroquet"? Doido por lê-lo.
Abraços em ronda aos amigos.
Um teu.

MÁRIO

* * *

São Paulo, 2 de agosto

Meu caro Sérgio

Esta trai a inquietação de não te encontrar, ficar perdida, imóvel, no caminho. Onde estarás quando ela chegar a Paris? Se te cruzar no caminho, ignorarás que uma carta dirigida ao Oswaldo, Comptoir de Comission "L'Americana", levou-te mais 250 francos para outra compra qualquer. Alegrou-me a ideia de possuir um desenho de Léger. Obrigado.
Ivan Goll escreveu-me. Compensações. Mandou-me o *Nouvel Orphée*. Mais compensações. Devo escrever-lhe. Para onde? Traga-me a direção dele. Tenho *Les Cinq Continents*. Como todas as antologias, tem o defeito de não ter um milhão de páginas. Mas porque não tem um milhão de páginas chama-se antologia. É a mais antiga das manifestações dadaístas: são poemas de vários autores, como o abecedário já fora feito antes do lindo poema de Aragon; mas como Aragon pôs o seu nome sob o abecedário, há autores de antologias. Minha antologia teria outros poemas. A tua: outros. Há o coeficiente pessoal que é inútil discutir. E Ivan Goll (seu gesto mais futurista) quis renovar a lenda de Atlas. Suspendeu o mundo na... assinatura.

O livro é o que é. O esforço foi digno. Por ele estimo Ivan Goll. Mas quando o nome Ivan Goll assina *Paris Brennt* (prefiro o original alemão) ou assina *Chaplinade* ou *Gare Montparnasse* eu amo Ivan Goll e sou o bombo em que ele bate.

Gosto dos teus poemas em português. O último que veio de Paris! — sobe em mim uma saudade — é excelente. Traem ainda uma tal ou qual incerteza. É natural. Continua a manejar o português, breve estarás livre dentro dele. Então teremos transposto para a claridade, que também pode ser suave, da nossa língua aquela melancolia rítmica, que é teu dom mais pessoal nos teus poemas franceses. Se quiseres a comparação objetiva: transportas para o movimento das palavras a melancolia rítmica que há na postura dos efebos. Repito: é a tua qualidade mais pessoal. Ontem traduzia o teu "Noel". Não desespero de chegar lá. Ontem desesperei. O poema está todo traduzido. Mas não o mostro ainda a ninguém. Ainda é muito meu, para ser teu. Vou ensaiar-me primeiro noutros poemas teus de mais fácil tradução. A tradução do Gui[18] é esperta. Quase boa. Deixemos de lado os artigos definidos e indefinidos, copiosos demais para o verso português.

Estou cheio de trabalhos. As criações surgem abundantes, sem que as possa realizar. Nascem e morrem, vivendo o tempo das rosas. Lembras-te? As nossas rosas paulistanas. Setembro está pertinho. Refalaremos juntos das minhas rosas. Fui eu que as descobri. Não sei se um Colombo, um Marconi terão orgulho maior que o meu. Um era navegante. Outro cientista. Eu sou poeta; horrivelmente, estragosamente poeta. O diabo distribui os orgulhos conforme o gosto de cada um. Deu-me a mim o orgulho de ter descoberto as rosas paulistanas, e a comoção dos bondes. Se me desse a mim, poeta, o orgulho dum navegante, compreendes, ser-me-ia tão fácil ganhar o céu!...

---

[18] Guilherme de Almeida. [N. A.]

Atualmente escrevo *Fräulein* — romance. É possível que fique no meio, como todas as grandes empreitadas que tomo. Cinematográfico. Mando-te do prefácio (curto) as duas ideias que contém. Por outra: a ideia e a razão.

Ideia: ... Creio pois que o artista deve tirar suas personagens do pensamento e dar-lhes vida e não tirar suas personagens da vida e dar-lhes seu pensamento. A crítica terá de julgar da vida das minhas personagens. Sem dúvida, não negarei que estas tenham sua base na vida, pois nada existe que não venha de sensação reduzida a imagem. Apenas: da fusão dessas imagens o artista apresenta somas que a vida em si não apresenta. A vida são as unidades. As personagens do artista são as somas. As somas são puras abstrações. Não existem em si. O que existe é a quantidade fabulosa de unidade que o mundo apresenta. Agora: às somas irreais, criadas pelo subconsciente e coloridas pela fantasia, o artista tem de, pela comoção que exprime de si, dar de novo vida. Vida que provém do maior ou menor sopro animador que terá. Isto é arte. Isto é minha arte. Minhas personagens portanto não se compararão com as da vida. São bonecos que animei. Resta saber se os animei.

Razão: ... com *Fräulein*[19] pretendi escrever livro calmo, que me conciliasse um pouco com os homens, nessa árdua estrada de insultos e maldades que tenho de percorrer. Com Elsa, Carlos, Luís e um pouco Sousa Costa,[20] reunirei no espelho de minhas criações um pouco dessa existência de acontecimentos pequeninos, nem grandes pensamentos nem trágicos amores, nem misérias e demoníaco orgulho que eu quisera que fosse minha existência sobre a terra.

---

19 Livro de Mário publicado com o título *Amar, verbo intransitivo*. [N. A.]
20 Personagens do mesmo livro. [N. A.]

Voilà.
E um abraço de espera.

MÁRIO

* * *

Meu caro Sérgio

Então de novo a vida parisiense se acumula. Imagino a delícia! Aqui também a vida se enche. Mas não são delícias, são trabalhos. Não faz mal! A vida corre mais rápida assim e os prazeres quando chegam vêm grossos de saudade, intensos, estonteantes. Tivemos o Gui[21] e mulher uns vinte dias. Dei-lhes uma terça-feira que esteve deliciosa. E temos o Couto[22] agora, bem arranjadinho, corrente e... falando palavrões. Até que enfim ele aprendeu a dizer coisas feias. Noutro dia falou "bunda" com uma naturalidade de grande artista dramático. Foi simplesmente sublime.

A rapaziada vai bem. Apronta-te que vais receber uma chuva de quadrinhas. É a única literatura que vai bem com eles agora. Falar em literatura, fiquei triste por não teres compreendido o Manuel.[23] Discordo inteiramente da tua opinião e aliás fui eu que disse ao Manuel que te enviasse as *Poesias*. Se ainda não lhe escreveste, manda-lhe qualquer coisa de amável e fala principalmente dos Sapos e da Rua do Sabão de que confessas gostar. Eu pensei que pudesses apreciar mais o livro. Enganei-me. Tu estás situado no presente francês e eu no presente brasileiro. É por isso que me enganei. Acho os poemas do *Carnaval* magistrais. Mas com efeito a vulgaridade sutil do Manuel

---

21 Guilherme de Almeida. [N. A.] 22 Antônio Carlos Couto de Barros. [N. A.]
23 Manuel Bandeira. [N. A.]

está muito dependente do simbolismo para que o teu natural, e de todos daí, cansaço literário possa ainda vibrar com isso. Há também a questão rítmica que me parece te escapou. No *Ritmo dissoluto* há os versos menos plásticos e mais musicais, envolventes, de todo nosso modernismo. Relê com calma e boa disposição o Soneto, a Noite Morte, a Mata. São coisas positivamente magistrais. Há ainda a questão da tuberculose. Aquele Madrigal melancólico termina com o grito mais lancinante que jamais um poeta tísico soluçou:

O que eu adoro em ti — lastima-me e consola-me!
O que eu adoro em ti é a vida!

Sabes perfeitamente que o interesse, a amizade são meio caminho pra compreensão, talvez por isso eu tenha surpreendido com facilidade toda a grandeza de Manuel no *Carnaval* e no *Ritmo dissoluto*. Não gosto da *Cinza das horas*. Que há defeitos, eu sei. Mas não é o defeito que prejudica uma obra. É a falta de autor. E nas *Poesias* há certamente um poeta que não se confunde com ninguém.

O Couto me deu ontem as tuas *Naturezas mortas*. Podes estar sossegado, estão em boas mãos. Não sei quando as lerei. Quero sossego primeiro. Agora é impossível. Preparo o número de aniversário de *Ariel*. Preparo um artigo sobre Manuel Bandeira. Mandarei os dois. Vou corrigir provas da minha *Escrava*. Preparo uma audição de alunos no Conservatório. Preparo uma conferência sobre música pro Automóvel Clube, com Souza Lima no piano. Preparo uma porrada de coisas e ainda recomeço a escrever a minha *História da música*. Já é trabalhar, não?

Agora notícias. Esta semana damos um almoço ao Piolim na casa do Paulo.[24] Souza Lima triunfando. Graça[25] saiu da Academia. O pessoal do Rio, isto é, só Graça, Ronald, trilada, e

---

24 Paulo Prado. [N. A.]   25 Graça Aranha. [N. A.]

parece que Renato,[26] não sei, resolveram... "pôr o Osvaldo[27] de lado", quem me contou foi o Manuel Bandeira que se ri de lado de tanta pequenez diplomática. O Osvaldo leu o novo romance *Serafim Ponte Grande*. Muito fraco. Muitíssimo inferior às *Memórias sentimentais*. O resto do pessoal nada escreve, completamente brochas e creio que pra todo o sempre. E tu? Não tens escrito. O teu poema Bahia, sairá [no] número de aniversário de *Ariel*. Se a *Estética*, revista modernista do Rio, vingar, mandar-lhe-ei alguns poemas teus. Pediram-me que arranjasse colaboradores... Tens recebido a *Revista do Brasil*? Desejaria que lesses o meu artigo sobre o Osvaldo.

Bem, até logo.

Meu abraço amigo do

MÁRIO

* * *

18 de novembro de 1923

Sérgio amigo, recebo agorinha a tua carta. Pedes-me a "Noite brasileira" pra traduzir. Olha, tenho correto e datilografado este "Caso pançudo" que servirá muito mais pra França. E é do tempo em que eu fazia regionalismo. Mas ainda respondo por ele. Tem naturalmente muita literatura nas descrições, era o cascão da época. Depois é que eu perdi isso. E agora então estou escrevendo brasileiro duma vez. Justifico em artigos sérios tudo o que é justificável psicologicamente, os erros que nós brasileiros fazemos no português das gramáticas de Portugal. É estupendo e saborosíssimo.

---

26 Renato de Almeida. [N. A.]   **27** Oswald de Andrade. [N. A.]

Recebi o teu livro finalmente. Deus te pague. Já o li e reli. Vamos a ver se escrevo qualquer coisa sobre ele. Mas tens de esperar. Ando ocupadíssimo com esses trabalhos importantes.

Fiz dia 14 uma espécie de discurso no Automóvel Clube explicando um programa que o Souza Lima executou na mesma noite. Bem-sucedido. Imagina que na primeira parte havia: Scherzo e Valsa de Chopin, Fox-Trot de Kassel Berton e Polonaise de Chopin! Não é gostoso? Fomos bem e Souza Lima sublime.

Sábado próximo grande baile futurista dado por uns ricaços no Salão Amarelo do Automóvel Clube. As mulheres irão fantasiadas. As decorações do salão, de Lasar Segall. Enfim movimento, vida.

Acabo de receber uma porrada de músicas de Stravinski, Falla, Homeger, Millaud, Satie. Estou contente.

O teu soneto está delicioso. O pessoal vai rir bastante. Pessoal como sempre sem fazer nada. Só eu que trabalho aqui. Luís Aranha tem vertigens quando fala com a gente no telefone.[28] Osvaldo que enfim terminou os negócios, foi descansar um mês na fazenda de Tarsila. Pouco melhorzinho nas pornografias. Rubens comprou um Ford, e acredite que o *chauffeur* dele é bom. Tácito, interrogativo sempre. Ri dos nossos versos. Inteiramente doutor, como toda a gente. Paulo Prado passeando na Marmon. Fomos passar o 15 e 16 (domingo) no Guarujá, ele Marinette, o barão de Schummann (velho coroca e pra divertir a gente), um Juventino Malheiros, companheirão e eu. Delícia. Intensidade. Pletora. Vem pra cá, seu bobo. Manda Paris, essa delícia das delícias, à merda. Vem pra cá trabalhar, ter destino, ser brasileiro, ser futurista, ser revolucionário às escondidas e chasista da Vienense às claras. Não há nada melhor que o Brasil quando se recebem músicas de Stravinski e cartas dos amigos.

---

28 Luís Aranha era promotor em Promissão. [N. A.]

Novidades: Escrevo baladas, baladas brasileiras sobre lendas e fatos históricos nacionais. Virei Uhland ou Goethe, se quiseres. Abraços aos amigos. Um é teu.

MÁRIO

POEMA[29]

Com este calor quem dormiria?...

A escuridão se apinhou em minha rua.
Encapuça a cabeça alemã dos lampiões.

Eu preciso de alguém...
Meus olhos catam a escuridão.
Mas somente o calor a se mexer
Sob a vigilância implacável das estrelas.

Dir-se-ia que os burgueses dormem...

 Casais suados
 Virgens vazias
 Crianças descobertas...
O que mais me comove é pensar nos solteirões!
Os solteirões mastigam o silêncio.
Os solteirões viram de lado,
Ofegando em silvos malcheirosos.
 São sonhos imorais.

---

29 Este poema vinha na última folha da mesma carta de 18 de novembro de 1923. [N. A.]

A noite hesita em ir pra frente.
De repente deitou-se nas hortênsias.

E eu velo.
Eu velo o sono dos burgueses
Condescendentemente.

Mário de Andrade

* * *

São Paulo, 11 de agosto de 1924

Meu querido Sérgio

Um grande abraço e obrigado pelas notícias. Tua carta me encheu de relativa alegria. Relativa porque estes dias de pós-revolução não permitem alegria total. A gente começa a pensar sobre o Brasil, destinos do Brasil, o horror da aventura passada e não há como livrar-se de ideias acabrunhadoras. Não te descrevo nada. Dizem que a censura anda por aí e não quer que se saiba na Europa o que houve. Paciência. Quanto à cidade só te digo que arrasamento não houve. Quem anda pelos nossos lados quase nada percebe. Umas machucaduras pelos Campos Elísios, outros na rua Florêncio de Abreu. Horrível ficou a Mooca.
    Ninguém do nosso grupo se prejudicou, nem se meteu na revolução. Vai tudo bem. Imagino o pensamento trabalhando de vocês quando souberam aí da aventura. Até sorrio pensando no que vocês imaginaram, cabeças de artistas. O prejuízo não foi tanto físico e epidérmico. Mas por dentro, Sérgio, foi um desastre. Vinte, trinta, quantos anos de atraso? Ainda não se pode imaginar bem. E o vexame sobretudo.

Não quero e me ponho a falar de revolução. Agora não falo mais. Olha estou escrevendo umas cartas de Paris para *Ariel* que assinei com um nome francês imaginário. E o sujeito diz que conhece o Souza Lima, Villa-Lobos, tu. Avise os outros, por favor, para que não se assustem. Aliás é brincadeira que não faz mal. Não poderias arranjar com o Souza Lima para que escreva qualquer coisa para *Ariel*? Sem pagar, naturalmente. O estado financeiro da revista é miserável. "Deficit": onze contos.

Tomei a direção da revista, porque o Sá Pereira não tinha coragem para piorá-la, torná-la acessível a este público bunda do Brasil. Pois eu pioro? disse. Fiz revista informativa, mais variada, sem artigos pesados, cheia de notícias idiotas e elogio todo o mundo. Compreendes: só são meus os elogios assinados. O resto vai por conta da direção da revista. Vamos ver se a diaba vive. Também se nem assim conseguir nada, estou disposto, a me naturalizar chinês ou, está aí uma ideia original: naturalizo-me lapão. E o Villa?[30] Por que não me escreve? E Anita?[31] O que todos vocês me dizem sobre ela me horroriza. Estará perdida mesmo? Ainda conservo uma esperança.

5 horas: Vienense. Rubens, três Vicente, Cendrars, Paulito, Taci.[32] Não sei do Osvaldo há mais de mês. Tarsila vi ontem. Andaram pela fazenda, fugidos. Parte para Paris nestes quinze dias. O Rubens deixou definitivamente a *Revista do Brasil*. Não sei o que anda por lá e muito menos ele. O pior é que me levou um artigo por 50$000 e estes não vieram nem virão mais. Esta gente leviana e que arranja dinheiro com avós e sinecuras não sabe nem se incomoda com as necessidades dos outros. São uns merdas duns egoístas, isso é que são. Paulo[33] incluído.

---

30 Heitor Villa-Lobos. [N. A.] **31** Anita Malfatti. [N. A.] **32** Rubens Borba de Moraes, Vicente de Paula Vicente de Azevedo, Blaise Cendrars, Paulo Nogueira Filho, Tácito de Almeida. [N. A.] **33** Paulo Prado. [N. A.]

E tu, quando vens? Que fazes? De versos, nada? E *L'Oeil de Boeuf*? Eu protesto energicamente porque faço questão de ter o livro. Aparecem revistas modernas em Minas e no Rio. Queres mandar alguma coisa? Encarrego-me de publicar. Mesmo sem tua licença, vou desfalcar o que é teu e está comigo, para o primeiro número de *Moto* de Juiz de Fora. Se te zangas com isso, escreve. Espero deliberação tua para continuar o saque.

Memórias sentimentais[34] publicadas. É uma delícia. Escrevi longo artigo sobre eles. Quando sair, irá ver-te.

E *ciao*. Ando apressado.

Repito o abraço do começo

MÁRIO

* * *

10 de dezembro de 1924

Sérgio amigo, aqui vai resposta a uma carta tua de 5 de novembro, tão carregadinha de assuntos, puxa, que nem sei se dou resposta a todos. Vou lendo a tua e respondendo. Fazes muito bem em escrever brasileiro. Os benefícios são enormes, Sérgio. Principais: A França, como as outras grandes civilizações europeias que vieram da Renascença, está num fim de civilização, fim de raça, fim de progresso, decadência que se manifesta principalmente por uma perfeição subtilíssima, educadíssima e fraca. Falta força, falta virilidade, falta franqueza, falta amor. FALTA AR! Olha o próprio modernismo. Coisas de capela, coisas de maçonaria, enigmáticas, neoclassicismo, surrealismo, regrinhas, parnasianismo mascarado, como tu mesmo reconheces na tua carta. O que se nota principalmente, Sérgio, é isto: Uma

---

34 *Memórias sentimentais de João Miramar*, de Oswald de Andrade. [N. A.]

grande, infinda, dolorosa perplexidade. Ninguém sabe pra onde ir. Querem caminhar pra frente mas ninguém sabe onde está a frente porque tudo foi destruído e no meio de ruínas iguais não se percebe de que lado estão o Norte e Sul. Dessa perplexidade horrível exemplo característico é Cocteau, o cata-vento-mor e historicamente talvez o tipo mais representativo da arte francesa contemporânea. Não nego os benefícios que o modernismo francês e europeu trouxe pra arte do universo. Questão de velha experiência cujo exemplo nos repôs na liberdade sincera atual. Também é só isso. Agora livres, pelo exemplo dos europeus, vamos seguir o nosso caminho que é todo diverso do da Europa desinteressante. Essa gente d'aí afinal nada mais fez que desenvolver o lema do século 19, arte pela arte, e nisso está, nisso caiu. Gênero de elite refinada, gasta, silenciosa, sem coragem, pessimista, civilização morta. Afinal a franqueza, a naturalidade, a liberdade não existiu na Europa senão mascarada. Confesso-te: a Europa com todos os seus atrativos e artes refinadíssimos não me causa agora senão um grande fastio, uma fadiga e um bocejo. Não aturo modernista nem de França nem de Alemanha. Foi tudo um sonho mirabolante de ópio, um atordoamento de cocaína e éter. Passou o sonho e o atordoamento. Em seguida que vem? Já se sabe: o estômago em mal-estar, náusea, cansaço, horror. A humanidade não tinha mais por onde progredir. Recomeçou de novo. Nós hoje estamos num período caótico, período de povo, período de selvagens, de primitivos. Só os oligarcas vencem. Depois são assassinados, expulsos e substituídos por outros oligarcas. Regime da tirania da força física ou intelectual. Um homem corajoso na frente. E a manada atrás, cega, carneiro, cabeça baixa, obedecendo. Olha a Rússia, a Alemanha, a Itália, a Espanha. O mundo está nesse período de descivilização. Nem cultura nem filosofias. Período selvagem de crença pura, de fé, de crendice, de esperança. As artes pra interessarem têm de se tornar impúrias. Têm de interessar por coisas relativas à vida, ao homem, à terra. Nada de arte pela arte, pessimismo diletante, estilo requintado. A arte dos períodos primitivos é sempre arte interessada, religiosa num sentido geral. Quero dizer: arte que fale de amor, de fada, de pátria, de família, de Deus. Arte que seja arte não vale mais nada e nos cansa. É preciso uma arte ingênua, franca, boba, virgem, que seja Deus, que seja pátria, família etc., coisas da vida que preocupam. Arte comestível que encha barriga. Aí na França não tens nada a fazer porque o fundo Costa e Silva que subsiste em ti não te permite a sujeição às escolinhas, às capelas. Aí se entrares em capela tenho certeza que serás vitoriado. Pela capela. Só então poderás subir dela pra uma situação mais geral por meio... de concessões tuas e diplomacia. É o caso de Cocteau e muitos outros. E isso há de ser mortalmente doloroso pra quem como tu tem a mata virgem atrás da casa e está cheirando caju-do-campo. Mas a capela é degrau absolutamente necessário pra quem quer subir aí na França e na Europa. Aqui é diferente. Não há capelas. Há brigas. Há insulto. Calúnia. E o modernismo teve solução. A perplexidade daí não existe aqui porque um problema resolveu todas as estações. Problema atual. Problema de ser alguma coisa. E só se pode ser, sendo nacional. Nós temos o problema atual, nacional, moralizante, humano de abrasileirar o Brasil. Problema atual, modernismo, repara bem, porque hoje só valem artes nacionais. O francês é cada vez mais francês, o russo cada vez mais russo. E é por isso que têm uma função no universo, e interessam, humanamente falando. Nós só seremos universais o dia em que o coeficiente brasileiro nosso concorrer pra riqueza universal. Isso preguei senvergonhamente no meu "Noturno de Belo Horizonte" e vivo a dizer em quanta carta escrevo e conversa que converso. E o problema ainda é atual porque damos um destino interessado à nossa arte e nos livramos da arte pela arte, de Des Esseintes, de Dorian Gray. Aqui no Brasil tens o teu posto e o teu destino. O homem só é feliz no dia em que atinge o seu posto e realiza o seu destino.

Essa história dos que atacam a literatura e são literatíssimos é muito cômica. Eu já observara isso quando o Cendrars esteve aqui. Homem *pourri* de literatura e que vive a maldizer dela. O defeito pegou. Anteontem ainda, Rubens caçoava de mim e do Couto porque no corso conversávamos literatura. Esse ódio à literatura tem sua razão de ser desde que se queira falar da literatura literatice, arte de escrever bonito pra inglês ver. Mas esta gente passou essa justiça pra um modo de ver geral. Isso se explica. São sujeitos muitas vezes sem coragem pra lutar. Começam uma coisa e não têm coragem pra continuá-la por falta de paciência, falta de querer se sacrificar, falta de estudos e infecundidade e perplexidade. Cendrars que dizia e não cumpria, cheio de fachadas e de lembranças, fez mais mal aqui do que bem. A culpa não é tanto dele. É da feminilidade da nossa gente. Se entregaram e vivem agora a imitá-lo. Os fortes não. Veja o Couto que continua calmo na sua rota sem se importar com ninguém. Veja Tarsila que resolveu o problema dela e vai indo pra frente. Mas o Rubens por exemplo está se perdendo. O Osvaldo também que caiu em admiração idiota por tudo quanto é brasileiro e vive a se insurgir contra a erudição e pregando analfabetismo. É uma pena. Eu, ninguém precisou de me vir dizer que o Brasil era interessante. E não tenho vergonha de afirmar, de escrever letras, de estudar e de me apoiar na lição dos maiores. Vou calmo e vou feliz, graças a Deus!

O Villa[35] chegou ontem aqui em São Paulo. Ainda não o vi. O Osvaldo[36] está em Paris. Já o viste? Acho que vocês são um pouco injustos com Anita.[37] Ela me mandou um desenho excelente e os croquis de várias composições novas. Excelentemente bem construídos.

---

35 Villa-Lobos. [N. A.] 36 Oswald de Andrade. [N. A.]
37 Anita Malfatti. [N. A.]

Vamos ter uns dias interessantes. Eu principalmente. Hoje curso sobre Dante em casa de dona Olívia, por um italiano inteligentíssimo. Sociedade deliciosa, escolhida a dedo, sem freitasvalismo. Com o Villa havemos de pandegar à larga. Houve aqui, 7 e 8, um admirável concurso de crianças pianistas. Júri: Oscar Guanabarino!!! Antonietta Rudgee Miller, Souza Lima, Sá Pereira e eu. Foi uma delícia de dias. Discussões, paixões, lutas, descompostura no júri, já se sabe. Divertimo-nos. Piolim cada vez mais sublime. Fui lá sábado com d. Olívia, as filhas e maridos, Thiollier e mulher. Estupendo. Piolim fez uma declaração de amor simplesmente genial. Concordaram todos em dizer que ele é superior aos Fratellini. É também opinião do Couto e do Paulo Prado. Este não vejo há duas semanas. Não pude ir almoçar com ele domingo. Que mais? Rimos muito com o teu soneto. Ronald no Peru. Graça fazendo merdices. Que arara e que pretensioso! Eu corrigindo provas da *Escrava*. Que livro francês estás publicando, heim? *Le Coc et l'Arlequin?*

E até logo. Estou cansado e de repente me deu uma pressa de ir tomar banho. Um abraço certo

MÁRIO

* * *

(1925)

Sérgio caro,

bom dia. Aqui vai a "Noite brasileira". Em português chamo o conto de Brasília.[38] Mas pra tradução acho melhor o "Noite brasileira". Tem dois ou três passos que acho quase impossível

---

38 Publicado em *Primeiro andar*. [N. A.]

traduzir. O caso do professor ensinando o rapaz a pronunciar "não". Perderia o sabor em francês. Corte isso é melhor. Enfim deixo tudo à discrição de você. Faça o que quiser e como quiser. Esse conto era dedicado pra você, creio que você sabe disso. Depois tirei a dedicatória porque ele deve sair num livro de contos passadistas e a razão principal é que comecei a achar que você merecia coisa de mais importância. Creio que você já sabe o quanto gosto da sua arte e a admiro. É natural que eu procure homenagear melhor não o amigo, mas o artista. Pro amigo tudo é prova de amizade e o conto servia. Mas em você pra mim além do amigo tem o artista. Por isso espero melhor ocasião.

Acabo de receber agorinha mesmo uma telefonada da tipografia Paulista me dizendo que a *Escrava que não é Isaura* está pronta. Por isso não te escrevo muito. Vou me vestir e buscar o livro. Estou um pouco agitado, é natural. Por estes dias mando o livro pra vocês todos. Ah... gostei muito dos versos que me mandaste. Essa invenção pau-brasil do nosso Osvaldo é uma espécie de futurismo do Marinetti. Toda a gente está lá dentro. Eu também que já tinha escrito o "Carnaval carioca", os "Poemas de Campos do Jordão", aquela "Noite de S. Pedro" e uma porrada de poemas no gênero dessa "Noite", ele diz que sou um precursor. É uma escola que tem uma infinidade de precursores e um só discípulo. Mas eu que tenho birra do São--João-Batistismo poético me incorporei na escola. Passei de precursor a discípulo, se é que é ser discípulo dele continuar no que eu vinha fazendo na minha natural evolução. A *Escrava* me ficou em 2:000$000. Estou crivado de dívidas.

MÁRIO

* * *

Rio de Janeiro, 20 de janeiro de 1937[39]

Sérgio

Não tenho podido trabalhar na parte do Regulamento[40] que me compete.
Mais por preguiça que por enfermidade. Não melhorei nem piorei até agora, estou na mesma, apesar de nenhum exagero ou extravagância.
Não melhorei dos ouvidos, bem entendido, porque do resto estou perfeitamente bem-disposto.[41] Estou sentindo vagamente que este descanso ou necessidade de descanso que os médicos querem me infringir, é uma das muitas falcatruas com que a medicina se disfarça de não saber e não poder adivinhar. Se com mais dois ou três dias de sol, os ouvidos continuarem como estão (e estavam) me parto pra S. Paulo no dia 30 e reassumirei meu posto no dia 1º de fevereiro. Suspenda o Regulamento portanto até minha chegada, e diga a Oneida[42] que não mande os discos de forma nenhuma.
Um abraço do

MÁRIO

* * *

---

39 Cessara a correspondência por doze anos, com o regresso de Sérgio Milliet ao Brasil. Esta carta já é a era Departamento de Cultura. [N. A.]
40 Regulamento do Departamento de Cultura. [N. A.]   **41** Mário, ainda antes de 1937, tivera um período mais ou menos longo de surdez. Quando fui convidá-lo para ser diretor do Departamento de Cultura, logo na porta de sua casa, perguntei: "— Como vai?". Ele respondeu: "— Beethoven!...". [N. A.]
42 Oneyda Alvarenga, chefe da seção de Discoteca. [N. A.]

Rio de Janeiro, 24 de março de 1938

Sérgio

Recebi carta e os Sambas.
Estive ontem com o Arthur Ramos que aceitou a proposta e vai escrever a você nesse sentido. Fará as conferências na última semana de abril. A hospedagem será paga pelas verbas ad hoc de Turismo. Os três contos das três conferências escritas, bem como o conto de réis da conferência do Cassiano Ricardo serão pagos pelos cem contos da verba pro Festejos Abolição. O Florence ficou com um ofício meu convidando nem me lembro quem pra Conferência sobre "Abolicionistas Paulistas". De graça. O homem aceitou? Se não, haverá que providenciar sobre, pois acho impossível à série de conferências e o número da *Revista*[43] ficarem sem esse assunto, não acha mesmo? Mas creio que com Artur Ramos, Simonsen (este também pertence ao ciclo das conferências) Lowrie, o lírico Cassiano, o Calmon (só artigo) os "Abolicionistas Paulistas", faremos um número batuta da *Revista*.[44]

[43] *Revista do Arquivo*. [N. A.] [44] As comemorações do cinquentenário da abolição da escravatura no Brasil constituíram o derradeiro projeto de MA à frente do Departamento de Cultura. As despesas autorizadas pelo prefeito Fábio Prado, em ofício expedido pelo diretor em 14 de fevereiro de 1938, abrangiam não apenas cinco conferências a respeito do "Negro no Brasil", a serem publicadas em número especial da *Revista do Arquivo*, mas também "uma reconstituição dos grandes cortejos tradicionais de coroação dos reis do Congo" e "pequenas comemorações íntimas, nos parques infantis, na Biblioteca Infantil, e concertos especializados sobre Música Negra, na Discoteca Pública e na Seção de Teatros, Cinemas e Salas de Concertos" (ver Mário de Andrade, *Me esqueci completamente de mim, sou um departamento de cultura*, op. cit., pp. 203-4). Iniciados em 28 de abril daquele ano, os festejos municipais sofreram modificações após o afastamento de Fábio Prado da prefeitura, em 3 de maio, e do subsequente pedido de demissão, por MA, do cargo de diretor, apenas uma semana depois. Para mais informações a esse respeito, ver Angela Teodoro Grillo, "Uma história recuperada: O volume 13 das Obras Completas de Mário de Andrade", em Mário de Andrade, *Aspectos do folclore brasileiro*, op. cit., pp. 15-8.

Achava bom, agora que o ciclo de conferências está determinado, dar uma notícia bem retumbantinha nos jornais, "que tal", como dizem os gaúchos?

Ainda não me avistei com o Roquette-Pinto, pra tratar do homem que ele me propôs pra substituí-lo. Não tive tempo saudável pra isso. — Anteontem consegui dormir umas quatro horas já — o que me fez passar o dia de ontem mais em dia comigo mesmo mas um sustinho que levei de tarde (telefonema de casa) ou quem sabe o quê? me fez passar esta noite quase sem sono.

E é só. Tempo amável. Estou aprendendo a sair sem chapéu na rua. Desonra um pouco mas sinto que ficarei me acostumando, heil bagunça!

Ciao com abraço

MÁRIO

* * *

Rio de Janeiro, 28 de março de 1938

Sérgio

Recebi sua carta. Como dia 6 é feriado irei provavelmente a 7 e não a 5 como já avisei, pra ter dois dias úteis aí.

Confesso que fiquei meio sarapantado, pra não dizer meio estomagado, de vocês (quem? você? o Paulo?)[45] terem já descoberto a minha vaga de 3º escriturário na Divisão de Expansão Cultural e quererem preenchê-la já. Aliás falei, é verdade, com o Paulo a respeito dessa vaga. Não posso negar os valores da pessoa que você me propõe, mas estou, estava com ideias

---

45 Paulo Duarte. [N. A.]

de promover funcionário meu, não era justo? Me deram funcionários que não falam francês nem italiano, (o que é ótimo) mas funcionários de uma dedicação esplêndida. Tanto o Miguel como a d. Ruth são assim: medíocres como cultura, mas não hesitando diante do menor sacrifício pra trabalhar em proveito do serviço e serem fiéis. Além disso sei das condições financeiras mais que precárias do Miguel. Ora ele só tem notas ótimas. Acho pois que há toda possibilidade de promovê-lo, coroando assim uma esplêndida dedicação. Depois sim: poder-se-ia até propor logo antecipadamente a ele essa promoção sob condição de depois trocar os dois funcionários, ele por essa funcionária do francês e italiano. Se quiser dar passos nesse sentido pode desde já. Ou esperar, se quiser. Mas sempre nesse sentido. Quanto a d. Ruth, resolvido o caso de Maria da Glória (espero que esteja), fica ela com cargo próprio e d. Ruth pode ser proposta como Auxiliar da Div. de Exp. Cult., o que lhe renderá mais 200$000. Sobre isso já avisei Maria da Glória.

Quanto ao caso Rossini Guarnieri, ninguém mais do que eu (a não ser ele...) já pensara em engajá-lo de qualquer forma no D. C. Sei da situação precária dele e que é inteligente. Nada mais tem aliás e é de saúde precária. Bom. Pra esse mesmo cargo de que você fala já pensara nele. Recusara por honestidade *doentia*. Você já deve saber: a gente bota as suas honestidades onde quer, e se ponho a minha pra certos lados, dou toda a minha palavra que não considerarei desonesto quem proponha o Rossini pro cargo em questão. Eu é que não poderia propor nem em consciência aprovar. As razões são óbvias. Nada sabe de folclore nem tem a menor prática de pesquisa no popular. Mas isso com pouco tempo de leitura (que orientarei) e de prática ele sanará. Mas fiz um curso prático de etnografia e folclore, cujos estudantes, com exceção do Saia,[46]

[46] Luís Saia. [N. A.]

ainda não foram aproveitados. Aproveitar um de fora?... Mas veja, Sérgio. Não faço a menor força contra, a menoríssima. E, em coração, aprovo ajeitar-se o rapaz. Se você quiser, por si mesmo, propor e nomear o rapaz (afinal das contas ele pertence à sua Div.), ficarei absolutamente sem a menor reserva nem ressentimento, em coração aprovando. É um pilatismo, dirão os infinitamente pobres da inteligência lógica europeia. Chamem como chamem, sei que não é pilatismo pra minha inteligência paralógica de oriental. Uma vez falei que "sou um tupi tangendo um alaúde". Só o alaúde é que está errado. Tupi, primário e primitivo é certo que sou. Mas o instrumento que eu tanjo não é alaúde, que afinal, em seu desenvolvimento e fixação, é instrumento europeu — o instrumento que eu tanjo é algum daqueles sutilíssimos instrumentos da Ásia grande sábia, a Nina, o King, qualquer desses que moviam mundos sutis pra Lau-Tsen, e principalmente pros mestres de chá japoneses. Nomeie o homem, e eu de cá, me rindo. Aliás, me sorrindo.
    Até breve.

MÁRIO

Por favor, diga ao Rubens que recebi os cursos de biblioteconomia mas que ele não me mandou a cópia da lei bibliotecária que pedi. Obrigado.

MÁRIO

* * *

Rio de Janeiro, 3 de novembro de 1938

Olha, Sérgio, não sei se já falei, quando foi do seu outro romance que você me deu pra opinar, antes da publicação, não sei se já lhe falei com toda a asperidade de amigo, o que penso da literatura de você. E sempre me fica um remorso de não ser inteiramente amigo, como gosto. Aqui vai a opinião com um máximo de brutalidade, que o comentário em seguida, igualmente sincero, adornará de maior perfeição.

Você é exatamente o tipo do que, em esporte, a gente chama de reserva do primeiro time. Um tempo andei pensando que você era elemento do segundo time, ótimo, mas no segundo time, porém depois pensei melhor, com mais frieza de exatidão, mesmo porque sentia vagamente que pensar você segundo time era injustiça. E era mesmo, sem que nesta minha mudança, ou melhor, concerto de opinião, entre a mínima parcela do afeto de amizade que é muito grande, nem a enorme admiração que tenho pelos seus dotes de trabalho, de poder de organizar e dirigir as coisas. Não, você positivamente não é segundo time, está no primeiro. Mas como reserva.

Quero dizer: Há em você uma estranha incapacidade pra criar a coisa marcante, a coisa que, mesmo quando não abre caminho, faz prosélitos. Isto não quer dizer que você seja um originalíssimo, um inaferrável, enfim uma espécie de "fauve" solitário. Não, você não é nada disso e está bem dentro da nossa corrente geral de literatura. Mas há uma incapacidade qualquer em você pra, ou pelo tratamento do material, ou pela invenção dos assuntos, ser o que, como material, é por exemplo um Machado de Assis, ou, como temática, é um Raul Pompeia ou Lins do Rego. A palavra mesmo bem fiel que exprime o que eu penso é "marcar": você não marca, você não faz obras marcantes. Está claro que "marcar" de forma alguma implica sempre maior perfeição. Pelo contrário, no geral os Shakespeare, os Da Vinci, os Beethoven de todas as artes são muito mais imperfeitos que... as reservas. É muito raro, e quase sempre francês... a gente encontrar obra que seja marcante e ao mesmo tempo exemplo de perfeição, como La Fontaine, Racine, Cézanne (e assim mesmo...) Bach.

O que é um reserva de primeiro time? Não é um Leônidas, um Friedenreich marcantíssimos, mas irregulares, e que lá vem sempre um dia em que jogam mal, e não jogam nunca sem fazer alguma besteira. O reserva é o jogador excelente e que em qualquer circunstância, com chuva ou sol nos olhos, campo pesado ou juiz gatuno, joga sempre muito bem; não há como ele pra substituir na certa os potros demasiados sensíveis. E por isso irregulares.

Aquele dia que lhe disse ir começar a leitura do seu livro, circunstâncias, que não vêm ao caso, me impediram de fazer o prometido. Foi apenas um início de leitura que não mais retomei por excesso de preocupações nestes dias em que estou estudando essa desnorteante Renascença pros meus alunos. Mas hoje, sábado, principiei de-manhã a leitura, repeguei o livro[47] depois duma pequena ida ao meu Instituto e não pude parar mais, são quinze e meia e acabei de ler. O livro é ótimo. Uma prova que me empolgou está nas notas que tomei. No princípio com muita atenção, págs. 1, 2, 5, 12, 16, 17, 22, depois já não achei nada até a pg. 28, e então foi a corrida final, só na pg. 74 me lembrei de novo de analisar o escrito.

Gostei muito dos dois personagens femininos, apesar de menos analisados que o Fernando, estão muito palpáveis, muito explicáveis, muito humanos. Ah, não será por ventura do tom autobiográfico dos seus livros, da análise antiartisticamente muito sincera que você faz dum Roberto ou dum Fernando, justamente a tal ou qual mornidão, a como que espécie de falta de realidade, ou pelo menos de vigor do real, destes seus personagens masculinos? Você decerto conhece a anedota francesa do escritor realista, não me lembro se Maupassant, que copiou num romance, sem tirar nem pôr, um diálogo escutado, diálogo este que foi justamente censurado pela

---

47 *Duas cartas no meu destino*, Guaíra, 1941. [N. A.]

crítica por falta de realidade. Da mesma forma que o Roberto,[48] o seu Fernando chega a ser virulentamente autobiográfico e nesse sentido o livro tem um sabor de intriga de que muita gente vai se aproveitar pra comentários discretamente sussurrados entre movimentos de comiseração de cabeça, é pau isso. Não me importo, Sérgio, nem estou perguntando, se se trata ou não de autobiografia; mas há incontestável um sabor de autobiografia danado. Ora essa transcrição de si mesmo leva sempre a um tal ou qual cinzentismo, a uma desvigoração natural em arte, que, mesmo quando está fazendo análise, está fazendo uma síntese. Por exemplo: dois caracteres marcantes do Fernando deste livro são o egoísmo e a abulia. Se trata positivamente, no livro, de um indivíduo muito sem vontade, ou melhor, sem a coragem das próprias vontades. O dualismo do Roberto se acentua neste livro de agora, num caso muito mais grave: o da legalização sacral do casamento, a que até os comunistas de alguma forma voltaram. Fernando se desespera abulicamente entre o burguesinho e o lírico que traz em si. Mas a luta não chega a um esplendor de psicologia. Há abulia mas esta não vem sintetizada em frases essenciais. Há egoísmo, você chega a pronunciar esta palavra, mas a natural contemplatividade com que todos nós nos observamos complacentemente em nossas vidas não permite a você salientar com vigor o que há de odioso no egoísmo. Há cinismo, palavra que você mesmo pronuncia, mas você também aqui não salienta a indecência do cinismo de natureza psicológica. Mesmo porque, meu Deus! ele não é de-fato indecente na psicologia de cada um, é apenas, em cada um, a mesma fatalidade da unha que a gente corta mas torna a crescer e carece cortar outra vez. Agora: o livro reverte sempre a um universal, a obra-de--arte é sempre uma síntese neste sentido. E é neste sentido,

---

[48] *Roberto*, publicado em 1935. [N. A.]

que a obra-de-arte mais imoral, mais porca, mais indecente, é sempre moral, é sempre limpa, é sempre decente. A contradição intrínseca que me parece peculiar aos seus romances, e enfraquece o vigor dos personagens principais deles, é essa. Na análise dos outros seres, por isso mesmo que eles não são você, você os sintetiza com maior vigor de realidade universal, ao passo que nos seus personagens masculinos principais, você nunca os universaliza suficientemente pra que fiquem no primeiro plano necessário. Talvez haja um bocado de masoquismo na odiosidade que você deu a Fernando, mas Fernando não chega a ser vigorosamente odioso pra que a gente tenha vontade de matar ele. Não se chega a tomar partido por esplendor, isto é, por sensação estética. Só tomará partido o moralista que, depois de lido o livro, ou no entremeio das leituras, pra refletir sobre morais, e então verifica dogmaticamente: que canalhinha, puxa! devemos isolá-lo da *SUCIEDADE*! — Agora: suponhamos que você não queira dar ao seu personagem essa dominante de ruindade, mas apenas de abulia digna de comiseração. Era então a luta entre o anjo e o demônio, a incapacidade de domínio sobre um destes que você tinha de focalizar com mais luz no seu Fernando. Não terá você querido ser sincero com a vida, em vez de o ser com a arte, que é o que você estava fazendo?...

Bem, mas este tal ou qual cinzentismo do personagem principal não impede absolutamente que ele viva no livro, está claro. E viva bem. O livro está impregnante, e você soube muito bem dosar o interesse e o equilíbrio das partes, apenas de leve acenando pra alguma coisa extraordinária que vai suceder e que a gente fica esperando sem impaciência. Quando vem a anedota, a positivamente anedota do fim, é uma delícia. Depois, a gente pensando, fica com um pouco de raiva, da anedota, pelo lado moralista que ela tem sem querer. Parece mesmo um castigo pro Fernando, em que a gente não pode pensar sem sorrir satisfeito. Esse safado estava gozando duas mulheres interessantes, bem feito. Mas o fato é que a anedota chega no ponto e é absolutamente inesperada.

Assim: penso que absolutamente você não deve duvidar do valor do seu livro, ele é excelente por muitas razões; e o senão, não conceptivo, mas de realização que apontei não é em nada tão grosso que impeça o valor do livro. Que deve ser publicado. Tem maior unidade que o *Roberto*. Ia dizer que este é mais divertido em sua maior variedade de situações, mas nem isso posso dizer por mim, pois que este me empolgou.

Tomei a liberdade de ir corrigindo no correr da leitura os erros notórios de datilografia. Agora passo em revista as poucas notas que tomei e que preciso consultar você sobre:

p. 1 — "Hoje *em dia* as cenas todas se recortam nitidamente em minha memória. Com um relevo que me parece até SENTIR dentro da cabeça." — Não me parece que seja esse o momento de aplicar o "hoje em dia" que neste caso me parece um galicismo inútil. Você quer exatamente dizer que agora, atualmente, "hoje" as cenas etc. Há uma subtileza de sentido no "hoje em dia" da nossa língua, pela qual a atualidade a que ele corresponde significa "época", a "atualidade". "Hoje em dia" abrange pois uma quantidade qualitativa de tempo, que não implica apenas o passar do tempo, (no seu caso o descoramento fatal com que os fatos se enfraquecem em nossa memória) mas uma transformação radical de caráter de uma face pra outra. "Em criança eu chorava diante da morte, *hoje em dia* ela apenas me faz sorrir." "No romantismo os homens é que desfloravam as mulheres, mas *hoje em dia* elas é que desfloram os homens." "Você não imagina como eu sofri com isso ontem, mas *hoje* estou mais consolado." "Há dois anos que busco uma consolação, mas *hoje* desisti de quaisquer consolos." Na segunda frase citada, você põe "sentir" onde eu escreveria "senti-lo", o relevo. Fica mais claro, de maior facilidade de compressão imediata. Consulte o Léo[49] que sabe muito mais destas coisas que eu.

p. 2 — "Ninguém melhor DO que ela pra colocar ventosas. E a vaidade de LHE ouvir elogiarem os predicados..." Eu evitaria o "do" que me parece inútil pro ritmo da frase. E na segunda frase mudava o "lhe" de posição. "E a vaidade de ouvir lhe elogiarem os predicados compensava-lhe as noites passadas em claro."

p. 5 — "Você compreende QUANTO essa exibição involuntária da doente querida a estranhos comporta de diminuição, de humilhação, é A PALAVRA, para o amante". Eu poria "Você compreende O quanto essa exibição etc.". E não consigo entender o que é "é a palavra", do fim da frase.

p. 12 — "As confidências tinham aproximando-nos mais." Positivamente não. Ou "as confidências nos tinham aproximado mais" à portuguesa, ou "as confidências tinham nos aproximado mais" à brasileira.

p. 16 — "Como eu sinto, longe de SI, esse seu drama". É "longe de VOCÊ" que se deverá dizer em boa linguagem.

p. 17 — Numa das vezes em que você persegue ou imagina perseguir a amazona, você comenta: "O segundo de indecisão que me reteve foi *bastante para não descobri-la* de novo. Podia ter tomado um bonde, entrado nalgum ARMAZÉM". Você não acha que há uma tal ou qual impropriedade em fazer uma "amazona" a quem se persegue *liricamente* entrar num *armazém*? Fica pau,

---

49 Léo Vaz. [N. A.]

assim. A não ser que se queira tirar justo um efeito de contraste (e não é o caso), há que ter sempre em conta a gradação de valor lírico das palavras. Porque entrar num armazém, e não numa loja, numa casa de modas, numa casa de chá? ou "entrado em qualquer parte". Também na primeira frase do citado percebo agora uma leve impropriedade, preferiria "foi bastante pra que eu não a descobrisse de novo".

p. 17 — "Desde sempre se lamentam sobre o número dois aqueles que SABEM, meu Deus, dentre os teus filhos." É exatamente assim esse verso de Werfel?

p. 22 — "Quis beijá-la e ela virou o rosto de modo a entregar-me a fronte descoberta." É "a fronte" ou "a nuca" que você quer dizer?

p. 28 — A última frase do cap. X acaba textualmente assim: "Mas era uma luta desigual essa em que a todas as armas da outra só podia opor seu encanto sexual, sua fatalidade, seu E fica nisso, arre, que até é pornografia, mas da grossa!". "Seu" o quê?

p. 74 — "... em tudo isso eu só vejo, só sinto, só penso em Ana Maria." Há exemplos, ou melhor, cochilos desses nos maiores clássicos, mas não será preferível escrever bem certinhamente: "em tudo isso eu só vejo, só sinto Ana Maria, só penso nela". Ou, com coragem mais brasileira: "em tudo isso eu só vejo, só sinto, só imagino Ana Maria".

E mais não cheirei. A carta em que você me mandava o original não é bem explícita e careço duns esclarecimentos. Você diz "Se você achar que vale a pena publicar, mas que vale mesmo (acho) dê para a *Revista do Brasil*, ou melhor, converse somente com o José Olympio e devolva o papelório para o retoque final". Não sei bem o que você quer desse jeito. Prefere publicá-lo na revista, de uma só vez? aceita publicá-lo em dois ou três números? quer que consulte o José Olympio sobre as possibilidades de edição? Mande dizer o que quer, ou, qual a numeração de ordem das três alternativas, ou destas as que recusa.

Agora de-tarde recebi uma carta sua sobre os dinheiros meus do *Estado* e os seus da *Revista do Brasil*. Muito obrigado pelos meus e vou tratar dos seus. Ainda não vi o que você publicou nela, mas se são versos, pelo que me conta o Murilo, creio que pagam cem mil-réis que é o que recebo também pelas minhas crônicas. Não valerá a pena mandar dinheiro pelo correio, quando receber o devido, avisarei o quanto é pro Zé Bento, e ele o entregará a você, do que tem de meu com ele.

E, falar nisso: caso "A vida não acaba bem" for pra *Revista*, quer pagamento pela publicação?

Fiquei contente com as notícias de Paulo,[50] que se divirta e descanse, que o merece. Pensei em escrever pra Lurdes ou pra d. Nini, mas é tão difícil escrever sobre estas coisas pra nossa geração.

No século passado, logo o escritor chiava de gozo, sentava na escrivaninha e fazia uma lindíssima carta cheia de literatura e também literatice. Hoje, a gente senta em frente da longínqua Remington, tudo parece falso, tudo parece literatice, um pudor sem-vergonha atrapalha toda a sinceridade. Por favor diga a elas que penso constantemente nelas e sempre com imenso afeto.

Um abraço do

MÁRIO

---

50 Paulo Duarte. [N. A.]

* * *

Rio de Janeiro, 14 de dezembro de 1938

Sérgio,

é com assanhamento de namorado que lhe escrevo. Acabo de receber sua carta agorinha mesmo, e fiquei satisfeito por ver que você soube compreender, perdoar e levar a bom termo do sorriso final da carta, a minha infelicíssima expressão de "reserva" que lhe atirei sem a menor delicadeza intelectual. E principalmente sem verdade. Mandei a carta, uma coisa principiou roncando dentro de mim e de-noitinha, quando dou meu passeio costumeiro depois do jantar, sozinho, pela praia, reparei que tinha falado uma besteira. Fiquei completamente desgraçado. Naquela segurança muito positiva de que você não era segundo time, quis especificar de que forma você era primeiro time, e abusando da comparação achei uma terminologia desgraçada que inda piorou mais a coisa, porque a tornou degradante. Principalmente me veio súbito no espírito a verificação danada. Segundo time não corta a vasa do sujeito passar pro primeiro e consequentes ascensões, mas ser reserva do primeiro é justamente deixar o indivíduo incapaz de ir no escrache pra Europa, é cortar a vasa, e negar qualquer possibilidade de ascensão, porque já situa o sujeito num máximo. Mas num máximo subalterno. E então, com a clarividência da noitinha mansa, principiaram aparecendo os argumentos mais perfeitos. Ora do que eu me servi pra botar as pessoas no primeiro time? Simplesmente de um critério, que poderá ser bom, mas não pode nem deve ser o único: o fato de ter escrito obras marcantes. Mas começaram a surgir em massa no meu espírito, criadores positivamente de primeiríssimo time e que não são marcantes, como Charles Péquin e Segonzac na pintura atual, ao passo que um "marcante" como Van Dongen por exemplo, ou Zuloaga são reverendas inferioridades. Repare Mario Puccini e Palazeschi, primeiro time na literatura italiana atual, e bem menos marcantes que Martinetti, uma besta. Jules Romains é outro, bem menos marcante (em qualquer sentido desta palavra) do que o autor de *Fermé la Nuit* que não me lembro o nome. Por outro lado, estou lendo nas frinchas do tempo, que o trabalho agora é enorme na reta final dos cursos, estou lendo os *Ensaios*. E vendo o efeito que estão tendo. Positivamente os seus estudos sobre Gilberto Freyre são luminosos, talvez o que de mais livremente contemplativo e crítico já se tenha escrito sobre ele, o Rosário Fusco, sem intriga, acha os seus artigos paus, mornos. É sempre a tal história: ausência do marcante. Positivamente, você raro empolga: mas inferir d'aí que é ruim, é estupidez. Pau, não direi, mas há em você aquela mesma mornidão, aquela mesma identidade, aquela mesma igualdade de atitude, de calma, de equilíbrio, que a gente encontra na obra de um Jules Romains, ou de um Proust. Fatiga. Mas Proust, pelas mesmíssimas razões também me fatiga e jamais pude ler dele mais de cinquenta páginas em seguida. E os poetas ingleses, a meu ver os mais grandes líricos, os que eu prefiro, também me fatigam enormemente e leio em gotas. Mas o pior é a reação que estão causando os seus malfadados artigos sobre literatura nordestina em comparação com a paulista. Estão dando uma raiva no pessoal que você nem imagina. Outro dia encontrei o próprio Graciliano, que não é nenhuma criança em idade, e é calmo de espírito, e, cá pra nós, é um gostoso de rebaixar os outros nordestinos, para poder ficar de cima, e tem uma visível inquietação diante de Jorge Amado e Lins do Rego, pois encontrei o próprio Graciliano num tal e tão abespinhado estado de raivinha contra você que me diverti foi muito.

Em tudo isto, Sérgio, o que mais me inquieta sou eu mesmo. O que haverá de mais perfeito em mim, de mais digno de ser posto à mostra dos outros seres, meu Deus! Ando perfeitamente infeliz nas minhas expressões e atitudes, é o diabo? E começo a pensar. Até que ponto foi maldade não consciente a expressão estúpida que usei com você e que se não feriu foi mesmo por exclusiva superioridade sua? Mas em compensação outros amigos, se têm ultimamente ferido muito com expressões minhas. Mas não é só ultimamente, sempre. Tenho uma grosseria interior desgraçada. Se lembre que principiando por brincadeira e verdadeiro, sim, sincero interesse de amigo, a bancar o advogado do diabo contra o livro do Paulo Duarte, se lembre que chegou um momento naquela desgraçada noite da leitura do meu escrito, em que houve em toda a gente um verdadeiro mal-estar. Principalmente em mim. É que eu tinha desenvolvido uma faculdade tão diabólica de ferir e atacar, que a coisa estava, sob aspeto de brincadeira, ferindo de verdade. Teve um momento em que senti o Paulo perfeitamente antagonista, a voz dele vibrou daquele jeito cortante e ácido que toma quando ele está nas grandes ocasiões de antagonismo. Até hoje me maldigo do que fiz. Deve haver em mim, inadvertido até agora, mas de agora em diante imperdoável, um enorme despeito, uma visão muito grave de inferioridade pessoal, que me leva a essas diabólicas "vinganças" contra mesmo aqueles que incontestavelmente mais estimo, mais quero bem. E esta inferioridade eu não quero ter. Este ano, bem entendido, as coisas se justificam mais. Sofri e sofro por demais ainda. Agora então, a possibilidade de ida de meu irmão também, em exílio, pra Europa, coisa de que fomos secretamente avisados, coisa que virá, se acontecer, desnortear moral e financeira completamente a família, você imagine como tenho vivido sobre brasas. Não gasto um tostão, não compro uma laranja pra me alimentar, sem lembrar dele, e que o terei de sustentar na Europa. O resultado mais curioso de tanto sofrimento íntimo, é o estado de negativismo em que estou. Sempre fui um otimista. Mas agora, se já na aula inaugural, demonstrara vago o meu negativismo, sem querer, sub-repticiamente, o que me movia em meus cursos era uma verdadeira intenção de solapar intelectualmente os meus alunos. Na intenção maldosa, cheguei mesmo a dar aulas brilhantes, os alunos ficavam presos, todos ficaram meus amigos, todos me querem muito bem, mas, como me disse uma das minhas alunas mais inteligentes, "minhas aulas faziam mal", havia momentos em que ela tinha um verdadeiro malestar (sic). Só então entrei em mim, e isto fazem apenas três aulas, e mudei de rumo, porque no fundo do fundo sou bom. Abandonei a ironia, abandonei o sarcasmo com que às vezes durante quinze minutos afirmava e definitivamente provara uma afirmativa, pra depois de um golpe, destruí-la, abandonei a impassibilidade de não dar opinião, e foi um esplendor. Tenho outra aluna, que dizem meia amalucada, pelo jeito abrupto dela, filha do Macedo Soares jornalista, senti por ela o que estou agora causando de útil. Estava um grupo conversando de alunas, as telas por ali, comentando as aulas novas, passei, ela correu, me puxou pelo braço, levou por meio delas e "Estamos comentando suas aulas. Estas últimas então, estiveram desacatantes". E o riso de simpatia de todas concordava. Sou por demais sensível e apaixonado. Vem brisa e me modifica todinho. Isto não é ser professor, nem é ser nada. Só me gosto mesmo, é naqueles primeiros tempos de modernismo, até 25 talvez, em que não tinha ainda em mim a excessiva presença de mim mesmo, e só via gênios em torno. É possível que eu estivesse errado então, mas tinha comigo o que mais me parece sublime no espírito, a generosidade.

    Bom, desculpe estas confidências. Desculpe tudo e publique o seu livro. Se quiser pensar um bocado mais sobre ele, retocá-lo mais, contra isso não serei, porque retocar sempre é possível. Mas publique que é muito bom. Vou falar com o Zé

Olympio sobre a possibilidade do livro de contos. E ainda não sei quanto lhe pagarão pelo seu artigo na *Revista do Brasil*. Tenho telefonado centenas de vez pra lá mesmo porque também tenho a receber. Mas a redação vive fechada. Assim que suber qualquer coisa avisarei pra lá. Mande me dizer exatamente onde que você está morando, é na casa do Paulo?[51] Não gosto de mandar cartas para estabelecimentos públicos.

Lembranças pra Lurdes e um abraço do

MÁRIO

* * *

Rio de Janeiro, 1º de abril de 1939

Sérgio.

A fita da máquina de todo em todo acabou. Aguente letra e faça grafologia. Aqui vai um livro do Jorge.[52] Também falei com o Carlos Lacerda, mandei falar aliás, e fez me dizer que escreverá pra você diretamente.

Agora nós, m'ermão: Tremi de cólera esfuziante e fuzilante com sua crítica à minha crítica: tá tudo errado. 1º: se você tivesse lido a minha introdução a estes rodapés de crítica teria compreendido certos pragmatismos. Ora, talvez eu tenha forçado a mão insistindo sobre a noção de responsabilidade, mas isso é necessário entre nós; e você por modesto que se queira, não poderá negar que é um dos poucos "responsáveis" entre nós, que compreendem enfim com melhor integridade um destino de intelectual.

---

51 Paulo Duarte. [N. A.] **52** Jorge de Lima. [N. A.]

Quanto ao cepticismo tenha a paciência, você inda há poucos dias insistiu nessa visão defeituosíssima num artigo do *Estado*. E tenha paciência, seus artigos sobre artes plásticas continuam sendo do melhor que se faz *entre* nós sobre o assunto.

Mas agora vem a tolice magna e catapúltica. "A respeito do Nordeste precisamos fixar o nosso ponto-de-vista exato, científico, do Sul." Puxa, Sérgio, que é isso!!! Deus me perdoe se isso não é besteira mas da grossa. O assunto é enorme pra carta, mas você já sabe + ou − minha opinião, desde aquele seu artigo que lhe mereceu descompostura do Menotti e do Lins do Rego, artigo do qual lhe falei, discordava quase totalmente. E se lembre que nas conversas preliminares ao *Roberto* insisti com você sobre a sua falta de compreensão do Rio e maiores equatorialidades. Ora sabe por que ainda não mexi nessa vespeira que me parece perfeitamente inócua? Nem tanto por ela ser inócua, mas por uma espécie de pudor. Porque se eu tivesse de tomar partido, se tivesse que dizer minha opinião (não se trata de ponto-de-vista profetizado exato, que não sei o que é), eu penderia francamente pro Norte. Contra o Sul. Pouco importa que eu aja como o Sul, à feição do Sul. Mas é que eu compreendo o Norte, eu sei o Norte, e, por que não? amo o Norte. Amo porque compreendo e sei. Amo porque admiro. Você, seu álgido, jamais sofreu dez dias de calor dissolvente e luz ofuscante. É espantoso, é sublime de abnegação, é incomparável de pertinácia a existência de uma Recife, de uma Belém ou Manaus. E até do Rio. Você não vai me falar que socialmente, historicamente falando haja uma só moral. O espantoso, o heroico, o prejudicial (hélas!) é a permanência em máxima parte da moral cristã, digamos europeia, feita com trigo, vinho e clima frio e mais ou menos aceitáveis purezas de raça, em gente equatorial, dissolvida e ofuscada a luz branca, mandioca, excesso de açúcar e caninha. E CALOR. Vocês são de uma incompreensão cruel. E então descobrem com o misticismo novo dos números que o Sul tem mais instituições culturais e mais ciência. Mais ciência uma ova, e mais instituições culturais uma ova! A que está reduzido o D. de Cultura, senão ao de que + ou − gosta o sr. Prefeito? E a universidade de S. Paulo? E aqui aguentamos o tranco, interessamos os generais no caso e a Universidade do D. Federal viverá, tendo o Capa desistido de seus ciúmes. E o Museu Nacional? E Manguinhos? etc. O Sul, meu caro, é S. Paulo. Vá ver no R. G. do Sul, uma biblioteca de capital que gastava até no ano atrasado 16 contos anuais em compra de livros. E se o Norte conta gente da força (às vezes errada, mas força) de um Gilberto Freyre, não se esqueça que o Sul conta gente da espessura moral, irracional de um Menotti, de um Martins Fontes, de um Cassiano, de um Gui. Ponto de vista científico? Você não estará ficando um bocado místico dos números, Sérgio? Cuidado com a solidão das estatísticas. Não se esqueça que se você se levanta contra os marxistas que só veem as exigências econômicas, é possível argumentar que você chama de científico no caso uma soma de números. Norte e Sul não se reduzem a perfurações. Chi como estou comprido! Enfim a literatura. Também aí haveria muito que distinguir. No momento, se a prosa do Norte ganha do Sul brincando, também nós, na poesia, apesar de um peso pesado Manuel Bandeira, damos lambujem pro Norte e ganhamos na maciota com o genial Murilo Mendes, e Vinicius, e Carlos Drummond, e Oneida, e Cecília Meireles, e Guilherme, e Adalgisa, e Augusto Meyer.

De resto: todas essas divisões e sistematizações me aborrecem. São pobres, são precárias e primárias, meros verbalismos bons pra aluno de ginásio compreender. Há uma vaga diferenciação, vagas oscilações de balança que ora pende pra cá ora pra lá, pra cá, pra lá. Nada mais.

E é só. Veja se aguenta este tranco, seu turrão. Te abraço

MÁRIO

* * *

Rio de Janeiro, 20 de abril de 1939

Sérgio

Estou vivendo uma noite, escrevendo pros amigos, esta é a sua. Você sabe o que há de pior nas minhas cartas? É que, não guardando cópia delas, me esqueço da argumentação que botei nelas. Não me lembro mais direito como foi a caçoada que fiz do seu "posição científica do Sul", mas sei em mim que percebera na sua frase, em principal, uma situação de verdade, contra o mestre Freyre. Ora, mesmo assim como você esclarece a frase, não estou convencido que você tenha razão. Não é a posição científica do Gil que está errada e no fundo, com um bocado mais de carinho pelas lateralidades da pesquisa, a posição dele é a mesma que a sua. O que há de defeito nele (defeito funcional, orgânico) é o excesso de generalização e a facilidade de concluir, de criar falsas visões de conjunto. É sempre um erro de posição científica, não tem dúvida, mas, erro que você mesmo prega nos seus *Ensaios*, quando investe com os nossos historiadores à antiga (em favor dos novos sociólogos) que eram meros cronologistas de fatos. O caso é muito delicado, nem tanto, nem tão pouco. Southey, Martius não foram simples cronologistas. E por outro lado, às vezes me aflige a ideia de que os nossos sociólogos estão concluindo demais, por agora.
    Sube do escrito do Osvaldo por amigos. Estes tiveram mesmo, embora sabendo que eu me dera a obrigação de jamais nunca ler o Osvaldo, tiveram mesmo a leviana indelicadeza de me contar que o homem se referira ofensivamente ao meu irmão. Sangue ferveu, é natural. Depois esfriou com rapidez, era a minha ordem. Nunca deixei de imaginar que a tais excelsitudes

de baixeza chegasse o meu ex-amigo, o conheço bem e sei até que ponto ele me adora, até que ponto eu sou pras pequeninas aspirações desse velho-moço uma espécie de ideal. E também esperava que viesse agora uma nova arrebentação. Estas vêm sempre, depois que falha uma nova tentativa de aproximação. Quando foi da primeira vez, em que ele se serviu de Tarsila com Anita, pra ver se eu fazia as pazes com ele e voltava à amizade antiga, já foi assim. E assim foi da segunda e da terceira. E agora a quarta, em que, por intermédio do pessoalzinho da *Rev. Acadêmica* ele mais uma vez tentou se aproximar. E agora, como houvesse uma espécie de nojo em torno do artigo, diz que ele está me elogiando outra vez, esse covarde... Porque uma das características do Osvaldo, pouco aparente no ar agressivo (mas sempre de caçoada...) do que ele escreve, é a covardia moral. Ele escolhe com fina sabedoria os indivíduos que vai atacar: ou são os inatingíveis, os que não podem ou não devem reagir porque pela posição moral que alcançaram não podem estar à mercê do primeiro desclassificado que os insulte; ou então são os fisicamente fracos, os que não podem reagir porque estarrecem na inibição física. Duas vezes, me lembro, ele errou. Uma foi com o Olegário Mariano, outra com o Antônio de Alcântara Machado. Das duas vezes, se acovardou, está claro, com esperteza. Da primeira, tanto alardeou que ia prejudicar a posse do poeta na Academia que às quatro horas da tarde, amigos e gente da polícia o iam encontrar, "quando estava para sair" (sic), no seu quarto de hotel, *de casaca*, e com o chicote no bolso, prontinho pra ir à posse do outro. Que era às nove horas da noite. Essa a notícia que publicou (paga) num jornal do dia seguinte. Quanto ao caso do Alcântara não sei se você está lembrado, quando ia ser a resposta final deste, e depois só bala, entraram pessoas no meio, "não por causa do Osvaldo, mas por causa de Tarsila!" coitada. Essa covardia sutil é aliás o que prejudicou pra sempre esse infeliz e lhe matou a obra de criação. Jamais teve a coragem de si mesmo e de ser o grande e dramático analista e criador de casos que seria se se desenvolvesse no caminho da *Estrela de absinto*. Mas tinha medo de ficar Bourget!!! Este "bourget" foi aliás uma das muitas brincadeiras maldosas que fiz pra com ele. Fiz, está claro, sem nenhuma intenção de o destruir. Imaginava deixar no espírito dele apenas um veneninho de inquietação, abusando camaradamente do assombroso prestígio que exerça sobre ele. Tão grande prestígio que, por várias vezes, por simples desafogo mais que por lealdade, chamei a atenção dele sobre isso. Mas o Osvaldo era homem que, como aconteceu de fato, quando eu lhe falava "prove este cigarro que estou usando agora", provava, e na próxima esquina, comprava os mesmos cigarros e jogava os dele fora. Foi pena eu não falar, minha discrição me impediu, mas juro que, mudado pra cá, um dia em que se nomeou o Osvaldo na roda, imaginei comigo "Osvaldo vai me imitar, não dou seis meses virá morar no Rio". Pois não é que veio mesmo! Principiei crítica literária sistemática. Na semana seguinte ele principiou também. Todos riem. Maior riso causou eu ter botado erudição (era folclore) criticando um livro sobre magia nordestina. Na semana seguinte, diz que vinha um artigo eruditíssimo do homem, falando em não sei quantas ciências. Palavra, Sérgio, que tudo isto me inquieta muito. Onde irá parar esse desgraçado sem escrúpulos!... Não sou superior, não, me esforço por ser superior, mas até que ponto poderei resistir, se de cada resistência destas saio malferido, levo noites sem dormir em dias malfeitos? Mas francamente acho uma pena que uma vida harmoniosa e forte como a que me vou construindo com energia, muita dedicação e formidável coragem, se veja assim prejudicada por alguém que, francamente, como vida, como humanidade, nada mais tem sido que um fracasso. E como ser moral não sabe o que é sofrer por dentro, porque tem pra consigo mesmo todas as contemplações e falsas desculpas. Uma feita, logo depois da ruptura, eu disse que a única vingança que eu tomava do Osvaldo era vê-lo viver. Isso foi em resposta a um recado que ele me mandou de que não hesitaria diante de nada pra me prejudicar na vida. Não sei se reportaram a ele a minha frase que não era resposta. Ele não estava nem nunca esteve em possibilidade de a compreender, é muito primário pra isso. Mas eu mesmo é que me castiguei mais com a minha frase. Não tem sido possível eu deixar de ver o Osvaldo viver. Tudo me contam, vêm me contar. Mas não me vingo porque não tomo alegria com isso, tomo tristeza, tomo principalmente amargura. Não, mais uma vez, que banque o superior, o Osvaldo me ensinou essa coisa aviltante, rebaixante, infelicíssima que é odiar. Eu odeio, infelizmente. Mas tudo me amarga porque não posso esquecer o passado. Nem o presente, porque o Osvaldo é apenas, na extensão da palavra, um "perdido". Nem se achou nas suas possibilidades criadoras, nem na alma que tem, e onde há muita coisa de bom, mesmo de grande. E de tudo isto, tenho uma espécie de saudade. Má saudade. Bom, ponto-final neste assunto, e desculpe estas confidências, precisava fazê-las a alguém. *Ciao* com abraço

MÁRIO

* * *

Rio de Janeiro, 9 de maio de 1939   Não releio

Sérgio

Aí vai seu artigo que saiu no domingo. Amanhã quarta devo receber o seu dinheiro. O melhor a fazermos é você aí receber do José Bento cem mil-réis do *Estado* meus em troca dos seus que eu receberei aqui. Vou escrever amanhã ou depois (estou ocupadíssimo) ao Zé Bento sobre isso. E assim faremos todos os meses. Estive pensando: você não cavará com o Chateaubriand, escrever pra *O Jornal* também? Em todo o caso só valeria a pena se você conseguisse mais de um artigo mensal nele, porque os Diários Associados são inimigos figadais do *Diário de Notícias* e vice-versa. Escrever num é ser mal recebido no outro e provavelmente você perderia o artigo mensal do *D. de Notícias*. O Fusco por passar pra *Cigarra*, perdeu a crítica que eu tomei. Só nordestino consegue escrever num e outro campo, como fazem, não sei.

Sube da morte do seu pai, pelo Paulo Magalhães e aqui lhe mando um aperto de mão mais particular e afetuoso. A gente, nestas ocasiões, se repensa — é um jeito de solidariedade — e estive lembrando a morte de meu pai. Sofri muito. As condições não serão talvez muito idênticas, sei que seu pai já vinha doente desde muito e preparando vocês para esta morte. O meu, foi de repente, num Carnaval. Adoeceu no barbeiro, em plena força do homem, nós ignorantes de que ele sofria do coração. Veio pra casa entre melhoras e pioras e na terceira ou quarta noite, justo quando fomos dormir sossegados completamente pelo médico, uma grande paz, não havia mais perigo algum. Lá pelas três horas fomos todos chamados, meu pai agonizava, sufocado, nos olhou com olhos abertíssimos de desespero e foi sossegando. Num quarto de hora morreu.

Sofri horrivelmente. Hoje imagino que havia bastante egoísmo naquele sofrimento, porque embora já trabalhasse e ganhasse regularmente, ainda vivia na sombra de meu pai, covardemente ou preguiçosamente (é o mesmo...) aceitando mesada. Tive a perfeita sensação do desamparo, de me perder infantilmente na bruta multidão. Se, de fato, pelo que me lembro, era o corpo dele que eu chorava vendo morto, não sei até que ponto era a inatividade, a improdutividade não mais protetora desse corpo morto que me fazia chorar e ficar, como fiquei, meio abobalhado. Me lembro muito bem que desde a madrugada da vigília ao morto me entreguei completamente, já sem sequer chorar, incapaz de um gesto qualquer. Pegaram em mim, me vestiram, me puseram no automóvel, me conduziram pelo braço, inquietei a todos, tomando um papel principal quase tão importante na cerimônia como o do morto.

Tudo isso me fez pensar num egoísmo qualquer, recôndito, porque sempre sube estimar meu pai muito lucidamente sem muitos amores. Ele mesmo aliás soubera criar entre nós e ele um sentimento muito profundo, sempre nobre, mas sem demonstrações físicas de amor. E mesmo sem muito amor. Resto, de certo, do operário que ele foi no início da vida, pois que não era coisa raciocinada nem comentada, mas espontânea. Havia entre nós uma enorme estima. De mim pra ele, isto é. Ele não podia me estimar muito não, pois eu não era nada, e na família era considerado, mais ou menos com razão, como um perdido. Isso entre três manos exemplares, imagine o contraste que fazia.

Logo me ergui de novo. Não é como o meu irmão que morreu e cuja morte até hoje me faz sofrer. Meu pai, menos de uma semana depois da morte, fui a uma conferência do Pujol sobre "Machado de Assis", não quis perder a série que estava seguindo. O escândalo foi enorme na família, só mamãe creio me compreendeu porque aceitou tudo silenciosa, sem dar mostras de sofrer o que eu fiz. Fui. Raciocinei forte que não era festa — festa, de fato não teria ainda gosto pra ir — era continuação de estudos e fui. Meu pai já estava arquivado numa memória clara, sem ressentimentos, cheia de imensa gratidão, não, imensa estima pelo homem verdadeiro que ele foi. Mas era preciso guardar o pierrô. Quer dizer: quando meu pai ficou doente, eu estava me preparando pra ir num grande baile de carnaval. Minha tia me dera um cetim verde-alface sublime e caríssimo. Eu mesmo desenhei um pierrô miraculoso. Estava já passadinho, num manequim, no meu quarto. Com o doente não fui ao baile nem pensei nisso, está claro. Depois veio a azáfama de preparar luto, minha mãe não entrou no meu quarto vários dias, a criada fazia só a limpeza, e o pierrô foi ficando ali, espetado no manequim. Quem me repôs num ritmo normal de vida foi o Alfredo Pujol. Assim que voltei da conferência senti ridículo no pierrô. Mas no carnaval seguinte pude usar a aplaudidíssima vestimenta, sem a menor associação de imagens. Meu pai estava de um lado, o pierrô de outro, bom, luminoso, raro de modelo, chamando a atenção de todos no baile do Clube XV em Santos. Então estava se dançando o maxixe do Duque.[53] Eu, sem a menor consciência de ridículo.

Bom, companheiro, sorria destas lembranças. Recebeu a carta pro Alcântara? *Ciao* com abraço

MÁRIO

* * *

Rio de Janeiro, 4 de junho de 1939

Sérgio

Hoje é domingo pé de cachimbo e espero que enfim saia seu artigo anunciado pra quarta passada.

Aqui vão dois meus. Dá-se isto: A Escola Nacional de Música me encomendou uma conferência. Fiz, trabalhei pensamenteando muito e endolorado com a coragem gasta pra dizer certas coisas. Acho o trabalho digno da gente e pra não dar minha opinião, me socorro da do Prudente de Morais neto que o considerou interessantíssimo. A visão histórica aplicada

---

[53] Bailarino brasileiro que, com sua mulher, Gaby, lançou o maxixe brasileiro em Paris. [N. A.]

à nossa música, essa posso garantir que é inteiramente nova. O que ganhei com tudo isso? Apenas 600$000, quando a qualquer pianisteco se paga conto de réis pra aparecer. Não fiquei safado, são amigos e lutam, mas quero espichar um bocado o rendimento. Fiz da conferência quatro artigos que intitulei "Evolução social da música brasileira" e numerei I, II, III e IV. Se você achar inconveniente a numeração (cada artigo trata de uma fase distinta, e o primeiro é de problemas particulares, mostrando o social influindo na criação musical) dê ao primeiro o título "A influência social na música brasileira", ao segundo "A música religiosa do Brasil", ao terceiro que irá depois "A música brasileira do Império" e ao quarto "Causas do nacionalismo musical brasileiro". Mas por mim, prefereria o título único. Em todo caso que passem primeiro os interesses do *Estado* e salvem-se os seus financeiros. Creio que é só por hoje.

Ah. Não mande mais, e é pena se já mandou, o seu trabalho ao canalhinha do Gilberto Freyre. Vi um ataquinho dele a você, por causa sua crítica ao *Nordeste*, que é de uma safadeza incrível. Fiquei safado.

Ciao com abraço

MÁRIO

* * *

Rio de Janeiro, 4 de julho de 1939

Sérgio

Estou esperando com melancolia a hora das dezessete pra telefonar à *Revista do Brasil* retirando o seu artigo. Recebi seu estouro. Veio a calhar se não pra mim pelo menos comigo. Também estourei na sexta-feira com o Capanema e como até agora não recebi resposta nem pio dele, amanhã darei os primeiros passos pra arranjar emprego. O caso é simples: meu prometido emprego não havia meios de sair e o que é pior faz dois meses que não me pagam, isto é, nunca pagaram o prometido, portanto, e o Augusto Meyer me fez ver a impossibilidade de pagarem tão cedo. Então estourei, mandei uma carta exigindo pagamento imediato e nomeação imediata. Isso na sexta-feira passada. Nem pio. Amanhã vou procurar emprego pois que parece que ainda não posso voltar pra S. Paulo. De resto, mesmo que o Prefeito me aceitasse, eu é que não o iria botar em dificuldade por causa do Guilherme, amigo do Palácio.[54] Tudo situações inaceitáveis, em que apenas peço discrição a você do que estou lhe contando, pois que, pra todos os efeitos, quero continuar aparentemente adido ao gabinete do Ministro aqui, sempre na esperança de qualquer movimento político aí que me permita voltar pra minha chefia de Divisão, assim seja. Enquanto isso não vem, já estou dando providências, distribuindo minhas coisas entre amigos, desfazendo o apartamento, vou me arranjar nalguma pensão, só tendo pra viver, no momento, os artigos de jornais, isto é, um conto, um conto e cem por mês. Vai ser o diabo esconder de mamãe o meu caso, e isso aliás é o que me penaliza. Ir pra casa, mesmo abandonando o Dep. de Cultura, seria perder os jornais daqui, viver com os quinhentos ou quatrocentos mil-réis que me rende o *Estado*, um impossível.

E aqui está o ponto em que vinca a sua feroz incompreensão do Rio e do resto do Brasil, embora essa incompreensão seja mais ou menos retribuída. A delicadeza brasileira... Veja meu caso, ser apreciado, querido mesmo no Brasil e especialmente no Rio, jamais tive um convite pra colaborar em jornais daqui, enquanto estive em S. Paulo. Só as revistas de moços me

---

54 Guilherme de Almeida substituía Mário, interinamente, na Divisão de Expansão Cultural. [N. A.]

convidavam mas... de graça. Pois, nem sempre aliás são convites, mas se ofereço artigo, se lembram de aceitar e pagam. A vida do Brasil é assim feita de camaradagem de presença. Os que estão longe são vagas recordações mais ou menos queridas, mais ou menos abandonadas.

Agora me lembro que nem o *Diário de Notícias* publicou o artigo seu que deve estar aqui e que corresponderia ao mês de julho! No entanto falei ao Barreto Leite bem meu camarada, assim como falei com o Tarquínio, bastante cordial. (Pormenor delicioso! acabo de ser interrompido por um ótimo aluno da ex-Universidade que veio me pedir emprego...) Bom: ambos acolheram muito bem a minha oferta. O Tarquínio[55] então nem hesitou, nem comentou, aceitou. O Barreto Leite ainda me fez ver, como creio escrevi a você, a pletora de artigos e articulistas que tinha de meter na seção, alguns impostos aliás a ele, gaúcho, pela diretoria (como sempre, nortista), do jornal. Disse que só podia dar um artigo por mês, e isso mesmo, já não cumpriu, não quis ou não pode cumprir. Aqui é que está o busílis psicológico, social, da coisa, que me faz ser mais complacente com estes homens e você nada. Há inicialmente um impulso de camaradagem, de boa-vontade, uma sinceridade que não deixa de ser sincera por ser apriorística e sem a menor força de permanência. À primeira dificuldade, ou na volta da primeira esquina, a delicadeza que impede qualquer recusa, a espontaneidade do desejo de agradar ou servir, se quebra, desaparece, é esquecida. Você bufa. Eu bufo. Mas já não tenho mais vontade de bufar, nem a menor convicção de que valha alguma coisa bufar. São uns orientais, uns homens da Ásia. Moles, úmidos, macios.

Ciao com abraço

MÁRIO

---

[55] Octávio Tarquínio de Sousa. [N. A.]

Você já reassumiu? Me disseram que você estava em férias no *Estado*, ainda está? Principiei hoje de manhã o meu romance. Tenho a impressão que as cinco páginas de hoje se sustentam bem. Quando tiver alguns capítulos prontos, lhe mandarei.

    Aliás vou mandar esta pelo Zé Bento, tenho medo de gabinetes, de bibliotecas e jornais e não sei a sua direção de moradia. E escreva mais comprido, que diabo? faça epístolas, nem que seja para xingar nordestino.

MÁRIO

* * *

Rio de Janeiro, 31 de julho de 1939

Sérgio

Saiu ontem mais um artigo de você no *Notícias* e vou avisar o Zé Bento que lhe pague. Ele já pagou o outro?

    Aqui: ramerrão de esperas. Fui nomeado já (dois contos e trezentos) mas não há meios do Tribunal de Contas me registrar. Já duas semanas de espera, coisa que, dizem, jamais acontece com o Tribunal... Mas acontece comigo.

    Aqui vai o primeiro artigo de uma série folclórica estudando a sobrevivência da epopeia de cristãos e mouros e marítima ibérica, no bailado brasileiro. Como a coisa deve dar uns seis artigos, de dois em dois mais ou menos, misturarei uma das minhas crônicas safadizantes, tipo Sociologia do Botão.

    Queria lhe contar o meu conhecimento da feliz e milionária poetisa francesa Beatrix Reynal, você já ouviu falar? que vive aqui, é amante do pintor Reis Júnior (ou casada, não sei ao certo), se especializou em gostar do *Homo brasiliensis*, nasceu no Uruguai, é riquíssima, faz versos com uma certa ingenuidade agradável, editada por Grasset (*Tendresses mortes*) com ótima "presse" em Paris (longo artigo de Collete, não Collete, e aqui mais ótima, paga com jantares maravilhosos e uma casa estilo provençal-rastá, em que há milhões de coisas das melhores (um Utrillo da gente cair de joelhos) e das mais repugnantes (uma sala de jantar completamente arreada com essas salvas de prata portuguesa moderna!). Pois é: me pediu artigo sobre ela e me obrigou a lhe escrever no álbum. Artigo, prometi, não escrevo. Álbum: escrevi um "Canto genuflexo", chamando ela de gênio pra cima, uma coisa estrondosa, de malvada perversidade. Mas é que estava desesperado com a diaba e queria ver se ela me deixava sossegado. Pois ela acreditou. Me mandou um telegrama de agradecimento, também genuflexo, me prometendo jantares. E sei que mostra o meu escrito pra todo mundo, baixando os olhos e murmurando: "Ele exagerou um pouquinho!".

Bom, chega de prosa. Lembrança pra Lurdes com D. Nini. *Ciao.*

MÁRIO

* * *

Rio de Janeiro, 7 de agosto de 1939

Sérgio

Quisera "eu" ter neste momento claro a possibilidade cronológica de cartografar que lhe contava excelentes coisas. Como as minhas relações com a poetisa francesa Béatrix Reynal (que por sinal possui um Utrillo da gente cair de giolhos, maravilha!). E ainda lhe participava as minhas angústias com um romance que estou escrevendo e vai ser o livro mais pau (mais ruim também?...) da literatura brasileira. Mas não tenho tempo e estou bronquiteado, num fim de gripe que não acaba mais.

Vamos ao assunto só. O Sérgio Buarque de Holanda conseguiu a coleção da *Revista do Arquivo*, menos os números de 1 a 19. O que poderíamos fazer por ele aí no Departamento? Seria possível a gente completar a coleção do jovem e inédito sociólogo paulista? Pode mandar aqui pra casa mesmo o arranjável que passarei pra ele.

E é só. Não zangou muito com a *Sociologia do Botão*? se é que leu... Ah! você poderia me mandar o endereço do Paulo,[56] e dizer pra Juanita que quando vier ao Rio, me telefone 425554 de manhã pra gente se encontrar?

Ciao com abraço

MÁRIO

* * *

Rio de Janeiro, 20 de agosto de 1939

Sérgio,

recebi sua carta, saiu hoje um artigo seu no *Diário de Notícias*, hoje é o primeiro dia que vivo um bocado depois de uma gripe formidável, acabei de almoçar... um ótimo vinho, e aqui estou com um ótimo conhaque, vamos a ver o que sai disto tudo. Vou avisar o Zé Bento que lhe pague, mas não sei se tenho dinheiro (está um calor!) aí, se não tiver creio que você terá que esperar o princípio do mês, com pagamento do *Estado*, é possível? Quanto à sua carta, já sei que você não é epistolófilo (puta

---

56 Paulo Duarte, exilado em Paris. [N. A.]

merda, que palavra!) mas era possível que não fosse aluado. Mandei pedir endereço do Paulo Duarte e notícias da vinda de Juanita, e você, nada. Em vez, epistolofiliza sobre pictórica, mande o endereço e fale em Juanita que estou com vontade de conversar com ela, aqui vinda. Entendi o caso da *Revista do Arquivo* e comunicarei ao Sérgio.[57] Quanto aos meus artigos pro *Estado* diga ao Léo[58] que me perdoe e que farei o impossível pra não errar mais a colocação dos pronomes, paciência!

E agora a nossa grande discussão, companheiro. Vejo no momento dois únicos escritores sobre plástica, no Brasil: você e eu. Um certo acordo de fundo entre ambos e uma diametral oposição de espécie entre ambos. A espécie derivará talvez dos nossos temperamentos... Ambos estamos buscando a plástica, não há dúvida, e sabemos onde ela está. Mas você, com seu temperamento frio, se estreiteza um bocado, eu com minha paixão talvez me alargue por demais. Sustento até o fim minha "Esta Família Paulista" que deriva de uma observação psicológica (mais que histórica) do movimento plástico paulista. Desde muito venho observando o movimento respeitoso em torno de Segall, (coisa incrível, porque ele não merece é respeito, mas adoração ou repúdio, de tal forma é grande e excepcional) e a influência subterrânea dos Rossi e Gobbis, técnicos. Tarsila, Anita, expressionistas, Di Cavalcanti antigo, influências nulas. A Escola nula também, os que são bons se afastam dela. E a Família Paulista, naquilo em que é "família" é uma resultante técnica Segall-Rossi-Gobbis. Está claro: os franceses por detrás e por cima, fecundando tudo. Por você e outros sei o que é o salão de Maio atual, uns paulistas misturados, sem família, o caso Flávio[59] que vocês exageram, uma Tarsila desnorteada, e uns estrangeiros discutíveis. Mas que você,

---

57 Sérgio Buarque de Holanda. [N. A.]   58 Léo Vaz. [N. A.]   59 Flávio de Carvalho. [N. A.]

excessivamente montado em teoria, discute pessimamente. Vejo pelo artigo de hoje. Você deixa de os estudar como casos! Ora, não há doutrina diante dos casos. Você os renega a todos no seu artigo, pois que os não estuda senão em geral. Ora pelo próprio De Fiori sei que há coisas plasticamente interessantíssimas. E não só os renega, mas depois toma todos os brasileiros no mesmo plano. Este é o defeito principal da sua posição, não tem peso. Você não dá pesos diferentes aos grandes e aos pequenos valores, aos que são casos, e aos que são apenas seguimentos de casos. Neste sentido é que seu artigo está completamente falseador da verdade. Um caso (atualmente ruim) como Anita é pra você idêntico a um Citti Ferreira, pobrezinha de virgem que o Segall desmantelou e que você desconhece nas suas tentativas iniciais de pintura, outras, inteiramente outras da sua dolorosa atualidade segallista. Daí um confucionismo entre o valor e o para-valor terrível, que é o tipo agrada-toda-gente, mas não tem real valor crítico. No fundo, pra sua frieza contemplativa, desamorosa em princípio, (não em fundo) um Portinari e um Pennachi são iguais, Santa Maria! Antes de mais nada, você tem de corrigir a sua atitude pra que ela tenha valor normativo: sem peso, sem valorizar principalmente mais uns que outros, escolhendo os valores, fixando times, sua crítica é fundamentalmente errada. Em segundo lugar, (ninguém mais tendenciosamente amoroso da técnica que eu) é absolutamente necessário que você distinga o que em qualquer arte é personalidade. Meu Deus, como falta amor em você, puxa, como falta sensualidade! Você trata as magníficas águas-fortes de Segall e o circunspecto e prudente Andrade Filho por igual!!! E até chega a chamar de "obra-prima" um quadro deste que já conheço, e não passa de uma coisa mais vigorosa, e menos "ele", o ele que é dele, pequeno, tímido, estudioso, laurier e... incapaz. Aqui entra a minha doutrina do estalo, do tal de meu artigo que você considera leviano. Essa gente carece estourar, Sérgio, CARECE ESTOURAR. Estão fazendo merdas, ótimas merdas, não nego, mas merdas legítimas. Você não dá peso! Um traço duro de Segall, um traço revoltado de Portinari, vale milhões de vezes mais que um traço felicíssimo de toda essa Família Paulista. Este é o ponto que você não quer ver: a sua inadvertência aos valores, a sua falta de alpinismo. Essa mesma falta de alpinismo que faz, eu tendo poucos quadros, e você muitos, minha coleção ser muito melhor que a sua, porque tem coisas essenciais, de Anita, de Tarsila grande época, de Segall (infelizmente não da melhor época na pintura) e Portinari de encher. E a espreita, a alcateia, o ficar como os caipiras de Almeida Júnior, negaceando, até que me venha um Guignard extratípico, um Noemia excepcional. Cadê técnica? A técnica ficou no segundo plano; mas o estralo ficou no primeiro.

Enfim, Sérgio: juro por Deus que a sua posição está completamente errada. Certa em teoria, mas contra a vida. Você dirá que a minha é que está... E assim ficaremos ambos, e morreremos ambos, e teremos coroas em nossos enterros, artigos encomiásticos depois, depois o necessário esquecimento post-mortem, e depois a necessária recordação post-post-mortem. E então nossos bisnetos dirão qual de nós dois tinha razão. No momento não cedo um milímetro. E tenho pelo menos uma prioridade: minha atitude é mais fecunda. Sei que meus artigos causam uma brigalhada medonha. Os seus são lidos, são em geral mais gostados que os meus, vejo isso pela enormidade de cartas e opiniões que recebo ou escuto, mas... falta o estralo. Acatam com reverência religiosa, não brigam, não maldizem, não te aperdizam. Este dinamismo da minha atitude crítica é que me interessa a meu ver. E que me faz considerar minha atitude mais útil que a sua. Mais verdadeira? Sim, mais verdadeira porque mais útil.

Você teria mil jeitos de responder a estas objeções, sei. Mas também por outro lado tem a sua idiossincrasia contra escrever cartas. Não faz mal. Eu mesmo defendo você contra mim, com belos argumentos, acredite. E se não tiver tempo pra responder não se amole, eu mesmo te defendo. E nos guardaremos pra quando eu for até aí, avisarei. Enfim: eu traio a imparcialidade. Com um grande abraço do

MÁRIO

Ah! quanto aos meus *Namoros*... Isso é um caso encrencado. Nem por aqui existem mais, e vou indagar da editora. Tenho um exemplar, seu, (guarde segredo) que levarei quando for. E é só. Abro a carta por dever de justiça. Me esqueci de dizer, e tinha intenção de, que se considero defeituosa a sua atitude geral, em compensação você está de uma admirável objetividade crítica, especialmente neste seu artigo de hoje. As partes sobre Segall e Rossi são ótimas, esta última chega mesmo a ser lapidar.

* * *

Rio de Janeiro, 30 de outubro de 1939

Sérgio

Fiquei ótimo com o seu propósito de vir passar uns dias no Rio. Irei pra Belo Horizonte provavelmente por 6, 7 ou 8 e lá ficarei uns cinco dias. Irei pra S. Paulo dia 24 e voltarei de avião, dia 27, uma segunda-feira. A exposição dura até dia 30 do mês. Se houver mudança nas minhas datas mineiras, (nas paulistas é impossível, por causa do aniversário de Mamãe) avisarei com tempo.

Estou cada vez mais assombrado com a decadência dos paulistas. Depois dizem que me carioquizei, quando o meu maior desejo é voltar para S. Paulo, te garanto, exausto de luzes falazes e lisas *falaises* copacabânicas. *Falaise* tem dois *ll*? Se arranjar um empreguinho de conto de réis, juro que fujo daqui no mesmo dia. Mas literariamente, somos uma ruína 100%.

Só hoje levo a carta sua pra Barreto Leite. Não sei se você tem visto o *Diário de Notícias*, diminuindo literariamente por causa da guerra. Mesmo que pra já talvez não seja possível, vou propor desde já um futuro troca-troca equitativo. Dois artigos de você por dois dele, mensais.

Tinha outra coisa mais séria pra lhe dizer, desde o começo, da carta estou enchendo linguiça pra ver se me lembro, mas não há meio. Desisto. *Ciao* com abraço

MÁRIO

* * *

Rio de Janeiro, 15 de abril de 1940

Sérgio

Faz um calor... Essa história toda com *o Estado de S. Paulo* me deixou numa bruta atrapalhação. Recebi uma carta, mal amanhada como sempre do meu destrambelhado secretário Zé-Bentinho, dizendo que era sua opinião, de você, que eu devia continuar mandando minhas colaborações pro jornal. Mas veja bem meu caso: Principia pelo simples fato de o jornal ter diretor novo e não sei se ele quer ou não colaboração minha. Suponhamos que eu mande um artigo e este seja recusado não por ser político que não sou de políticas, mas por ser meu? É desagradável bancar de intrometido. Depois vem o caso delicado dos Mesquitas e do Léo Vaz. Que pensam eles a respeito você não sabe? Foi o Julinho quem me aceitou no *Estado* por saber que isso melhorava minha situação financeira.

O Léo Vaz também tem sido comigo esplendidamente camarada. Você não sabe ao menos a opinião dele sobre se não será tomada como indelicadeza interesseira de ingratidão, eu, nós, continuarmos colaborando na situação nova e para eles necessariamente dolorosíssima do jornal? Fico besta, não sei resolver. Até já me lembrei de perguntar por carta a d. Esther[60] qual o pensamento sincero dela a respeito. Mas também achei que ficava besta.

E tudo isto me sucede justo quando estava me preparando pra voltar para S. Paulo e viver, pelo menos os primeiros tempos, só à custa do meu ganho aí no Jornal!... Pau, muito pau.

Me escreva qualquer coisa a respeito, por favor.

Ciao com abraço

MÁRIO

* * *

Rio de Janeiro, 23 de abril de 1940

Sérgio

Sua carta que acabo de receber, já me encontrou perfeitamente normalizado e desde muito (desde sempre?...) decidido a não colaborar mais no *Estado*. Só lhe peço é desculpas por não ter evitado a você a caceteação de também se preocupar com o meu caso.

No fundo, se lhe escrevi, foi ainda na esperança de poder fazer uma safadeza. É nestas ocasiões que a gente pede não o conselho dos amigos como imagina pedir, mas a conivência — que é muito mais moralmente importante. E foi o que eu fiz.

---

60 Esther Mesquita. [N. A.]

Batido por uma vida cada vez mais feroz e inaceitável, desgostoso 500% desta existência de Rio e destas gentes, já quase firme na decisão de jogar a parada aventurosa de largar de tudo e voltar pra S. Paulo com apenas os 500 ou 600 mil-réis que o *Estado* me rendia mensalmente, eis que esta derradeira garantia me falta. Fiquei tonto e veio a esperança da safadez. Mas durou duas ou três bebedeiras. Na terceira estava tudo resolvido com pedra e cal e agora é procurar outro jeito de poder ir pra S. Paulo. E se não achar ficar aqui mesmo nesta merda.

Faz perto de dez dias que não vou no meu emprego, imagina! Durmo de dia, bebo de noite e na última hora escrevo o artigo pro *Diário de Notícias*. Só, absolutamente só.

Mas é que não tenho cara pra me encontrar já com o M.[61] Sube de repente que este amigo de quase vinte anos, que em grande parte está no posto dele porque ajudei o Capanema e se firmar na escolha, cujo Instituto se está com o pessoal organizado isso se deve em máxima parte a mim, andou imaginando que eu estava mexendo os meus pauzinhos pra tirá-lo do lugar e montar neste! Fiquei perfeitamente absurdizado e tive tamanho desgosto que você não imagina. E a coisa não é mentira, pois quem me contou foi a própria mulher dele. Eu estava tomando um chá com a Rachel de Queiroz, num canto escuro da Brasileira, surge ela com toda aquela semostração e estabanamento dela. Senta e na frente da Rachel, estatelada de assombro, desfia uma lenga-lenga inacreditável. Que na véspera, às onze da noite, estivera no meu apartamento e não me encontrara. Que fora lá me pedir desculpas, por ter julgado mal de mim. Que desde o princípio percebera que eu estava querendo tomar o lugar do marido e participara a este a sua ideia. Que a princípio ele recusara acreditar, obtemperando que "eu o tratava da mesma forma" (sic)! Mas que

---

[61] Augusto Meyer, possivelmente. Ver nota 100 do capítulo 6, p. 335.

afinal acabara se rendendo à evidência e por isso arranjara as suas defesas (?) e passara a me tratar seco. Mas que afinal, passando o tempo, ela caíra em si e percebera que eu não tinha a menor intenção de roubar posto de ninguém, que apenas, como o Capanema era meu amigo, era natural que de vez em quando telefonasse pra mim no Instituto ou mandasse me chamar. E que, percebendo isto, fora me pedir desculpas da calúnia que levantara contra mim!

Se eu tivesse muito tempo analisava pra você mais longamente estas frases quase textuais que decorei porque me queimavam, e você perceberia melhor que tudo isso andou muito falado, muito comentado, eu muito insultado por eles em casas de amigos comuns (que nada me diziam) e eles dois muito se reportando aos meus passos e atitudes. Pois se ela sabia que o Capa me telefonava era ele quem lhe contava isso etc. E olha, Sérgio, desde início, percebendo a minha posição, por nímia delicadeza nunca mais fui falar com o Capanema, jamais lhe telefonei do Instituto e no meu caso particular das férias deste janeiro, foi por carta que pedi o descanso a que não tinha direito oficialmente. Jamais disse a ninguém o que o Capanema pensava do Instituto, dele já experimentado (e que eu defendia) e nem da minha possibilidade não por permissão, mas por ordem do Capanema, de agir à revelia do meu chefe. Jamais procedi que não fosse com extrema delicadeza e perfeita generosidade. E me arrebentava uma bomba dessas!

Eu ainda estava boquiaberto, imaginando quando ela, tendo dado o seu espetáculo, se levantou e com aquela grosseria primária que a caracteriza inda quis pagar o sorvete que tomara em minha mesa. E lá se foi para os seus mundos de sentimentalismo cabeludíssimo.

Bem, ainda passei uns dias curtindo meu desgosto comigo mas depois não me contive e fui ao Rodrigo, pra vermos se havia alguma possibilidade dele me requisitar pro serviço dele.

E lhe contei o acontecido. O Rodrigo fez a conta dos dias e acabou confessando que se ela viera falar comigo, fora naturalmente com medo que ele, dos meus amigos mais certos aqui, me contasse o escândalo que ela fizera dois dias antes na casa dele, onde estourara às muitas da noite, ele só com a mulher e os filhos, se desfazendo ela em objurgatórias contra mim, e ele repelindo as tais acusações. E mais outras que eu não sabia. O M. afirmava que eu queria desmoralizar o Instituto (é incrível, mas é verdade!), que eu lá não aparecia (quando ele mesmo quando tomei posse me sugeriu não trabalhar no Instituto!) e o diabo. O Rodrigo acabou acalmando a maluca, provando que o Capanema é meu amigo, que como ministro tinha direito de telefonar ao funcionário que quisesse etc. E a levou em busca de um automóvel, mais calma. Tudo isto parece romance, parece bovarismo do grudento, e às vezes chego a rir. Mas na verdade é que acabou me desgostando por completo de um lugar em que já estava desgostoso por não ter o que fazer.

Mas acho que você não tem razão, equiparando o caso funcionário público com o caso funcionário do *Estado* jornal. No primeiro eu adquiri um direito pessoal, sou efetivado por isso, e pago por benefícios, isto é, trabalhos prestados ao país, à humanidade, à nacionalidade, enfim ao que você queira, mas é coisa a que eu pertenço, é minha propriedade também. No caso do jornal, não. Nada tenho com ele, não é minha propriedade de forma nenhuma, não tenho direitos adquiridos, mas apenas um contrato de compra e venda, e isto por generosidade de seus proprietários. Se estes são esbulhados de sua posse, num dos mais horripilantes atentados à propriedade privada que já se viu neste país, há da minha parte um compromisso moral a que não posso me furtar. O resto me parece conivência com um roubo. Eu devo aos Mesquitas um favor. Ao país não devo nenhum favor e muito menos aos reis da hora. Hei de fazer tudo pra conservar meu posto, só desistindo dele, se me for roubado. Ou se me obrigarem a uma posição, não humilhante apenas (que isto aguentarei firme) mas degradante de mim.

E é só, arre! Não releio esta carta que o Saia levará. Agora pelo menos, oh pelo menos! vou ao concerto da Madalena Tagliaferro.

Ciao com abraço

MÁRIO

* * *

Rio de Janeiro, 20 de junho de 1940

Sérgio

Sua carta por dois lados amarga e desesperada, me encontra bem distante. Não tem dúvida nenhuma que topo a ideia de uma correspondência mais nutrida em que nos confidenciaremos as nossas impressões... atrasadas do tempo novo que está vindo. Mas topo não tanto porque essas impressões não podem ser publicadas mais, como especialmente porque cada vez mais sinto a necessidade de me resguardar no silêncio mais íntimo das cartas. Não tenho jeito pra memórias. Mas as cartas são sempre uma espécie de memórias desque tenham alguma coisa mais nuclear e objetiva que arroubos sentimentais sobre o espírito do tempo. E as memórias em carta têm um valor de veracidade maior que o das memórias guardadas em segredo pra revelação secular futura. É que o amigo que recebe a carta pode controlar os casos e as almas contadas. Não sei se lhe contei, mas quando aceitei a diretoria do Dep. de Cultura, resolvi logo, contando que lidaria com grandes personalidades da cultura, da arte e da política, escrever um diário de diretor, relatando os fatos e a minha impressão dos indivíduos.

Meu caro, enchi dois cadernos de duzentas páginas que ainda não tive coragem pra destruir. Mas quando um dia reli o já escrito, fiquei simplesmente horrorizado. Não creio seja um despeitado da vida e nem sequer um homem ruim. Mas o que contava ali, os casos, as palavras alheias, a ambição, a maldade, a intriga, a estupidez, a safadeza davam àquelas memórias fidelíssimas um ar absurdo de mentira. Faltava realismo a toda aquela realidade. Eu é que saía dali um boca-do-inferno, danado, deformador, invejoso e... mentiroso! Era impossível que aqueles fatos tivessem se passado e aquelas frases se dito. Parei com as memórias. A carta não: pode ser controlada no que conta, pode ser desmentida e as psicologias moderadas pelo adversário que as recebe. Topo a ideia de nos entregarmos voluptuosamente ao "estilo epistolar"...

Mas suas palavras por dois lados me deixaram distante. Como todo homem muito destinado e dirigido, faço de vez em longe meus exames de consciência, revejo o produzido e pergunto se estou certo no que vou fazendo. Ora não me contraria, antes considero uma boa solução ter que abandonar a ideia de colaborar no *Estado* da outra banda, bando e bunda. É que recentemente andei relendo meus artigos e vi claro que estava me dispersando e confundindo escrever artigos sem ter assunto, muitas vezes forjando assuntos pra escrever artigo e ainda mais formalmente confundindo ganhar dinheiro com escrever artigos. Isso me fez abandonar a colaboração da *Revista do Brasil* e recusar a ainda mais rendosa que me propôs agora *Vamos Ler!*. Fixei frio o lado ganhar dinheiro e só escrevo mesmo coisa que renda, artigos a 150 ou 200 mil-réis, como os de *Publicações Médicas* ou do DIP quando me encomendam. E quando tiver um assunto que se imponha, isso sim, escreverei e darei até de graça, se ninguém quiser pagar.

Quanto ao seu estado de desespero com o que está sucedendo na Europa, confesso que já ultrapassei esse estado. Estou já naquela enorme calma que sucede quando a gente volta do enterro em que deixou no fundo da cova o pai, a amante, o amigo. Está claro que ainda não consigo adquirir pra mim a nova máscara do tempo e ainda não estou bem habituado ao meu ofício novo de órfão ou de viúvo, mas já estou na calma grande que me permite uma visão mais... histórica da vida. Otimista. Nada se perde, nada se cria... Os gregos foram racistas, os dórios em especial e deixaram a grandeza que deixaram. Nos períodos sistematizados de maior rebaixamento da liberdade humana, no Egito por exemplo, na Idade Média, na China de Rihiú como na Grécia de Sócrates, nada impediu a floração do gênio, a criação das grandes obras imortais. A Alemanha, acabe ou não vencendo esta luta de princípios, acaba de nos dar um dos mais sublimes exemplos de genialidade dirigida, de aplicação específica da inteligência humana. E se tenho horror ao nazismo, e mesmo o considerando uma etapa de evolução social, se nem agarrado serei nazista em mim, não tenho não só forças mas nenhum argumento mais pra desaconselhar a um moço de 25 anos pra menos, a adoção dos princípios nazistas, racistas e comunistas e o diabo. Eles estão com a razão. E o que é mais: *estão com a verdade fatal.*

Cada vez mais e deslumbrantemente eu creio em Deus. Dê você, Sérgio, conforme as suas ideias e princípios o nome que quiser, fatalidade, Destino, ao que eu chamo de Deus — mas repare Sérgio que o que está sucedendo no mundo, simplesmente! não é possível! Não é possível sem a intervenção de um elemento qualquer predestinador. Não é possível que a simples superestesia dos princípios democráticos levasse formidáveis organizações socioculturais como a Inglaterra e a França ao estado de incapacidade, de ignorância, de fraqueza guerreira em que provaram estar. Tinham também suas espionagens admiráveis, tinham o famoso Intelligence Service e não sabiam! Tinham suas fábricas de máquinas guerreiras e não sabiam! Tinham a guerra de 14 e não sabiam da passagem pela Bélgica! Sabiam que o rei dos belgas era francamente nazista e não sabiam! Sabiam das intenções de Hitler até estrategicamente ("Hitler me disse") e não sabiam! A Maginot era uma imbecilidade, parando onde parava, que qualquer leigo percebia (eu percebi!) e não sabiam! Ora tudo isto simplesmente não é possível ou será negar ao *Homo* o apelativo *sapiens*. Não é possível que grandes organismos culturais, com grandes técnicos, todos os recursos de qualquer espécie, não tivessem a inteligência, não apenas necessária, mas simplesmente natural, pra que o que se deu se desse! Pelo menos se desse imbecilmente, deslumbrantemente como se deu. Não é possível! Não é possível! Nenhum materialismo histórico, nenhuma dialética profissional pode explicar os fatos. Há uma fatalidade grande mandando sobre tudo e apesar de tudo. E se você não quiser aceitar isto, bandeie-se imediatamente pro lado dos irracionais. E isto não é digno de nenhuma inteligência lógica. Ou então vista saias sentimentais e faça como aquela "grande dama" aqui, em plena Cinelândia (eu vi), que no comício pró aliados do dia seguinte da entrega de Paris, gritava chorando e se sujando toda com o *rouge*: — Não admito que os alemães entrem em Paris! não admito!

 É profundamente desumano não admitir a realidade. E me parece profundamente estúpido reagir contra a fatalidade objetiva, visível, palpável real. Ficar aí como uma pedra no caminho dos outros, um fantasma remoto, criticando o presente em nome do passado, isso é que não! Como você vê já estou com uma mentalidade... Nazista! Estou sim. E quem me decidiu a isso foi o meu afilhadinho totalitarista, o Carlogusto, filho de minha irmã, que fez um ano de vida dia 12 passado. O sofrimento vinha se desesperando, se desesperando em mim e com o aniversário do menino estourou. Escrevi uma carta pra ele que, isso, provocou uma choradeira mãe de todos lá em casa, na família. E depois celebrei com um porre tamanho, mas tamanho mesmo que fiquei pela primeira (e espero última vez) na vida, reduzido à total inconsciência. Morri por 16 horas e quando acordei ainda não podia andar, tão bêbado inda estava.

    E então veio a calma grande. Tinha enterrado o meu defunto. Eu não vou me opor à fatalidade desse menino. Nem de nenhum menino novo deste mundo. Eu não vou censurar ninguém pelo que fui. Se ele também comer *choucroute* com um *borgonha* gelado, não direi que não. A inteligência acaba sempre por vencer. A mesma vitória guerreira da Alemanha é ainda uma vitória da inteligência. E dentro dos tempos que chegaram a humanidade produzirá sublimes obras novas.

    Será isso razão, tempos novos e estarmos nós, velhos, desaparelhados para eles, será isso razão para que cultivemos *apenas* o nosso jardim? Não me parece. É egoísmo besta. É velharia de um francês masoquista que se individualizou enganosamente na ridícula ilusão de que não criava mitos. Eu é que não? Não rirei do *choucroute* com *bourgogne* gelado. Talvez até prove esse prato novo. Pra mim conservarei apenas a modéstia do ser. Minha curiosidade, minha paciência, e a incerteza de estar com a razão. Traduzindo todo este moralismo em palavras mais francas: é possível que eu adquira até mentalidade nazista (duvido); é certo que verei sem desaprovação a nazificação do mundo e a reconheça com lealdade. Me basta que eu não me sirva disto para tirar nenhum proveito material pessoal. O que, aliás, ainda é uma espécie de vitória da inteligência... Dentro das democracias como dentro dos nazismos. Ai, como o homem é superior aos humanos!...

    Ciao com abraço

MÁRIO

* * *

Rio de Janeiro, 11 de setembro de 1940

Sérgio

Recebo agora a resposta do Luís Martins, mas que não responde a coisas essenciais sobre o meu "caderno" azul. Sou obrigado por isso a lhe pedir estes esclarecimentos.

Perguntei o que vocês entendiam por envio "urgente" dos originais. Isso interessa até pra decidir que tipo de livro escolher, dos que propus.

Vocês me deixam ainda opção entre o "Três Artes" (os ensaios sobre Castro Alves, Música social brasileira e Portinari) ou o de estudos sobre coisas populares brasileiras (a que proponho agora o título "Temas de folclore") com os estudos sobre "A gesta de Lampião", "Calunga", "As cheganças" e "Linha de cor". O Luís Martins parece preferir este último.

Se o "urgente" de entrega dos originais é dez ou quinze dias, prefiro dar o outro, pois o Castro Alves e o Portinari não podem ter mais modificações. Estas seriam tão profundas, no segundo, para completá-lo que quinze dias não me serão suficientes. É portanto principiar a compô-los desde já. Quanto ao Música social brasileira é também só passá-lo na máquina, concertando a conclusão, em quinze dias estaria aí.

Mas se o "urgente" me der espaço de um mês, já poderia acrescentar aos ensaios sobre folclore a documentação nova que ajuntei sobre os seus temas, depois de publicados.

Esta carta lhe será entregue pelo Zé Bento, e você responda a ele verbalmente estas três perguntas:

1 — Máximo de dias que tenho pra entrega dos originais (Conforme o tempo optarei por uma ou outra, das duas composições escolhidas por vocês).

2 — Caso da preferência ser pelo "Três artes", você prefere "A capela de Sto Antônio" com três ilustrações, ou o "Portinari" sem ilustrações?

3 — Caso a preferência caia sobre o outro livro, quem sabe se fica mais comprável, intitular o livro pelo primeiro estudo a sair nele, por ex. "A gesta de Lampião" ou "Linha de cor".
Ciao com abraço.

MÁRIO

* * *

Rio de Janeiro, 18 de outubro de 1940

Sérgio

Você fez as coisas meio atabalhoadamente e não sei se acertei e terá a utilidade que você quer, a carta que vai junto. Se não estiver nos termos e endereço precisos, me mande o rascunho total do que quer, e eu o copiarei assinando. Sua carta só chegou ontem à noitinha e eu a recebi só às 4 horas da madrugada, voltando duma festa. E você não me manda o seu endereço! Amanhã é domingo, o Departamento estará fechado, você não frequenta mais o *Estado*, é o diabo — o seu pedido de urgência em minha resposta está periclitando.

Quanto ao Paulo,[62] a mesma coisa: não tenho a direção dele em Paris ou em que diabo de terra esteja. D. Nini me escreve sobre ele se queixando e não manda o endereço dele! E agora você o mesmo! Ora durma-se com semelhantes seres incapazes de agir com lógica! Pergunte ou faça perguntar a d. Nini se ela recebeu minha carta, de que não tive resposta.

---

62 Paulo Duarte. [N. A.]

E na Europa nem me fale! Vivo angustiado e jamais pensei amar tanto Paris como vejo agora que amo. A ideia de bombardeios destruidores, a imagem dos alemães entrando em Paris me horrorizam, fico num estado completo de desespero. Parece incrível mas é mesmo assim.

Eu, levando a mais besta das vidas. Foi bom mesmo você me escrever sobre a sua situação no *Estado*, seu artigo causara espécie depois que eu contara aos amigos a sua atitude. Agora posso explicar tudo. Se a coisa se solucionar, como você espera, me avise bem depressa. Quero acintosamente retomar logo minha colaboração.

Ah, ontem tive um desgosto por sua causa que sou obrigado a lhe contar. Infelizmente você não foi discreto quanto necessário a respeito da leviana que fingiu ter esquecido a sombrinha no seu apartamento. Você deverá ter participado o caso a mais alguém, provavelmente mulher, que o contou a outra mulher daqui, a qual, por sua vez, comentou o caso com o Murilo Miranda. Este, teve o bom senso necessário de pedir à novidadeira completo segredo e isso ficou decidido. Não sei até que ponto terá valor ou durabilidade essa decisão nestas almas flácidas. Aliás é bem verdade que a leviandade da esquecedora de sombrinhas já está sendo comentada aqui. Estou antevendo a dissolução de mais um lar com filho, e tanta despreocupação de aceitar mais generosamente as exigências da vida, me entristece muito. Sim, eu também temo, como você, a nazificação do mundo, mas não será tão igualmente terrível o abuso egoístico da liberdade?

Ciao com abraço.

MÁRIO

* * *

Rio de Janeiro, 30 de outubro de 1940

Sérgio

Recebi sua carta e obrigado pela presteza da resposta. Francamente: se ainda não mandei artigo pro *Estadão* depois que estive aí e você me convidou de novo explicando as circunstâncias novas, foi só porque ainda não tive coragem de retomar a rotina dos artigos, estou tão livre e tão gostoso assim. Além de uma bobagem que escrevi a instâncias da Cecília Meireles pra sair nos Estados Unidos em revista de propaganda (perspectiva de ganhar muito bem), só hoje, 30, saiu meu primeiro artigo, também escrito por instâncias especiais nos Diários Associados. Foram uns dois meses de férias jornalísticas que me deixaram numa bruta vontade de permanecer eternamente nelas. Mas não será possível porque não consigo sem os artigos dar uma aparência de equilíbrio financeiro à minha vida e creio que tenho de voltar a eles.

    Devo ir pra São Paulo lá pelo dia 11 ou 12 do mês que vem e então falaremos sobre o *Estadão* e Rotogravura. Digo "falaremos", como se já não estivesse falado porque aqui me asseguraram que os negócios entre o governo e os Mesquitas tinham sido desfeitos e que o jornal voltaria a estes. As mesmas instâncias que me fizeram escrever sobre Errico Bianco pros D. Associados, hoje, é que me levaram a pensar na Rotogravura. Queria ter a vaidade de apresentar esse pintor como desenhista, que ele o é admirável nos nus femininos. E se perguntei é porque não sabia de nada, desculpe. Com a mudança cá pra Santa Tereza não recebo mais o *Estado* e não sabia que você estava fazendo crítica de artes plásticas na Rotogravura. Vou ver se o Bianco quer, sem compromisso, mandar fotografar alguns dos desenhos dele e mandarei a você. Se achar matéria escreva sobre.

    Aliás se não comuniquei ao *Estado* minha mudança pois não havia razão pra comunicar desque abandonara a colaboração, já por duas vezes mandei comunicar isso à *Revista do Arquivo* e no entanto continuam mandando ela pra rua de Sto. Amaro, 5. Já não vou mais lá, nem lá mando mais a criada buscar correspondência. Se recebi o n. LXIX (é o último?) da revista foi por mero acaso de ter passado na esquina e encontrado o porteiro do prédio. Veja se dá ordem enérgica aí pra mudarem meu endereço pra esta ladeira de Santa Teresa, 106.

E como é? Onde ficaram seus vastos propósitos de escrever pra sofrer mais largamente em cartas o impossível mundo contemporâneo? Ou a Royal Air Force lhe deu algumas esperanças? Não acho impossível isto, porque você não tem os entusiasmos do Rubens. E você sabe alguma coisa da França ocupada? Estou necessitadíssimo de escrever pra um amigo em Paris, mas hesito muito. Não sei se há possibilidade da carta chegar, não sei se perseguem judeus, tenho medo de chamar a atenção sobre ele por causa do nome. Se sabe alguma coisa mande me contar. Quanto à minha situação aqui está cada vez mais insuportável. Agora um novo e previdente Decreto-Lei me obriga a assinar o ponto diariamente. É inconcebível como ando sensitivo. O que isso me provocou e está provocando de amesquinhamento, de irritação, de desespero, de angústia, de medo, de mania de perseguição, você não imagina. Voltou logo aquele estado de verdadeiro nanico em que eu ficara quando, depois da devassa que fizeram aí no Departamento, me vim de fugida pro Rio. Ao mesmo tempo que um orgulho malferido ao mais profundo, um medo enorme, uma covardia de viver, um pavor de castigos insuspeitáveis, ao mesmo tempo sabidos que injustíssimos e sentidos como justos. Meu desejo era estourar de vez, largar funcionalismo, viver na gandaia entre biscates, sem compromissos nem leis. Mas aqui centra uma razão sentimental, única mas decisória, minha mãe que iria sofrer com isso. E ela que me compreende tanto, não saberia compreender, iria botar a culpa... no Governo! Mas imagino equilibrar Mãe com Eu, e ando à procura de um emprego em S. Paulo. Se souber de algum, de 600 mil-réis pra cima, me proponha que, franqueza, estou disposto a aceitar. Não é brincadeira não, é verdade, embora verdade sem instâncias. Fique apenas à espreita e se souber de coisa possível, me avise pra ver se é possível.

Mas imaginem só, levanto ali pelas nove horas. E não posso mais trabalhar! Fico nisto: faço barba já? tomo banho já? trabalho? tenho que me vestir... bom, então escrevo aquela carta. Mas o tempo não dá. Então leio um pouco. Bom, vou fazer a barba mesmo. Mas o tempo já não dá mais! Tomo banho depressa, de chuveiro. Mas me faz mal. Bem: o melhor é me vestir, depois vejo o que faço. Me visto. A barba me estraçalha o pescoço. A saudade do banho me estraçalha o moral. Mas ainda tenho meia hora. Se descer chego cedo demais. Enfim desço. Chego sempre cedo demais! Assino o ponto e fico com vontade de voltar. Mas disfarço por causa dos outros funcionários. (Ponto aqui é às 11 ou 11 1/2.) E no geral perco a hora do almoço, por causa dos bondes de subida. Enfim, seu Sérgio, é uma dessas coisas feitas bem pra funcionário mesmo, que dariam pra encher uma vida funcionarial, mas que me estragam por completo. Pior inferno cronométrico-moral é impossível de imaginar. E, resultado: meu trabalho de funcionário agora não rende mais! Bolas!!!

Com um abraço do

MÁRIO[63]

---

63 Ignoro se a correspondência cessa aqui. Pouco tempo depois Mário voltaria para São Paulo, não mais se afastando. Pode ser que várias cartas do Mário extraviaram ou se perderam no próprio apartamento de Sérgio. Todo o seu arquivo e livros desapareceram. Quando entrei alguns dias depois da sua morte, o apartamento fora praticamente saqueado. Só uns poucos livros e alguns papéis, cartas e recortes. Quanto à sua correspondência, com Mário e outros, só uma magra pasta em desordem. [N. A.]

8.
Última carta a Mário de Andrade

Rua Guarará, setembro, 1970

Mário

Ontem foi um dia de saudade íntima. Sempre tenho dias de saudades de você, mas ontem, era diferente. Ela não veio à toa, sugerida por qualquer coisa que nos tocava, de repente, sem a gente esperar, como das outras vezes. Foi provocada. Foi provocada por um jornalista, o Múcio Borges, que você não chegou a conhecer. Ele quer escrever, para uma revista, minuciosa reportagem sobre você e me procurou em busca de informações. As minhas lembranças despertaram-lhe a curiosidade por alguns lugares que você mais frequentou ou em que trabalhou, e daí o passeio que fomos fazer juntos e mais esse estupendo fotógrafo que é o Zygmunt. Mas essa excursão por um S. Paulo muito diferente daquele em que vivemos, quando você aqui se achava com a gente. A cidade está obstruída pelo trânsito e por obras descomunais, pelos arranha-céus, pela confusão caótica e por uma multidão muito mais mal-educada do que a de outrora, embora muito mais torturada pela vida, pelas tristezas universais e domésticas e pela incapacidade dos governantes. Saímos de casa às três horas da tarde e só regressamos à noitinha.
    Saímos daquela nossa mesma casa da rua Guarará, tão sua conhecida. Tão sua, quanto minha casa... Não é propriamente a mesma, mas é no mesmo lugar. Tive que vender a casa antiga,

uma mutilação para mim!... Mas, não resisti. Num momento de profunda nostalgia comprei um apartamento no arranha-céu que, no lugar dela, ia ser construído. Agora, estou nesse apartamento, 12º andar. Quando olho lá de cima, me parece ver, lá em baixo, na nossa rua, um desfile de sombras. Sombras amáveis de tantos companheiros que me foram deixando. Sombras até dos meus gatos e dos meus cachorros.

São tão poucos os que vêm ainda à rua Guarará!... A maioria, a quase unanimidade, partiu para sempre e eu não sei fazer amigos novos. Aliás não estou em maré de fazer amigos: estou por baixo, na oposição. Às vezes ainda vêm o Rubens, o Sérgio (não o Milliet, está claro, o Buarque de Holanda) mais a Maria Amélia. O Julinho e o Chiquinho lá se foram há um ano... Mas, como eu ia dizendo, deixamos a Guarará e fomos, primeiro, à praça João Mendes ver o prédio em que funcionou o *Diário Nacional*, aquele jornal quase nosso, pois pertencia à política do Partido Democrático, o nosso Partido, do qual você era crítico de Arte, eu era redator-chefe, o Sérgio Milliet era gerente. Imagine só, o Sérgio, gerente!... O resto do nosso grupo, o Rubens, o Tácito, o Couto, e Paulo Magalhães (o de Piracicaba), continuavam colaboradores permanentes daquele jornal que ajudamos o Quincas e o Paulito criarem e nele pelejávamos como numa trincheira.

Íamos descendo a Brigadeiro Luís Antônio, devagarinho, devido ao engarrafamento. De repente, me lembrei mais de você. Foi quando o nosso carro parou para esperar o escoamento, mesmo em frente à casa de Cláudio de Souza. Rico, mais rico do que escritor. Cláudio de Souza, muito antes de ir para a Academia e quando começava a ficar conhecido como autor teatral, construiu aquela casa, no estilo em moda: "Art nouveau". Ali estava a casa de Cláudio de Souza, praticamente abandonada, em todo o esplendor da sua feiura, mas respeitada pelo terremoto de demolições para dar lugar a novos arranha-céus. Lembrei-me, Mário, do que você disse uma vez do "Art nouveau": "se outros motivos não existissem, bastava o 'Art nouveau' para justificar a Semana de Arte Moderna...".

O carro pôde prosseguir. E chegamos à praça João Mendes, pelo viaduto D. Paulina, que você não conheceu, um viaduto que, a partir da rua Asdrúbal Nascimento, passando por cima da avenida Vinte e Três de Maio, um avenidão que vai até o Ibirapuera, une a avenida Luís Antônio com a praça João Mendes.

Como o velho prédio, antiga residência de João Mendes Júnior, escapado ainda do traumatismo urbano por que S. Paulo continua passando, está desfigurado! Virou dois prédios, um pintado de azul vivo e outro de um rosa ofuscante, quase vermelho. No andar de cima, da redação, há hoje uns escritórios; a mansarda, arquivo do jornal, desapareceu; no rés do chão, onde funcionavam as nossas oficinas, um enorme restaurante popular, em que certamente se come mal, como em todos os restaurantes populares de S. Paulo, hoje das massas que se alimentam pouco e comem muito pior. Desapareceram aquelas tascas italianas ou portuguesas. Nelas até bife a cavalo era delicioso e o vinho italiano ou português era legítimo e custava três ou quatro mil-réis a garrafa!...

Desfigurado embora, o prédio do *Diário Nacional* ainda existe, mas a praça, aquela pracinha, com jardim, o busto de João Mendes no meio; muitas árvores em torno; de um lado a igreja de S. Gonçalo, por onde nós fugiríamos se os antigos perrepistas incendiassem o jornal, como prometiam; do outro lado, num quarteirão que foi todo abaixo, a histórica igreja dos Remédios, também demolida, que fechava quase a entrada da rua da Liberdade e separava a praça João Mendes do largo Sete de Setembro, antigo largo do Pelourinho — a nossa velha Praça está muito mudada! Maior, muito maior, mas nem uma só árvore sobrou!... No largo Sete de Setembro pois, hoje anexado à praça João Mendes, nos tempos de dantes, os escravos eram açoitados jungidos ao pelouro, a coluna de pedra no alto de um soco, para que o povo apreciasse o suplício. Felizmente, nós não alcançamos isso; evidentemente, no nosso tempo era apenas o pequeno largo, pacato e vazio, que dava escorrimento para a rua da Glória, a antiga estrada sinuosa por onde Pedro I e a sua comitiva entraram em S. Paulo, após o famoso incidente do Ipiranga... Pegado à igreja dos Remédios, alinha o prédio em cujo pavimento superior funcionava a Biblioteca Pública do Estado, onde estudei muito dos meus preparatórios. O seu diretor, Otoniel Mota, encerrado o expediente, fechava a repartição, atravessava a praça e vinha para a redação do *Diário Nacional* ajudar-nos a xingar o perrepismo. Mais tarde iríamos passar o acervo daquela biblioteca para o Departamento de Cultura. Fui eu quem apresentou o projeto na Assembleia Legislativa instalada ali mesmo, do outro lado da mesma praça João Mendes, no velho casarão que fora a cadeia pública, antes de esta mudar para o bairro da Luz, o antigo Guaré. Esse velho prédio da Câmara dos Deputados e do Senado (havia senado estadual!), também, já desapareceu há muito para estender-se a praça João Mendes até o início da rua Riachuelo e Quintino Bocaiuva, a antiga rua da Cruz Preta, rua das serenatas estudantis, dos priscos tempos do Império.

 Daí seguimos para o Mercado Municipal, lá na antiga Várzea do Carmo. O Múcio Borges estranhou eu ter guiado o nosso motorista em direção ao Mercado. Ele não sabia que ali estava o pavilhão, a ele anexo, que fora o escritório do diretor do Mercado, o Proença de Gouvêa que, sempre pronto a ajudar, o esvaziara para você, quando instalamos a direção do Departamento de Cultura e a Seção de Documentação Histórica e Social ali mesmo, juntinho ao mercado, com cheiro de verdura, de frutas, de peixe, de flores, de mercearia... Foi por isso, que um jornal da oposição escreveu que o Departamento fora instalado ali porque a nossa cultura era de secos e molhados... Apesar dessa opinião, fizemos coisas que não foi vida!

Paramos junto à entrada do pavilhão, na rua da Cantareira. Nada mudou naquele pavilhão. Nem a entrada, com alguns degraus e a pequena cercadura de ferro por onde passávamos, juntos ou sós, mas sempre com o sentido na mesma coisa: o Departamento de Cultura.

Aí nesse pavilhão, num bairro rebarbativo, que coisas esplêndidas não se fizeram! É verdade que um pouco também, no gabinete do prefeito, à rua Líbero Badaró ou na rua Guarará. E Fábio Prado?! Nunca vi um homem de negócios tão aberto às ideias culturais! As mais atrevidas daquela "meia dúzia de mocinhos que, ainda pouco antes, se reuniam, quase todas as noites, num apartamento da avenida S. João para sonhar um sonho de idealistas e de loucos", como escreveria mais tarde Sérgio Milliet, falando de Fábio Prado.

Com frequência, Mário, você me mandava, aí da rua da Cantareira, bilhetinhos os mais esquisitos possíveis, reclamando serventes, pedindo substituição de funcionários que não davam mesmo para a coisa, e um dia misturou uma encomenda de fichas de que necessitava, com duas garrafas de champanhe que eu prometera: "Paulo, recebi as fichas, não vieram as garrafas de champanha...". Outro bilhetinho teve por causa o fato de eu não ter sido encontrado duas vezes, para assinar um parecer destinado ao prefeito. Você, danado da vida, me mandou isto por um contínuo: "Dr., esta Diretoria solicita a V. Exa. assinar o seguinte parecer, senão, francamente, arre!"... E, nessa colaboração íntima, sorridente, cerrada, de todos, fez-se o Departamento de Cultura. Rubens Borba, na Divisão de Bibliotecas, já pensava na construção do prédio novo, esse que está ali na Consolação, em frente do lugar em que nasceu o Sérgio Milliet e tem hoje o seu nome: Biblioteca "Mário de Andrade". E pensava ainda nas bibliotecas infantis, nas circulantes, nas populares e, mais, em comprar as grandes bibliotecas particulares que aparecessem, como a de Félix Pacheco, a de Lamego, os manuscritos de Rui, com toda a campanha civilista, as nossas primeiras compras. Não mais aconteceria a tragédia da biblioteca de Eduardo Prado, a de Alfredo Pujol, dispersadas aos quatro ventos. Na Divisão de Educação e Recreio, o Nica e a Nini já iam instalar três parques infantis, dos trinta e tantos iniciais do nosso programa, o primeiro deles ia ser dirigido por Ida Jordão Kuester e Elza de Morais Barros, cuja nomeação, por indicação minha, fez crise no meu Partido porque o pai desta era do partido contrário. Ninguém se lembrou da competência da Elza, posta na situação do cordeiro da fábula. Era a nossa politiquinha partidária que ainda não mudou... Depois viriam os estádios, o primeiro, esse que aí está no Pacaembu. Você, além da direção do Departamento, era chefe da Divisão de Expansão Cultural, onde já organizava a orquestra, os bailados, os espetáculos musicais, preparando, com a Oneyda, aquela mineirinha que você descobrira no Conservatório, a Discoteca e o futuro laboratório de Fonética; como Paulo Magalhães a renovação dos teatros, inclusive o Municipal e, com o Benito Duarte, o arquivo Iconográfico. Nino Galo via a organização da Divisão de Turismo, onde figurava um verdadeiro desaforo, segundo uns pasquineiros nossos inimigos íntimos: a instalação de um restaurante destinado a estilizar a culinária brasileira e fazer a propaganda dos produtos alimentícios nacionais. Havia ainda Antônio de Alcântara Machado já pensando na Divisão de Teatros de que ele seria diretor... Na sua Divisão de Documentação Histórica e Social, instalada no mesmo pavilhão que nós olhávamos, o Sérgio começara a restaurar os documentos antigos, dos séculos XVI e XVII, com o auxílio do Nuto Santana e a estudar, com Bruno Rudolfer, o início das pesquisas sociais, quarteirão por quarteirão, sobre que, em 1937, o professor Bourdon, de Paris, ao ver os mapas organizados pelo Departamento, teve esta exclamação: — *"Mais, c'est une ville vue au microscope!"*. Quando você organizou aquele Primeiro Congresso de Língua Nacional cantada, encerrando o Congresso, apresentou-se uma encenação da Nau Catarineta pelas crianças dos parques e da Biblioteca Infantil, dirigida pela Lenyra Fraccaroli, ensaiadas as crianças pelo maestro Braunwieser. Me lembro do seu entusiasmo ao proclamar que foi a coisa mais linda daquele Congresso. Eram de tal solidez as bases daquele Departamento, levantadas naquele isolado e pequeno pavilhão do Mercado, que nem os bárbaros que vieram depois conseguiram destruir de todo.

Um dia, logo no início (os serviços estavam ainda sendo instalados), compareci para combinarmos novos sonhos. Mas o porteiro me barrou a entrada. Não podia entrar, era ordem de seu Mário. "A Diretoria não recebe mais ninguém hoje", concluiu decisivo. Pedi-lhe levasse a você o recado que escrevi: "Será que essa Diretoria se recusa a me receber também?". Lá se foi o mulato, muito cheio de si, com o papel, para voltar, dois minutos depois, com outro papel: "Está Diretoria manda que subam"...

Múcio e eu enfrentamos, de novo, a esclerose das artérias paulistas, para chegar à rua Aurora. Íamos ver a casa em que você nasceu, com aquelas palmeiras altas e robustas, vestidas de trepadeira. A rua Aurora, hoje, só tem uma única mão: da praça da República para a Luz. Por isso, contornamos pela avenida Rio Branco, hoje alargada, enorme, que vai embora, para além da Barra Funda. Com o alargamento, a "sua" casa ficou quase na esquina. A sua casa? A sua ex-casa, o terreno dela com as palmeiras. Até para mim foi uma surpresa. Tanto se falou que ali ia ser instalado um museu, com todas as suas coisas, o seu arquivo, os seus quadros, os seus livros. Mas, você sabe, falar e fazer era com o Departamento de Cultura. Nesta nossa terra fala-se muito e constrói-se pouco, a não ser arranha-céu... A sua biblioteca, arquivo, quadros (menos o *Futebol*, do Lhote), com todas as minhas cartas mandadas lá dos

States, da Europa, da Argentina, foram para o Instituto de Estudos Brasileiros, da Universidade. Lá está tudo, no edifício de Geografia e História, guardado pelo Aderaldo Castello, que pensou em reunir ali também a minha biblioteca, mas os rinocerontes o quiseram chifrar. E a casa em que você nasceu foi demolida! Sim, no terreno vazio, lá estão armados uns aparelhos de parque infantil, tudo abandonado, e dois automóveis ali deixados por falta de estacionamento na rua. A rua Aurora perdeu a sua tranquilidade. E a sua personalidade também... A onda de veículos é uma fila sem fim, fila dupla, a escorrer que nem rio que não para. Restam apenas as duas velhas palmeiras que não sei como não foram ainda postas a baixo! Elas me esperaram e, quem sabe, desconhecem a sua partida e estão esperando você?... Durarão muito as palmeiras amigas? Não pude pois, como pretendia, entrar, de novo, naquela casa onde estive uma só vez, na sua companhia. Lembra-se? Era hora do almoço, saímos juntos do apartamento da avenida S. João, em busca de um restaurante. Foi ali por volta de 1927 ou 1928. Íamos no Telêmaco pertinho, na rua Ipiranga, ainda não alargada. Íamos pensando num "rigatone" à bolonhesa, quando você parou de repente e disse: "Quer fazer um besteira? Ali, na casa onde nasci, tem agora uma pensão. Vamos almoçar lá?". E fomos. Estava uma casa mais ou menos maltratada e que pensão vagabunda! Mas você ria, eu ria e até pedimos vinho, para ver no que dava. Só havia uma marca: Alvarelhão... Vinho virgem, português, de barrica, engarrafado na casa... Bebemos uma garrafa inteira daquele vinho bravio; depois visitamos a casa enquanto não vinha a azia, seguidos da gordura e da curiosidade de uma dama obesa, muito daquelas que o Picasso andava fazendo. Visitamos toda a sua primeira infância do grupo escolar da rua do Triunfo, você ciceroneando, eu turista e a dama futurista...

Prosseguimos a peregrinação. Me despedi das nossas palmeiras solitárias, olhando para o céu, desesperadas naquela selva urbana que é hoje a rua Aurora, tão tranquila que era! E o nosso simpático motorista nos levou à avenida S. João. Lá estava o Conservatório Dramático e Musical, no mesmo lugar, do mesmo jeito, igualzinho ao que era naquele dia que vai longe quando, saindo juntos do Departamento de Cultura, pegamos o meu fordinho e eu deixei você à porta do Conservatório. No seu tempo, foi a única vez em que lá fui. Anos antes, repórter do *Estado* (praça Antônio Prado, Palacete Martinico), lá estive várias vezes a assistir conferências de Vicente de Carvalho, Amadeu Amaral, Bilac. Até uma noite aí fomos vários estudantes para aplaudir uma palestra inflamada contra o governo federal, de Maurício Lacerda que, mais tarde, se tornaria meu amigo íntimo. O Conservatório eu acho que hoje é a casa mais conservadora de S. Paulo, como o nome indica. Nunca mudou. Sempre aquela feiura de todos os tempos. Agora, todo pintado de verde, creio, não vai durar muito.

Continuamos a subir a avenida São João. Quase não pude localizar o ponto em que era o Palhaço, nosso restaurante dos dias em que tínhamos vinte mil-réis no bolso, das noites do *Diário Nacional*, quando íamos todos, ali cear, depois da redação. Ah! aqueles vinhos franceses do Palhaço! Como o Padula os sabia escolher! Oito mil-réis a garrafa! Caríssimo!

Mais adiante, já no largo Paisandu, (aqui o seu "Testamento" foi muito besta) nem achei o lugar em que era o Carlino, a tasca italiana das nossas macarronadas e do bife com cebola frita do Amadeu Amaral, depois das duas da manhã. Você, o Sérgio e eu. Recorda-se? O Carlino tinha uma tradição meio lúgubre: aí tombaram assassinados o Licurgo e o Jaguaribe, dois notívagos valentões daquele tempo... Era só beber, pronto! Estava armada a baderna. Fosse lá com quem fosse. Nós escapamos. Era curioso o Jaguaribe, rixento perigoso, o que o perdeu; na revolução de 1932 foi um grande soldado. Bateu-se conosco em Vila Queimada. Um bravo. Eu só me lembro dele nesse aspecto de camarada simpático, bem-humorado, pronto para qualquer risco. Mas nem o Palhaço nem o Carlino existem mais. Quando eu pensava nisso, chegamos em frente a um edifício, ainda na avenida São João, lado esquerdo de quem sobe. Lá está agora um hotel chamado Cinelândia. Mas não era hotel, era a casa do apartamento em que eu morava, na companhia do Nino e do Sérgio Milliet e onde, quase todas as noites, jantávamos juntos, o cerne do nosso grupo. Vale a pena lembrar, como adquiríamos o jantar. Havia sobre um móvel, à entrada, uma taça de bronze onde ficavam cartões de visitas, contas de luz, coisas assim. À noite, quando começavam a entrar os membros do grupo, cada qual punha dentro da taça a quantia de que pudesse dispor. Do nosso bando, composto de uma parte permanente e outra acidental, faziam parte, da primeira, Tácito de Almeida, Rubens Borba, Antônio de Alcântara Machado, Randolfo Homem de Melo, Couto de Barros, sem contar você, Sérgio, Nino e eu estes integrados quase sempre, por um ou outro dos menos assíduos: Rocha Lima, do Biológico, André Dreyfus, da Universidade, os pintores Wast Rodrigues, Gobbis, Paulo Rossi e mulher, pianista, José Mariano Camargo Aranha, Júlio de Mesquita, Eugène Wessinger, diretor do Terminus, que, com frequência, nos mandava duas ou três garrafas velhas, e outros.

Até nove da noite, pelo menos, a conversa era viva. A essa hora, Randolfo ia à taça, recolhia o dinheiro e partia para o Buksky, restaurante húngaro, perto dali, avenida São João, esquina de Paissandu, onde comprava o jantar. As instruções seguidas à risca eram gastar um terço com a comida e dois terços com o vinho. O vinho do Buksky era excelente, um vinho branco, húngaro, chamado Badashony, "vinho de Pedra", já gelado, mas era posto na nossa geladeira, sempre funcionando por via das dúvidas e quase sempre vazia. Quando a coleta era maior, o jantar vinha do Palhaço, restaurante grã-fino. Aqui, no Palhaço, muito mais tarde, dar-se-ia um episódio que me toca. Com treze anos, eu fui garçom do Hotel Royal, situado no largo de São Bento, do qual meu pai era sócio. Ocupava um prédio grande de três andares, que tomava toda a frente do largo, da rua de São Bento até a rua Líbero Badaró. Devido à minha idade e à minha magreza, eu era frequentemente hostilizado pelos garçons mais velhos e, dado o meu gênio brigão (era apenas complexo de defesa), às vezes eu provocava conflito com esses meus incompreensivos colegas, que não eram maus, eram apenas sem formação. Um dia, um deles passou a me defender contra os outros. Evidentemente, eu fiquei amigo desse jovem italiano, musculoso e de bom humor, chamado Roberto, e, mesmo passados muitos anos, sempre me lembrava dele, pois nunca mais o vira, depois que o Hotel Royal foi vendido e eu fui morar à rua da Liberdade. Isso entre 1913 e 1914. Em 1934, quer dizer vinte e um anos depois, feito deputado pelo Partido Constitucionalista, muitas vezes os trabalhos da Assembleia Legislativa à praça João Mendes estendiam-se pela noite afora, e Laerte Assunção, presidente da Assembleia, meio aristocrata mas temperamento boêmio, inteligente e afável, encerrados os trabalhos, nos convidava para cear, alguns companheiros de partido, Henrique Bayma, Edgard França, Jairo Franco, Dante Delmanto, Aristides Macedo, Waldomiro Silveira, Aristides Machado. Às vezes, até Cirilo Júnior, líder da oposição, nos acompanhava, sempre a convite de Laerte, que se esmerava em nos oferecer um vinho de qualidade, o que não faltava no Palhaço, pelo menos igual ao que nos oferecia em sua casa à rua Aracaju.

Uma noite, ou melhor, uma madrugada, ao entrarmos no restaurante Palhaço, dirigimo-nos a um dos reservados, como fazíamos sempre, e quem nos veio servir foi um garçom meio envelhecido, novo na casa. Já me havia sentado com os meus companheiros, quando reconheci o Roberto, que eu não via desde 1914, e me olhava timidamente, sem ousar dizer algo que denunciasse o nosso passado. Instintivamente levantei-me e fui dar-lhe um abraço e o apresentei aos meus colegas da Assembleia, contando a origem das nossas relações. O pobre homem abriu num choro bem italiano, chorava e ria ao mesmo tempo, apertando a mão dos deputados presentes e, mais comovido ainda, quando o velho Laerte, confirmando o conteúdo humano que possuía, apertou Roberto nos braços com o carinho generoso que sabia espalhar em torno de si. Foi Roberto quem nos serviu e, ao fim da ceia, Laerte ordenou uma garrafa de champagne para comemorar o reencontro de dois velhos amigos. Ainda não ameaçava amanhecer quando saímos, Roberto acompanhando-nos até à soleira do Palhaço, mas a noite me parecia mais clara do que nunca! A sua luz acesa pelo vinho bom, a luz de um imenso prazer íntimo e de um carinho profundo iluminava a minha noite e, creio, a do Roberto também. E tenho certeza de que iluminava a noite de Laerte Assunção...

Voltemos ao apartamento do 180, da avenida S. João. Os nossos jantares decorriam alegres, entravam pela madrugada. E os nossos vinhos, lindos como a nossa saúde e a nossa mocidade! Vinhos que o Wessinger mandava do Terminus ou comprávamos na Casa Duchen, com o dinheiro esquivo e curto que eu ganhava no jornal e você ganhava no Conservatório. Aliás o Wessinger compreendia isso, e os seus presentes eram frequentes. Foi o Wessinger e, antes dele, o Germain Auroux (você os tem visto por aí? Que amigos que hoje não existem!...) que me ensinaram a distinguir os vinhos de alta qualidade. Depois fiz um curso de aperfeiçoamento na França... O Eugène Wessinger era um verdadeiro poeta. Dançava que a gente nem via os seus 120 quilos! Um dia, o nosso garçom do Terminus, ao iniciarmos um dos almoços semanais que ali fazíamos, a sós, na sala das crianças, tradição deixada pelo querido Auroux, tomando bruscamente uma empoeirada garrafa de Haut-Brion, pra abri-la, o Wessinger, chocado com o sacrilégio, ralhou: — *"Il faut la traiter, comme à une jeune femme!"* — "Que delícia!..." comentou você. De outra vez, ao pôr no copo o conteúdo de uma garrafa antiga, Wessinger desapontou-se ao ver a cor clara demais de um grande Chambolle-Musigny. Desesperançado, assim mesmo, experimentou o vinho verificando que, apesar de enfraquecido, continuava sendo o grande vinho de sempre. Não se conteve, de olhos acesos, a feição iluminada, comentou: — *"Il a perdu son corps, mais il n'a pas perdu son âme!"*...

Wessinger adoeceu um dia. Foi a um médico suíço, da Suíça Alemã, como ele. Conhecendo-lhe a vida boêmia cheia das coisas boas que a mesa e os vestidos perfumados podem oferecer, o médico lembrou-lhe uma expressão que, por incrível que pareça, é de Martinho Lutero: *"Wer nicht liebt Wein, Weib und Gesang, der bleibt ein Narr sein Leben lang"*. O que, em língua de gente brasileira, seria isto: "Aquele que não ama o vinho, a mulher e o canto não passa de um bobo alegre". — Eis o seu mal, sentenciou o médico. São, realmente, grandes encantos da vida, não há dúvida, mas se quer conservá-la, precisa, desde já, abandonar pelo menos um deles. E o Wessinger, sem pestanejar: — Está bem, eu abandono o canto...

Muitas vezes apareciam, para tomar parte nesses nossos jantares do apartamento, amigas muito queridas de todos, indistintamente, como Carmen de Toledo, dançarina espanhola, a Filhinha, uma sensibilidade e delicadeza feminina inigualáveis, tipo versailesco, com uma linda cabeleira meio grisalha, mas uma mocidade de esplêndida beleza no rosto e no corpo. A morte heroica de Filhinha, eu contarei, um dia. Beatriz, cuja inteligência fulgurante era o encanto de todos, Yvette bretã robusta, alegre e camarada, que vivia com um banqueiro que a mantinha num apartamento do andar de baixo do nosso, Lia, brasileirinha ignorante, bonita, de uma bondade ingênua deliciosa, e algumas outras borboletas sem status social, de mocidade e beleza impuras mas de alma puríssima como Maria Magdalena. Possuíam sobretudo coração. "Sorelline", como dizia Mário Marianni.

Eram noitadas de poesia, amizade fulva que as nossas discussões sobre política, mas principalmente sobre literatura e arte, enchiam de ruidosa alegria, completamente esquecida dos nossos problemas, falta de dinheiro e dívidas que nos esperavam lá fora... Você, Mário, acabava sempre fazendo funcionar uma vitrola para ouvir o último samba ou a última canção em moda, cujos discos todos traziam, logo ao entrar. Eu não gostava de música, aleijão que ainda conservo, você me vaiava, por isso, os outros também, mas nem por tal a música deixava de dominar o ambiente por muito tempo. O *"vieux marc de Bourgogne"* ou o Calvados, que era o seu grande encanto alcoólico, me ajudavam a tolerar a música. Desesperado, um dia, você se pôs pacientemente a me ensinar música, de que eu já trazia umas tinturas da minha infância, na França. A minha indiferença por ela parecia a vocês uma falha de educação. Bom aluno, aprendi um pouco mais de teoria, mas depois, desanimado, você desistiu porque a sua "música, doce música" continuava a ser, para mim, um barulho dirigido e nada mais.

Você, dentre aqueles discos, escolhia sempre as canções que preferia, dentre elas "Vamo apanhá limão", "Sinhô do Bomfim", as canções folclóricas de Estefana de Macedo e de Helena Magalhães Castro, em plena popularidade. Um dia, juntou-se a nós Elsie Houston, recém-chegada de Paris, com o marido, Benjamin Péret, este do grupo surrealista de André Breton, que depois iriam ser meus excelentes companheiros em Paris e Nova York, exilados de 1940. Elsie, dona de notável cultura musical, trouxe consigo a música mais elevada de motivos folclóricos do Brasil, e por ela cantada. Ninguém se lembra do que a nossa cultura lhe deve! Durante três ou quatro meses, Elsie Houston frequentou o nosso grupo, vindo quase todas as noites ao apartamento. Elsie era brasileira, filha de um dentista norte-americano, e possuía um talento raríssimo, tornando-se querida de todos. Ficava, muitas vezes, sentada ao lado de você, discutindo música, a um canto da nossa grande sala de jantar, dividida em duas por uma grade de ferro batido; num lado a mesa de jantar, de granito, sobre a qual Carmen de Toledo mais de uma vez dançou tocando castanholas, o armário baixo com a louça e os talheres, sobre ele a vitrola e os discos e, do outro lado da grade, duas grandes poltronas, uma mesinha e a minha biblioteca ocupando toda a parede do fundo, já com numerosos volumes raros da coleção que, com os anos e muitas vezes com dinheiro tomado dos agiotas a cinco por cento ao mês, eu ia formar e que, muito mais tarde, muito depois que você se foi, fui obrigado a vender. Erico Verissimo, sabendo o que representava aquela biblioteca para mim, perguntou um dia o que me acontecera para chegar ao extremo de separar-me dela. Dei-lhe a mesma resposta dada a Zeferino Vaz, ao fazer-me a mesma pergunta: as misérias do Brasil, as misérias de S. Paulo e a minha própria miséria. Kurnonsky, o príncipe dos gastrônomos, tivera resposta semelhante à mesma pergunta que lhe fizeram em Paris, logo depois da última guerra e pouco antes de morrer, quando vendera a sua preciosíssima biblioteca gastronômica.

Muita gente boa frequentou o nosso apartamento, Adolfo Bergamini, Ribeiro Couto, Olegário Mariano, Graça Aranha, Brecheret, Alberto de Oliveira, Clement de Bojano, Belmonte, o barão de Krusenstiern, Maninho, Amadeu Amaral, Dreyfus, Gomide.

Havia momentos duros, coisa de que todo o nosso passado está cheio. Mas sempre se dava aquele jeitinho bem brasileiro. Certo fim de ano, Nino e eu, sozinhos em casa, não trazíamos mais do que dez tostões no bolso. Em compensação tínhamos uma fome daquelas que só uma boa saúde dá de presente todos os dias. Mas o Nino resolveu a situação com a sabedoria de um filósofo grego. Havia, perto de nós, à rua Ipiranga, um restaurante, cujo dono, o velho Spadoni, era seu grande amigo. Sempre tínhamos algumas contas dependuradas no velho Spadoni, pois o nosso crédito ali, mantido com a fiança da simpatia, era ilimitado. Nino telefonou para encomendar ao próprio Spadoni um jantar para quatro pessoas. Escolheu o cardápio mais fino que pôde, não esquecendo um "fiasco" do melhor Chianti (legítimo, evidentemente, pois àquele tempo não se falsificava Chianti nem no Rio Grande do Sul nem em São Roque ou em Jundiaí). E, ao final, recomendou que viesse tudo até às oito horas em ponto e se mandasse também troco para quinhentos mil-réis. O jantar ficou caríssimo: quase noventa mil-réis! Com ele vieram cerca de quatrocentos e dez mil-réis de troco. Nino acrescentou esta soma na conta e mandou dependurar... O ajudante de cozinha do Spadoni saiu contentíssimo com dez mil-réis de gorjeta. E telefonamos à Filhinha e à Lia para virem jantar conosco. E não faltou dinheiro para o fim do ano...

Um dia, veio a S. Paulo Francesco Pastonchi, considerado o maior dantólogo de então. Pastonchi agarrou-se a Nino Gallo, encarregado pelo *Diário Nacional* de resumir e comentar cada dia as suas conferências sobre *A divina comédia*. Pastonchi ficou amicíssimo de Nino por causa desses comentários que achou de excelente conteúdo espiritual.

Cheio de tédio, com as recepções grã-finas com que foi agredido pela colônia italiana e pela sociedade elegante besuntada de intelectualidade, Pastonchi, certa noite, foi levado, por Nino Gallo, ao apartamento. Daí até o fim das duas semanas que passou em S. Paulo, Pastonchi desaparecia das festas para refugiar-se naquele nosso tugúrio. Lembrança disso, aqui ficaram dois retratos, um que eu ainda conservo, outro que ainda conserva Nino Gallo. No primeiro, está escrito: "*A Paolo Duarte, alla sua anima ribelle, F. Pastonchi. S. Paolo, 25.II.29*". No outro, vê-se: "*Che dirò a Nino Gallo se non grazie delle sue tanto intendenti parole?*"...

Você também gostou do Pastonchi e vice-versa, tornaram-se amigos, e Pastonchi ao chegar à Itália mandou alguns livros para a rua Lopes Chaves.

Outro agradável amigo italiano era Nicola Puglisi. Perdera uma enorme fortuna mas não perdera o bom humor. Falava um português misturado com italiano. Fora morar no Guarujá, mas conservava um pouco de roupa no quarto do Nino de quem era íntimo. Vinha, de vez em quando, trocava de roupa e lá se ia. Uma vez nós lá não estávamos, mas estava o lustrador que vinha cada seis meses renovar o verniz dos móveis. Ao sair, eu lhe recomendara que não permitisse a entrada de ninguém a não ser com ordem escrita minha, do Sérgio ou do Nino. Como iríamos pensar que Puglisi viria àquela tarde? Veio. Bateu à porta, o lustrador foi abrir, mas não o deixou entrar. Só com ordem escrita, disse ele a Puglisi. "Mas eu sou amigo velho da casa", protestava este. "Só com ordem escrita." Puglisi era cordato. Fechada a porta, rabiscou no corredor, à margem de um exemplar do *Fanfulla* que levava debaixo do braço: "*Signore lustratore. Il signor Puglise é amigo mio. Puó entrare*". E assinou: "*Dottore Paolo*". Rasgou o pedaço de jornal, bateu de novo e entregou o bilhete. O nosso lustrador leu lentamente e, escancarando a porta: "Agora, sim, pode entrar"...

Foi num daqueles nossos serões que você descobriu, na minha estante, um exemplar de capa rasgada do seu *Ensaio sobre a música brasileira*. Eu o encontrara jogado numa mesa atulhada de livros e revistas, na redação do *Diário Nacional*. Havia nele duas dedicatórias, letra de Mário. Esta, a primeira: "À distinta Redação do *Diário Nacional*. Homenagem dos Editores. S. Paulo, 11 de novembro de 1928". Couto de Barros, então redator-chefe, que eu iria substituir no ano seguinte, e recebera o livro, exigiu que você o dedicasse a ele. E você, abaixo da primeira, apôs a segunda dedicatória: "... e eu também, ajuntando a minha homenaginha camarada de amigo velho, ofereço este livro pro A. Couto de Barros. Mário de Andrade" (sem data).

Antônio Carlos Couto de Barros esquecera o livro na redação. Encontrei o voluminho, um dia, por acaso. Levara-o para casa, dera-lhe um lugar na minha estante, onde ficou até aquele momento em que você o descobrira. Couto de Barros achava-se presente, protestou logo pelos seus direitos de proprietário. Eu retruquei com o *"uti possidetis"*. Com a eloquência que pude, demonstrei que o Couto decaíra dos seus direitos por abandono do objeto. Falei do usucapião com todos os seus requisitos. Você, Mário, foi chamado para decidir, e acrescentou a terceira e última dedicatória: "... e afinal, numa noite de domingo, 'Liebfraumilch', 'Madeira', 'Porto', 'Sinhô do Bom-Fim', 'Vamo apanhá limão', felicidade e pândega, Paulo Duarte, amigo velho, este livro é de você e carinhosamente. Mário de Andrade. S. Paulo, 29 de dezembro de 1929". Mais de um ano depois da primeira dedicatória...

Muitas vezes, aquelas tertúlias prolongavam-se ou terminavam aí, mas muitas vezes, principalmente depois que assumi o cargo de chefe da redação, continuavam no *Diário Nacional*, para onde nos dirigíamos todos juntos.

Foi aí, no apartamento da avenida São João, como lembrei atrás, que surgiu a semente do Departamento de Cultura, mas, isso, meu caro Mário, eu contei tim-tim por tim-tim, num livro prestes a sair, no qual trato quase só de você e conto toda a história do Departamento. Foi aquele apartamento fechado, pela primeira vez, em fim de setembro de 1930, pela Polícia que o invadiu e me levou para a cadeia pública, à avenida Tiradentes, onde permaneci, na companhia do seu irmão Carlos e aonde você, com uma autorização especial arranjada pelo Ferrignac, ia frequentemente levar notícias do andamento da revolução. Vitoriosa esta, rompíamos, logo a seguir, com o governo provisório de Vargas e, pouco depois, era novamente o apartamento invadido pela Polícia revolucionária que me fora buscar outra vez e, não me encontrando, pois estava em Ribeirão Preto, fazendo contatos para um novo movimento, prendera o Nino Gallo, que viveu vários meses, agora, nos cárceres da revolução que ajudáramos a fazer. De volta, fiquei escondido na casa da Mãe do Nino, a corajosa d. Adelaide Gallo, por vários dias. Aliás, Nino Gallo foi vítima mais de uma vez das minhas atividades políticas. Um ano antes da revolução de 1930, um grupo de políticos do Partido Republicano mandou uns capangas darem-me uma sova por causa da minha atividade no Partido Democrático e no *Diário Nacional*. Eu era, como você se lembra, redator-chefe do jornal, e o Nino tinha escritório no centro da cidade. O grupo encarregado do serviço foi muito bem instruído para não cometer um erro. Sabia que o Nino saía muito cedo para o escritório, ao passo que eu dormia até tarde, pois só pela madrugada regressava do jornal. Os meus agressores foram pois me esperar para o que eles achavam, aliás contra a minha opinião, um merecido castigo, depois das onze horas da manhã. Por fatalidade, àquele dia eu tive de levantar muito cedo para ir ajudar um comício democrático no interior, e o Nino passara a noite numa alegríssima pândega com o Maninho, que se prolongou até a manhã desse dia. De modo que o Nino, quando saía de casa à uma hora da tarde, para o almoço, foi quem levou os safanões que me estavam reservados...

Agora, depois de 1930, já em plena revolução vitoriosa, a "nossa revolução", era ele preso em meu lugar. Durante a sua estadia forçada na chamada "Delegacia de Ordem Revolucionária" (sic), passou por vários vexames, porque foram apreendidos no apartamento uns boletins violentos contra o interventor João Alberto, e o seu chefe de Polícia, o tenente Henrique

Ricardo Hall, se não me engano, muito desejava que Nino declarasse que eu era autor do texto de referidos boletins. Mas Nino negava de pés juntos. O tenente Hall não praticava torturas, àquele tempo, coisa que repugnava aos oficiais do Exército. De modo que aquele oficial, ou alguém por ele, mandava diariamente buscar o Nino em seu calabouço para perguntar se a sua memória melhorara e desse o nome do autor do boletim. E Nino negava. O tenente não se zangava, delicadamente dizia-lhe que voltasse então para a cela, até que se lembrasse. E lá ia o Nino de novo para a prisão, absolutamente incomunicável, em que permaneceu por mais de dois meses. E a incomunicabilidade só cessaria não pela confissão do Nino, mas por um incidente salvador. Um dia em que era levado à presença do chefe de polícia revolucionária, este se achava em conferência com alguém importante e Nino foi posto numa salinha contígua até que pudesse ser ouvido. Sentado numa cadeira, com sentinela à vista, ele, que havia mais de sessenta dias não lera um só jornal, viu, no chão, um pedaço sujo da *Folha da Noite*. Levantou-o ávido de notícias. Mas não eram notícias que se achavam naquele farrapo sujo, era uma lista enorme de editais de protesto de letras de câmbio. E aí encontrou logo um que se referia a uma promissória por ele assinada, em mãos de um conhecido agiota o qual, como bom agiota, embora soubesse que o responsável estava preso, não teve dúvida em protestar o título vencido e não pago. A revolta que já o dominava por aquele suplício da incomunicabilidade juntou-se à raiva pela safadeza do agiota. Nisto, foi ele chamado para ser interrogado como quase todos os dias. Antes mesmo de o tenente repetir a sua sempre mesma pergunta, foi logo explicando que não aguentava mais aquela tortura e por isso resolvera contar tudo direitinho. O chefe da Polícia revolucionária, contentíssimo e mais amável ainda, chamou o escrivão que tudo preparou para o depoimento que Nino fez com alto cunho de sinceridade ao declarar que os boletins eram distribuídos pelo agiota que protestara a sua letra... Nino não foi solto ainda, mas cessara a incomunicabilidade e, nessa mesma tarde, o agiota achava-se também sob grades e incomunicável... E este, até provar que não era elefante, permaneceu longos dias na mesma cela em que estivera Nino Gallo, agora transferido para uma prisão de Taubaté, na companhia de vários oficiais da Força Pública também presos pelos mesmos motivos subversivos... Você, quando soube deste caso, comentou com aquela expressão bem nossa conhecida: "— Que de-lí-í-cia!...".

Aí estão, meu caro Mário, alguns poucos episódios de que o nosso histórico apartamento foi testemunha e deles me lembrei àquele momento em que, na companhia do Múcio Borges e do simpático Zygmunt, contemplávamos cá de baixo, do lado esquerdo da avenida São João, as janelas da nossa saudosa moradia, no quinto andar do prédio, do outro lado da mesma avenida.

Quantos dos nossos companheiros já foram s'embora!... Creio mesmo que restam só três: o Rubens, Nino e eu! Ainda há pouco partiu o antepenúltimo: o José Mariano. Já apareceu por aí? Era tempo, pois fechou os olhos há pelo menos uns dez meses. Amigos e inimigos vão desaparecendo, um por um... Até aqueles que você mais detestava. E, por sinal, lembro-me de dois, com os quais você sempre se negou a fazer as pazes. Depois que você partiu, passaram a só falar bem de você. É verdade que um deles nunca levou muito a sério a inimizade. Várias vezes tentou acabar com tudo e voltar à afeição antiga. Mas você não quis. Eu nunca entendi isso de você, porque você não era rancoroso. Por que, Mário, essa burra teimosia? Pois você se recusou a voltar às boas mesmo com este que, além de inteligente, era sarcástico, irônico, espirituoso e maldoso até com os melhores amigos, mas não rancoroso ou odiento. O outro inteligente também, mas meio Macunaíma, este nunca deixou de proclamar a grande amizade por você.

Até ficou furioso comigo certa vez em que falei nisso num artigo. Mas eu gosto dele, sobretudo porque foi um grande poeta e, como se vê, não é despido de calor humano.

Aqui, em 1930, fechar-se-ia um grande período da nossa vida. Nós todos começávamos a ter nojo da política partidária, sempre a mesma, saia revolução velha, entre revolução nova. Os indivíduos sempre os mesmos, e o pior é que os mais desavergonhados é que permanecem. Porque aderem, e os homens de brio têm vergonha de aderir. E os homens, uma vez no poder, não têm vergonha em dar atestado de pureza aos desclassificados. Os mesmos sabujos do regime corruptor, de antes, são os favoritos do regime novo, reformados. A corrupção é a mesma, a mentalidade a mesma, as safadezas as mesmas, num desmentido total à própria palavra "revolução" que, entre nós, se confunde, com golpes de Estado, motins ou simples revoltas. Em todo caso, os adesistas sempre venceram, e a adesão e a sabujice tornaram-se uma constante da vida brasileira. E isso chegou até aos cafundós do Brasil. Há um episódio acontecido com Miguel Osório de Almeida que retrata bem esse estado de espírito generalizado. Com o seu laboratório em Manguinhos, o grande fisiologista brasileiro fez um dia uma excursão pela chamada Baixada Fluminense à cata de material de estudo. No meio do mato, apareceu-lhe uma mulher desesperada.

Uma cabocla cujo marido estava morrendo e ela fora informada de que Miguel Osório era doutor. Como poderia ele convencê-la de que nem todo doutor é médico? Assim, preferiu ir ver o doente, numa choça miserável de pau a pique. Não lhe foi difícil presumir que o caboclo estivesse atacado de uma difteria aguda que já lhe ameaçava a respiração. Miguel tomou um dos seus frascos de colheita de material, passou pela garganta inflamadíssima do doente um pedaço de algodão que veio com algumas placas e voltou a Manguinhos, onde um rápido exame de laboratório confirmava o diagnóstico. Dado o estado do doente, armou-se do necessário soro e mais apetrechos indispensáveis. O caboclo piorava, e Miguel explicou-lhe haver descoberto que a sua doença era uns bichinhos pequenininhos mas perigosos que entraram dentro dele e o estavam matando. Mas ele trouxera outros bichinhos, inimigos dos primeiros, bichinhos bons que iam comer os bichinhos maus. E aplicou-lhe o soro sob a pele do abdome. O caboclo esqueceu até da sua ânsia para olhar atentamente a grande seringa que continha os bichinhos bons. Terminado tudo, Miguel aconselhou: agora você vai ficar bem quieto na cama para que os bichinhos maus sejam comidos, e amanhã cedo eu voltarei. E partiu. No dia seguinte, voltou. O homem havia piorado! — Então! disse-lhe Miguel Osório, que é isso? E o caboclo do fundo do catre de varas: — Ah! doutor, aderiu tudo!... Lógica brasileira, comentava o grande cientista, contando-me o caso...

Tudo começou pois a mudar em nossa vida a começar de depois de 1930. O Sérgio casou-se e partiu. A polícia invadiu de novo o apartamento. O Nino preso. Eu fugi e, durante seis meses, fiz vida clandestina escondido num vasto solar situado no Paraíso de onde só saía para reuniões secretas com o Julinho, o Chiquinho, o Joaquim,[1] o general Isidoro e o coronel Euclides Figueiredo. Amainado o ambiente, adquiri a prestações uma casa na rua Rafael de Barros, casa que o Gomide ajudou a enlouquecer com os seus painéis e os dourados e prateados a duco das salas e dos quartos. E veio Juanita. E veio depois 1932. O apartamento esvaziou-se. Todos tomamos parte no movimento. Na frente de Vila Queimada começou a minha correspondência com você, destacado com Sérgio para os trabalhos da retaguarda. Nunca tivéramos oportunidade de trocar cartas, pois nunca nos tínhamos separado. Veio o meu primeiro exílio, para o qual Juanita também partia unindo-se a mim em

---

1 Joaquim Sampaio Vidal. [N. A.]

Paris e portadora de uma carta de você. Voltei em novembro de 1933, já candidato a deputado, enquanto Hitler começava a massacrar judeus e homens livres da Alemanha. Perdera a casa da rua Rafael de Barros, retomada pela proprietária, a quem não pude continuar a pagar e implicara com Juanita. Fui para aquele apartamento da rua Timbiras, ao lado de Santa Efigênia, onde se iniciou a sua colaboração comigo naqueles projetos de leis culturais e a minha colaboração com você no mesmo sentido, inclusive no anteprojeto do Patrimônio Histórico e Artístico Nacional, que abriria a Rodrigo Melo Franco oportunidade para a sua total realização. Foi no apartamento da rua Timbiras que você, ali indo para me visitar, pela primeira vez depois do meu regresso, me levou o *Belazarte*, de cujo título discordei por estar *Belazarte* escrito com z... Apesar da dedicatória deste tamanho, comemorativa do meu regresso, este exemplar foi roubado e você, zangadíssimo, o substituiu mas sem reproduzir o esparramamento da primeira dedicatória. Por onde andará a dedicatória esparramada do primeiro exemplar? E o ladrão, quem teria sido? Foi ainda aí, nesse apartamento que, certa vez, ceamos às quatro horas da manhã, de volta de Carapicuíba velha, onde fomos assistir a uma festa de Santa Cruz e você passou a noite inteira tomando notas da dança de Santa Cruz e dos versos que os caboclos cantavam na viola. Regressamos de madrugada, com fome, e, à minha lembrança de tentarmos alcançar algum restaurante porventura aberto, Juanita, que fora conosco, se opôs lembrando que havia um frango em casa que ela o poderia preparar *"a l'aglio e a l'olio"*. Evidentemente aderimos à ideia, sabendo como ela seria capaz de executá-la. Eu tinha guardadas, para um momento como aquele, duas velhas garrafas de Chambertin, que o Fábio Prado me dera. Ainda compramos pão fresquinho de uma padaria, perto de Santa Efigênia. A ceia improvisada começou a fazer-nos felizes já com o cheiro daquele guisado sobrenatural. Logo após as primeiras garfadas, tomamos o primeiro gole... E você, com o olhar fuzilando — A minha boca ficou tradicional!... De fato, ficamos os três com a boca tradicional, enquanto o sol nascia lá pelas bandas do Ibirapuera ou de Santo Amaro.

Como se vê daquelas garrafas de Chambertin, o Fábio Prado já estava na prefeitura e eu ao lado dele. Quer dizer, ia concretizar-se o instituto cultural sonhado no apartamento da avenida São João. Armando de Sales Oliveira começava a construção de um Brasil diferente com a Universidade de S. Paulo, ideada por Júlio de Mesquita Filho. E Fábio Prado ajudava com o Departamento de Cultura, ideado por mim e a ser construído com apoio de todos vocês, o clã da avenida São João...

Este foi o período também das nossas excursões por toda a zona mais antiga de S. Paulo, em busca de construções antigas, igrejas e casas, ruínas, caminhos velhos, tudo quanto pudesse interessar-nos e ao Departamento. Aí, que eu, na companhia do Aguirre, redescobri o sítio de Santo Antônio, descoberto antes por Washington Luís, com a sua igrejinha invadida pelo mato, ao qual levei você no sábado seguinte. Redescobrimos juntos o Embu, que se escrevia antes mais tupimente "M'Boy", tudo abandonado mas suscetível ainda de restauração. Coberto de pó, quase apodrecido, achamos no coro o velho orgãozinho da época. Tão generoso que você ainda pôde tirar dele os acordes melancólicos de uma música sacra. Como havíamos feito com São Roque, juramos que salvaríamos também Embu à primeira oportunidade. Foram ambos restaurados mais tarde, como também a igrejinha de São Miguel, pelo Serviço do Patrimônio Histórico, graças aos esforços de você junto ao Rodrigo. Quanta velharia interessante descobrimos! A casa do padre Albernaz, as ruínas da casa do Afonso Sardinha, na Emboaçaba; aquela moradia seiscentista ou setecentista, que seria mais tarde "A Casa do Bandeirante", nos terrenos da "City" que eu consegui esta fizesse doação à prefeitura ou ao Estado;

a capela de Voturuna, o Forte da Bertioga, cuja restauração obtive com o general Dutra, quando ministro da Guerra; a sede da fazenda do padre Pompeu de Almeida, em Itaquaquecetuba, solar imenso, de taipa, uma parte caindo, mas que poderia ainda ser salvo. Os vândalos e a indiferença oficial não o permitiram. E assim por diante. Os nossos fins de semana eram empregados nessas excursões que me inspiraram a campanha "Contra o Vandalismo e o Extermínio", em que você colaborou. Sábados e domingos passávamos fora para voltar na noite de domingo e retomar o Departamento. Os nossos companheiros assíduos em tais incursões eram o João Baptista de Campos Aguirre, o velho Aguirre que, com o mesmo terninho preto, ia à igreja, a uma cerimônia solene ou embrenhava-se conosco pelo mato; o Tonico Baptista Pereira que, então, andava empolgado com o levantamento do circuito de Piratininga e com pesquisas genealógicas. No dia em que íamos, você, o Baptista, o Aguirre, Juanita e eu, ao sítio de Santo Antônio, uma manhãzinha fria, quando a torre da igreja de Cotia apareceu no alto de uma colina, o Baptista comentou: "A velha Acutia, berço dos Pais Lemes e dos Godoy Moreira...". E começou a descrever o tipo de ambos. Os Godoy eram homens grandes e peludos. E o Batista com o brilho do seu pitoresco dizia que, neles, o cabelo cobria até parte da testa, a barba saía de dentro do ouvido peludo, o bigode escorria de dentro do nariz. Deles viera a família Veloso, o que quer dizer peludo... O Aguirre, encolhido de frio, dentro do automóvel, interrompeu a digressão genealógica, porque apareceu, lá longe ainda, na beira da estrada, uma casinhola que devia ser uma vendinha. E propôs que fôssemos tomar um mata-bicho contra o frio. Paramos na venda. No balcão, com outros caboclos, estava um homem enorme, robusto, barbudo, barba até dentro do ouvido, o bigode volumoso saindo das ventas! Todos vimos nele o tipo descrito por Baptista o qual, glorioso, nos anunciou: "— Vocês vão ver!". E, aproximando-se do caboclo: "— Amigo, qual é o seu nome?". E o barbudão solenemente: "— Giuseppe Andreoni!". Chegara da Itália, dois anos antes...

Baptista havia descoberto que ele descendia de Tupinambá e eu de Tupiniquim, de modo que devêramos ser inimigos, pois o Tupinambá comia português, por ser aliado dos franceses de Villegaignon, ao passo que Tupiniquim, aliado dos portugueses, comia francês e todos os loiros que encontrasse por pensar que fossem franceses também. Foi o que salvou Hans Staden, alemão, mas loiro, quando prisioneiro dos tupinambás. Certo dia, numa de nossas excursões, ele, Aguirre e eu nos perdemos na serra do Mar. Entráramos na mata por Mogi das Cruzes e só à tardinha conseguimos sair ali por perto de Piaçaguera, depois de haver caminhado o dia inteiro, na floresta. A fome nos apertou tanto que derrubamos alguns palmitos pequenos, a nossa única refeição. Nessa parada, à beira de uma água, Baptista pôs o pé numa pedra grande, e, para endireitar a meia, puxou a calça para cima deixando ver a canela branquíssima que possuía. Eu olhava naturalmente aquela perna branca quando Baptista abaixou a calça rapidissimamente, porque reconhecera em meus olhos, apenas admirativos, um como apetite de Tupiniquim... Foi nessa excursão que apareceu a Moema, uma cadelinha vira-latíssima que nos encontrou no mato e nos acompanhou até um posto da estrada de ferro, antes de Piaçaguera. Aí estava uma locomotiva descarregando dormentes. O maquinista acedeu em nos levar até Piaçaguera, mas fiquei com pena de deixar a cadelinha, porém aquele disse que era proibido fazê-la entrar na locomotiva. O Aguirre sentou-se no trilho com a cadelinha ao colo e declarou que então a locomotiva tinha que passar por cima dele. E a cadelinha foi aceita com grande má vontade do maquinista. Juanita pôs-lhe o nome de Moema, a índia que deixou o mato para acompanhar o português... Moema ficou na rua Guarará, treze anos, aí morreu e foi enterrada no jardim. Mas, como os meus gatos, ficaram no bairro numerosos descendentes de Moema, tal qual os meus gatos, dois brancos, dois pretos e um doirado, todos de boa raça. Os gatos também morreram, mas o bairro está cheio de gatos brancos, negros e doirados, a cara do Malandro, do Vintém, da Viúva e do Guarará. Você os conheceu todos...

Retomamos o nosso carro. Agora, íamos ao ponto final da nossa peregrinação. Íamos à sua casa onde, à noitinha, você saiu da vida, sem dar a menor satisfação para ninguém... Eu não estava aqui ainda. Permanecia no longo exílio a que me atirou o terremoto do "Estado Novo" que pôs em cacos a vida espiritual do Brasil. E lá se foram todos os nossos sonhos! As suas cartas patéticas são brados de protesto. E as minhas também... Eu expulso do Brasil, você expulso do Departamento, para que melhor o matassem, a você, a ambos. E agora, expulso da minha vida também, lá em Nova York, eu recebia, logo depois do fora que você deu na terra, a sua última carta, a carta profética em que você falava sentir que qualquer coisa perto de você ia morrer...

O lugar em que está a sua casa da rua Lopes Chaves acha-se quase de todo mudado. Ao lado, passa uma avenida nova que leva às margens do Tietê. A sua casa acha-se como a da rua Aurora, no meio da barafunda de toda a Barra Funda. Foi atravessando pela frente, e por trás de caminhões e automóveis, que galgamos a calçada. Sabe quem atendeu ao nosso toque de campainha?... A Sebastiana, a nossa velha Sebastiana que logo me reconheceu, e o seu rosto coroado da cabeleira branca, branca, iluminou-se recordando de nós dois. Só de nós dois? Não! recordando também daquelas duas velhinhas que você adorava e eu tanto amava e tanto era amado por elas, conforme está em algumas de suas cartas: dona Maria Luiza e dona Ana Francisca para os estranhos, para nós d. Yayá e d. Nhãnhã, sua Mãe e sua madrinha e tia que também já se foram, para junto de você, talvez...

Mas a Sebastiana ainda está aqui e foi ela quem chamou a Lourdes, depois me levou ao quarto do Carlos, enfermo desde fins do ano passado. A barba branca, os seus oitenta anos e a doença não lhe apagaram aquele fogo no olhar do velho lutador. Ah! o ardor do Carlos nos comícios do Partido Democrático! O Carlos nunca aderiu!... Nunca se conformou!... Mostrei ao Múcio e ao Zygmunt *O futebol*, do André Lhote, pois eles já haviam visto em minha casa o estudo em aquarela do mesmo Lhote, para o mesmo quadro. Me lembrei de que eu nunca fui vaqueano na sua casa. Você é que vinha quase diariamente à rua Guarará, brigar com a Juanita e adorar a Juanita. Lembra-se o caso do seu chapéu-panamá que você trouxe daquela viagem ao Amazonas, até Iquitos, com Tarsila e d. Olívia? Juanita queria que você desse a ela o lindo chapéu. Você negou-se violentamente, um dos seus sonhos era ter um panamá e, agora, ora já se viu? Alguns anos depois, eu já exilado, Juanita, afinal, pôde partir para unir-se a mim. Ao despedir-se dela, no cais de Santos, você, desde S. Paulo, carregava um pequeno embrulho que, com os olhos aguados, você deu a ela: uma lembrancinha! Era o panamá... Eu ia relativamente pouco à rua Lopes Chaves. Havia sempre muita gente com você, muitos tipos interessantes e agradáveis uns, mas muitos bobos também que frequentavam você, para pôr você à esquerda deles, a fim de valorizar o zero. Você deve estar lembrado disso, "se, lá no etéreo assento onde subiste, memória desta vida se consente"... Sempre preferi ir à sua casa quando ficávamos sozinhos na companhia daquelas três velhinhas, pois a Sebastiana também conta. Almoçávamos ou jantávamos sós, ou conversávamos sós ou com o Zé Bento, raramente com mais alguém. Creio mesmo que o dia em que mais tempo fiquei, naquele seu gabinete lá de cima, foi quando brigamos pra burro, até você aceitar a direção do Departamento de Cultura, para o qual eu o queria levar e você não queria ir. "Você quer acabar com a minha felicidade, m'ermão!", me disse já vencido. E acabei mesmo, como você me desabafava em carta remetida para Nova York, pouco antes de ir dormir para sempre...

Pois é, Mário, nosso passeio terminou aí. Não quis ir à Consolação. Nem jamais irei! Que podia valer uma fotografia da sua sepultura, para a reportagem que o Múcio vai escrever e o Zygmunt vai ilustrar a cores? Lá na Consolação, está a casa do seu corpo que já nem existe; ao passo que o seu espírito vive aqui comigo, como tantos outros que também me deixaram no meio do caminho. Será que nós havemos de nos encontrar, um dia? A Nini e a Lourdes, que são íntimas de Deus e até o tratam de você, afirmam categoricamente que sim. Eu duvido. Mas não nego. Quem pode negar ou afirmar? Só a Fé ou a burrice festiva do exibicionismo. De qualquer maneira, velho Mário, "*Ciao!*". Ou até já!...

PAULO

Posfácio

Flávio Rodrigo Penteado

Na madrugada de 23 de março de 1984, falecia, em sua residência na rua Guarará, 305, localizada na região dos Jardins, em São Paulo, o intelectual Paulo Alfeu Junqueira Monteiro Duarte, nascido na mesma cidade em 17 de novembro de 1899. No dia seguinte à morte, obituários eram impressos nos principais jornais da capital paulista, com direito a algum destaque na primeira página da *Folha de S.Paulo* e de *O Estado de S. Paulo*. Conforme noticiou este último, acompanharam o sepultamento algumas figuras de vulto, a exemplo de Luiz Vieira de Carvalho Mesquita (1921-97), representante da família detentora do periódico e da qual Paulo Duarte fora íntimo, Florestan Fernandes (1920-95), Hélio Bicudo (1922-2018) e José Mindlin (1914-2010). Apesar de assíduo colaborador do *Estado*, no qual ingressou como revisor em 1919, ascendendo a editor-chefe em 1947 — cargo que exerceu até 1950, quando se desligou formalmente do órgão para fundar a multifacetada revista *Anhembi* (1950-62) —, coube à *Folha*, com a qual também colaborou por vários anos, conferir maior relevo à notícia. Afora o condoído editorial na página "Opinião", o periódico ainda abriu espaço, na capa do caderno "Ilustrada", para que prestassem homenagem ao falecido personalidades como Antonio Candido (1918-2017), Cláudio Abramo (1923-87), Décio de Almeida Prado (1917-2000), José Geraldo Nogueira Moutinho (1933-91), José Gregori (1930-), Lygia Fagundes Telles (1923-), Luís Carlos Prestes (1898-1990) e Tarso de Castro (1941-91).

Transcorridos aproximadamente quarenta anos desde então, o nome de Paulo Duarte é hoje familiar a público restrito (associado ao campo acadêmico, sobretudo). Embora tenha publicado cerca de trinta títulos durante mais de meio século de atividade jornalística e literária, deve-se ao presente volume, em larga medida, a preservação da memória de seu autor. Uma vez que a importância deste livro já foi realçada por Antonio Candido no prefácio que entabulava as edições anteriores e que tornou a ser reproduzido nesta, cumpre-me delinear sucintamente certos aspectos relativos ao contexto de produção da obra e à trajetória de quem a escreveu, bem como descrever alguns critérios adotados pela presente edição.

Sob a chancela da extinta Edart, *Mário de Andrade por ele mesmo* veio à luz em agosto de 1971, às vésperas do cinquentenário da Semana de Arte Moderna, esgotando-se em poucos meses. O êxito editorial foi prolongado pelo aparecimento, em 1976, de uma "segunda edição corrigida e aumentada", agora a cargo da Hucitec, em coedição com a Secretaria da Cultura, Ciência e Tecnologia do Estado de São Paulo. Basicamente acrescida de um índice onomástico, a nova edição foi reimpressa pela mesma editora (desta vez, em parceria com a Secretaria Municipal de Cultura) em 1985, quatro décadas após o falecimento do autor de *Macunaíma*.

O título do livro evoca o de *Paul Rivet por ele mesmo*, impresso em 1960 pela Anhambi, editora que Paulo Duarte criou ao deixar o *Estado*. Nessa obra, o autor rememora o período em que, por intermédio de Claude Lévi-Strauss (1908-2009), colaborou com Paul Rivet (1876-1958) no Museu do Homem, em Paris, de cuja fundação participara este ilustre etnólogo. Além disso, o volume também reúne a correspondência entre eles, testemunhando a manutenção da amizade mesmo após o jornalista regressar a seu país natal, em seguida à derrocada do Estado Novo (1937-45), que o forçara a um segundo exílio na

Europa (o primeiro se dera alguns anos antes, em decorrência de sua ativa participação na Revolução Constitucionalista de 1932).

À parte a semelhança do título e do projeto editorial, *Mário de Andrade por ele mesmo* resulta bastante distinto da publicação lançada na década precedente. Desta vez, o memorialista se dispõe a recuperar uma história da qual não fora apenas coadjuvante, ao lado de estrelas como Lucien Febvre (1878-1956), Marcel Mauss (1872-1950) e Paul Valéry (1871-1945), mas sim um de seus protagonistas. Isso porque este livro, em que se observam traços de biografia, crítica literária, epistolografia, memorialismo e relato histórico, tem por espinha dorsal a vigorosa defesa do legado do Departamento de Cultura e de Recreação da Municipalidade, instituído em São Paulo durante a administração Fábio Prado (1934-38), graças ao empenho de intelectuais como Mário de Andrade (1893-1945), quem primeiro o dirigiu, e Paulo Duarte, um daqueles que o idealizou.

Essa defesa teve início já em fevereiro de 1946, quando veio a lume um número especial da *Revista do Arquivo*, em homenagem ao escritor falecido havia um ano e no qual constava o depoimento "Departamento de Cultura, vida e morte de Mário de Andrade", assinado por Paulo Duarte. Este, já no segundo aniversário de morte do amigo, em 25 de fevereiro de 1947, estampou em *O Estado de S. Paulo* o escrito "Paixão de Mário de Andrade", no qual divulgava numerosos excertos de cartas que dele recebera, comentando-os brevemente. Pouco depois, entre 11 e 22 de março daquele ano, difundiu no mesmo jornal a série de artigos "O lindo sonho e a dolorosa realidade", minucioso balanço das iniciativas assumidas pelo Departamento de Cultura durante a gestão Mário de Andrade (1935-8), quase todas elas desidratadas dali por diante. Tais textos foram posteriormente recuperados pelo autor, ao transformá-los em capítulos do livro publicado em 1971, sem, no entanto, impor-lhes alterações substanciais na forma e no conteúdo. Daí se deve o caráter reiterado de algumas passagens deste volume.

Nos anos seguintes à publicação por Manuel Bandeira (1886-1968), em 1958, de uma obra em que se reuniam diversas das cartas que Mário de Andrade lhe escrevera, passaram a ser divulgados outros volumes da correspondência do escritor, até então dispersa em jornais e revistas (tal conjunto, ainda em expansão, soma mais de quarenta títulos na atualidade). É nesse contexto que se insere o aparecimento de *Mário de Andrade por ele mesmo*, essencialmente concebido como veículo daquela correspondência, conforme atestado por diversos comentários de Paulo Duarte ao longo deste livro, bem como pela presença de cartas que extrapolam o diálogo epistolar entre os dois amigos. De fato, além de um capítulo em que se coligem algumas endereçadas a Sérgio Milliet (1898-1966) — casado, desde 1929, com uma das irmãs do autor, Maria de Lourdes Junqueira Duarte (1903-91) —, o presente volume também congrega missivas à outra irmã do memorialista, Maria Aparecida Junqueira Duarte (1901-?), carinhosamente apelidada d. Nini e então chefe da Seção de Parques Infantis do Departamento de Cultura. Há ainda algumas remetidas a Paulo Ribeiro Magalhães, que esteve à frente da Seção de Teatros e Cinemas.

Numa das cartas a seu amigo, Paulo Duarte alega não ser crítico literário (p. 352). Mesmo assim, não se furtou a tecer uma "biobibliografia relâmpago" de Mário de Andrade, cujo interesse reside mais no perfil ali esboçado do que na precisão das informações (algumas delas passíveis de revisão) ou na validade dos juízos críticos (salta à vista, ainda nas primeiras páginas, um discutível comentário a propósito dos escritos de Guimarães Rosa). Em seu esforço para reaver a dimensão humana do indivíduo com quem conviveu por cerca de vinte anos, esmaecida conforme o tempo passava e o mito se sobrepunha ao homem — processo intensificado a partir de 1960, quando a Biblioteca Municipal é renomeada Biblioteca Mário de Andrade —, o autor deste livro se empenha em talhar a imagem de um mártir. Do mesmo modo que os "Evangelhos ficaram para dizer das dimensões de um Cristo" (p. 108), tal como se elucida no início do capítulo 4, o exaustivo relato do memorialista reiteradamente acentua o "espírito de sacrifício" (p. 110) do primeiro diretor do Departamento de Cultura, ao qual Mário se dedicara de corpo e alma. Ele faleceria poucos anos após ser pressionado a renunciar ao cargo.

Ao se respaldar "numa apresentação mais a fundo da personalidade de Mário de Andrade" (p. 107), buscando exibir uma faceta até então pouco conhecida daquele intelectual polivalente — a de servidor público —, Paulo Duarte esculpe um mosaico de contornos épicos, no qual se revela a imagem de um herói sabotado por entidades nefastas e a quem, portanto, caberia fazer justiça. Não é difícil enxergar, nesse retrato, semelhanças com a autoimagem projetada pelo mesmo autor nas copiosas *Memórias* que publicaria dali a pouco, entre 1974 e 1979. Nelas, há abundantes menções a projetos malogrados em razão do boicote de terceiros, a despeito do presumível espírito de abnegação conservado pelo quixotesco protagonista daquelas narrativas, que inclusive, segundo sustenta, veio a ser preterido por muitos de seus antigos companheiros de luta.[1]

A aura mítica conferida à gênese do Departamento de Cultura é ilustrada por uma sentença de sabor bíblico que por três vezes se repete no princípio do capítulo 3: "viu que era bom" (pp. 95-6). A descrição do nascimento dessa instituição pioneira, a que se segue o exame pormenorizado de suas principais atividades, ainda hoje constitui uma das principais fontes de informação a respeito do órgão, para além da documentação

---

[1] Ver Marli Guimarães Hayashi, *Paulo Duarte: um Quixote brasileiro*. São Paulo: Hucitec, 2010.

arquivística.[2] Apesar disso, é recomendável alguma cautela na leitura, em vista do marcante teor subjetivo desse relato, à parte sua riqueza de detalhes. Procuremos entender por quê.[3]

Em agosto de 1933, Getúlio Vargas (1882-1954), chefe do Governo Provisório (1930-4), nomeava interventor em São Paulo um adversário político, Armando de Sales Oliveira (1887-1945), buscando apaziguar os ânimos no estado vencido pelas tropas federais na frustrada revolução do ano anterior. Uma vez no poder, o engenheiro, cunhado de Júlio de Mesquita Filho (1892-1969) e Francisco Mesquita (1893-1969), negociou o regresso ao país da cúpula de *O Estado de S. Paulo*, exilada no exterior, assim como o de pessoas próximas a ela, entre os quais Paulo Duarte.

De volta ao Brasil, o jornalista teve participação ativa na criação da Universidade de São Paulo em 1934, embora seu nome não conste no decreto de fundação. Pouco depois, passaria a prestar assessoria jurídica ao prefeito Fábio da Silva Prado (1887-1963), empresário de destaque na capital paulista e engenheiro. Eleito deputado constituinte no fim daquele ano, exonerou-se do cargo, mas continuou a exercer extraoficialmente o posto de chefe de gabinete do administrador municipal. Em consonância com a agenda política do governador do estado (postulante à presidência da República nas eleições de 1938), o gestor da cidade coordenava ampla reforma administrativa na

---

2 Ver Mário de Andrade, *Me esqueci completamente de mim, sou um departamento de cultura*. Org. de Carlos Augusto Calil e Flávio Rodrigo Penteado. São Paulo: Imprensa Oficial do Estado de São Paulo; Secretaria Municipal de Cultura, 2015.   **3** Precaução semelhante também se aplica à brochura *A administração Fábio Prado na prefeitura de São Paulo: Através de entrevista concedida ao* Estado de S. Paulo (São Paulo: Seção Gráfica da Prefeitura, 1936), compilação de reportagens publicada de forma anônima e cujos fins propagandistas podem ser pressentidos sob o minucioso exame que ali se oferece das práticas daquela gestão. Posteriormente, a autoria da separata seria assumida por Paulo Duarte na listagem de suas obras que se encontra em uma das páginas introdutórias da primeira edição de *Mário de Andrade por ele mesmo*.

prefeitura. Eis, em linhas gerais, a conjuntura governamental que permitiu o advento do Departamento de Cultura em maio de 1935, graças à aliança forjada na classe dirigente paulista entre homens de perfil oligárquico e os de feição liberal, segundo a consagrada análise de Sergio Miceli.[4] Buscava-se alcançar, assim, por força de instrumentos como a recém-criada universidade, uma hegemonia não atingida pelas armas na Revolução de 1932 ou pelo poderio econômico.

Conforme já advertiu Miguel Zioli,[5] deve-se modalizar a forma como Paulo Duarte narra neste livro o episódio da indicação, por ele, de Mário de Andrade para dirigir o Departamento de Cultura. Conforme o memorialista testemunha no capítulo 2, até então Fábio Prado conheceria apenas como "um futurista sem outra qualidade a não ser o próprio cabotinismo" (p. 66) um dos principais expoentes da Semana de 1922 e que já era professor catedrático de Estética e História da Música e Piano no Conservatório Dramático e Musical de São Paulo havia mais de uma década. Aquela imagem desfavorável teria sido desfeita por Paulo Duarte após levar o amigo para jantar na casa do prefeito em meados de 1935, quando este acolheu o nome de Mário para a chefia do departamento em vias de ser implantado. Embora plausível, tal versão atenua a convivência, estabelecida já na década anterior, do intelectual modernista com Paulo Prado (1869-1943), primo do prefeito, bem como o parentesco com o também deputado Carlos de Moraes Andrade (1889-1971), seu irmão mais velho e membro da coligação política de que fazia parte Armando de Sales Oliveira. Além disso, o próprio Paulo Duarte narra o decisivo papel exercido

---

[4] Ver Sergio Miceli, "Intelectuais e classe dirigente no Brasil (1920-1945)". In: *Intelectuais à brasileira*. São Paulo: Companhia das Letras, 2001, pp. 69-291.
[5] Ver Miguel Zioli, *Paulo Duarte (1899-1984): Um intelectual nas trincheiras da memória*. Assis: Universidade Estadual Paulista "Júlio de Mesquita Filho", 2010. Tese (Doutorado em História).

por Mário de Andrade na estruturação do Departamento de Cultura, anteriormente à nomeação dele para a diretoria do órgão. Tudo isso leva a crer que, aos olhos do prefeito, aquele nome não devia se restringir ao de um cabotino.

É menos controversa, por outro lado, a forma como se encerra a passagem dos amigos pela prefeitura. O golpe que estabeleceu o Estado Novo, em novembro de 1937, subverteu a conjuntura política resumidamente descrita há pouco. Na esteira da deposição do governo Armando de Sales Oliveira e da dissolução do Legislativo pela ditadura recém-instituída, o agora ex-deputado Paulo Duarte, a quem cabia a articulação do Gabinete com as chefias do Departamento, torna-se alvo de perseguição e é detido inúmeras vezes, antes de se exilar mais uma vez no exterior um ano depois. Fábio Prado ainda resiste no cargo por alguns meses, até ser afastado em maio de 1938. Em seguida, diante da pressão exercida pelo novo prefeito, o engenheiro e urbanista Francisco Prestes Maia (1896-1965), Mário de Andrade se vê compelido a deixar a diretoria do organismo que ajudou a conceber. Aproximadamente dois meses mais tarde, solicita exoneração da chefia da Divisão de Expansão Cultural, posto de carreira na administração municipal que ele acumulava ao de diretor, sendo este cargo de confiança do Executivo.

Ceifado pela ditadura getulista, o Departamento de Cultura, condutor de um tão diversificado quanto expressivo conjunto de iniciativas orientadas para a democratização do acesso a bens culturais (não apenas na capital paulista, mas também nas adjacências), foi se afastando cada vez mais do núcleo administrativo da cidade durante as gestões seguintes, sendo absorvido por duas secretarias distintas antes de, em 1975, dar origem à atual Secretaria Municipal de Cultura. Àquela altura, porém, já estava consideravelmente descaracterizado o projeto original, de acordo com o que Paulo Duarte advoga neste livro.

Uma parcela dos textos que compõem este volume originalmente veio à luz entre 1946 e 1947. Nessas ocasiões, o autor evitou nomear personalidades aludidas no decorrer do relato. É provável que tenha agido dessa forma para não ferir suscetibilidades, pois várias daquelas pessoas seguiam ativas em seus respectivos campos de atuação. Se algumas dessas referências permaneciam mais ou menos discerníveis para o público dos anos 1970 e 1980, o mesmo não se aplica a quem se defronta com elas na atualidade (imaginemos, por exemplo, quantos saberão identificar, daqui a cinquenta anos, o outrora protagonista de uma série televisiva juvenil que foi alçado a um posto de comando em pasta subordinada ao Ministério do Turismo e que, nada tendo a declarar sobre uma das mais importantes arquitetas do país ao percorrer uma exposição que a homenageava na Itália, foi responsável pela promoção de políticas públicas na área da cultura em dado período). Por esse motivo, busquei elucidar em notas de rodapé, sempre que possível, a quais personagens Paulo Duarte se reporta. Procedi da mesma forma quando o texto menciona episódios históricos menos familiares ao público de hoje em dia. Tais esclarecimentos se distinguem daqueles redigidos pelo memorialista, introduzidos pela indicação "[N.A.]".

Como o autor não esclarece as fontes de suas citações, anotei as obras de onde ele as extraiu. Quando se trata de textos escritos por Mário de Andrade, cotejei tais excertos com edições fidedignas, preferencialmente aquelas produzidas em conjunto com a Equipe Mário de Andrade do Instituto de Estudos Brasileiros da Universidade de São Paulo (IEB-USP), coordenada por Telê Ancona Lopez.

Quanto às cartas aqui transcritas, nem todas foram reproduzidas na íntegra por Paulo Duarte, segundo ele mesmo adverte. No entanto, não foi possível cotejá-las com os documentos originais. Tampouco todos estes se acham conservados no

Fundo Paulo Duarte (CEDAE-Unicamp) e no Fundo Mário de Andrade (IEB-USP), os quais, por sua vez, abrigam documentos não inseridos pelo autor em seu livro. Desse modo, está ainda por fazer uma edição apurada da troca epistolar entre os dois escritores, de acordo com os parâmetros firmados pela Coleção Correspondência de Mário de Andrade, publicada pela Edusp e dirigida por Marcos Antonio de Moraes, Tatiana Longo Figueiredo e Telê Ancona Lopez. Quanto à correspondência de Mário com Sérgio Milliet, já está prevista uma edição preparada por Regina Salgado Campos, no âmbito da referida coleção.

Atualizou-se a ortografia pela norma vigente, respeitando-se, porém, determinadas idiossincrasias linguísticas de Mário de Andrade, como "pra", "pro", "sube" e "há-de". Conservou-se a pontuação original, sempre que a clareza da expressão não foi prejudicada, e padronizaram-se os cabeçalhos. Cabe assinalar, ainda, a manutenção das abreviaturas no corpo das cartas, uma vez que compõem o fluxo da escrita epistolar, na qual também podem ocorrer lacunas sintáticas. Pela mesma razão, preservaram-se, em tais mensagens, formas como "meia inútil" e "fazem vinte anos", considerando-se a linguagem do cotidiano adotada pelo escritor modernista.

Agradecimentos

Flávio Rodrigo Penteado

Caio Gagliardi, Carlos Augusto Calil, Edson Marçal de Assis, Marcos Antonio de Moraes, Solange Argon, Tatiana Longo Figueiredo, Telê Ancona Lopez e Tomico Mitumori.

Referências bibliográficas

ALMEIDA, Aline Novais de. *Edição genética d'A gramatiquinha da fala brasileira de Mário de Andrade*. São Paulo: FFLCH-USP, 2013. Dissertação (Mestrado em Literatura Brasileira).
ANDRADE, Mário de. *Modinhas imperiais*. São Paulo: Casa Chiarato L. G. Miranda, 1930. Disponível em: <https://digital.bbm.usp.br/handle/bbm/7737?locale=en>. Acesso em: 25 nov. 2021.
____. *Namoros com a medicina*. Porto Alegre: Livraria do Globo, 1939.
____. *A expressão musical dos Estados Unidos*. Rio de Janeiro: [Leuzinger], [1940].
____. *O movimento modernista*. Rio de Janeiro: Casa do Estudante do Brasil, 1942. Disponível em: <https://digital.bbm.usp.br/handle/bbm/7730>. Acesso em: 25 nov. 2021.
____. *Aspectos da literatura brasileira*. 5. ed. São Paulo: Martins, 1974.
____. *Táxi e crônicas no Diário Nacional*. Estabelecimento do texto, intr. e notas de Telê Ancona Lopez. São Paulo: Livraria Duas Cidades; Secretaria da Cultura, Ciência e Tecnologia, 1976.
____. *Cartas de trabalho: Correspondência com Rodrigo Mello Franco de Andrade, 1936-1945*. Org. de Lélia Coelho Frota. Brasília: MEC; Sphan; Pró-Memória, 1981.
____. *Quatro pessoas*. Ed. crítica de Maria Z. Galvão de Almeida. Belo Horizonte: Itatiaia, 1985.
____. *A lição do guru: Cartas a Guilherme Figueiredo, 1937-1945*. Rio de Janeiro: Civilização Brasileira, 1989.
____. *Introdução à estética musical*. Estabelecimento do texto, intr. e notas de Flávia Camargo Toni. São Paulo: Hucitec, 1995.
____. *Obra imatura*. Estabelecimento do texto de Aline Nogueira Marques; coord. da ed. de Telê Ancona Lopez. Rio de Janeiro: Agir, 2009.
____. *Poesias completas*. Ed. de texto apurado, anotada e acrescida de documentos de Tatiana Longo Figueiredo e Telê Ancona Lopez. v. 1. Rio de Janeiro: Nova Fronteira, 2013.
____. *Me esqueci completamente de mim, sou um departamento de cultura*. Org. de Carlos Augusto Calil e Flávio Rodrigo Penteado. São Paulo: Imprensa Oficial do Estado de São Paulo; Secretaria Municipal de Cultura, 2015.

____. *O turista aprendiz*. Ed. de texto apurado, anotada e acrescida de documentos de Telê Ancona Lopez e Tatiana Longo Figueiredo; colaboração de Leandro Raniero Fernandes. Brasília: Iphan, 2015.

____. *Aspectos do folclore brasileiro*. Estabelecimento do texto, apresentação e notas de Angela Teodoro Grillo; coord. de Telê Ancona Lopez. São Paulo: Global, 2019.

ANDRADE, Mário de; ALVARENGA, Oneyda. *Cartas: Mário de Andrade & Oneyda Alvarenga*. São Paulo: Duas Cidades, 1983.

ANDRADE, Mário de; BANDEIRA, Manuel. *Correspondência: Mário de Andrade & Manuel Bandeira*. Org., intr. e notas de Marcos Antonio de Moraes. 2. ed. São Paulo: Edusp; IEB-USP, 2001.

ANDRADE, Mário de; LIMA, Alceu Amoroso. *Correspondência: Mário de Andrade & Alceu Amoroso Lima*. Org., intr. e notas de Leandro Garcia Rodrigues; estabelecimento do texto das cartas de Leandro Garcia Rodrigues e Tatiana Longo Figueiredo. São Paulo: Edusp; Rio de Janeiro: PUC, 2018.

BERRIEN, William; MORAES, Rubens Borba de (Orgs.). *Manual bibliográfico de estudos brasileiros*. Rio de Janeiro: Gráfica Editora Souza, 1949.

BOMFIM, Camila Carrascoza. *A música orquestral, a metrópole e o mercado de trabalho: O declínio das orquestras profissionais subsidiadas por organismos públicos na Região Metropolitana de São Paulo de 2000 a 2016*. São Paulo: Universidade Estadual Paulista "Júlio de Mesquita Filho", 2017. Tese (Doutorado em Música).

BRITO, Mário da Silva. *Ângulo e horizonte: De Oswald de Andrade à ficção científica*. São Paulo: Martins, 1969.

CANDIDO, Antonio. *O observador literário*. 3. ed. rev. e ampl. pelo autor. Rio de Janeiro: Ouro sobre Azul, 2004.

DUARTE, Paulo. *Prisão, exílio, luta...* Rio de Janeiro: Livraria Editora Zelio Valverde, 1946.

FRANÇA, George Luiz. *Anhembi (1950-1962), adiante e ao revés: Paulo Duarte e a cristalização do Modernismo*. Florianópolis: Universidade Federal de Santa Catarina, 2009. Dissertação (Mestrado em Literatura).

FREYRE, Gilberto. *O mundo que o português criou: Aspectos das relações sociais do Brasil com Portugal e as colônias portuguesas*. Rio de Janeiro: José Olympio, 1940.

HAYASHI, Marli Guimarães. *Paulo Duarte: um Quixote brasileiro*. São Paulo: Hucitec, 2010.

MICELI, Sergio. "Intelectuais e classe dirigente no Brasil (1920-1945)". In: ____. *Intelectuais à brasileira*. São Paulo: Companhia das Letras, 2001.

PRADO, Fábio. *A administração Fábio Prado na prefeitura de São Paulo: Através de entrevista concedida ao Estado de S. Paulo*. São Paulo: Seção Gráfica da Prefeitura, 1936.

PROENÇA, Manuel Cavalcanti. *Roteiro de* Macunaíma. 3. ed. Rio de Janeiro: Civilização Brasileira, 1974.

SÁ, Marina Damasceno de. *Edição de texto fiel e anotado d'O empalhador de passarinho, de Mário de Andrade*. São Paulo: FFLCH-USP, 2013. Dissertação (Mestrado em Literatura Brasileira).

TONI, Flávia Camargo. "Fonografia e projeto nacional: O Brasil no Congresso de Arte Popular de Praga (1928)". In: PAIXÃO, Fernando; TONI, Flávia Camargo (Orgs.). *Estudos brasileiros em 3 tempos — 1822-1922-2022: Ensaios sobre o modernismo*. Belo Horizonte: Fino Traço, 2021.

ZIOLI, Miguel. *Paulo Duarte (1899-1984): Um intelectual nas trincheiras da memória*. Assis: Universidade Estadual Paulista "Júlio de Mesquita Filho", 2010. Tese (Doutorado em História).

Índice onomástico

A

Abramo, Cláudio, 549
Abreu, Casimiro de, 65
Afonseca e Silva, d. José Gaspar, 436
Aguiar, Armando de, 420, 423
Aguirre, João Baptista de Campos, 436, 543-5
Aires, Venâncio, 271
Airosa, Plínio *ver* Ayrosa, Plínio
Albernaz, padre, 543
Albuquerque, F., 305
Albuquerque, Mouzinho de, 305
Alcântara Machado, Antônio de, 18, 70, 92, 98, 249, 487, 524, 528
Aleijadinho (Antônio Francisco Lisboa), 64, 80
Almeida Júnior, J. Ferraz, 292, 318, 501
Almeida Prado, Antônio de, 96, 426
Almeida Prado, Décio de, 316, 549
Almeida, Abílio Pereira de, 239
Almeida, Estevão de, 130
Almeida, Guilherme de, 47, 237, 367-8, 442, 451, 453, 485, 494
Almeida, Miguel Osório de, 305, 350, 540-1
Almeida, Pompeu de, padre, 544
Almeida, Renato de, 115, 455
Almeida, Tácito de, 18, 92, 442, 459, 528
Alphonsus, João, 386
Alvarenga, Oneyda, 36, 70, 79-81, 98, 123, 250-1, 309, 317, 428, 466, 485, 524
Alves, Carlos Pinto, 107, 197, 232, 233, 257
Alves, Castro, 65, 412, 419, 513
Amado, Jorge, 331, 389-90, 480
Amaral, Amadeu, 12, 18-9, 29, 36-7, 45-6, 56, 234, 294, 310, 356, 442, 527, 533
Amaral, Dulce do, 58
Amaral, Tarsila do, 33, 57-8, 443, 456, 459, 463, 487, 499, 501, 547
Ameghino, Florentino, 383
Americano, Jorge, 417, 419
Amoroso Lima, Alceu, 52, 60, 281; *ver também* Tristão de Ataíde (pseudônimo)
Ana Francisca, dona (tia de Mário de Andrade) *ver* Moraes, Ana Francisca Almeida
Anchieta, José de, padre, 149
Ancona Lopez, Telê, 557-8
Andrade, Carlos Augusto de (pai de Mário de Andrade), 42
Andrade, Carlos de Moraes (irmão de Mário de Andrade), 19, 30, 236, 276, 290, 555

Andrade, Maria Luiza de Moraes (mãe de Mário de Andrade), 40, 42, 237, 275, 433, 546
Andrade, Oswald de, 12, 46-8, 55-6, 349-50, 443-4, 450, 455, 459-60, 463, 465, 486-9
Andrade, Rodrigo Melo Franco de, 67, 104, 110, 243, 249, 252, 260, 275, 282, 436, 542
Andrade Filho, Oswald de, 500
Andreoni, Giuseppe, 545
Anhaia Melo, Luís, 96, 143
Aragon, Louis, 450
Aranha, Camargo, 92-3, 442, 528, 539
Aranha, Graça, 11, 47, 56, 454, 533
Aranha, Luís, 419, 456
Aranha, Osvaldo, 372
Assis, Machado de, 315, 419, 471, 491
Assunção, Antônio Carlos, 164
Assunção, Laerte, 529-30
Auroux, Germain, 18, 530
Ayrosa, Plínio, 250
Azevedo, Álvares de, 64-5, 428
Azevedo, Fernando de, 17, 96, 364, 417, 426
Azevedo, Vicente de Paula, 459

B

Bach, Johann Sebastian, 471
Baldus, Herbert, 331
Bandeira, Manuel, 30, 32-3, 35, 37-8, 46-7, 56, 59-60, 62, 75, 81-2, 87-91, 196, 322, 331, 453-5, 485, 552
Baptista *ver* Pereira, Antônio Baptista
Baptista, Pedro Ernesto do Rego, 267
Barata, Júlio, 373
Barbosa, Agenor, 46
Barbosa, Rui, 99, 131, 234, 315, 321-2, 371, 374, 440
Barbour Parleus, Gaspar, 304, 314
Barreto, Fausto, 10
Barreto, Plínio, 96, 110
Barros, Adhemar de, 103, 136, 148, 159, 176, 192, 241, 257, 317
Barros, Elza de Moraes, 98, 524
Barros, Fernão Pais de, 102, 228, 230, 435-6, 438
Barros, João Alberto Lins de, 35, 537
Barroso, Almirante, 305
Barroso, Gustavo, 300
Bastiana *ver* Sebastiana (cozinheira)
Baudouin, Charles, 47, 49
Bayma, Henrique, 529
Beatriz, 531
Beethoven, Ludwig van, 121, 385, 466, 471
Belardi, Armando, 283
Belmonte, 533
Bergamini, Adolfo, 533
Bergson, Henri, 234
Berrien, William, 319-23, 333, 343, 351, 383, 394, 397-8, 404
Berton, Victor, 456
Bianco, Errico, 516
Bicudo, Hélio, 549
Bilac, Olavo, 11, 19, 443, 527
Bojano, Clement de, 93, 533
Bonnet, Henri, 426
Borges, Múcio, 519, 522, 539
Bourdon, Jean, 69, 109, 524
Bourget, Paul, 488

Brasiliense, Américo, 163
Braunwieser, maestro, 525
Brecheret, Victor, 56, 533
Breton, André, 363, 532
Brett, W. H., 60
Brito, Mário da Silva, 45
Bueno, Amador, 75, 280
Buñuel, Luis, 26, 333-4, 353, 415

C

Caligaris (poeta grego), 442
Calmon, Pedro, 368, 467
Câmara Cascudo, Luís da, 35, 391
Camargo, Laudo, 35
Camargo, Maria de Lourdes de Moraes Andrade, 237, 299, 301, 547-8
Camões, Luís de, 33, 42, 315, 318
Campos Filho, Paulo Barbosa de, 17, 195
Campos, Cantídio de Moura, 96
Campos, Regina Salgado, 558
Candido, Antonio, 9, 32, 34, 549-50
Capanema, Gustavo, 71, 102, 203, 248-9, 252, 254, 260, 279, 281, 284, 292, 322, 335, 336-40, 493, 505-7
Capitan, L., 295
Cardim, Gomes, 379
Carpeaux, Otto Maria, 428
Carvalho, Flávio de, 499
Carvalho, Licurgo de, 527
Carvalho, Ronald de, 382, 444, 454, 464
Carvalho, Vicente de, 383, 527
Castello, Aderaldo, 526
Castro, Helena de Magalhães, 532
Castro, Tarso de, 549

Cavalcanti, Alberto, 47
Cavalheiro, Edgard, 381
Caxias, Duque de, 305, 371
Cazuza *ver* Melo Neto, Cardoso de
Cendrars, Blaise, 459, 463
Cerejeira, Cardeal, 176
Cézanne, Paul, 471
Chardin, Teilhard de, 234
Chateaubriand, Assis, 264, 490
Chaves Neto, Elias, 271
Chesterton, C. K., 325
Chiafarelli, Liddy, 270, 335
Chiarato (editor), 82
Chopin, Frédéric François, 76, 379-80, 456
Churchill, Winston, 356
Cirilo Júnior, Carlos, 529
Claudel, Paul, 49
Coaracy, Vivaldo, 272
Cocteau, Jean, 49, 445, 449, 461-2
Coelho Neto, 11, 54
Coelho, Latino, 11
Colette, Sidonie-Gabrielle, 497
Collor, Lindolfo, 169
Colombo, Cristóvão, 451
Correia, Leôncio, 300
Costa, Cláudio Manuel da, 100
Costa, Fernando, 317
Costa, Martins, 310
Costa, Pereira da, 300
Courteline, G. M., 29
Couto, Ribeiro, 47, 372, 533
Couto de Barros, Adriano, 93, 319, 528
Couto de Barros, Antônio Carlos, 18, 47, 60, 92-3, 449, 453, 535, 536
Cruz, Estêvão, 11
Curnonsky, Maurice, 533

D

Da Vinci, Leonardo, 446, 471
Dante Alighieri, 199, 464
De Angelis, Arturo, 283
De Falla, Manuel, 456
De Fiori, 500
De Gaulle, Charles, 301
Debret, Jean-Baptiste, 318
Del Picchia, Menotti, 46-7, 56, 446, 484-5
Delacroix, Henri, 49
Delmanto, Dante, 529
Descartes, René, 441
Di Cavalcanti, 47, 52, 56, 499
Dias, Gonçalves, 65, 315
Dias Pais, Fernão, 305, 436
Dimitri (mordomo de Fábio Prado), 95
Dreyfus, André, 17, 18, 69, 93, 104, 317, 371, 382, 394, 397, 417, 419, 426, 528, 533
Drummond de Andrade, Carlos, 365, 413, 485
Duarte, B. J., 148, 524
Duarte, Juanita, 18, 38, 264, 268, 274, 277, 292, 297, 301, 303, 306, 309, 315, 318-9, 341, 349-50, 357, 361, 369, 380, 393, 397, 402, 404, 408, 411, 413, 423, 425, 433, 436, 439, 498-9, 541-2, 544-5, 547
Duarte, Maria Aparecida Junqueira (d. Nini), 83, 105, 148, 241, 258, 275, 277, 287, 292, 297, 300, 422, 424, 438, 478, 497, 514, 524, 548, 552
Duarte, Maria de Lourdes Junqueira, 552
Duran, Gustavo, 334
Durkheim, Émile, 109, 326-7
Dutra, Eurico Gaspar, 285-6, 317, 544

E

Egídio, 390
Esopo, 297

F

Falkenberg, Lúcia, 317
Farhat, Emil, 386
Faria Lima, José Vicente de, 311
Febvre, Lucien, 551
Fernandes, Florestan, 549
Ferraz, José Bento Faria, 225, 366, 376, 380, 394, 478, 489-90, 496, 498, 513, 547
Ferreira, Citti, 500
Ferrignac, 536
Ferro, Antonio, 46-7
Fídias, 245, 385
Figueira, J. L., 309
Figueiredo, Assis, 373
Figueiredo, Euclides, 541
Figueiredo, Fidelino, 392
Figueiredo, Guilherme, 30, 36, 377, 388
Figueiredo, Tatiana Longo, 558
Filhinha, 531, 534
Florence, Amador, 19, 280
Florence, Hércules, 307
Fonseca, 392
Fontes, Lourival, 390
Fontes, Martins, 363, 428, 435, 446, 485
Fort, Paul, 55
Fraccaroli, Lenyra, 160, 277
França, Edgard, 529

France, Anatole, 49
Franco, Jairo, 529
Franco, M., 382
Fratellini, irmãos, 464
Freyre, Gilberto, 318, 323, 325-6, 329-31, 382, 390, 480, 485, 493
Friedenreich, Arthur, 472
Furon, R., 295
Fusco, Rosário, 480, 490

G

Gallett, Luciano, 115
Galliano, Alfredo, 164
Gallo, Adelaide, 537
Gallo, Nino, 18, 92, 262, 387, 524, 534-5, 537, 539
Galvão, Fernando, 236
Gama, Vasco da, 305
Gide, André, 386
Gobbis, Vittorio, 18, 93, 499, 528
Godoy, família, 544
Góes, Eurico de, 66, 414
Goethe, Johann Wolfgang von, 49, 457
Góis, Eugênio, 100
Goll, Yvan, 445, 447-8, 450-1
Gomide, Antônio, 533, 541
Goodwin, Phillip, 370
Gourmont, R. de, 449
Gouvêa, Ignácio Proença de, 125, 522
Graça, Flávio, 100
Gracioso, Ângelo, 37
Grasset, Bernard, 497
Gregori, José, 549
Guanabarino, Oscar, 464
Guarará (gato), 546
Guarnieri, Camargo, 116, 120
Guarnieri, Eduardo de, 120
Guarnieri, Rossini, 469
Guastini, Eduardo, 31
Guastini, Mário, 31
Guignard, 501
Guilhermina, rainha da Holanda, 273

H

Hall, Henrique Ricardo, 537-8
Hitler, Adolf, 200, 285, 369, 511, 542
Holanda, Maria Amélia Alvim Buarque de, 520
Holanda, Sérgio Buarque de, 319, 498-9, 520
Homeger, 456
Homem de Melo, Randolfo, 92, 528
Houston, Elsie, 93, 115, 532
Huyghe, René, 278-9

J

Jacob, Max, 449
Jaguaribe, 527
Jesuíno do Monte Carmelo, frei, 28, 74, 80, 220-1, 226, 229, 316, 344, 427, 429
Jesus Cristo, 553
João Alberto, capitão *ver* Barros, João Alberto Lins de
José Mariano *ver* Aranha, Camargo
Juanita *ver* Duarte, Juanita
Julinho *ver* Mesquita Filho, Júlio de

K

Kahn, Lévi, 262
Kassel, Arthur, 456
Koch-Grünberg, Theodor, 60
Krug, Edmundo, 300
Krusenstiern, barão de, 93, 533
Kuester, Ida Jordão, 524

L

La Fontaine, Jean de, 471
Lacerda, Carlos, 483
Lacerda, Maurício, 527
Laet, Carlos de, 10
Lallo, Charles, 49
Lamego, Alberto, 99, 131, 523
Lao-Tsé, 470
Laugier, Henri, 26, 426
Lauro, Paulo, 241
Lawrence, D. H., 386
Leão, Sousa, 277
Léger, Fernand, 450
Leite, Barreto, 495, 503
Leme, Ernesto, 337
Leme, Pais, 544
Leme, d. Sebastião, 243
Leonardos, Oto, 250, 252-3
Leônidas (futebolista), 472
Lessa, Orígenes, 362, 369-70, 372-3
Lessa, Vicente Themudo, 371
Lévi-Strauss, Claude, 14, 253, 550
Lhote, Lhote, A., 525, 547
Lia, 531-2, 534
Lima, Jorge de, 331, 393, 483
Lima, Souza, 116, 454, 456, 459, 464
Lima, Valdomiro, 238
Lincoln, Abraham, 234
Lisboa, Henriqueta, 434
Lobato, Monteiro, 49, 55, 160, 196

Lobo, Hélio, 370
Lopes, Isidoro Dias, 29, 541
Lopes, Manequinho (Manoel Lopes de Oliveira Filho), 252, 295
Lourdes (irmã de Mário de Andrade) *ver* Camargo, Maria de Lourdes de Moraes Andrade
Lowrie, Samuel, 331, 467
Lutero, Martinho, 325, 531

M

Macedo, Aristides, 529
Macedo, Estefana de, 532
Machado, Aristides, 529
Maeterlinck, Maurice, 54
Magalhães Júnior, Raimundo, 371
Magalhães, Agamenon, 331
Magalhães, Basílio, 140
Magalhães, Paulo Ribeiro, 34, 70, 552
Maia, Prestes, 23, 103, 117, 124, 128, 135, 137-8, 153-6, 159, 173-4, 179, 181, 186-92, 196-7, 241-2, 257-8, 280, 283, 311, 313, 556
Maia, Santos, 300
Malandro (gato), 546
Malfatti, Anita, 49-50, 55, 459, 463
Malheiros, Juventino, 456
Mangabeira, Edila, 301
Mangabeira, Esther, 301
Mangabeira, Octávio, 301, 362, 370-2, 374
Maninho, 533, 537
Mann, Thomas, 386
Marcondes, Durval, 47
Marconi, Henrico, 451
Margraf, George, 332

Maria Luiza, dona (mãe de Mário de Andrade) *ver* Andrade, Maria Luiza de Moraes
Maria Madalena, Santa, 532
Marianni, Mário, 532
Mariano Filho, José, 275
Mariano, Olegário, 487, 533
Marinetti, Filippo Tommaso, 55, 465
Marrey Júnior, José Adriano, 13, 19
Martinetti, 480
Martins, Luís, 513
Martius, Carl Friedrich Philipp von, 486
Mascagni, Pietro, 121
Masson (secretário), 340
Matarazzo, Francisco, 359
Matos, Lino de, 242
Maupassant, Guy de, 472
Mauriac, François, 386
Mauss, Marcel, 109, 551
Medina, Antônio, 342
Meireles, Cecília, 485, 516
Melo Neto, Cardoso de, 249-50, 378
Mendes Júnior, João, 521
Mendes, Murilo, 485
Mendonça, Antônio, 147
Meneghetti, Amleto Gino, 37
Mesquita, Esther, 504
Mesquita, família, 503, 507, 516
Mesquita, Francisco, 554
Mesquita, Júlio Ferreira de, 37, 310
Mesquita, Luiz Vieira de Carvalho, 549
Mesquita Filho, Júlio de, 17-8, 83, 96, 209, 264-6, 284-5, 292, 315, 410, 426, 503, 520, 543, 554
Meyer, Augusto, 290, 335, 485, 494, 505
Miceli, Sergio, 555
Michelangelo, 49, 446
Mignone, Francisco, 116, 259, 335
Miguel Anjo *ver* Michelangelo
Milhaud, Darius, 456
Miller, Antonieta Rudge, 464
Milliet, Lourdes *ver* Duarte, Maria de Lourdes Junqueira
Milliet, Sérgio, 13-4, 17-9, 26, 32-3, 36-7, 47, 53, 55, 60, 65-6, 69, 72, 76, 81, 83-5, 92, 107-8, 127-8, 138, 165-6, 168, 174, 187, 212, 224, 243, 277, 280, 288, 292, 360, 403, 411, 440, 444, 447, 520, 523, 528, 552, 558
Mindlin, José, 549
Miranda, Murilo, 515
Miranda, Nicanor, 69, 127, 147, 241-2, 255, 313, 524
Moema (cachorrinha), 545-6
Moraes, Ana Francisca Almeida (tia de Mário de Andrade), 41, 433
Moraes, Marcos Antonio de, 558
Moraes, Rubens Borba de, 13, 18, 47, 61, 65, 92, 127-9, 138, 174, 221, 280, 313, 319, 384, 442, 459, 523, 528
Moraes, Vinicius de, 485
Morais, Abraão de, 234
Morais, Francisca de Almeida, 237
Morais, Raimundo, 391
Morais Filho, Melo, 300
Morais Neto, Prudente de, 492
Morand, Paul, 90
Moreira, Godoy, 544
Moreno, J., 205, 256
Mota, Artur, 140

Mota, Otoniel, 522
Mourão, Noemia, 501
Moutinho, José Geraldo Nogueira, 549
Mugnier, Henri, 47
Müller, Filinto, 272, 286

N

Nabuco, Joaquim, 386
Nassau, Maurício de, 273, 332
Nery, Adalgisa, 485
Newman, John Henry, 325
Nhãnhã, dona *ver* Moraes, Ana Francisca Almeida (tia de Mário de Andrade)
Nica *ver* Miranda, Nicanor
Nini, d. *ver* Duarte, Maria Aparecida Junqueira
Nobre, Ibraim, 141
Nogueira Filho, Paulo, 19, 61, 459
Novaes, Guiomar, 48

O

Offenbach, Jacques, 449
Oliveira Filho, Manuel Lopes de *ver* Lopes, Manequinho
Oliveira, Alberto de, 196, 533
Oliveira, Armando de Sales, 19, 23, 26, 71, 95, 97, 99, 109-10, 164, 191, 207, 234, 249, 282, 285-6, 312, 415, 440, 543, 554-6
Oliveira, Martins de, 300
Olympio, José, 252, 359, 363, 478, 482-3
Orico, Osvaldo, 305
Osir, Paulo Rossi *ver* Rossi, Paulo
Osório, general, 371

P

Pacheco, Félix, 99, 131-2, 134, 523
Padula, 527
Palazeschi, Aldo, 480
Pascarella, Cesare, 12
Pastonchi, Francesco, 534-5
Pati, Francisco, 124
Pedro Ernesto, 267
Pedro I, d., 522
Péguy, Charles, 442, 444
Peixoto, Afrânio, 131, 271, 382
Penteado, d. Olívia, 58, 388, 464, 547
Péquin, Charles, 479
Pereira, Afonso Rodrigues, 272
Pereira, Antônio Baptista, 436, 544
Pereira, Sá, 459, 464
Péret, Benjamin, 115, 532
Pessoa, João, 164
Petrarca, Francesco, 33
Picasso, Pablo, 526
Pinto, Dulce do Amaral, 58
Piolin (palhaço), 454, 464
Pirandello, Luigi, 449
Pires do Rio, J., 272
Pires, Cornélio, 391
Piso, W., 332
Pompeia, Raul, 471
Portinari, Candido, 68, 263, 285, 335, 342, 345, 349-51, 354, 500-1, 513-4
Post, Franz, 213, 277, 282, 332
Prado, Eduardo, 99, 130, 524
Prado, Fábio, 22, 26-7, 65-6, 67, 94-7, 99, 102, 107, 113, 116-9, 123, 125-6, 132-3, 136, 143, 151-5, 157-58, 166, 169-71, 176, 191, 195-6, 202, 207, 232, 241, 250, 252,

254, 257, 264, 280, 309-10,
  312-3, 349, 438, 467, 523,
  542-3, 551, 554-6
Prado, Marinette, 456
Prado, Paulo, 59, 140, 381, 454,
  456, 459, 464, 555
Prado, Renata, 66, 310
Prado Júnior, Caio, 13
Prestes, Júlio, 168
Prestes, Luís Carlos, 549
Proença, Manuel Cavalcanti,
  59-60
Proust, Marcel, 29, 480
Psichari, Ernest, 325
Puccini, Mário, 386, 480
Puglisi, Nicola, 535
Pujol, Alfredo, 99, 130, 492, 524

Q

Quartim Filho, José Molina, 383
Queirós, Eça de, 29
Quincas *ver* Vidal, Joaquim
  Sampaio

R

Racine, Jean, 471
Ramos, Arthur, 467
Ramos, Graciliano, 480
Rego, José Lins do, 103, 252, 331,
  471, 480, 484
Reis Júnior, 496
Reis, Alice Meireles, 98, 147
Reis, João de Deus Bueno dos, 147
Remédios, Mendes dos, 392
Reynal, Béatrix, 496-7
Ribeiro, Abraão, 124-5, 157-8, 179,
  188-92, 196, 233, 241

Ribeiro, João, 56
Ribot, Théodule-Armand, 49
Ricardo, Cassiano, 47, 467, 485
Rihiú, 510
Rimbaud, Arthur, 446
Rivet, Paul, 26, 37, 95, 109, 550
Roberto (garçom), 529-30
Robinson, M., 306
Rocha, Fernando Moraes, 417
Rocha Lima, Henrique da, 17-8, 92,
  528
Rodrigues, Wast, 18, 93, 528
Rolland, Romain, 234
Romains, Jules, 480
Romero, Sílvio, 300, 382-3, 389
Roosevelt, Franklin D., 370
Roquette-Pinto, Edgar, 251, 468
Rosa, Guimarães, 60, 552
Rossi, Paulo, 18, 93, 499, 502, 528
Rudolfer, Bruno, 98, 127, 166, 168,
  174, 524
Rugendas, Johann Moritz, 318,
  435

S

Saia, Luís, 79, 317, 469
Salmon, 449
Salustri, Carlo Alberto *ver*
  Trilussa
Sampaio, Albino Forjaz de, 393
Santana, Nuto, 164, 313, 524
Sardinha, Afonso, 543
Satie, Erik, 456
Sayão, Bidu, 262
Schummann, barão de, 456
Sebastiana (cozinheira), 397,
  546, 547
Sébillot, Paul, 295
Seelinger, Helios, 56

Segall, Lasar, 55, 76, 80, 222, 358, 369, 378, 456, 499-502
Segonzac, André Dunoyer de, 479
Shakespeare, William, 446, 471
Siegfried, André, 109
Silva, Rebelo da, 11
Silveira, Valdomiro, 529
Simonsen, R., 381, 467
Smith, Sprague, 410
Soares, José Carlos de Macedo, 168-9, 482
Sócrates, 510
Sousa, Cláudio de, 520
Sousa, Octávio Tarquínio de, 495
Sousa, Pompeu, 373
Southey, Robert, 329, 486
Souza, Antonio Candido de Mello e *ver* Candido, Antonio
Staden, Hans, 317, 545
Stravinski, Ígor, 456

T

Taci *ver* Almeida, Tácito de
Tagliaferro, Madalena, 508
Tagore, Rabindranath, 234
Taunay, Afonso de, 321, 333
Tchaikovski, Piotr Ilitch, 121
Teles, F. E. Fonseca, 96
Telles, Lygia Fagundes, 549
Teráu (pianista), 335
Thiollier, René, 464
Toledo, Carmen de, 531, 533
Toscanini, Arturo, 121, 304
Trilussa (Carlo Alberto Salustri), 12
Tristão de Ataíde (pseudônimo de Alceu Amoroso Lima), 11, 51, 419

U

Uhland, Ludwig, 457
Utrillo, Maurice, 497

V

Vale, J. Freitas, 442
Valente, Maria da Glória Capote, 469
Valéry, Paul, 551
Van Dongen, Kees, 480
Varela, Fagundes, 65, 79
Vargas, Getúlio, 17, 20, 103, 121, 127, 154, 168-70, 176, 184, 248-50, 285, 328, 330, 336-8, 351, 367, 369-72, 375, 387, 391, 537, 554
Vaz, Léo, 425, 476, 499, 503-4
Vaz, Zeferino, 533
Veloso, família, 544
Verdi, Giuseppe, 262-3
Vergara, Telmo, 386
Verissimo, Erico, 331, 533
Veríssimo, José, 323, 382
Verlaine, Paul, 446
Veronese, Paolo, 385
Vicente, três *ver* Azevedo, Vicente de Paula
Vidal, Joaquim Sampaio, 541
Villa-Lobos, Heitor, 116, 459, 463
Villegaignon, N. D., 545
Vintém (gato), 546
Viúva (gata), 546

W

Wagner, Richard, 117
Warchavchik, Mina, 34-5
Warnier, Raymond, 426

Washington Luís, 162, 435-6, 543
Weber, Max, 10
Werfel, Franz, 477
Wessinger, Eugène, 18, 93, 185-6, 528, 530-1

Y

Yayá, d. (mãe de Mário de Andrade) *ver* Andrade, Maria Luiza de Moraes (mãe de Mário de Andrade)
Yvette, 531

Z

Zioli, Miguel, 555
Zuloaga, I., 480
Zweig, Stefan, 90, 360
Zygmunt (fotógrafo), 519, 539, 547-8

© Paulo Duarte, 1971

Todos os direitos desta edição reservados à Todavia.

Grafia atualizada segundo o Acordo Ortográfico da Língua Portuguesa de 1990, que entrou em vigor no Brasil em 2009.

capa
Bloco Gráfico
imagem de capa
Arquivo do Instituto de Estudos Brasileiros USP — Fundo Mário de Andrade, código de referência: MA-F-1525
preparação
Ieda Lebensztayn
índice onomástico
Luciano Marchiori
revisão
Huendel Viana
Erika Nogueira Vieira

Dados Internacionais de Catalogação na Publicação (CIP)

Duarte, Paulo (1899-1984)
  Mário de Andrade por ele mesmo / Paulo Duarte. — 1. ed. — São Paulo : Todavia, 2022.

  ISBN 978-65-5692-243-0

  1. Literatura brasileira. 2. Correspondência.
  I. Andrade, Mário de. II. Título.

CDD B869.6

Índice para catálogo sistemático:
  1. Literatura brasileira : Correspondência B869.6

Bruna Heller — Bibliotecária — CRB 10/2348

todavia
Rua Luís Anhaia, 44
05433.020 São Paulo SP
T. 55 11. 3094 0500
www.todavialivros.com.br

fonte
Register*
papel
Pólen soft 80 g/m²
impressão
Geográfica